U0494073

集刊

集人文社科之思 刊专业学术之声

集刊名：私法

主　编：易继明

副主编：杨　帆　钱子瑜

主办单位：北京大学法学院

PRIVATE LAW REVIEW

第18辑·第1卷（总第35卷）

集刊序列号：PIJ-2018-357

中国集刊网：www.jikan.com.cn

集刊投约稿平台：www.iedol.cn

中文社会科学引文索引（CSSCI）来源集刊

易继明　主编

PRIVATE LAW REVIEW

第18辑·第1卷

（总第35卷）

社会科学文献出版社

SOCIAL SCIENCES ACADEMIC PRESS (CHINA)

致谢：北京市维诗律师事务所

序

三姓家奴

《私法》2001年创办于北京大学出版社，先后出版十卷（总第1至10卷）。2007年《私法》迁至华中科技大学出版社，接续出版二十四卷（总第11至34卷）。2021年始，改由社会科学文献出版社出版。15年来，华中社为《私法》出版尽职尽责，用纸考究，其装帧板式还获得过政府奖励。离开华中社，想起与阮海洪社长、姜新祺总编、钱坤老师等人的愉快合作和同事，感念他们的包容与支持，尤为不舍。这里特别说一声：谢谢啦！

北大社、华中社、社科文献社，三家出版社先后出版《私法》，让我心里冒出了一个词："三姓家奴"！这是《三国演义》里面张飞讽刺吕布的话，也是世人给吕布的雅号，说的是吕布认贼作父，以身伺贼。但《私法》走南闯北，又为哪般呢？我想，除了我自己工作地点变化、出版因素之外，真正地说明：《私法》乃公器矣，无论场景如何变幻，我们都有一颗以身伺读者、以身奉作者的心，不放弃在中国社会里倡导私法精神、弘扬私法文化，这才是我们不二的追求。

社科文献社美工提供一个红色封面给我，初有不适之感。在我看来，法律与色彩相合，宪法行政法契合着红色，刑事法契合着黑色，而民事法（私法）则契合着蓝色。私法似水，因循自治原则，与蓝色海洋文明息息相关。品查现代法治理念，其中实则有一个大写的"人"字；尊重人格、保护产权，也是一国政府的基本要义。从这个角度，再多看几眼红色封面，倒也没有什么违和之感。毕竟，我们这个"三姓家奴"，始终有一颗"中国红"的心！

是为序。

易继明

2021 年 7 月 14 日

专题研究：原子能法律制度研究

论　文

评　论

目　录

CONTENTS

Monograph: Study of Atomic Energy Law

Articles

CONTENTS

Essays

专题研究：原子能法律制度研究

我国核损害赔偿独立式立法的必要性研究

傅哲明　汪　劲

摘　要： 中国能源结构正由以化石能源为主向多元化转变，核电站数量逐渐增多，核能地位不断上升，核能行业存在风险。核事故损害后果严重，核损害赔偿制度具有一定的特殊性。本文介绍了我国现有核损害赔偿制度的不足，以及外国（地区）核损害赔偿制度。提出我国核损害赔偿制度应当采用独立式立法，并说明了理由：一是核损害赔偿制度独立式立法有益于政府、核设施营运单位和公众明晰核安全责任，二是核损害赔偿制度独立式立法构建有益于我国原子能法律制度的完善。

关键词： 核损害赔偿；独立式；必要性

作者简介： 傅哲明（1991— ），北京大学法学院环境与资源保护法专业博士研究生，主要研究方向为环境与资源保护法、核法律与政策。

汪劲（1960— ），法学博士，北京大学法学院教授，北大核政策与法律研究中心主任。主要研究方向为核法律与政策、环境与资源保护法。

目　次

序 言

核损害（Nuclear Damage），是指由核事故所引起或造成的生命丧失、人身伤害、财产损失或损害、环境损失或损害以及预防性措施、恢复性措施和纯经济损失等损失。核损害包括了人身伤亡、财产损失、环境损害及各种损害所导致的直接或间接经济收入损失，基本涉及了各类一般民事损害，但又与一般民事损害有很大的区别，表现在如下几个方面："（1）涉及的地域广，人员多；（2）赔偿金额巨大；（3）对核电行业的冲击巨大，社会经济影响深远；（4）赔偿处理纷繁复杂。"[①] 国际社会曾发生过三次大的核事故，分别是 1979 年美国三里岛核事故、1986 年苏联切尔诺贝利核事故和 2011 年日本福岛核事故。这三次核事故造成了极其严重的社会和经济损害。

中国于 20 世纪 50 年代开始了对核能的研究。1985 年，秦山核电厂作为我国首座自主设计和制造的核电厂开工，1991 年首次并网发电。截至 2020 年 4 月，我国核电机组总数全球第二，在建机组全球第一。[②] 在我国核能大发展的背景下，需要注意的是核能行业存在一定风险。立法者一直在关注原子能法体系的构建，我国原子能法体系正在逐步完善。《中华人民共和国核安全法》（以下简称《核安全法》）的颁布施行，是中国建立

---

① 《核安全立法知识读本》编委会：《核安全立法知识读本》，人民交通出版社股份有限公司 2015 年版，第 171~172 页。

② 孙秀艳、寇江泽：《我国核与辐射安全总体形势稳定》，载《人民日报》2020 年 4 月 17 日第 11 版。

完善核法体系的开端，目前《中华人民共和国原子能法》正在紧锣密鼓地制定中。关于核损害赔偿责任制度的构建一直是我国立法上的一个重大课题，既有普遍性、更有特殊性。

目前我国核损害赔偿责任制度均简单地散见于《中华人民共和国放射性污染防治法》《核安全法》和《中华人民共和国民法典》（以下简称《民法典》）等法律规定中。司法部向全社会公开的《中华人民共和国原子能法（征求意见稿）》（以下简称《原子能法（征求意见稿）》）的有关规定也呈原则规定模式。对核损害赔偿立法是采取独立式立法还是在其他法律中简单笼统地作出规定的方法，国内有关方面的意见并不一致。2018年12月全国人大环资委在《关于第十三届全国人民代表大会第一次会议主席团交付审议的代表提出的议案审议结果的报告》中指出，针对制定核损害赔偿法议案的审议结果，继续推动制定核损害赔偿法的前期研究论证工作，条件成熟时，建议全国人大常委会将其列入年度立法工作计划。由此可以看出全国人大环资委基本上是接受独立式立法模式的。

有鉴于此，本文在考察中国核损害赔偿制度构建背景的基础上，分析我国目前立法的不足；通过对有关国家（地区）核损害赔偿制度立法模式的比较，并从我国的国情出发提出采用独立式立法模式的选择。从实质（有益于相关方明晰责任）和形式（有益于我国原子能法律制度的完善）两个角度论证核损害赔偿独立式立法的必要性及其立法理由。

一 建立完善的核损害赔偿制度是保障核能健康发展的现实需求

伴随全球气候变化、环境与能源安全因素的影响，中国的能源结构已发生重大转变，核电站数目不断增加，原子能事业已经提到一个新的高度。但是，核能行业存在一定的风险。我国目前的立法对核损害赔偿制度的规定存在诸多不足。在此背景下，为回应现实需求，我国有必要对核损害赔偿制度进行独立式立法。

（一）立法需求：中国的核能行业发展蓬勃

1. 中国能源结构由以化石能源为主向多元化转变

新中国成立以来，中国组织了多次能源资源评估，总结出我国能源资源有以下特点："（1）能源资源总量比较丰富。中国拥有较为丰富的化石能源资源。其中，煤炭占主导地位。（2）人均能源资源拥有量较低。中国人口众多，人均能源资源拥有量在世界上处于较低水平。（3）能源资源赋存分布不均衡。中国能源资源分布广泛但不均衡，资源赋存与能源消费地域存在明显差别。（4）能源资源开发难度较大。"[①]

基于以上的能源资源特点，中国以科学发展观为指导，坚持绿色低碳，在2012年制定了八项能源政策的发展方针，即"节约优先、立足国内、多元发展、保护环境、科技创新、深化改革、国际合作、改善民生"。[②]

我国切实转变发展方式，着力建设资源节约型、环境友好型社会，全面提升能源效率。[③] 非化石能源发电比重持续提升，能源清洁低碳转型深入推进。"十三五"以来，中国可再生能源装机规模年均增长约12%。2016年至2019年，可再生能源发电量年均增长约10%，占全国电力总发电量的比例由25.7%提升至27.9%。[④]

2020年9月22日，习近平主席在第七十五届联合国大会一般性辩论上发表重要讲话，提出："中国将提高国家自主贡献力度，采取更加有力的政策和措施，二氧化碳排放力争于2030年前达到峰值，努力争取2060

[①] 中华人民共和国国务院新闻办公室：《中国的能源状况与政策》，资料来源：http://www.gov.cn/zwgk/2007-12/26/content_844159.htm；更新时间：2007年12月26日；访问时间：2021年2月4日。

[②] 中华人民共和国国务院新闻办公室：《中国的能源政策（2012）》，资料来源：http://www.gov.cn/zhengce/2012-10/24/content_2615791.htm；更新时间：2012年10月24日17：57；访问时间：2021年2月4日。

[③] 中华人民共和国国务院新闻办公室：《中国的能源政策（2012）》，资料来源：http://www.gov.cn/zhengce/2012-10/24/content_2615791.htm；更新时间：2012年10月24日17：57；访问时间：2021年2月4日。

[④] 丁怡婷、寇江泽：《能源结构优化升级（"十三五"，我们这样走过）》，载《人民日报》2020年12月27日第1版。

年前实现碳中和。"[1]"碳中和"要求减少碳排放，增加清洁能源的使用比例。中国能源结构由化石能源为主向多元化转变。核能作为清洁能源的一种，其在电力行业的占比逐渐增大。

2. 中国核能地位逐渐上升

出于缓解中国对国际石油市场的依赖程度、提高国家能源安全度的考虑，中国核能作为新能源地位上升。中国石油储备不少，但是总体而言还是高度依赖进口。过分的石油进口依赖是中国的安全隐患，需要大力发展国内其他能源。核能便是其中一种重要的国内资源。且核能发电燃料费用所占的比例较低，不易受到国际经济形势影响，因此发电成本较其他发电方法更为稳定。

出于环境保护、节能减排的考虑，核能作为新能源地位上升。出于对"人类命运共同体"构建的需要，也为了体现中国作为发展中大国的国际责任，中国大力发展新能源和可再生能源。人类利用核能，主要是利用核裂变能量。核裂变能量是在核反应堆内用中子轰击重原子核时释放的产物，除此以外的产物主要是中等元素的原子核以及中子。[2] 此反应不产生任何温室气体和粉尘，不会加重地球温室效应。相对于传统的火电而言，核能是一种发电效率高的新能源，在全球变暖问题日益严重的今天，在中国 2060 年实现"碳中和"的目标要求下，在太阳能、水能、风能等新能源尚不足以完全支撑起新增用电需求的前提下，核能具有巨大的发展潜力。

全国政协委员、环保部副部长、国家核安全局局长刘华 2018 年 3 月接受采访时表示：中国现已拥有 56 台核电机组，19 座民用研究堆和 24 座核燃料循环设施。全国核技术利用单位有 6.7 万家，在用放射源 13.4 万枚，射线装置 15.1 万台。中国截至 2018 年 3 月，共有核电机组 56 台，其中，运行机组 38 台，在建核电机组 18 台，在建机组数量世界第一，总规

---

① 习近平：《习近平在第七十五届联合国大会一般性辩论上发表重要讲话》，资料来源：ht-tp://www.xinhuanet.com/politics/leaders/2020 – 09/22/c_1126527647.htm；更新时间：2020年9月22日22：59：11；访问时间：2021年2月4日。

② 赵凯华、罗蔚茵：《新概念物理教程·量子物理》（第2版），高等教育出版社2008年版，第327~328页。

模世界第三。[①] 而中国生态环境部 2020 年 4 月 15 日召开例行新闻发布会，据生态环境部核设施安全监管司司长郭承站介绍，中国现有 47 台运行核电机组、15 台在建核电机组，有 18 座核燃料循环设施，在用放射源约 15 万枚，射线装置近 20 万台（套）。截至 2020 年 4 月，中国核电机组总数全球第二，在建机组全球第一。"核技术利用量大面广，核与辐射安全总体形势保持稳定。"[②] 据中国核能行业协会发布的核能发展蓝皮书《中国核能发展报告（2020）》预测，到 2025 年，中国在运核电装机达到 7000 万千瓦，在建 3000 万千瓦；到 2035 年，在运和在建核电装机容量合计将达到 2 亿千瓦。[③] 由此可以看出，我国核电站数量正在增长。

此外，随着光伏发电、风力发电等清洁能源占比逐渐上升，核电参与调峰的作用会显著增加。由于光伏发电受昼夜影响，风力发电受季节影响，目前我国电力调峰的主力是火电。但中国 2060 年"碳中和"目标要求明显降低火电比例，核电将逐渐取代火电，成为调峰的主力军。核能在我国电力行业的地位逐渐上升。

近 70 年来，中国核事业从无到有、持续发展，形成了完备的核工业体系，为保障能源安全、保护生态环境、提高人民生活水平、促进经济高质量发展做出了重要贡献。[④] 中国核电事业正在蓬勃发展，核能作为新能源地位逐步上升。

3. 核能行业的健康发展需要完善的制度设计

虽然核能行业一直要求安全第一，但是发展核电仍然存在一定的核损害风险。社会公众谈"核"色变，随之而来带来的核电站"邻避运动"

---

① 李彪，陈旭：《每经记者专访全国政协委员、环保部副部长、国家核安全局局长刘华：我国在建核电机组全球第一 监管水平不低于任何国家》，资料来源：https://nbd.com.cn/articles/2018 - 03 - 5/1199304.html；更新时间：2018 年 3 月 5 日 00：29：00；访问时间：2021 年 2 月 4 日。

② 孙秀艳、寇江泽：《我国核与辐射安全总体形势稳定》，载《人民日报》2020 年 4 月 17 日第 11 版。

③ 李惠钰：《2020 能源转型 破局前行》，载《中国科学报》2020 年 12 月 30 日第 3 版。

④ 中华人民共和国国务院新闻办公室：《中国的核安全》（白皮书），资料来源：http://www.scio.gov.cn/zfbps/32832/Document/1663405/1663405.htm；更新时间：2019 年 9 月 3 日；访问时间：2021 年 2 月 4 日。

也成为了威胁现代社会稳定的因素之一。而且，一旦发生核损害，对社会公众造成的损失是极为巨大的。若是在核损害责任领域存在立法空白，将导致公众对核能安全疑义不断，由此带来的社会运动增多，企业对核能行业投资信心不足，一旦发生核损害事故将出现具体赔偿无法可依、利益相关方权责不明等问题，将对社会和谐稳定带来了巨大的挑战。

在核能大发展的背景下，中国核能市场逐步扩大，这引发了核损害赔偿制度的立法需求。需要通过立法来确保核安全，而核损害赔偿制度的构建属于确保核安全的重要组成部分。建立完善核损害赔偿制度非常必要，是现实的需求。只有建立了完善的核损害赔偿制度，才能有备无患，消除公众和企业对核能发展的顾虑，保障核能健康有序发展，鼓励核能市场进一步扩大。在目前逐步完善原子能法体系的背景下，采用何种模式对核损害赔偿进行立法的问题已经摆在我们的面前。

（二）我国现有核损害赔偿法律规定的现状和不足

中国目前采取的是分散式立法，即核损害赔偿制度散见于各部法律法规之中。目前立法存在较多不足。

1. 国务院两个《批复》的不足

我国处理核损害赔偿相关事宜的依据，最早是国务院分别在 1986 年和 2007 年颁布的两个批复，分别是《国务院关于处理第三方核责任问题的批复》（国函〔1986〕44 号，以下简称 1986 年《批复》）和《国务院关于核事故损害赔偿责任问题的批复》（国函〔2007〕64 号，以下简称 2007 年《批复》）。

1986 年 3 月 29 日，为明确建设大亚湾核电站技术引进以及与港合资中涉及核损害责任问题，中国国务院向核工业部、国家核安全局、国务院核电领导小组下发了 1986 年《批复》，基本采用了国际通用的核损害责任制度作为主要内容。[1] 1986 年《批复》参照国际公约和各国立法，定义了核设施营运单位，明确了营运者唯一责任原则，规定了营运者的免责事

---

① 庄玉友：《日本原子能损害赔偿制度研究》，《中国能源》2015 年第 10 期，第 38 页。

由，营运者的赔偿上限以及国家补偿上限，诉讼时效等。

2007 年 6 月 30 日，基于解决中国引进美国 AP-1000 和法国 EPR 核电技术合作谈判中处理核损害责任问题的需要，中国国务院对国家原子能机构下发了 2007 年《批复》。① 2007 年《批复》进一步细化核设施营运单位的定义，重申营运者唯一责任原则，并规定了营运者的财务保证安排义务，营运者的追索权，将营运者的赔偿上限以及国家补偿上限分别由一千八百万元人民币和三亿元人民币提高到一亿元人民币和八亿元人民币。

1986 年《批复》和 2007 年《批复》是目前针对核事故损害赔偿最为详细具体的规定，确立了唯一责任原则、责任限额原则。但是，仅有两个核损害赔偿批复法律效力位阶较低，权威性不够，篇幅也较短，无高位阶综合性立法统领相关法规。同时由于该文件是中国在核电项目技术引进谈判中应外方投资者要求而临时制定的，内容过于原则粗糙，因此难以有效调整现有的核损害赔偿法律关系。② 两个核损害赔偿批复还无法构成《核安全法》第九十条所说的"核损害赔偿制度"，也无法构成上文所说的《放射性污染防治法》和《原子能法（征求意见稿）》法条里"依法"中"法律"。

2. 中国有关核损害赔偿责任制度的构建现状和不足

中国现有和既往的核损害赔偿相关法律法规，包括《放射性污染防治法》《中华人民共和国民法通则》《中华人民共和国侵权责任法》《核安全法》《原子能法（征求意见稿）》和《民法典》等。《民法典》于 2021 年 1 月 1 日生效，取代了《民法通则》和《侵权责任法》。下文以时间顺序梳理我国既往和现有立法，并逐一分析其不足。虽然多部法律涉及核损害赔偿，但其规定普遍存在较大的不足，只有原则性规定，缺乏具体细致的规定，相关立法体系不完备。

2003 年施行的《放射性污染防治法》是我国涉及核损害赔偿的首部法律。该法针对当时越来越突出的核能与核技术开发利用过程中的安全问题和放射性污染防治问题，从放射性污染的专业角度进行了相关规定。其

---

① 庄玉友：《日本原子能损害赔偿制度研究》，《中国能源》2015 年第 10 期，第 38~39 页。
② 黄胜开：《核损害赔偿国际立法及对我国的启示》，《中南民族大学学报》（人文社会科学版）2015 年第 2 期，第 88 页。

第五十九条规定："因放射性污染造成他人损害的，应当依法承担民事责任。"本条规定了放射性污染造成损害的，应当"依法"承担民事责任。此处仅仅是原则性规定、准用性规定。这里的"依法"，应当是指1986年制定的《民法通则》第一百二十三条关于"从事高空、高压、易燃、易爆、剧毒、放射性、高速运输工具等对周围环境有高度危险的作业造成他人损害的，应当承担民事责任"的规定。而"依法"也暗含了在现有法律里增加新的法律规范或者修改已有规范，或者需要一部专门的法律明确清晰地进行规定。然而，此法实施十数年，目前尚未落实具体规范。

其实在全国人大常委会2003年审议《放射性污染防治法（草案）》时，就有常委委员提出，该法对于"造成放射性污染损害的民事责任的规定过于原则"，并建议"应对放射性污染损害的民事赔偿责任原则、强制性保险制度、建立赔偿基金等作出具体规定"。① 但是，全国人大法律委员会经研究认为："民法通则第一百二十三条已经对从事放射性等高度危险作业造成他人损害的民事责任作了规定，建立放射性污染强制性保险制度和赔偿基金制度都比较复杂，缺乏实践经验，需要另作专门研究。因此，本法以只对放射性污染的民事责任问题作出规定为宜。"② 由此可以看出，在《放射性污染防治法》立法时，立法者认为对核损害赔偿作出具体立法规定的时机尚不成熟。

2009年修正的《民法通则》从一般性的民事责任角度规定了核损害赔偿责任。第一百二十三条规定："从事高空、高压、易燃、易爆、剧毒、放射性、高速运输工具等对周围环境有高度危险的作业造成他人损害的，应当承担民事责任；如果能够证明损害是由受害人故意造成的，不承担民事责任。"此条规定的是高度危险作业致人损害的民事责任，包括放射性

---

① 王茂林：《全国人大法律委员会关于〈中华人民共和国放射性污染防治法（草案）〉审议结果的报告——2003年6月23日在第十届全国人民代表大会常务委员会第三次会议上》，资料来源：http://www.npc.gov.cn/wxzl/gongbao/2003 – 08/12/content_5318784.htm；更新时间：无；访问时间：2021年2月4日。

② 王茂林：《全国人大法律委员会关于〈中华人民共和国放射性污染防治法（草案）〉审议结果的报告——2003年6月23日在第十届全国人民代表大会常务委员会第三次会议上》，资料来源：http://www.npc.gov.cn/wxzl/gongbao/2003 – 08/12/content_5318784.htm；更新时间：无；访问时间：2021年2月4日。

活动给人带来的损害，与核事故赔偿责任相关。此外，还规定了受害人故意情形下的免责事由。但是本条只是规定了"应当承担民事责任"，并没有规定如何承担民事责任，责任归属仍然没有具体落实，仅仅是原则性规定。一旦核损害发生，《民法通则》仍然无法明确责任的具体落实。

2010 年实施的《侵权责任法》第七十条规定："民用核设施发生核事故造成他人损害的，民用核设施的经营者应当承担侵权责任，但能够证明损害是因战争等情形或者受害人故意造成的，不承担责任。"本条规定了民用核设施发生核事故造成损害的，由民用核设施的经营者承担侵权责任，明确了责任承担主体是民用核设施的经营者，承担的责任类型是侵权责任。从本条规定可以看出，核损害赔偿责任属于严格责任。严格责任加重了核设施营运单位的责任，只有存在免责事由，行为人才能予以免责。第七十二条规定："占有或者使用易燃、易爆、剧毒、放射性等高度危险物造成他人损害的，占有人或者使用人应当承担侵权责任，但能够证明损害是因受害人故意或者不可抗力造成的，不承担责任。被侵权人对损害的发生有重大过失的，可以减轻占有人或者使用人的责任。"本条规定了占有或使用放射性物质的占有人或者使用人的严格责任。

《侵权责任法》较其草案，在第九章高度危险责任中增加了第七十七条："承担高度危险责任，法律规定赔偿限额的，依照其规定。"这是由于在草案审议中，有的常委委员、部门和专家提出，"草案应当进一步区分不同类型的高度危险责任，并增加法定限额赔偿的规定"。此意见被立法者吸纳，并增加了第七十七条的规定。通常认为，此处所指的有限额规定的高度危险责任具象化为核损害赔偿、铁路交通事故赔偿、国内航空事故赔偿和海上运输损害赔偿。可以认为《侵权责任法》规定了核损害赔偿的责任限额原则。但是，值得注意的是，该法用语为"法律规定赔偿限额的"，而非"法律法规规定赔偿限额的"。我国法律当时并无对核损害赔偿责任限额的规定，只有 2007 年《批复》有相关规定。由此可以看出，核损害赔偿责任限额的规定应当上升到法律层级。

《侵权责任法》第七十条、第七十二条较《民法通则》更进一步进行了具体规定，但是仍是较为原则性的规定。2017 年施行的《民法总则》

中没有核损害赔偿责任的具体规定。2018 年施行的《核安全法》是我国有关核安全的首部专门性法律。其第九十条规定："因核事故造成他人人身伤亡、财产损失或者环境损害的，核设施营运单位应当按照国家核损害责任制度承担赔偿责任，但能够证明损害是因战争、武装冲突、暴乱等情形造成的除外。为核设施营运单位提供设备、工程以及服务等单位不承担核损害赔偿责任。核设施营运单位与其有约定的，在承担赔偿责任后，可以按照约定追偿。核设施营运单位应当通过投保责任保险、参加互助机制等方式，做出适当的财务保证安排，确保能够及时、有效履行核损害赔偿责任。"

《核安全法》第九十条更为详细地对核事故造成的核损害赔偿责任进行了规定，规定了造成损害的范围、责任主体，如前文所述规定了免责事由（重大自然灾害不在此列），核设施营运单位的追索权，核设施营运单位的财务保证安排。《核安全法》进一步详细规定，但也仅是原则性规定"核设施营运单位应当按照国家核损害责任制度承担赔偿责任"，此处的"国家核损害责任制度"指的是什么，是否可以理解为需要通过制定一部专门的法律明确地进行规定，是值得讨论的。

该条前身是《核安全法（草案）》第八十二条，该条只规定了赔偿责任主体，除外责任和有约定情况下对唯一责任原则的突破。有的常委会组成人员、地方政府、企业和社会公众提出："草案应当对这项制度进一步完善，对归责原则、损害赔偿基金、强制责任保险、核设施营运单位的最高赔偿额和国家兜底责任等做出明确规定。有的单位建议单独制定核损害赔偿法。考虑到核损害赔偿问题复杂，涉及方面多，还有分歧意见，建议对这一问题作进一步研究，形成基本共识后，再进行修改。"①草案二次审议稿第八十五条规定了核损害赔偿制度，全国人大法律委员会将该条进行了修改，在原有的基础上新规定了损害范围（除人身伤亡、财产损失外还

---

① 全国人民代表大会法律委员会：《全国人民代表大会法律委员会关于〈中华人民共和国核安全法（草案）〉修改情况的汇报》，资料来源：http://www.npc.gov.cn/zgrdw/npc/xinwen/2017-09/01/content_2028121.htm；更新时间：2017 年 9 月 1 日 19：55：45；访问时间：2021 年 2 月 4 日。

包括环境损害）和财务保证安排。① 草案三次审议稿第八十九条对核损害赔偿责任作了规定。有的常委委员提出："将'受害人故意'造成核事故作为排除核设施营运单位赔偿责任的情形，容易引起不同理解，建议再作研究。法律委员会经研究，建议删去'受害人故意'的规定。""此外，有些常委会组成人员还对增加核损害赔偿责任的豁免情形、建立核损害赔偿基金、明确国家的核损害赔偿责任等规定提出建议。考虑到核损害赔偿问题较为复杂，本法只对核损害赔偿制度作原则规定，有的问题可按照国家有关规定执行，有的问题可在今后通过专门立法做出规定。"②

由上述立法材料可以看出，相比于 2003 年制订《放射性污染防治法》时的谨慎，立法者已经开始逐步进行了相关法律条文设计的细化。但是涉及核损害赔偿的具体事项，立法者依旧认为问题比较复杂，不宜在《核安全法》中作出较为具体的规定。有的问题已经在国务院两个《批复》中进行了规定，有的问题可考虑将来"专门立法"进行规定。也就是说，立法者更倾向于在将来采用独立式立法的模式，对核损害赔偿的具体事项作出规定。

2018 年 9 月 21 日司法部公布的《原子能法（征求意见稿）》第五十条规定："因核事故造成他人人身伤亡、财产损失或者环境损害的，依法给予赔偿。"此条重申了《核安全法》第九十条中所规定的核事故赔偿责任范围，但是规定则更为抽象。"依法"给予补偿，是一种衔接性规定。该条是否可以理解为满足未来需要通过制定一部专门明确地对核损害赔偿责任制度予以规定的法律，依然没有确定。

2020 年 5 月 28 日全国人民代表大会会议通过，2021 年 1 月 1 日开始施行的《民法典》第一千二百三十七条规定："民用核设施或者运入运出

① 全国人民代表大会法律委员会：《全国人民代表大会法律委员会关于〈中华人民共和国核安全法（草案）〉审议结果的报告》，资料来源：http://www.npc.gov.cn/npc/c12435/201709/fa3cd61f64554b2995ab81c2cd3de9ff.shtml；更新时间：2017 年 9 月 1 日 19：52：04；访问时间：2021 年 2 月 4 日。
② 全国人民代表大会法律委员会：《全国人民代表大会法律委员会关于〈中华人民共和国核安全法（草案三次审议稿）〉修改意见的报告》，资料来源：http://www.npc.gov.cn/zgrdw/npc/xinwen/2017-09/01/content_2028115.htm；更新时间：2017 年 9 月 1 日 19：53：06；访问时间：2021 年 2 月 4 日。

核设施的核材料发生核事故造成他人损害的，民用核设施的营运单位应当承担侵权责任；但是，能够证明损害是因战争、武装冲突、暴乱等情形或者受害人故意造成的，不承担责任。"该条增加了"运入运出核设施的核材料发生核事故"的情形，也重申了"因战争、武装冲突、暴乱等情形或者受害人故意造成"的免责事由。但是该条是在《侵权责任法》第七十条的基础上稍作修改而成，规定依旧较为原则性。

虽然十多年来我国法律从不同角度原则性地对核损害赔偿作出了规定，如《侵权责任法》确立了严格责任规则，《核安全法》对损害范围等作出了明确规定，但我国涉及核损害赔偿责任的立法仍然缺乏细节性、实操性的规定，有大量立法空白等待填补，还有大量程序性规则如集中司法管辖原则和诉讼时效等重要的内容尚属空白。

3. 小结

综上所述，1986 年、2007 年两个批复构成的行政法规体系虽然较为具体地规定了唯一责任原则、责任限额原则和诉讼时效，但是仍然存在一定问题：首先，原则性规定较多，操作性不强，例如财务保证安排只是笼统性地提出，并未有具体的要求；其次，规定滞后，中国损害赔偿限额的制定距今已有十数年之久，随着我国经济飞速发展和通货膨胀，新制定的核损害赔偿独立式法律宜将标准适度上调，或制定随着人均收入浮动而浮动的具体限额标准；再次，批复效力层级较低，权威性不强，最后，很多问题没有涉及，比如精神损害是否应当包括在赔偿范围里的问题，对周边国家或地区造成损害的问题，现有法律法规并没有明确。①

而现有的法律规定较为原则抽象，其中最为具体的是《核安全法》第九十条的规定，可以看出较以前的立法已经有了一定发展。但就算这最为具体的规定也并不能将核事故赔偿责任所有事项都规定妥当。例如责任限制、司法管辖、诉讼时效等内容都没有规定。虽然目前我国缺乏处理核事故的经验，防范于未然是预防核事故风险的最佳途径，但是也要考虑到现

---

① 卢微微：《核损害赔偿国际立法对我国的启示》，《海南大学学报》（人文社会科学版）2017 年第 3 期，第 129 页。

实可能存在的风险，从法律层面确立事后司法处理的规则。

综合《放射性污染防治法》《民法通则》《侵权责任法》《民法总则》《核安全法》以及《原子能法（征求意见稿）》和《民法典》等法律对核损害赔偿责任的处理方法看，我国立法并没有对核损害赔偿制度予以展开作出具体规定。从目前的专门法——《核安全法》的立法实践看，该法也不能完全覆盖核损害赔偿的内容。而《核安全法》和制定中的《原子能法》都只采用以一条法律条文涉及核损害赔偿的立法方法，并不能涵盖核损害赔偿制度涉及所有内容。原则性的规定必然缺乏操作性，而详尽规定的话则可能会达到数十条之众，纳入制定中的《原子能法》显然存在体例上的不协调。而且，《核安全法》首先是一部关于核安全的行政法，"如果把具有完整规范体系的核损害赔偿问题放在核安全法中一并规范，会使法律内容主次不分，喧宾夺主，使完整的核安全行政管理体系受到冲击。因此不建议在《核安全法》中过多规范核损害赔偿问题，应当制定专门的核损害赔偿法予以规范"。[①]

二 域外核损害赔偿制度构建模式的比较分析

其他国家和地区原子能立法已经确立了核损害赔偿责任的共同性原则和制度，为中国立法提供了可资借鉴和吸收的立法模式和法律文本素材。其他国家（地区）国内法对于核损害赔偿立法模式不一，分别可以分为"独立式（即单独立法）"和"合并式（例如合并在原子能法中）"，以下详述。

（一）独立式立法模式

独立式立法模式的主要代表为美国、日本和中国台湾地区。

---

① 翟勇：《核安全立法浅见》，资料来源：http://www.npc.gov.cn/zgrdw/npc/xinwen/lfgz/2016－11/21/content_2002317.htm；更新时间：2016年11月21日15：41：58；访问时间：2021年2月4日。

1. 美国

在第二次世界大战美军对日本长崎发起核攻击（1945 年）后，美国参议员麦克马洪（Brien McMahon）在同年 12 月向参议院提出一项法案，用以规制美国核能的使用和发展。该法案在 1946 年成为《1946 年原子能法》（又称《麦克马洪法》）①向公众颁布。由于当时核能以军事领域的应用为主导，该法主要强调如何规制政府对核能的使用，并在一定程度上造成了核能使用的国家垄断。② 美国总统艾森豪威尔（Dwight D. Eisenhower）1953 年提出了"原子能和平"（Atoms for Peace）计划。《1946 年原子能法》与其计划相悖，这为修法带来了动力。1953 年，美国原子能委员会（Atomic Energy Commission）提交了一组修正案草案，在 1954 年，美国颁布了《1954 年原子能法》③，该法增加了对民用核工业的支持——通过为民用核设施营运者建立许可制度，取消了政府对经营核电厂的垄断。

然而，核事故后果过于严重，核电生产者不愿意在没有联邦政府支持的情况下承担过高的风险。④ 美国联邦政府尝试去鼓励核设备在私人领域发展时，绝大部分商业公司持反对态度。这是因为大多数公司对核科技的理解有限，忧虑一场严重事故的法律后果会在经济上摧毁一家公司。⑤ 为了解决这些问题，美国国会于 1957 年颁布了《普莱斯—安德森法案》（Price-Anderson Act）⑥，该法案是对《1954 年原子能法》的修正，着重于规制核损害赔偿。经过 1966 年、1975 年、1988 年、2002 年、2003 年、2005 年等几次修正和效力延长，最终由《2005 年能源政策法案》⑦ 将其

---

① Atomic Energy Act of 1946（McMahon Act），60 Stat. 755.

② Ruebhausen, Oscar M; von Mehren, Robert B. "The Atomic Energy Act and the Private Production of Atomic Power". *Harvard Law Review*. 66（8），June 1953，p. 1450，pp. 1471 – 1472.

③ Atomic Energy Act of 1954.，68 Stat. 919.

④ Sovacool, Benjamin K. "The costs of failure: A preliminary assessment of major energy accidents, 1907 –2007". *Energy Policy*. 36（5），2008，p. 1808.

⑤ Joseph Marrone: the Price-Anderson Act: the Insurance Industry's View, *The Forum（American Bar Association. Section of Insurance, Negligence and Compensation Law）*, American Bar Association, Vol. 12, No. 2（Winter 1977），p. 607.

⑥ Public Law 85 – 256，Sept. 2, 1957.

⑦ Energy Policy Act of 2005，Public Law pp. 109 – 58.

效力延长至 2025 年。《普莱斯—安德森法案》被纳入至美国联邦法典中，其编号为 42 U. S. Code § 2210。

《普莱斯—安德森法案》规定了核设施持证人必须具备财务保证，规定了政府补偿，责任限额，赔偿计划，司法救济，和解，核损害调查提交国会的报告，听证会的举办等事宜。

可以看到，虽然美国是一个英美法系国家，通常情况下主要采用判例法体系；但是其核能规制具有典型的成文法特征。而且针对核损害赔偿这一特殊事项，在原则性规定的《1954 年原子能法》以外，专门颁布了《普莱斯—安德森法案》。正如上文所述，《1954 年原子能法》未能很好地加强资本方的投资意愿，美国国会亟需发布一部新的法案，以增强资本投资核能行业的信心。《普莱斯—安德森法案》正是为了降低资本对投资核能行业的担忧，鼓励核能发展，同时也保障公众生命财产安全所专门制定的。其详细的规定促进了核能行业健康有序地发展。

2. 日本

美国总统艾森豪威尔提出的"原子能和平"计划影响了日本。中曾根康弘①当时是在美国哈佛大学学习的年轻政治家。他从有政治联系的教授那里获悉，美国将允许制造核弹的知识和技术出口用于和平利用核能。此后，中曾根康弘作为日本众议院议员，在 1953 年末和 1954 年初领导国会的工作，制定了日本有史以来第一份核电研究预算。他在政府内外召集了一群志同道合的盟友，以帮助说服公众对核电技术进行投资。② 1955 年，日本通过了《原子能基本法》，严格限制了将核技术用于和平目的。该法提倡民主方法，独立管理和透明原则等三项原则。③

1960 年，日本科学技术厅下令，日本原子能工业论坛（由原子能企业中的大多数成员组成）编制成本估算。他们得出的结论是，在最坏的情

---

① 中曾根康弘，日本政治家。第 71 至第 73 任日本内阁总理大臣，任期 1982 年 11 月 27 日～1987 年 11 月 6 日。

② Johnston, Eric, "Key players got nuclear ball rolling", *Japan Times*, 16 July 2011, p. 3.

③ "Nuclear Power in Japan", 资料来源：https://www. world-nuclear. org/information-library/country-profiles/countries-g-n/japan-nuclear-power. aspx；更新时间：2020 年 9 月；访问时间：2021 年 2 月 4 日。

况下，政府可能会面临 3.7 万亿日元的债务索赔。当时的国家预算约为 1.7 万亿日元。政府将报告的详细信息隐藏了 40 年，直到 1999 年才被公开。① 在 1961 年，国会通过了《原子能损害赔偿法》和《原子能损害赔偿补偿协议法》。

在 1960 年解释《原子能损害赔偿法》立法缘由的众议院科学技术振兴对策特别委员会会议上，中曾根康弘汇报道："随着和平利用核电的发展，建立核损害赔偿制度已成为不可或缺的要求。毋庸置疑，确保核能开发和利用的安全是绝对必要的。我们已采取一切可能的措施……几乎不可能发生会损害第三方的大规模灾难。但是，由于是现代科学最前沿的核电开发和利用，因此，在技术上还存在未知点，理论上很难否认在不太可能发生的事件中发生灾难的可能性。同时，在不太可能发生的核损害中，辐射破坏的规模可能会扩大，从而导致具有遗传效应的迟发性特有辐射破坏，具有危险性。鉴于这种特殊性，确保安全是第一要务，除非建立补偿制度，否则居民的焦虑将无法消除。"②

《原子能损害赔偿法》第一条规定了目的，第二条规定了一些定义，第三条、第四条规定了无过错责任（第三条第一款）和唯一责任（第三条第二款、第四条第一款），第五条规定了追索权，第六条、第七条规定了财务保障，第八条、第九条规定了核损害责任保险合同，第十条、第十一条规定了赔偿补偿协议，第十二条至第十四条规定了保证金，第十六条、第十七条规定了国家采取的措施，第十八条规定了纠纷审查委员会，第十九条及以后是一些杂项。

《原子能损害赔偿补偿协议法》则是对《原子能损害赔偿法》第十条、第十一条的展开。规定了赔偿补偿损失（第三条）、金额（第四条）、期限（第五条）、费用（第六条）、支付（第七条）、财务限制（第八条）、通知义务（第九条）、内阁命令规范（第十条）、时效（第十一条）、

---

① Johnston, Eric, "Key players got nuclear ball rolling", *Japan Times*, 16 July 2011, p. 3.
② 第 34 回国会衆議院科学技術振興対策特别委员会第 12 号 000 会議録情报，昭和 35 年 5 月 17 日，资料来源：https://kokkai.ndl.go.jp/#/detail?minId=103403913X01219600517&current=2；访问时间：2021 年 2 月 4 日。

代位权（第十二条）、应付金额的补偿（第十三条）、协议解除（第十四条、第十五条）、罚款（第十六条）、行政管理措施（第十七条）以及授权（第十八条）。

20 世纪 70 年代初，担心不断增长的反核运动可能会引起更多诉讼，田中角荣首相为当地的道路、桥梁、社区中心和公共工程项目提供资金，以换取当地政府批准建造核反应堆。对于资金短缺的地方政府而言，同意建造一座核电站可能意味着在批准建筑工地至反应堆开始运行之间，最高可获得 450 亿日元的补贴。而且这还不包括工厂运营商提供的数十亿日元的额外资金，也不包括该县可能提供的其他形式的补贴。随后，渴望获得资金的地方政府建造了几十个发电厂。①

然而，从 20 世纪 90 年代开始，日本发生了一些与核相关的事故和掩盖事件，② 削弱了公众对该行业的期许，导致了抗议和对新工厂的抵制。2009 年 4 月，日本政府发布了《原子能损害赔偿法》和《原子能损害赔偿补偿协议法》的修正案，主要是提高了财务保证的限额：从六百亿日元提高到一千二百亿日元。③

2011 年 3 月，福岛核事故爆发。福岛核事故发生后，日本于 2011 年通过关于福岛第一核电站核泄漏事故的赔偿法案，即《原子能损害赔偿支援机构法》，成立原子能损害赔偿支援机构，以对核设施营运者提供超出财务保证范围责任的支援；于 2012 年通过了《原子能规制委员会设置法》，成立原子能规制委员会，实现监管机构的统一监管和独立运作。此外，日本于 2013 年 11 月通过了有关福岛核事故产生的损害索赔权时效的特例法案，将核事故索赔时效由 3 年延长至 10 年。

作为一个传统的大陆法系国家，在 1955 年《原子能基本法》后，日本颁布了两项核损害赔偿相关的专门法案，可以看出日本政府对核损害赔

---

① Johnston, Eric, "Key players got nuclear ball rolling", *Japan Times*, 16 July 2011, p. 3.

② 包括 1999 年东海村 JCO 临界事故，2004 年美滨核电厂核事故等。

③ Toyohiro Nomura, Taro Hokugo, Chihiro Takenaka, "Japan's nuclear liability system", *Japan's Compensation System for Nuclear Damage*, OECD, 2012, p. 19. 资料来源：https://www.oecd-nea. org/upload/docs/application/pdf/2019 – 12/7089 – fukushima-compensation-system-pp. pdf; 更新时间：无；访问时间：2021 年 2 月 4 日。

偿的重视。日本具备处理核事故的经验，在福岛核事故后颁布了《原子能损害赔偿支援机构法》和《原子力规制委员会设置法》。这两部法案的颁行是为了解决福岛核事故造成的严重损害后果，为东电公司和受害人提供了援助。由此可见，日本认为核损害赔偿涉及事项众多，损害后果严重，具有其特殊性，独立式立法更符合其国情。

3. 我国台湾地区

我国台湾地区依 1963 年《关于核损害民事责任的维也纳公约》于 1971 年专门制定了"核子损害赔偿法"。其宗旨为"促进原子能事业之发展"和"保护被害人之权益"。[①] 其第一章对相关概念进行了定义；第二章对核子设施经营者的责任进行了具体规定，包括跨国运输造成的核损害、涉及多个核子设施经营者的核损害等情形；第三章对赔偿责任及财务保证进行了具体规定；第四章对损害赔偿请求权及其诉讼时效进行了具体规定，第五章为附则。该"法"同样确立了绝对责任、有限责任、无过失责任等原则。

"核子损害赔偿法"于 1977 年，1997 年两次修正。第一次仅修订了请求权时限的规定，从核子事故发生之时起逾十五年请求权消灭改为逾十年消灭。第二次修正则为较大幅度地全文修正。2011 年日本福岛核事故为台湾地区带来了警示，同时也为了与国际公约的变化趋势相适应，台湾地区行政主管部门于 2012 年向"立法"主管部门函请审议"核子损害赔偿法部分条文修正草案"，拟将"重大天然灾害"所致核损害排除在损害赔偿免责事由之外，拟提高损害赔偿限额，拟延长赔偿请求权时效，并拟删除赔偿请求权以自窃盗、遗失、投弃或抛弃之时起二十年为限的规定。[②] 然而，该修正草案只进行到了"立法院教育及文化委员会"审查的阶段，并未最终获得通过。

---

① 程明修、张惠东：《我国核子损害赔偿法制度之研修期末报告》，2011，第 2 页，资料来源：中国台湾地区行政院原子能委员会网站 https://www.aec.gov.tw/share/file/information/wUfkW~6b67~WYA6zqi3nEg__.pdf；访问时间：2021 年 2 月 4 日。
② 《立法院议案关系文书（院总第 1640 号，政府提案第 13019 号）》，资料来源：https://lci.ly.gov.tw/LyLCEW/agenda1/02/pdf/08/01/02/LCEWA01_080102_00064.pdf；访问时间：2021 年 2 月 4 日。

此外，1998 年台湾地区行政主管部门原子能委员会颁布了"核子损害赔偿法施行细则"，共十二条，对一些细节问题进行了规定。例如财务保证的形式和金额，保证金孳息的提取等。

我国台湾地区的"立法"主要采用了日本的立法模式。为此，核损害赔偿独立式立法也不例外。

（二）合并式立法模式

合并式立法模式的主要代表是英国、德国和俄罗斯。

1. 英国

英国最早于 1946 年颁布了《1946 年原子能法》（Atomic Energy Act 1946），该法主要规定了政府的信息获取权和检查权，矿产的搜索权和财产获取权，产品控制，原子能使用和信息公开等。此法只是"一项初始的，简单的，对一个全新且富含极大未知的行业的规制尝试"。① 直到 1954 年英国原子能管理局（UK Atomic Energy Authority）的成立，核能规制才取得了较大的进步。英国于 1959 年颁布了《1959 年核设施法》（Nuclear Installations Act 1959）。该法颁布受到了英国历史上最严重的核事故——1957 年 10 月温斯凯尔（Windscale）核事故②的影响。

此后，英国加入了 1960 年《关于核能领域中第三方责任的公约》（以下简称《巴黎公约》），1963 年《关于核能领域中第三方责任的 1960 年 7 月 29 日巴黎公约的补充公约》（以下简称《布鲁塞尔补充公约》，1963 年《关于核损害民事责任的维也纳公约》（以下简称《维也纳公约》）和 1988 年《关于适用〈维也纳公约〉和〈巴黎公约〉的联合议定书》。

在加入了上述公约的背景下，英国 1965 年颁布了新的《1965 年核设施法》（Nuclear Installations Act 1965）。《1965 年核设施法》是上述公约的

---

① Berkemeier, Molly, et al. "Annex D: Key Points in the Development of UK Nuclear Regulations". *Danish Institute for International Studies*, 2014, p. 47, Governing Uranium in the United Kingdom.

② 1957 年 10 月温斯凯尔核事故在国际核事件等级表中列第 5 级。

英国国内法实践。在《核设施法》中，较为详细地规定了核损害赔偿，落实了营运者唯一责任原则、严格责任原则和责任限制原则。《1965 年核设施法》由 1983 年颁布的《能源法》（Energy Act 1983）进行修订。经修订的《核设施法》规定，核厂址许可证持有者对核损害负有绝对的责任，对厂址内的电离辐射也负有同样的责任。损害必须是对有形财产的实物损害，而不包括纯经济损失或对无形财产和产权的损害。①

日本福岛核事故后，为了与英国所加入的国际公约的变化相适应，②2016 年，英国政府颁布了《核设施（损害责任）命令》（Nuclear Installations（Liability for Damage）Order），该命令将营运者对核事故的责任限额上调，赔偿范围增加了生态环境损害等。

2. 德国

德国关于核损害赔偿的规定则规定于《原子能法》（The Atomic Energy Act，Atomgesetz-AtG，1959）中，其制订是基于西德加入了 1957 年的《欧洲原子能条约》（Euratom Treaty）的现实背景。此后，德国也加入了《巴黎公约》，《布鲁塞尔补充公约》和《关于适用〈维也纳公约〉和〈巴黎公约〉的联合议定书》。

《原子能法》第二十五条基本按照《巴黎公约》规定实施（《巴黎公约》关于运输工具受损失不承担责任和不承担由武装冲突、敌对行动、内战和起义等行为或异常严重的自然灾害直接引起的核事故损失责任的规定不适用）。此外，还规定了死亡的索赔范围（第二十八条）、身体伤害的索赔范围（第二十九条）、残废金（第三十条）、责任限额（第三十一条）、时效（第三十二条）、多个肇事者（第三十三条）、免除义务（第三十四条）、联邦补偿（第三十八条）。

然而，在 2011 年 3 月福岛核事故发生后的几天内，德国发生了大规模的反核抗议活动。2011 年 5 月 29 日，默克尔政府宣布将在 2022 年之前

---

① 曲云欢、刘婷、杨丽丽：《英国核安全体系建设及对我国的启示》，《环境保护与循环经济》2013 年第 3 期，第 24 页。

② "Explanatory Memorandum to the Nuclear Installations（Liability for Damage）Order 2016"，2016，No. 562，pp. 1 - 2，资料来源：https://www.legislation.gov.uk/uksi/2016/562/pdfs/uksiem_20160562_en.pdf；访问时间：2021 年 2 月 4 日。

关闭所有核电站。因此，虽然德国和我国均采用大陆法系，但是德国"弃核"的现实选择使得其立法对我国参考意义有限。

3. 俄罗斯

俄罗斯关于核损害赔偿的规定则规定于1995年国家杜马（State Duma）通过的《原子能利用联邦法》（Federal Law on the Use of Atomic Energy）中，在第七节规定了核损害赔偿责任。包括无过错责任原则（第五十四条），责任限制原则（不超过《维也纳公约》限额，第五十五条），财务保障条款（第五十六条），国家参与（第五十七条），时效（第五十八条），环境辐射损害（第五十九条），雇员赔偿责任（第六十条）等内容。

虽然目前立法采用合并式，但俄罗斯在切尔诺贝利事件发生后，其国家杜马已经在撰写《核损害民事责任法案》（Bill on Civil Liability for Nuclear Damage），从1996年发布一次审议稿以来，到2012年已经发布了三次审议稿。[①] 可见俄罗斯正在从合并式转向独立式。

（三）合并式和独立式立法模式的优劣比较

合并式立法可以在一部法律里规定核能使用的方方面面，但通常具有如下的缺点：立法覆盖范围过大，缺乏对核损害赔偿的细致规定。如果在合并式立法里规定核损害赔偿的所有细节，又会显得核损害赔偿立法占比过大。而单独式立法的好处是：在兼顾既往立法历史的同时，得以提纲挈领，在统一的立法精神和立法原则下进行规定。

如前文所言，中国目前采用的是分散式立法。其存在的问题是在一定程度上重复累赘，适用法律时需要查看多部法律法规并比较其效力，而且分散式立法内部存在冲突的可能性。分散式立法是次于合并式立法和单独式立法的立法模式。从上文所述的立法内容来看，核损害赔偿涉及事项众

---

① Pocatom：Civil Liability for Nuclear Damage in the Legislation of the Russian Federation, https://www.oecd-nea.org/ndd/workshops/nuclearcomp/presentations/documents/Rosatom-OECD-NEALiabilityWorkshop-December2013.pdf；更新时间：2013年12月1日；访问时间：2021年2月4日。Lebedeva, Yulia, Draft Federal Act of the Russian Federation "The Civil Liability for Nuclear Damage and its Financial Security", *Nuclear Law Bulletin*, Vol.2014/2, p.105, p.106, p.110.

多，需要独立式立法。而中国大陆目前法律只原则性地规定了核设施营运人的唯一责任、严格责任、财务保证等事项。

我国如果采用合并式立法的话，目前并没有合适的法律可以对此进行合并。《核安全法》于 2018 年已经生效，《原子能法（征求意见稿）》也已经发布。从目前立法者的选择来看，中国的《核安全法》和《原子能法（征求意见稿）》只是较为原则性的规定，而事实上《核安全法》和《原子能法》也都不宜对核损害赔偿规定过细。等待《核安全法》在短期内修改也不现实。但核损害赔偿立法时不我待，核损害赔偿迫切需要独立式立法。

综上所述，美国、日本对核损害赔偿都采取了独立式立法，而俄罗斯也正在从合并式转向独立式。历史上曾经发生重大核事故的国家立法都对核损害赔偿加以特别关注。采用合并式的英国、德国受到了国际公约的影响，立法较早。可以认为独立式立法是目前国际主流的立法趋势，也是符合中国国情的，值得我国学习。

三 我国采用独立式核损害赔偿立法模式的意义

从实质上看，中国核损害赔偿制度采用独立式立法有益于利益相关方明晰核安全责任；从形式上看，还有益于我国原子能法律制度的完善。因此，我国核损害赔偿制度立法应采取独立式。

（一）核损害赔偿制度独立式立法有益于相关方明晰核安全责任

在这个价值多元的社会里，利益冲突难以避免。立法的实质是利益平衡，法律需要对不同利益相关方的诉求做出回应。核法需要考虑到政府、核设施营运单位和公众各方的利益平衡，而核损害责任制度独立式立法有益于相关方明晰核安全责任，进而使得政府明确其权责，核设施营运单位注重事前防范，公众权益得到保障，核能行业有序健康发展。

1. 有益于协调核利用行为人的相互关系

制定完备的核损害赔偿制度有如下两方面作用：首先，保护受害公民的人身财产和生态环境，为核事故受害人提供适当的赔偿；其次，保护核能产业的持续发展，通过责任限制促进私人工业参与核能发展。制定完备的核损害赔偿制度有益于协调上述两者的关系。美国作为国际社会上的核大国，使用核能历史较长，发生过三里岛核事故，具备较多的核立法经验，其立法经验值得我国借鉴。保护受害公民的人身财产和生态环境以及促进核能产业的持续发展也是美国核能立法——《普莱斯—安德森法》的两大立法目标。①

一方面，相较于政府和核设施营运单位，核损害受害人往往处于弱势地位，需要得到特殊的法律保护。制定完备的核损害赔偿制度有利于受害人得到足够而及时的救助。例如，明确营运者唯一责任原则可以避免冗长而复杂的法律反诉问题，有利于迅速确定赔偿责任主体，及时向核事故受害者提供赔偿。明确核设施营运单位承担严格责任，有利于保护受害者，免除受害者对核设施营运单位主观心态具备过错的举证责任。

另一方面，核设施营运单位投资成本较大，面临后果严重的核事故风险较高，核设施营运单位的财务风险也较高。核设施营运单位承担唯一责任和严格责任，这对其来说，无疑是背上了沉重的经济负担。为了不使核设施营运单位因为担忧巨额赔偿而不愿参与核电发展，或者因为负担巨额赔偿而导致陷入破产的困境，需要立法对核设施营运单位的责任施加金额和时间方面的限制，也就是明确责任限制原则。

制定完备的核损害赔偿制度，其实就是在上述利益相关方之间进行协调，尽量达到平衡。

2. 有益于政府及其主管部门明确核安全监管职责

核损害赔偿制度独立式立法有益于让政府明确核损害赔偿责任的上限和政府责任的范围，让政府强化核安全监管的职责。

---

① "Price-Anderson Act Amendments Act of 1986," 99th Congress, 2d Session, Report 99 – 310, pp. 2 – 3.

首先，虽然中国政府也认识到了政府核安全监管职责的重要性，但是目前的制度构建尚不完善。《核安全法》第六条规定："国务院核安全监督管理部门负责核安全的监督管理。国务院核工业主管部门、能源主管部门和其他有关部门在各自职责范围内负责有关的核安全管理工作。国家建立核安全工作协调机制，统筹协调有关部门推进相关工作。"由此可见，国务院核安全监督管理部门、核工业主管部门、能源主管部门和其他有关部门负有核安全监管职责。然而，针对核损害后果如何监管，并没有具体的规定。核损害责任制度独立式立法有益于让政府相关部门了解核设施营运单位责任的范围，能更好地履行核安全监管职责。

其次，核损害所造成的后果十分严重，只靠核设施营运单位一己之力进行赔偿往往无法覆盖所有的损失，尤其是在责任限额原则下的有限责任制模式下，核损害的损失通常远远超过核设施营运单位的责任限额。国家资金支持可以对受害者进行补充赔偿，使他们得到充分而及时的补偿。此外，核能作为国家战略能源，国家对其发展有着不可或缺的重要作用。国家有义务在核损害发生后介入，拨出专门款项进行资金支持。例如，1986年《批复》规定了在核损害总额超出责任限额的，中国政府将提供必要的、有限的财政补偿，其最高限额为人民币 3 亿元。而 2007 年《批复》则提高了这一限额，规定："核事故损害的应赔总额超过规定的最高赔偿额的，国家提供最高限额为 8 亿元人民币的财政补偿。对非常核事故造成的核事故损害赔偿，需要国家增加财政补偿金额的由国务院评估后决定。"但是，法律中并无两个《批复》中详细的规定。此外，2007 年距今已有十数年之久，随着中国经济飞速发展和通货膨胀，新制定的核损害赔偿独立式立法宜将标准适度上调，或制定随着平均收入浮动而浮动的具体限额标准。由此可以看出，核损害赔偿责任制度的构建也包括政府的责任范畴。

综上所述，核损害责任制度独立式立法有益于让政府知晓核损害赔偿责任的上限，明确政府责任的范围，以明确政府权责。

3. 有益于核设施营运单位和关联主体明晰各自的核安全责任及其责任范围

核损害赔偿制度独立式立法有益于让核设施营运单位明晰核损害中所

应承担的赔偿责任范围和上限，有利于核能行业的健康有序发展，有利于促进核安全文化的构建，有利于提醒核设施营运单位注重事前风险防范，核事故造成的巨大损害常常难以预测，如果不限定核设施营运单位的赔偿责任，在可能最坏的情况下其赔偿数额将会高于迄今所遇到的任何财政责任，营运者将很难找到必要的保险或者财政担保以应对这些危险，[1] 企业将因惧怕破产风险而不敢参与核能行业的发展；另外，对于企业通常通过购买保险来分散和转移核活动可能带来的巨额损害，如果事先无法确定核设施营运单位的赔偿限额，对于无限责任保险，保险公司无法核算成本，从而导致核设施营运单位无法从市场上购买到足够的保险。[2]

此外，虽然有责任限制原则的保护，但唯一责任和严格责任就仿佛悬在核设施营运单位头上的两把"达摩克里斯之剑"，时刻提醒核设施营运单位注意核设施与核材料安全，同时也促进其培育和发展核安全文化。核损害责任制度独立式立法有益于核设施营运单位保障核设施与核材料安全，发展安全文化。明晰核设施营运单位的核安全责任可以让核设施营运单位做好预算，自主、合理地安排各类预防和保障费用。而且，明晰核设施营运单位的核安全责任有利于配套的财务保证和相关的金融设施进一步完善。

再者，核损害赔偿制度更加倾向于注重事前救济，完善的制度使得核设施营运单位注重事前的风险预防。因此，无论核事故发生与否，其发生概率大小如何，建立核损害赔偿制度的紧迫性都存在。更何况中国目前核电发展蓬勃，越早建立起完善的核损害赔偿制度，核设施营运单位越早能在责任明晰的前提下加以十二万分的注意，以达到预防核事故风险的作用。因此，建立完善而独立的核损害赔偿制度具有紧迫性，应当加快立法进程。

---

[1] International Expert Group on Nuclear Liability, "Overview of the Modernized IAEA Nuclear Liability Regime", GOV/INF/2004/9-GC（48）/INF/5, In Board of Governors General Conference of IAEA, 2004, p. 2, 资料来源：https://www.iaea.org/sites/default/files/gc/gc48inf – 5_en.pdf；更新时间：2004 年 9 月 2 日；访问时间：2021 年 2 月 4 日。

[2] Norbert Pelzer, "Focus on the Future of Nuclear Liability Law", *Journal of Energy & Natural Resources Law*, Vol. 17, Issue 4, 1999, pp. 337 – 338.

4. 有益于保障公众环境权益

核损害赔偿制度独立式立法有益于保障公众环境权益。一是保障公众基本的生命财产安全；二是保障公众的知情权和参与权。

首先，核损害赔偿制度独立式立法有益于保障公众的生命财产安全，保护生态环境。核损害责任制度独立式立法明晰了核安全责任的承担者，使得核损害事故责任落实并集中到核设施营运单位。责任承担者的落实使得核设施营运单位注重事前防范，有助于保障公众的生命财产安全，保护生态环境。就事后救济而言，核损害赔偿责任制度划定了核安全责任的赔偿范围，使得财产赔偿和生态环境的修复有法可依。起初，核设施营运单位的赔偿责任范围仅限于人身伤害和财产损失，切尔诺贝利核事故的发生，令人们清楚地认识到，经济损失、预防措施费用、受损环境的恢复措施费用以及因环境损害而产生的其他损失等也应该构成核事故损害的主要部分，同样应该纳入核设施营运单位的赔偿责任范围。

其次，核损害赔偿制度独立式立法有益于让公众知晓核安全责任的承担者和赔偿范围，知晓核安全信息，有效参与对核设施营运单位的监督管理。虽然核电行业一直致力于确保安全万无一失，但是社会大众普遍对原子能利用具有恐惧与厌恶心理，公众谈"核"色变。随之而来的"邻避运动"使得原子能和平发展遇到了极大的阻碍。制定完备而独立的核损害赔偿法有公示作用，让公众知晓核安全责任的承担者和赔偿范围，有利于消除公众对核能的疑议，树立公众对合理开发核能的信心。另外，公众可以参与到原子能立法中来——比如参与到《原子能法（征求意见稿）》的意见征集中，这有利于公众参与对核设施营运单位的监督管理，也有利于公众清晰知晓核能建设的利弊。

（二）核损害赔偿制度独立式立法有益于我国原子能法律制度的完善

核损害相对于普通损害具有一定的特殊性，这导致了核损害赔偿制度相较于普通民事侵权赔偿制度有一定的特殊性，其特殊性决定了独立式立法的必要性。核损害赔偿立法也是原子能法治化的本质要求。中国现有和既往的核立法对核损害赔偿制度仅仅做出了原则性的规定，存在法律细化不足、细化法规位阶较低等问题，需要对核损害赔偿制度进行独立式立法。

1. 核损害赔偿制度的特殊性

核损害与一般侵权损害最大的不同在于，核损害具有"或然性、潜伏性、持续性和后果的严重性"等特征，而一般侵权损害则相反，呈现出"确定性、可预期性、可控制性和后果的有限性"特征。核损害的这些特征造成了核损害赔偿责任制度与一般侵权损害赔偿责任制度存在天然的差异。[①]

再者，"一般侵权损害赔偿制度要注重对事后侵权损害的救济，以保护受害人的合法权益受侵害后得到补偿，同时对可归责的当事人科以责任，惩罚其过错和不法行为，对社会公众产生教育和威慑作用，从而可以预防侵权行为的发生，促进社会和谐稳定"。[②] 核损害赔偿制度更加倾向于注重事前救济，法律具有预防作用。法律的预防作用主要是通过法律的告示作用和执法的效力以及对违法行为进行惩治力度的大小来实现的。"法律代表国家关于人们应当如何行为的意见和态度。这种意见和态度以赞成和许可或反对和禁止的形式昭示于天下，向整个社会传达人们可以或必须如何行为的信息，起到告示的作用。"[③] 核损害赔偿立法明晰了核损害赔偿责任，为核设施营运单位的行为做出指示，巨额的赔偿使得核设施营运单位对自身的行为活动加以十二万分的注意和小心，对核事故的发生起到预防作用。当然核损害赔偿制度的终极目标也是使得受害人得到充分的救济，但是其制度设计更加偏重于事前的预防。

此外，一般侵权损害赔偿制度采用过错责任原则，而在核事故中，加害主体大多是经济实力雄厚、生产经营规模巨大的企业组织或各种营利团体，而受害客体则往往是广大公众的生命、健康和环境。而且，损害的发生与主观过错并无必然的联系，要求受害者举证证明加害者具有过失几乎或者根本不可能。新型侵权行为所具有的这些特殊性，均非现代民法在当

[①] 陈建：《我国核损害赔偿责任制度缺陷及立法建构》，《大连理工大学学报》（社会科学版）2019 年第 3 期。

[②] 马兆冲：《核损害赔偿法律制度研究》，西南政法大学 2012 年硕士学位论文，第 7 页。

[③] 张文显主编：《法理学》，高等教育出版社 1999 年版，第 200 页。

初确立过错责任时所能预料。① 因此，一般侵权损害赔偿制度应对核损害赔偿问题存在不足，核损害应当采用无过错责任原则。

综上所述，世界各国对核损害赔偿责任的立法从一开始就引入了不同于一般民事责任的法理，其特殊性决定了独立式立法的必要性。

2. 原子能法制化的本质要求

经过多年努力，核能已得到广泛利用。但是，核能与核技术开发利用过程中的安全问题和放射性污染防治问题，在本世纪初也越来越突出。主要表现在：（1）中国已有的核设施部分进入到退役阶段，若监管不严或处置不当，遗留的放射性物质将构成威胁；现正在运行的核设施，也存在着潜在危险，一旦发生泄漏或者因发生安全事故产生放射性污染也会构成严重威胁。（2）中国当时具有放射源 5 万多枚，由于用户多而分散，单位管理不善等原因，因放射源使用不当或者丢失导致的放射性污染事故不断发生。（3）在铀（钍）矿和伴生放射性矿开发利用过程中，由于对放射性污染防治重视不够，缺乏对放射性污染防治的专项管理制度，乱堆、乱放放射性废矿渣的情况时有发生。（4）中国已产生了不少放射性废物，虽然国家有放射性废物处置政策，但是，由于缺乏强制性的法律制度和措施，致使对放射性废物的处置监管不力，在一定程度上对环境和公众健康构成了威胁。② 基于这些问题，中国首部涉核法律《放射性污染防治法》于2003 年 10 月 1 日起施行。

在《关于〈中华人民共和国核安全法（草案）〉的说明》有关"立法必要性"的论证中列举了五个理由：（1）中国已成为世界上核电在建规模最大的国家，核设施、核材料具有潜在的放射危害性，立法有利于防范危害，为核安全提供法律保障。（2）日本福岛核事故后，国际社会对核能发展安全性的质疑不断。核安全立法一方面可以依法强化安全防范措施；另一方面可以依法加大核安全科普宣传，有利于增进社会公众对核安全的

---

① 蔡先凤：《核损害民事责任研究》，武汉大学 2004 年博士学位论文，第 180 页。

② 解振华：《关于〈中华人民共和国放射性污染防治法（草案）〉的说明——2002 年 12 月 24 日在第九届全国人民代表大会常务委员会第三十一次会议上》，资料来源：http://www.npc.gov.cn/wxzl/gongbao/2003 – 08/12/content_5318780.htm；更新时间：2003 年 8 月 12 日；访问时间：2021 年 2 月 4 日。

了解和信心。（3）中国涉及核安全的法律长期以来只有一部从放射性污染防治的角度加以规范的法律，许多问题未做出规定，不能适应现实的实际需要，立法有利于完善核安全法律体系。（4）中国已成立国家核安全监管机构，通过制定核安全法，可以进一步理顺对行业管理与监督的职责，实现运营与监管的分工，提高核安全监管工作的相对独立性和有效性。（5）立法是促进中国核安全国际合作的需要，有利于树立中国良好的国际形象，坚定国际社会对中国核安全的信心，也有利于中国"核电走出去"战略的实施。[1] 在《核安全法（征求意见稿）》立法说明中，从三个方面论证了立法必要性："（1）完善涉核领域法规体系，填补立法空白；（2）促进原子能事业健康可持续发展；（3）确保原子能事业发展安全。"[2]

从这些立法和立法背景文件中可以看出，针对中国核安全和放射性污染防治问题，已经进行了专门性立法。但是，对于核损害赔偿这一具体问题，并没有独立式立法。核损害后果严重，从原子能立法体系的完备性上来说，核损害赔偿是一个十分重要的问题，需要进行独立式立法，这是原子能法治化的本质要求。核损害赔偿制度的独立式构建十分重要，我国现有的法律法规存在很多不足，核损害赔偿制度独立式立法有益于原子能法律制度体系的完善。而且，核损害赔偿制度独立式立法的适用和将来修法也更为便捷灵活。

四　结论

综上所述，中国能源结构正由以化石能源为主向多元化转变，核能地位不断上升，存在一定的核损害风险。核事故损害后果严重，核损害赔偿

---

[1]　张云川：《关于〈中华人民共和国核安全法（草案）〉的说明——2016 年 10 月 31 日在第十二届全国人民代表大会常务委员会第二十四次会议上》，资料来源：http://www.npc.gov.cn/zgrdw/npc/xinwen/2017 - 09/04/content_2028302.htm；更新时间：2017 年 9 月 1 日 10：14：12；访问时间：2021 年 2 月 4 日。

[2]　司法部：《关于〈中华人民共和国原子能法（征求意见稿）〉的说明》，资料来源：http://www.moj.gov.cn/news/content/2018 - 09/20/zlk_40215.html；更新时间：2018 年 9 月 20 日 17：18；访问时间：2021 年 2 月 4 日。

制度具有一定的特殊性。我国的原子能法律法规制度正在不断完善，然而依旧存在立法空白和规定不清晰、不具体等问题。为保护公众的生命财产安全和生态环境，同时也为了核电行业健康有序的发展，核损害赔偿立法刻不容缓。通过参考域外核损害赔偿制度的立法模式，我国应当对核损害赔偿制度采用独立式立法。核损害赔偿制度的独立式立法从实质上有益于相关方明晰责任，从形式上有益于我国原子能法律制度的完善。

核损害赔偿独立式立法在现有法律法规的基础上，除了强调营运者唯一责任、责任限制、严格责任以外，还应当对核损害赔偿的财务保证的具体实施方式、集中司法管辖、诉讼时效、多个责任者如何分配责任等问题作出相应规定。

Study on the Necessity of Independent Legislation of Nuclear Damage Compensation in China

Fu Zheming   Wang Jin

Abstract: The energy structure in China is shifting from focusing on fossil energy to diversify. The number of nuclear power plants is gradually increasing. The status of nuclear energy has continued to rise, and the risk of nuclear damage exists. The consequences of nuclear accidents are serious, and the nuclear damage compensation system has certain particularities. This article introduces the shortcomings of existing nuclear damage compensation laws and regulations in China, as well as foreign (regional) nuclear damage compensation systems, proposes that nuclear damage compensation in China should adopt independent legislation and explains the reasons: (1) the establishment of nuclear damage liability system is beneficial to the government, nuclear facility operators and the public in clarifying nuclear safety responsibilities; (2) the establishment of nuclear damage liability system is conductive to the improvement of atomic energy legal system in China.

Keywords: Nuclear Damage Compensation; Independent; Necessity

核损害限额赔偿责任原则的
反思与重构

胡帮达

摘　要： 核损害限额赔偿责任原则偏向于保护核能产业发展的政策功能定位令其饱受质疑。理论上，批评限额赔偿责任原则的观点包括区分过错的责任论和无限赔偿责任论；实践中，对核损害限额赔偿原则的突破表现为国际法层面巴黎公约去限额赔偿的发展趋势和国内法层面德日等国家立法采用无限赔偿责任。经反思发现，区分过错的责任论和无限赔偿责任论均存在局限性，其对核损害限额赔偿原则的批评并不完全成立。克服核损害限额赔偿责任原则的局限需国家介入，即应确立核损害限额赔偿与国家适当补偿原则，从而实现核能利用中国家、核能企业和社会公众之间的利益平衡。

关键词： 核损害；限额赔偿责任；无限赔偿责任；国家补偿；核安全

作者简介： 胡帮达（1986—　），法学博士，华中科技大学法学院副教授，主要研究方向：环境法、核法律与政策。

基金项目： 本文系教育部人文社会科学研究青年基金项目"可接受风险视角下核安全法律制度的构建"（17YJC820015）；中国法学会部级法学研究课题"核损害赔偿制度构建中的赔偿原则研究"（CLS（2018）D133）的研究成果之一。

目　次

一　问题的提出

日本福岛核事故警示各国发展核能不仅要高度重视核安全，还应未雨绸缪构建核损害赔偿制度，以救济核事故造成的巨灾，从而维护社会公平正义。中国在福岛核事故后已开始大力推进核领域的立法工作，这其中如何完善核损害赔偿制度成为立法需要论证的重要课题之一，尤其是在核损害限额赔偿责任问题方面还未形成共识。① 我国已生效的《中华人民共和国核安全法》（2017 年）（以下简称《核安全法》）和司法部发布的《中华人民共和国原子能法（草案）征求意见稿》（2018 年）（以下简称《原子能法（草案）征求意见稿》）在此问题上均采取了"不作为"的态度。②

---

① 例如，在我国《核安全法（草案）》（二次审议稿）审议过程中，有人提出法律应当对核设施运营单位的最高赔偿额和国家兜底责任等作出明确规定，但是全国人大法律委员会认为核损害赔偿问题复杂，涉及方面多，还有分歧意见，建议对这一问题作进一步研究，形成基本共识后，再行做出安排。《全国人民代表大会法律委员会关于〈中华人民共和国核安全法（草案）〉修改情况的汇报》，资料来源：http://www.npc.gov.cn/npc/xinwen/2017-09/01/content_2028121.htm，访问时间：2020 年 1 月 5 日。

② 《核安全法》第 90 条规定了核损害赔偿唯一责任原则并规定了免责事由、财务保证等相关内容，但并未对限制责任这一重要问题进行明确规定。《原子能法（草案）征求意见稿》没有具体规定核损害赔偿问题，但我国关于核损害赔偿问题的临时性文件《国务院关于核事故损害赔偿责任问题的批复》（国函〔2007〕64 号）中明确指出，制定《原子能法》时应当对核损害赔偿问题作出明确规定。

核损害限额赔偿责任，简单来说是指针对核事故造成的核损害，法律规定核设施运营人的最高赔偿责任额度，核设施营运人对超过此额度范围的损害不负赔偿责任。虽然从世界范围来看，将限额赔偿责任作为核损害赔偿制度的基本原则之一几乎成为"主流学说"或"主流实践"，但与之相关的争议并未消绝，突破这一原则的立法实践也在不断发展。因此，对我国核损害赔偿制度的立法构建与完善而言，应否选择限额赔偿责任原则或者应采用何种赔偿责任规则仍需要慎重考虑。

我国现有关于核损害赔偿制度的研究多为对国际公约和各国确立核损害限额赔偿责任原则的事实的客观描述和对我国"引入"限额赔偿责任原则的立法建议，[①] 但对为何要采用限额赔偿责任原则缺乏系统的理论反思。考虑到核损害限额赔偿问题系侵权法中应由法律另行规定的特殊高度危险责任领域，[②] 无论是基于《核安全法》和《原子能法（草案）征求意见稿》立法（起草）过程中存在的"疏忽"，还是立法机关未来制定核损害赔偿专门性法律的考虑，[③] 都有必要对此问题展开深入研究。本文将在分别梳理支持核损害限额赔偿责任原则以及反对限额赔偿责任原则的主要观点和立法实践的基础上进行反思，进而提出重构我国限额赔偿责任原则的理论主张，为我国核损害赔偿立法和制度完善提供理论参考。

二 核损害限额赔偿责任原则的法政策考量及法律表达

在高度危险责任领域，侵权法采取限额赔偿规则与是否采用严格责任原则并没有必然逻辑联系，乃系立法政策之重大问题。[④] 换言之，难以从

---

① 李雅云：《核损害责任法律制度研究》，《环球法律评论》2002 年第 3 期；蔡先凤：《论核损害民事责任中的责任限制原则》，《法商研究》2006 年第 1 期；刘久：《〈核安全法〉背景下我国核损害赔偿制度立法研究》，《法学杂志》2018 年第 4 期。

② 《侵权责任法》（2010 年）第 77 条规定："承担高度危险责任，法律规定赔偿限额的，依照其规定。"

③ 我国也有制定《核损害赔偿法》的立法呼吁。例如，我国核工业主管部门国防科工局已于 2017 年指导成立了以中国核能行业协会为牵头单位的核损害赔偿法律问题研究课题组。陈刚：《核损害责任法律法规汇编》，法律出版社 2018 年版，第 1 页。

④ 王泽鉴：《侵权行为》，北京大学出版社，2016，第 18 页。

侵权法的一般理论层面上探寻维持核损害限额赔偿责任原则正当性的充分理由，而需要结合核损害赔偿制度本身的目的或功能来分析其法政策之考量。

（一）核损害限额赔偿责任原则的法政策考量

从历史的角度来看，核损害赔偿制度缘起于美国，后经国际公约所提倡，逐渐"扩散"至各国的国内法中。通过考察可以发现，美国创建核损害赔偿制度的初衷是为了消除民用核能发展的障碍。具体来说，二战后，美国开始倡导和平利用核能，并通过《1954 年原子能法》来结束政府对核能技术的垄断并鼓励私有企业发展民用核能，但是考虑到严重核事故可能会造成巨额损害，[①] 以及当时美国私人保险公司最多只能为一个核电厂提供 6000 万美元保险赔偿金，私营企业对投资核能缺乏信心，它们不愿意在存在巨大赔偿风险且没有充分责任保险的前提下推进核电项目。例如，美国爱迪生公司声称它们会继续推进建设纽约附近的核电站，但是如果保险问题没有得到解决它们将不会装料和运行核电站；通用电器公司则指出，没有政府的保险方案，民用原子能市场会崩溃，私人投资者也将会把资金撤出该领域。[②] 为了消解企业的顾虑，实现原子能法扶持民用核能产业兴起的目标，美国国会于 1957 年通过了世界第一部核损害责任法——《普莱斯—安德森原子能行业损害责任法》（简称《普莱斯—安德森法》）。[③]

《普莱斯—安德森法》规定了核设施运营人对一次核事故造成的核损害的赔偿责任的最高数额、强制责任保险、政府提供保险担保和国会决定

---

① 如美国原子能委员会 1957 年在其《大型核电厂主要事故的理论可能性与后果的研究报告》中指出，最坏情形下核事故可能会导致将近 3400 人死亡，43000 人受伤，还可能造成 1500 万美元到 70 亿美元的财产损失，实际损害可能要远大于这一预测。U. S. Atomic Energy Commission, *Theoretical Possibilities and Consequences of Major Accidents in Large Nuclear Power Plants*, Berkeley: University of California Libraries, 1957, p. 15.

② J. Samuel Walker & Thomas R. Wellock, *A Short History of Nuclear Regulation: 1946 - 2009*, Washington: U. S. Nuclear Regulatory Commission, 2010, pp. 13 - 15.

③ 该法全称为 Price-Anderson Nuclear Industries Indemnity Act, 为修订后的美国《1954 年原子能法》第 170 条。

提供必要补偿等内容。美国国会认为，《普莱斯—安德森法》所建立的核损害赔偿制度是出于两方面的考虑：一是保护核设施营运人不因严重核事故而彻底破产或者血本无归；二是保护公众在遭受核损害后能够得到及时充分的赔偿。[①] 这一制度设计相当于给企业投资核能吃了一颗 "定心丸"，为私有企业发展核电免去了后顾之忧。[②] 可以认为，起源于美国的核损害赔偿制度功能是通过协调企业经济利益和公众安全利益的方式来实现促进核能发展的国家总体政策目标。这其中的利益平衡理念和方法亦被后来的国际公约和国家立法所认可和延续。[③]

从实体内容来看，这一平衡如何实现，主要取决于责任限制中的限额赔偿。对企业来说，其经济风险的大小或经济利益得到保护的程度取决于设定的赔偿限额的情况，法律规定的赔偿限额越高，企业的经济风险越大，反之则越小；对公众来说，其利益得到保护的程度亦由限额赔偿的数额来决定，额度越高，利益受保护的程度越高，反之越小。需要说明的是，限额赔偿这一利益协调功能的发挥建立在预期的核损害实际规模要大于设定的赔偿限额这一前提上，否则限额赔偿的规定对企业和公众都没有意义。然而，该前提也意味着在实际核损害大于设定的赔偿限额时，如果没有额外的补偿机制，将会牺牲公众的利益，会有失公平。

这一点在美国《普莱斯—安德森法》通过后曾引发了法律设定赔偿限额的合宪性之争：1977 年美国北卡罗莱纳州地区法院认为《普莱斯—安德森法》规定的核损害最高赔偿额未能确保事故受害者获得公正的赔偿而违反美国宪法第五修正案的正当法律程序规定；而美国联邦最高法院则认为，核损害赔偿责任限制的规定并不违宪，因为发生损害大于赔偿限额的核事故的概率极小，该赔偿额能够为受害者提供充分的补偿，而且即便实

---

① Rocchio D M, "Price-Anderson Act: Allocation of the Extraordinary Risk of Nuclear Generated Electricity: A Model Punitive Damage Provision", in *Journal of British Dental*, 7 (1986), pp. 376 – 379.

② K. S. Shrader Frechette, *Nuclear Power and Public Policy: The Social and Ethical Problems of Fission Technology*, Berlin: Springer, 1980, p. 11.

③ International Atomic Energy Agency, "The 1997 Vienna Convention on Civil Liability for Nuclear Damage and the 1997 Convention on Supplementary Compensation for Nuclear Damage — Explan- atory Texts", in *Journal of IAEA International Law Series*, 3 (2017), pp. 1 – 5.

际损害超过赔偿限额，《普莱斯—安德森法》还规定了国会将采取必要措施以补偿受害者。①

笔者认为，从保护公众利益的角度来看，以实际损害大于赔偿限额的概率极小来论证限额赔偿规定的正当性并不具有说服力，其逻辑合理性应在于法律规定了额外的国家补偿机制。换言之，在核损害赔偿制度的规范体系中，限额赔偿责任原则本身的功能主要还是保护企业经济利益。

（二）核损害限额赔偿责任原则的法律表达

限额赔偿责任原则的核心要求是法律设定核设施营运人在一次核事故中的最高赔偿额度，但这一最高赔偿额度通常是立法过程中争议较多的问题。国际立法以及各国的核损害赔偿立法采用的表达方式不尽一致，其差异主要表现在限额赔偿的数额以及限额赔偿资金的构成方式方面。

在国际法层面，② 维也纳公约体系中规定各国应设定赔偿限额的底限，如《关于核损害民事责任的维也纳公约》（1963 年）第 5 条第 1 款规定："营运人对每一核事件的赔偿可以由装置国限制为不得少于 500 万美元"；《1997 年修正〈关于核损害民事责任的维也纳公约〉的议定书》第 7 条第 1 款规定："营运人对于任一核事件的责任可由装置国限定为不少于 3 亿特别提款权（SDR）；或者装置国将营运人对于任一核事件的责任限定为不少于 1.5 亿 SDR，再由政府提供公共资金来补足此数额至不少于 3 亿 SDR 这一最低总额之间的差额"。而巴黎公约体系（现行生效的公约）则规定了各国应设定赔偿限额的具体范围（下限和上限），如《关于核能领域第三方责任的巴黎公约》（1982 年修订）第 7 条第 2 款规定："营运人

---

① Duke Power Co. v. Carolina Environmental Study Group, Inc., 438 U.S. 59 (1978).

② 关于核损害赔偿，国际法层面形成了国际原子能机构（IAEA）主导缔结的维也纳公约体系和经济合作与发展组织（OECD）主导缔结的巴黎公约体系。前者包括《关于核损害民事责任的维也纳公约》（1963 年，简称《维也纳公约》）和《核损害补充赔偿公约》（1997 年）和《1997 年修正〈关于核损害民事责任的维也纳公约〉的议定书》；后者包括《关于核能领域第三方责任的巴黎公约》（1960 年通过，1964 年和 1982 年分别修订，简称《巴黎公约》）、《布鲁塞尔补充公约》（1963 年，1964 年和 1982 年分别修订）和尚未生效的关于修订这两个公约的议定书（下文另述）。两个公约通过《关于适用〈维也纳公约〉和〈巴黎公约〉的联合议定书》（1988 年）衔接起来。

对每一核事件的最高赔偿额为 1500 万 SDR，各缔约方可以根据营运人可获保险的情况和本国核事故的可能影响情况通过立法来调整这一数额，但是不得少于 500 万 SDR"。

国内法层面，未加入或未完全加入上述公约，但采用了限额赔偿责任原则的国家中，有些国家也建立了具有本国特色的核损害赔偿制度，其在限额赔偿数额及其构成方面不受上述国际公约要求的约束。典型的例子是美国，[①] 其 1957 年《普莱斯—安德森法》规定核设施营运人对一次核事故造成的封顶核损害赔偿责任为 5 亿 6000 万美元，其中的 6000 万美元由营运人购买私人保险来覆盖，而另外 5 亿美元由政府提供责任担保。该法同时还规定营运人逐步提供资金共同建立一个保险池（Insurance Pool）以最终使营运人自己有能力提供责任保险。[②] 换言之，政府担保的限额赔偿责任部分是过渡性的规定，最终由核设施营运人来承担法律规定的最高赔偿额。随着核电产业的发展成熟，并考虑到经济发展、通货膨胀等因素，美国国会已通过多次修订《普莱斯—安德森法》来调整对营运人的核损害限额赔偿要求，政府亦退出了对营运人赔偿限额的担保。根据 2005 年最新修订的《普莱斯—安德森法》的规定，每一营运人总共需承担的赔偿限额已经提高到超过 5.8 亿美元。

我国通过国务院先后发布规范性文件的方式对核损害限额赔偿问题作出了要求。具体而言，《国务院关于处理第三方核责任问题给核工业部、国家核安全局、国务院核电领导小组的批复》（国函〔1986〕44 号，以下简称"1986 年批复"）第 3 条规定，营运人对一次核事故所造成的核事故损害营运人对全体受害人的最高赔偿额合计为人民币 1800 万元；2007 年国务院发布新的批复文件——《国务院关于核事故损害赔偿责任问题的批复》（国函〔2007〕64 号，以下简称"2007 年批复"）对上述数额进行了

---

① 美国于 2008 年批准加入了维也纳公约体系中的《核损害补充赔偿公约》，该公约主要是规定在核设施营运人赔偿责任之外设立由国家提供的公共基金以及建立国际核损害赔偿基金，重点是强调国家责任。

② U. S. Nuclear Regulatory Commission，§ 8. 2 Interpretation of Price-Anderson Act，Section 170 of the Atomic Energy Act of 1954，available at http://www. nrc. gov/reading-rm/doc-collections/cfr/part008/part008 - 0002. html（last visited January 5，2020）.

调整，将营运人的最高赔偿限额提高到了 3 亿元人民币。

三　对核损害限额赔偿责任原则的
批评与立法突破

自美国《普莱斯—安德森法》首倡并经由巴黎公约和维也纳公约之推动，近半个世纪以来，限额赔偿责任原则几乎被视为核损害赔偿的核心原则之一。但是，正如上文美国关于限额赔偿合宪性之争一案所呈现的，核损害限额赔偿自被提倡以来就伴随着争议并招致批评。实践中，国际公约和国内立法层面已表现出去限额赔偿的发展动向和规定无限赔偿的例子。

（一）对核损害限额赔偿责任原则的批评

对核损害限额赔偿责任原则的批评主要包括两方面：一是从侵权损害赔偿责任的规范逻辑角度来改良核损害限额赔偿责任原则，主张区分过错来确定赔偿责任的范围（简称"区分过错的赔偿责任论"）；二是从法政策的角度质疑限额赔偿责任原则的合理性，进而提倡在核损害赔偿中采用无限赔偿责任（简称"无限赔偿责任论"）。

1. 区分过错的赔偿责任论

在归责上，包括核损害赔偿责任在内的高度危险责任领域采用严格责任原则已经成为理论和实践中的共识，但在赔偿责任范围的确定方面，是否要考虑加害人的主观过错情况而区别对待尚存在不同观点。

有学者认为，在采用严格责任这一归责原则的前提下，应当要以加害人的过错情况来确定其需承担全部赔偿责任还是限额赔偿责任。[①] 例如，在核损害赔偿方面，区分过错的赔偿责任论，意味着只要造成核损害，无论核设施运营人是否存在过错都应当对受害人进行赔偿，但是在赔偿范围方面，核设施运营人如果主观上有过错就应当承担无限赔偿责任，没有过错则应当承担有限赔偿责任。其理由是，在侵权法中加害人的过错对赔偿

---

① 张新宝：《侵权责任构成要件研究》，法律出版社 2007 年版，第 438 页。

范围的确定具有重大影响，法律在危险特别严重的侵权领域采用严格责任原则体现的是对受害人更为妥善的保护，并没有反映对加害人行为的谴责程度，应当在确定赔偿范围时根据加害人主观过错来予以区分。申言之，法律规定有过错的核设施营运人承担全部核损害赔偿责任体现了对其更为严厉的谴责和制裁，而对无过错的核设施运营人应课以相对较轻的谴责和制裁，规定其承担限额赔偿责任。

还有学者认为，在大规模侵权或造成特别严重的损害后果情形下，还应对有过错的加害人做进一步的细分，如果加害人在主观上存在恶意且客观上有违法情节则应引入惩罚性赔偿，对其施加相较于一般过错情形下更为严厉的制裁，从而起到威慑和预防功能，更好地维护社会公共利益。[1]

综合而言，对核损害赔偿来说，在理论上区分过错意味着存在适用限额赔偿、无限赔偿和惩罚性赔偿三种赔偿责任规则的情形。这种赔偿责任论的支持者认为，对无过错的责任人和有过错的责任人采用不同赔偿责任规则的制度设计有利于促使侵权行为人严加约束自己的行为，从而引导正当的社会行为导向。[2]

2. 无限赔偿责任论

上文已论核损害限额赔偿责任原则是出于保护核能企业经济利益的立法政策考虑。然而，也有学者并不赞同这种立法政策，他们主张摒弃限额赔偿责任原则而恢复侵权责任法中的一般规则，即采用完全赔偿责任（无限赔偿责任）原则。其理由主要包括以下三点：

第一，采用限额赔偿责任原则不能体现核能利用中风险和收益分配的公平性，不能充分救济受害人。[3] 这是因为，在美国和国际公约倡导的核损害限额赔偿责任原则下，核设施营运人的赔偿限额并不是以核事故可能造成的损害规模这一风险事实为依据，而是以核设施营运人能够从市场上

---

[1] 周珂、王玉楠：《环境损害的惩罚性赔偿研究》，《人民法治》2018 年第 4 期；李建华、管洪博：《大规模侵权惩罚性赔偿制度的适用》，《法学杂志》2013 年第 3 期。

[2] 杨立新：《侵权责任法》，北京大学出版社 2014 年版，第 337～338 页。

[3] 赵威：《核损害民事责任制度研究》，《法学杂志》2017 年第 11 期。

获得的保险为基础；① 限定核设施运营人的最高赔偿数额意味着核设施运营人不需要赔偿其造成的全部核损害，从而不需要考虑其全部风险成本，超出其最高赔偿数额的那部分风险或损失将由国家或社会公众来承担，而核设施营运人尤其是核电厂运营人则成为核能利用过程中的最大获利者。

第二，采用限额赔偿责任原则不利于国家能源结构的改善。具体而言，国家立法限定核设施运营人的赔偿责任实质上是对核能产业的一种经济补贴，而在技术风险领域这种补贴的合理性通常是为推动某些新生产业的发展。② 对于核能产业而言，早期因其技术和前景上充满不确定性，限定赔偿责任确实能够起到鼓励企业投资民用核能从而扶植核能产业兴起的作用，美国的经验便是如此。然而，经历几十年的发展后，核工业已成为相当成熟的产业，离开这种特别的补贴并非会影响其发展，下文论及的日本、德国等国家的例子便说明了这一问题。从能源的市场竞争来看，限额赔偿责任原则形成的特殊补贴还会向消费者传递错误信号使其相信核能相对其他能源更具吸引力，从而不利于其他可替代能源的发展。换言之，法律规定无限赔偿责任更有利于国家能源结构的优化。

第三，采用限额赔偿责任原则不利于提高核安全水平。从侵权法的基本理论来看，侵权损害赔偿责任除了具有填补损害的功能外，还可通过后果威慑的方式发挥风险和危害预防功能。③ 在核能利用领域，损害赔偿责任这一法律后果越严重，核设施营运人越会尽到注意义务，从而谨慎行事。也就是说，无限赔偿责任相对限额赔偿责任更有利于校正核设施运营人的经济负外部性，迫使其将全部风险内部化，进而会激励其强化核安全管理来降低实际核损害发生的可能性（即降低核事故风险）。④

---

① Norbert Pelzer, "Main Features of the Revised International Regime Governing Nuclear Liability-Progress and Standstill", in OECD-NEA, *International Nuclear Law-History, Evolution and Outlook*, 2010, p. 368.

② Faure M G, Fiore K., "An Economic Analysis of the Nuclear Liability Subsidy", in *Pace Environmental Law Review*, 2（2009）, pp. 422 - 423.

③ 王泽鉴：《侵权行为》，北京大学出版社 2016 年版，第 10 页。

④ William C. Wood, *Nuclear Safety: Risks and Regulation*, Washington: American Enterprise Institute for Public Policy Research, 1983, pp. 15 - 17.

（二） 核损害限额赔偿责任原则的立法突破

除在理论上的批评外，立法实践中也出现了突破限额赔偿责任原则的情形，主要表现为国际公约层面巴黎公约的最新修订案对限额赔偿上限的取消，以及国内层面日本、德国等国家立法对核损害无限赔偿责任的规定。

1. 巴黎公约去限额赔偿责任的发展趋势

考察历史可以发现，西欧国家缔结巴黎公约的主要目的是应对核事故可能发生的跨界损害。在 20 世纪 80 年代之前，这种核事故尚停留于巴黎公约起草者的想象中，公约所确立的限额赔偿范围和实际的核损害规模还无法直接对应起来，缔约过程中限额赔偿问题也未引起过多的争议或反对。1986 年切尔诺贝利核事故发生，西欧国家受到严重的核污染，迫使巴黎公约各缔约方开始反思既有的核损害赔偿法律体系，公约修订也被提上议事日程。

巴黎公约的修订目的是吸取切尔诺贝利核事故的教训，给受害人提供更多的赔偿，具体措施包括更新核事故的概念、增加应赔损害的类型、扩大享有求偿权的人的地域范围、延长受害人索赔的时限和提高受害人可获限额赔偿的限度等。[1] 巴黎公约缔约方在这些问题上进行了长期的协商谈判，最终于 2004 年 2 月通过了《2004 年关于修订巴黎公约的议定书》。但是迄今为止，巴黎公约的 18 个缔约国家中，只有挪威正式批准了这一议定书，即议定书远未达到生效的条件。

在限额赔偿问题上，《2004 年关于修订巴黎公约的议定书》第 8 条（第 H 条）对原巴黎公约第 7 条的规定作出了两方面的重大修改：一方面是提高了核设施营运人赔偿责任的底限，将原来的不少于 500 万 SDR 调整为 7 亿欧元；另一方面是取消了关于核设施营运人赔偿责任的上限规定。结合该议定书第 11 条（第 K 条）关于 "没有限定核设施营运人赔偿责任的缔约方应当规定核设施营运人提供不少于 7 亿欧元的财务保证" 的规定，可以认为，该议定书实际上已经创设了一个新的赔偿责任规则，即缔

---

① 经济合作与发展组织核能署关于《2004 年关于修订巴黎公约的议定书》的简介，资料来源：http://www.oecd-nea.org/law/paris-convention-protocol.html，访问时间：2020 年 1 月 8 日。

约国家可以自由决定核设施营运人的赔偿责任范围，甚至选择规定核设施营运人的无限赔偿责任。这实际上也是公约修订的一个政治目标，即更好地包容那些采用无限赔偿责任规则的国家，形成一个整合度更高的区域性核损害赔偿公约体系。① 国际原子能机构核责任专家组曾指出，建立核设施运营人无限赔偿责任体系可能成为一种趋势。②

2. 国内法对无限赔偿责任的采用

在核损害赔偿问题上，也有不少国家采用了无限赔偿责任，包括日本、德国、俄罗斯、瑞士、澳大利亚、奥地利、白俄罗斯、玻利维亚、喀麦隆、古巴、埃及、爱沙尼亚、芬兰等。③ 这些国家可以分为两种类型，一种是始终坚持采用无限赔偿责任的立法立场，另一种是中途将原先的限额赔偿责任规定改为无限赔偿责任。它们不选择或者放弃限额赔偿责任原则的共同理由是，核能行业和其他技术风险行业一样，不应当受到特殊偏袒。

前一类型国家可以日本为典型代表。日本于 1960 年启动了民用核电计划，尽管当时民用核能领域尚未发生类似切尔诺贝利核事故的重大事故，但二战中广岛和长崎的原子弹爆炸留下的恐惧阴影使立法者认识到普通的侵权法制度不足于应对核能风险。为了保障能够有效应对可能发生的严重核事故对人体健康、财产、环境和经济方面的损害，兼顾各方利益，提高核能的公众接受度，④ 日本国会于 1961 年通过《核损害赔偿法》⑤ 和

---

① R. Dussart Desart, "The reform of the Paris Convention on Third Party Liability in the Field of Nuclear Energy and of the Brussels Supplementary Convention", *Nuclear Law Bulletin*, 75 (2005), p. 19.

② International Expert Group on Nuclear Liability, "Recommendations on How to Facilitate Achievement of a Global Nuclear Liability Regime", available at https://ola. iaea. org/ola/documents/ActionPlan. pdf (last visited January 8, 2020).

③ OECD-NEA, "Nuclear Operators' Third Party Liability Amounts and Financial Security Limits", available at http://www. oecd-nea. org/law/table-liability-coverage-limits. pdf (last visited January 6, 2020).

④ Toyohiro Nomura, "Japan's Compensation System for Nuclear Damage: As Related to the TEPCO Fukushima Daiichi Nuclear Accident", available at http://www. oecd-nea. org/law/fukushima/7089 - fukushima-compensation-system-pp. pdf (last visited January 8, 2020).

⑤ 日本《核损害赔偿法》(Act on Compensation for nuclear damage), 资料来源: http://www. oecd-nea. org/law/legislation/Japan-Nuclear-Damage-Compensation-Act. pdf; 访问时间: 2020 年 1 月 10 日。

《核损害赔偿补偿协议法》[①] 建立了有别于普通侵权损害赔偿的核损害赔偿制度。日本虽不是《关于核能领域中第三方责任的巴黎公约》（以下简称《巴黎公约》）和《关于核损害民事责任维也纳公约》的缔约方，但由于其立法和国际公约的起草（缔结）基本处于同一时间段而在一定程度上受到国际立法的影响，其核损害赔偿制度在内容要素上和这些国际公约有很多共同之处，例如《核损害赔偿法》也采用了严格责任、唯一责任和强制财务保证的规定。但日本核损害赔偿制度也有很多特色，其和国际公约最大的不同之处在于，《核损害赔偿法》规定除因社会动乱和异常自然灾害所致损害由政府负责赔偿这一例外情形，核设施营运人应对核损害赔偿承担无限责任。[②] 尽管《核损害赔偿法》和《核损害赔偿补偿协议法》也规定了特定情形下政府对营运人的赔偿援助措施，但是在无限责任的规则下，政府所采取的援助措施属于"垫付"性质，最终仍需要核设施营运人来偿还。例如，对福岛核事故所致核损害的赔偿，日本政府已经出手援助东京电力公司，所附条件是东京电力公司须制定一份特殊的商业计划保证以其未来发电收入来偿还政府的财政援助。[③]

后一类型国家以德国为典型代表。为了激励企业发展核能，不使核能经济暴露在生存威胁之责任体制下，德国于 1959 年基于实践理性原则通过原子能法规定了限额赔偿责任。[④] 根据该法的规定，核设施营运人对每一核事故所致核损害的最高赔偿额为 5 亿马克。1975 年德国批准加入《巴黎公约》后，修改原子能法将限额赔偿的最高额度提升为 10 亿马克。[⑤] 然而，这一限额赔偿的法律规定也招致了不少批评，例如有学者认

---

① 日本《核损害赔偿补偿协议法》（Act on Indemnity Agreements for Compensation of Nuclear Damage），资料来源：http://www.oecd-nea.org/law/legislation/Japan-Nuclear% 20Liability-Indemnification-Contract-Law.pdf；访问时间：2020 年 1 月 10 日。

② 日本《核损害赔偿法》第 3 条。

③ Toyohiro Nomura, "Japan's Compensation System for Nuclear Damage: As Related to the TEPCO Fukushima Daiichi Nuclear Accident", available at http://www.oecd-nea.org/law/fukushima/7089-fukushima-compensation-system-pp.pdf (last visited January 8, 2020).

④ 陈春生：《核能与法之规制》，元照出版社 1995 年版，第 448～453 页。

⑤ OECD, "Nuclear Legislation in OECD and NEA Countries-Germany", available at http://www.oecd-nea.org/law/legislation/germany.pdf (last visited January 10, 2020).

为，限额赔偿并非危险责任的本质要求，由于一般情况下危险责任（严格责任）相较过失责任要重，核损害限额赔偿的规定则显得过于恣意，和核设施运行的重大危险性不相符。① 有鉴于此，德国于 1985 年再次修改原子能法，原则上废止了责任限额的规定，限额赔偿仅限于《巴黎公约》第 9 条所规定的武装冲突、内战或重大自然灾害等造成的核损害情形，而且适用时须严格解释。② 德国从有限赔偿责任向无限赔偿责任的转变也引发了其是否违反《巴黎公约》规定的争议，但支持者认为，公约关于赔偿责任的规定不应当仅从字面理解，而应当结合公约的目的和缔约国国内当时的核工业需求情况来综合衡量，当立法者认为本国不必再赋予核能行业责任特权时，则有权决定取消核损害赔偿限额的规定。

四 核损害限额赔偿责任原则的重构

通过上文的梳理可以发现，核损害赔偿应否采用限额赔偿责任原则在理论和实践层面其实均未形成广泛共识。对我国未来核损害赔偿立法而言，理论上可以选择任一种赔偿规则，包括采用区分过错的赔偿责任、无限赔偿责任或有限赔偿责任。但是综合考虑到我国核立法的目的、制度可操作性和制度延续性等因素，笔者认为，区分过错的赔偿责任、无限赔偿责任和单纯的有限赔偿责任规则都存在不足，我国应在延续既有制度规范的基础上通过立法确立限额赔偿与国家适当补偿原则。

（一）区分过错的赔偿责任的瑕疵

区分过错的赔偿责任强调以加害人的主观方面作为确定赔偿责任范围的重要依据，试图通过赔偿责任范围的不同来反映对加害人主观过错的谴责程度，但是这种赔偿责任主张在理论上存在瑕疵，也面临制度设计和操

---

① 陈春生：《核能与法之规制》，元照出版社 1995 年版，第 453 页。

② 《德国原子能法》（2016 年最新修订）（Act on the Peaceful Utilisation of Atomic Energy and the Protection against Its Hazards（Atomic Energy Act））第 25 条，资料来源：https://www.bfe. bund. de/SharedDocs/Downloads/BfE/EN/hns/a1 - english/A1 - 07 - 16 - AtG. pdf? _ _ blob = publicationFile&v = 2；访问时间：2020 年 1 月 15 日。

作上的困难，实践中亦尚未发现有国家采用这种赔偿责任规则。

首先，无过错而承担限额赔偿责任不利于保护受害人。从受害人的角度来看，其关注的重点并不一定是加害人是否得到了法律的"惩戒"，而更可能是受害人所遭受的损失能否得到有效的补偿。从这一点来说，如果规定加害人没有过错而承担限额赔偿责任，将会使得受害人遭受的损失不能得到充分的救济，显然对受害人来说有失公平。

其次，对于严重核事故导致的大规模侵权——如切尔诺贝利核事故和福岛核事故所导致的核损害，这些核损害都是天文数字，远远超出了核设施营运人的赔偿能力，无论是无限赔偿还是惩罚性赔偿，其结果都一样，受害人能获得赔偿的范围均以核设施营运人的全部财产为限。换言之，在此种情形下以过错程度来区分无限赔偿或者惩罚性赔偿没有任何意义。

最后，即便在以过错程度来设定无限赔偿责任和惩罚性赔偿责任有理论意义的情形中——假设大部分核事故所造成的核损害规模在核设施营运人的赔偿能力范围内，具体的赔偿规则设计和适用也会面临很多难题。例如，这里面会涉及非常复杂的举证问题，尤其是严重核事故（例如日本福岛核事故）由很多因素叠加而导致时，判断核设施运营人的过错十分困难。而一旦赔偿责任范围认定的规则过于复杂化，赔偿过程将会变得冗长和存在不确定性，受害人因而会难以及时获得有效的救济。

（二）无限赔偿责任的不足

尽管在国际公约层面，可以认为《巴黎公约》出现了所谓的去限额赔偿责任发展趋势，但 15 年过去了，批准巴黎公约修订案的国家仍然寥寥无几。这在一定程度上说明核损害赔偿采用无限赔偿责任难以获得普遍认同，也反映了核损害无限赔偿责任自身存在不足或者相对限额赔偿责任而言并无优势。具体理由如下。

其一，采用无限赔偿责任并不一定能体现核能利用中风险和收益分配的公平性，也不一定能给予受害人更多的赔偿。核设施营运人经许可而运行核设施固然可以从中获取经济利益，但包括核设施周边可能直接受核事故影响的居民在内的公众乃至整个社会和国家也都直接或者间接地从核能利用中获利。这些利益包括可获得稳定的电力供应、增加税收、增加就业机会、提升公共设施①等直接的收益和因利用核能而减少的污染物和温室气体排放或环境质量的改善等间接收益。从这个角度来看，规定核设施营运人承担无限赔偿责任也未必就能体现公平。而且，在严重核损害和缺乏国家补偿的情形下，即便采用无限赔偿责任也不意味着受害人的损失都能获得赔偿，因为核设施营运人的财力永远都是有限的。

其二，采用无限赔偿责任并不一定会有利于改善国家能源结构。无限赔偿责任论的提倡者认为限额赔偿责任是国家给予核能产业的一种间接财政补贴，而取消这种补贴即采用无限赔偿责任有利于其他可替代能源的公平竞争。然而，这种观点存在两方面的漏洞：一是忽略了在缺乏完美可替代能源选项的当下，发展核能本身也是包括中国在内的、主要依赖于煤炭等传统化石能源的国家改善能源结构的一项重要的能源政策；② 二是忽略了在核能以外的能源开发利用（如光伏发电、风力发电、生物质能等）中包括中国在内的很多国家给企业提供包括直接财政补贴在内的诸多支持措施的客观事实。③

其三，采用无限额赔偿责任对提高核安全水平的助益并不明显。在核安全方面，安全规制和损害赔偿责任规则是核能风险防控的重要法律途径。前者通过独立的核安全规制机关制定标准和规章、审批许可、实施监督检查等方式来要求核设施营运人将核能利用活动的风险控制在合理的范围内，属于通过公权力的强制性直接预防路径；后者通过规定核设施营运人承担损害赔偿责任来提醒其强化谨慎注意义务，属于通过私力救济规则来实现的间接后果威慑路径。这两条路径相辅相成，但各有其功能优势场

---

① 例如核电企业会投资建设或改善核电厂所在区域的道路、学校硬件设施等。孙李峰：《海盐推动核电与公众沟通走群众路线的实践和探索》，资料来源：http://china-nea.cn/site/content/35632.html，访问时间：2020 年 1 月 20 日。

② 郭位：《核电 雾霾 你——从福岛核事故细说能源、环保与工业安全》，北京大学出版社 2014 年版，第 9～11 页。

③ 邱辰：《可再生能源电价和补贴机制分析与建议》，《中国能源》2018 年第 11 期。

域。在无力偿付的风险即潜在的损害赔偿很高以至于超出核设施营运人财力的情形中，损害赔偿规则无法给核设施营运人提供足够的激励来控制风险，因为核设施营运人只会考虑与其财富规模相同的事故，其有可能采取低于避免全部事故风险需要的注意。[1] 在此情形下，安全规制则能够克服这种无力偿付导致的低度威慑问题，事前强制核设施营运人遵守安全标准，而不考虑其财力多寡。[2] 换言之，在实际损害大于加害人赔偿能力可能性很大的核损害赔偿方面采用无限赔偿责任并不能显著提高核安全水平。日本福岛核事故中暴露的监管不力以及事故应急过程中核设施营运人为挽救核电厂而未及时引入海水冷却反应堆的决策失误，[3] 也在一定程度上从实践层面证明了采用无限赔偿责任不能对核设施营运人形成有效后果威慑的论断。

（三）限额赔偿与国家适当补偿原则的提倡

上文所述各种核损害赔偿责任规则的功能预设及其局限性，为理解和完善我国核损害赔偿制度提供了思路启发。但是，我国核损害赔偿责任规则的设计不能直接照搬域外经验，也不能不加反思地采纳相关理论主张，而应基于对本国核能政策和相关制度因素综合衡量后进行立法重构，其合理选择应是将当前占据主流的限额赔偿责任原则改为"限额赔偿与国家适当补偿原则"，即通过立法规定核设施营运人对一次核事故所致核损害的最高赔偿责任额度，该赔偿责任范围不受核设施营运人是否存在过错的影响，当实际核损害超过这一最高赔偿限额时，由国家给受害人提供适当补偿。

我国立法确立限额赔偿与国家适当补偿原则的合理性在于以下五个方面：

第一，采用限额赔偿与国家适当补偿原则符合我国的核立法目的。保

---

① 〔美〕威特曼：《法律经济学文献精选》，苏力等译，法律出版社 2006 年版，第 94 页。

② 〔荷〕威廉·范博姆等著：《管制法与侵权法》，徐静译，中国法制出版社 2013 年版，第 444 页。

③ 董建文、高凌云、王法珂：《人为灾害：福岛核事故原因述评及反思》，《山东行政学院学报》2012 年第 4 期。

护公众安全与健康和促进核能发展是核能立法的核心议题，① 核损害赔偿制度的设计尤其是其中的赔偿责任范围的设定具有协调保护和促进目的二者关系的功能。综合分析《核安全法》"预防与应对核事故，安全利用核能，保护公众和从业人员的安全与健康，保护生态环境，促进经济社会可持续发展"的立法目的和国家主席习近平在第三届核安全峰会上阐明、后经《核安全法》法定化的"理性、协调、并进"的国家核安全观以及以核领域基本法为立法定位的《原子能法草案（征求意见稿）》确立的"规范和加强原子能研究、开发和利用活动，推进科技进步和产业提升，保障国家安全，促进国民经济和社会发展"的立法目的，可以认为我国核立法确立了保护公众和促进核能发展的双重目的。采用限额赔偿与国家适当补偿原则有利于实现这一双重目的。一方面，设定核设施营运人的赔偿责任限额，在一定程度上能够控制其投资风险并有助于其通过购买责任保险来分散风险；另一方面，在核设施营运人赔偿最高数额外增加国家补偿，能够更大范围地保障受害人的损失得到填补。

第二，采用限额赔偿与国家适当补偿原则体现了风险和收益分配的公平性。核能利用风险和收益并存。对核设施营运人而言，开发利用核能获取经济利益同时承担核损害赔偿的风险；对社会公众而言，因开发利用核能可享有更好的环境质量、获得相对低廉和更稳定的电力供应、新增的就业机会以及相关公共设施的改善，但承担遭受核辐射的风险；对国家而言，开发利用核能有助于增加税收收入、保障能源安全（国家安全）、实现温室气体减排国际承诺和推进"一带一路"建设，等等。任一主体只享有核能利用带来的利益而不承担风险都有失公平。采用限额赔偿与国家适当补偿原则意味着划定了核设施营运人、社会公众和国家都应分担的风险范围。其中，核设施营运人的赔偿风险范围以赔偿限额为最大值，直接遭受核损害的公众承担的损失风险范围为超出核设施营运人赔偿限额和国家提供的补偿总额的部分，其他因核能利用获益但未遭受核损害的社会公众

---

① 胡帮达：《安全和发展之间：核能法律规制的美国经验及其启示》，《中外法学》2018 年第 1 期。

和国家承担的损失风险集中体现在国家补偿数额中。这一风险和收益分配的规则体现了受益者负担的原则和国家应承担的衡平责任，反映了追求公平的理念。上文提及的日本、德国等国家采用无限赔偿责任的做法，虽然表面上的出发点是为了更有利于赔偿受害人，但在风险和收益分配的公平性这一问题上是值得商榷的。

第三，采用限额赔偿与国家适当补偿原则更有利于救济受害人。核损害赔偿制度保护公众的目的效果既要从受害人最终能获得相应的赔偿这一结果来判断，还需要从获得救济的过程来评价。采用限额赔偿与国家适当补偿原则，意味着在严格归责的前提下，不需考虑核设施营运人的主观方面来确定其赔偿责任范围，其相对区分过错的责任原则来说省去了赔偿责任范围的认定过程，相对单纯的限额赔偿责任原则来说为受害人增加了一重保障，相对无限责任原则来说为受害人的损害赔偿请求提供了更为稳定的预期。换言之，限额赔偿与国家适当补偿原则体现了从实体和程序两方面来保障受害人能及时获得有效的救济。

第四，采用限额赔偿与国家适当补偿原则有利于保持核损害赔偿制度的稳定性和延续性。核损害赔偿制度的稳定性对核能产业发展至关重要。限额赔偿与国家适当补偿原则对我国来说并不是无根之木，而是对实施已久的规则的提炼。虽然国务院 1986 年批复和 2007 年批复分别为中法合建大亚湾核电站以及引进美国与法国核电技术而制定的过渡性的规范性文件，① 且在具体赔偿限额和国家补偿限额方面有所变化，但 30 多年来这两个文件所确立的限额赔偿与国家适当补偿原则已在核能行业"深入人心"。因此，在法律上明确规定这一原则并不完全是"重新构图"，而是对具有实践基础的规范的逻辑认可和延续，能够减少制度构建所可能带来的产业波动，有利于保持新建核设施（主要是核电厂）和已建核设施的规范适用的统一性，为核能发展提供稳定的制度预期。

第五，采用限额赔偿与国家适当补偿原则契合核损害赔偿国际公约的精神。实际上，在《维也纳公约》体系和《巴黎公约》体系中都有类似

---

① 陈刚：《核损害责任法律法规汇编》，法律出版社 2018 年版，第 4 页。

的国家介入的规定。例如，根据上文所述《1997 年修正〈关于核损害民事责任的维也纳公约〉的议定书》第 7 条第 1 款的规定，当缔约国规定核设施营运人的限额赔偿责任少于 3 亿 SDR 时，该缔约国应当提供不少于该赔偿限额至 3 亿 SDR 之间差额的公共资金来支付受害人；又如，根据《布鲁塞尔补充公约》第 3 条的规定，当实际核损害大于缔约国规定的核设施营运人的赔偿限额（最低为 500 万 SDR）时，由该缔约国提供最高为该赔偿限额至 1.75 亿 SDR 之间差额的公共基金来支付受害人。这两大公约体系中规定的国家在超出核设施营运人赔偿限额之后提供的公共基金即有国家补偿的性质。

应当指出的是，提倡限额赔偿和国家适当补偿的原则不是对现行国务院批复的简单肯定和对核损害赔偿国际公约的相关规定的直接认可，而是一种反思性的解释与重构。然而，法律仅仅规定这一原则尚不能实现其上述目标，限额赔偿与国家适当补偿原则优势的有效发挥还有赖于具体规范的合理设计，尤其是关于核设施营运人赔偿限额和国家补偿数额的设定，这方面仍有许多具体问题需要深入研究。例如，我国现行 2007 年批复中规定的赔偿限额和国家补偿数额是否合理，[①] 赔偿数额的设定需要综合考虑哪些因素，是不是要建立动态调整机制？国家补偿的数额多少才是适当的，是设定一个具体的赔偿数额还是建立一个确定国家赔偿数额的机制，国家补偿何时介入，国家补偿的方式包括哪些，[②] 等等。这些问题颇为复杂，需要专门的立法来详细规定，非本文有限篇幅所能厘清。《核安全法》和《原子能法（草案）征求意见稿》在此问题上的"沉默"或许也是基于这种立法策略上的考虑。

[①] 例如有学者认为，我国现行批复关于核设施营运人赔偿限额和国家最高补偿额的总数太低，居于全球最低行列，与我国经济发展水平和核能大国的地位不相称，建议提高现有赔偿和补偿限额。刘久：《〈核安全法〉背景下我国核损害赔偿制度立法研究》，《法学杂志》2018 年第 4 期。

[②] 例如，有学者讨论了国家补偿和核设施营运人赔偿同时进行和分别进行的情形，以及现金给付和行为给付的国家补偿方式。赵爽、王中政：《我国核损害民事赔偿责任制度研究——从〈核安全法〉第九十条切入》，《河南财经政法大学学报》2018 年第 6 期。

五　结语

核损害赔偿责任系侵权法中高度危险责任之特殊情形，赔偿责任范围规则的设计需要综合权衡核能立法目的和核能政策、风险和收益分配的公平性、救济受害人的有效性等因素。区分过错的赔偿责任论和无限赔偿责任论对限额赔偿责任原则的批评并不完全成立且自身存在不足，而限额赔偿责任原则的局限性仅从侵权责任法的角度也不能得到有效克服，必须要有国家补偿的介入。我国国务院发布的核损害赔偿问题方面的规范性文件关于赔偿责任限额和国家补偿的规定在逻辑上具有合理性，应当将这一有实践基础的规则提升为核损害赔偿制度的基本原则——限额赔偿与国家适当补偿原则，而不再使用限额赔偿责任原则。提倡限额赔偿与国家适当补偿原则旨在追求核能利用中国家、核能企业和社会公众之间的利益平衡，该原则价值和功能的实现涉及复杂的具体规则设计，未来核损害赔偿立法须认真对待。

Rethinking and Reconstruction on Limited Liability Principle of Nuclear Damage Compensation

Hu Bangda

Abstract：The limited liability principle（The Principle）of nuclear damage compensation playing a role in protecting the development of nuclear energy causes disputes. In theory, the criticisms include the theory of liability based on distinguishing faults and the theory of unlimited liability；In practice, the breakthrough of The Principle is the development trend of delimited compensation liability of the Paris Convention and the adoption of unlimited liability in Japan, Germany and other countries. After reflection, it is found that both the theory of liability based on distinguishing faults and the theory of unlimited liability have their limitations, and their criticism of The Principle is not sound. To overcome the limitation of The Principle, the intervention of state is necessary. It is supposed to establish the principle of operator's limited compensation with appropriate national compensation, thereby achieving a balance of interests between the state, nuclear energy enterprises and the public in the use of nuclear energy.

Keywords: Nuclear Damage; Limited Liability; Unlimited Liability; National Compensation; Nuclear Safety

营运者专属责任原则的正当性反思

吴 倩

摘 要：营运者专属责任原则被视为核责任法律体系的基石，也是其中最具特色的制度。对核事故造成的人身伤亡、财产损失或者环境损害，营运者承担专属赔偿责任，而供应商等主体享受绝对豁免，即使存在过错也无须赔偿。无论是免除供应商经济责任的经济归责模式，抑或是免除供应商经济责任与被诉可能性的法律归责模式，都无法有力回应对其正当性的拷问。印度《核损害民事赔偿法》突破了专属责任原则的框架，但终归于浅尝辄止。在核市场各方的角力下，必须明确核责任立法的价值取向，并对相关规则进行完善，弥补其正当性缺陷。

关键词：核损害；营运者专属责任；赔偿责任主体

作者简介：吴倩（1993— ），中国人民大学 2017 级博士生，主要研究方向：环境法。

目 次

2017 年 9 月 1 日通过的《中华人民共和国核安全法》（以下简称《核安全法》）第九十条明确规定了核损害赔偿中的营运者专属责任原则，即由核设施营运单位对核事故造成的人身伤亡、财产损失或者环境损害承担专属赔偿责任，除在合同中特别约定追偿条款的情况外，为核设施营运单位提供设备、工程以及服务等的单位（以下简称"供应商"）不承担赔偿责任，在营运单位履行完赔偿责任后，也不得对其进行追偿。因此也有学者将其称为"营运者责任集中原则"[1] 或"营运者唯一责任原则"。[2]

《核安全法》所规定的营运者专属责任原则，既是对先前《国务院关于处理第三方核责任问题的批复》（国函〔1986〕44 号文，以下简称"44号文"）与《国务院关于核事故损害赔偿责任问题的批复》（国函〔2007〕64 号文，以下简称"64 号文"）中相关原则的延续，也与国际主流做法相一致。然而，原则的延续性并不是证明其正当性的充分条件，对供应商等主体赔偿责任的豁免有悖于过错担责的一般认知，而需要面对正当性的拷问。专属责任原则是否应当确立，如何对专属责任原则及相关规则进行修正，以更好地回应正当性挑战，是后续立法不应回避的问题。

一 营运者专属责任原则的产生与发展

由谁来承担核损害赔偿责任的问题，与核能的民用史相伴相生。核能

---

① 赵威：《核损害民事责任制度研究》，《法学杂志》2017 年第 11 期。

② 刘久：《〈核安全法〉背景下我国核损害赔偿制度立法研究》，《法学杂志》2018 年第 4 期。

利用的经济效益和环境效益驱动着国家发展核能，但核能损害的广泛性和严重性影响了各类市场主体参与的积极性。一旦发生重大核事故，巨额赔偿对任何企业来说都无异于"灭顶之灾"。各类主体试图通过法律、保险等方式实现风险的转嫁和责任的转移，营运者专属责任原则即为利益博弈的结果。因具体法律规定的不同，专属责任原则表现为"经济归责"（Economic Channeling）和"法律归责"（Legal Channeling）两种不同模式。

（一）经济归责模式：专属责任原则的产生

美国是最早利用核技术的国家之一，率先建立起核能损害民事赔偿责任制度，并开创了由营运者承担专属责任的先河。在"二战"期间核技术发展利用的势头之下，1946 年《原子能法》为政府控制下的核电厂建立了相关运行框架。其后政府开始尝试将核技术应用于民用工业，特别是利用核电厂进行发电。1954 年，《原子能法》通过修正案，设立私营经营者许可证制度，消除了政府对经营核电站的垄断。但由于当时保险业的局限性以及核风险的未知性，任何一家或多家保险公司都无法提供覆盖潜在核事故损害的保险金额。因为核事故发生后的赔偿数额可能使电力公司破产，而保险公司也无法提供超过特定数额的保险单，电力公司对进入核电行业持观望犹疑的态度。与此同时，在美国产品责任法规定下，发生核事件后供应商等主体都有可能为此承担产品责任，面临巨额诉讼，因此供应商等主体也对核工业发展持观望态度，不愿承揽相关合同。

为鼓励各类主体参与发展核工业，美国于 1957 年通过了《普莱斯—安德森法》（Price-Anderson Act），其适用范围包括 2026 年前美国境内建设的所有非军用核装置的责任事项。《普莱斯—安德森法》订立的初衷是确保有足够资金对因核事故或辐射事故而遭受损害的受害者进行及时、有序的赔偿的同时，适当补偿核工业因为索赔要求而遭受的损失。为解决核损害赔偿责任承担主体问题，《普莱斯—安德森法》引入了一个综合条款（Omnibus Coverage），由营运者进行投保，保险向可能对核损害负有赔偿责任的其他主体提供与营运者同样的保护，而不论它们与营运行为的关系为何。那么，一旦发生核事故，除营运者将成为主要的被起诉对象外，其他与之相关的供应商或承运人也可能面临诉讼，但不论法院认定何者负有责任，对核损害的所有赔偿资金都来自于营运者投保的保险或提供的其他财务担保。这种模式免除了供应商等主体的经济责任，但不免除其法律责任，在经济上将全部责任归于营运者，所以被称为"经济归责"模式。

（二）法律归责模式：专属责任原则的发展与主流化

20 世纪 50 年代末期，当美国供应商开始计划将核能利用技术、设备和核材料出口到欧洲新兴的核市场时，如何规避赔偿责任的问题再度出现。美国哈佛大学法学院和原子能工业协会在 1959 年联合出具了一份题为《防范核风险的国际问题》（International Problems of Financial Protection against Nuclear Risk，以下简称《哈佛报告》）的研究报告，[1] 论证营运者专属责任原则的优越性，以此向欧洲立法者推销经济归责的责任承担模式。但是由于欧洲保险业不愿提供伞形保险，欧洲国家最后采用了"法律归责"的模式，从法律上将责任归于营运者。借助"法律归责"模式，来自美国的供应商成功将责任转移给欧洲的营运者，从而得以以极低风险进入欧洲核市场。这种法律模式的推广在 20 世纪 90 年代再次重演，苏联解体后，意图进入东欧核市场的西欧与北美供应商强烈要求东欧国家在各自国内法中确立法律归责的营运者专属责任，从而使营运者专属责任成为国际上主流的立法模式。

法律归责模式与经济归责模式的不同之处在于法律归责模式进一步免除了供应商的责任，使其不但可以不负金钱给付义务，也不必成为索赔诉讼中的被告。在发生核事故后，受害者仅可对营运者提起侵权之诉，而营运者在对受害者进行赔偿后，无权对供应商等主体进行追偿，除非有书面合同明确规定追偿权，或核事故是由于某人故意造成损害的作为或不作为而发生。但在实践中供应商为避免为核损害担责，并不会在合同中约定追

---

① Harvard Law School &. Atomic Industrial Forum, *International Problems of Financial Protection against Nuclear Risk: A Study Under the Auspices of Harvard Law School and Atomic Industrial Forum, inc.*, New York: Cambridge University Press, 1959.

偿权。①

营运者专属责任原则的法律归责模式目前为所有关于核损害的国际公约所采用。欧洲经合组织主持通过的 1960 年《关于核能领域中第三方责任的巴黎公约》（以下简称为《巴黎公约》）第六条规定，"任何非营运者对核事故造成的损害一律不承担责任，要求赔偿由于核事故造成损害的权利，只可对按照本公约对损害负有责任的营运者行使"，将核装置营运者作为核损害赔偿责任的完全、唯一承担主体。1963 年，国际原子能机构（International Atomic Energy Agency，IAEA）主持通过了《核损害民事责任维也纳公约》（以下简称为《维也纳公约》），这也是目前国际上影响力最强、覆盖范围最广的核能损害民事赔偿责任公约，《维也纳公约》同样明确确立了营运者专属责任原则，规定营运者要对运进或运出核装置过程中发生的核事件造成的核损害承担专属责任，排斥根据一般民事规则对其他主体责任的追究。在此之后，《巴黎公约》与《维也纳公约》虽经历次修改和补充，但专属责任原则始终未变，一直作为国际核损害赔偿责任制度的基石。而《核损害补充赔偿公约》则略有不同，为吸引更多国家加入以扩大资金规模，其对于缔约国国内法关于专属责任的规定较为宽松，公约附件第三条第九款规定"只能对有责任营运者行使核损害求偿权，除非国家法律可允许对根据国家法律中的规定提供资金的任何提供者有直接诉讼权以确保通过使用营运者以外来源的资金的赔偿"。但其本意是为采用经济归责模式的美国提供方便，而非改变专属责任原则。

在国内层面，除了奥地利和印度等国外，几乎所有国家都接受了法律归责模式的营运者专属责任。有的国家，作为一个或者多个核损害国际公约的缔约国，与国际公约的规定高度一致，如目前最大的核能利用国——法国。也有的国家，虽然未加入国际公约，或早在加入国际公约之前，就因为供应商相似的主张而采纳专属责任原则。如日本虽然在福岛核事故后

---

① 国际原子能机构国际核责任问题专家组：《1997 年〈核损害民事责任维也纳公约〉和1997 年〈核损害补充赔偿公约〉解释性读本》，资料来源：https://www.iaea.org/About/Policy/GC/GC48/GC48InfDocuments/Chinese/gc48inf - 5 - att1_ch.pdf；更新时间：2012 年6 月 14 日 16：48：28；访问时间：2020 年 3 月 30 日。

才加入《核损害补充赔偿公约》，但在此之前《原子能损害赔偿法》第 4 条第 1 款就已规定："对于本法第 3 条所规定的核损害，除核设施营运者之外，其他核设施、机器、核燃料的制造者或供应者等均不负赔偿责任。"

二　专属责任原则的正当性困境

营运者的专属责任原则，无论是美国核责任法中的"经济归责"模式，还是国际公约和主要国家立法中的"法律归责"模式，都被认为是核损害立法中最具特色的概念。① 营运者专属责任原则是其他核责任原则的基石，当营运者承担专属的严格责任或无过错责任，并为此负担财政保证义务时，出于对营运者利益的保护，相关制度也对其做出了补偿，即对责任数额和时效进行限制以及确定专属管辖规则。论证营运者专属责任原则正当性的依据主要有四点，即精简诉讼程序、降低保险成本、控制风险和促进核产业投资。然而，这些依据是否足以证明其正当性是值得讨论的。

（一）精简诉讼程序作为正当性依据的不足

营运者专属责任的正当性依据之一是其减少诉讼冗余的作用。支持者认为，如果对被告资格不加以限制，当受害者提起求偿之诉时，会尽可能扩大被告的范围，将供应商等相关主体列为被告，而赋予营运者追偿权则会增加营运者与其他相关主体之间的诉讼。通过确立营运者专属责任，受害人只需对营运者提起诉讼，从而减少程序冗杂的诉讼负担。阻却营运者对其他主体的追偿权，则可以避免催生过多诉讼，多余的诉讼在"损害核工业的同时于公众也无益"。②

然而，精简诉讼程序不足以解释营运者专属责任的正当性。首先，专属责任确实起到了精简诉讼程序的作用，但精简诉讼程序的主要目的并非

---

① Tadeusz Gadkowski, *International Liability of State for Nuclear Damage*, Poznan: Adam Mickiewicz University Press, 1989, p. 83.

② IAEA, *Civil Liability for Nuclear Damage*, https://www.iaea.org/sites/default/files/publications/magazines/bulletin/bull5 - 4/05405101719.pdf, updated at June 04, 2014 23: 46: 03 viewed on March 25, 2020.

是保护受害人，而是减少社会成本和营运者和供应商等潜在责任主体的成本。核责任法"保护受害人"的方式与其他法律背道而驰，如产品责任法同样采纳无过错责任，但却未将责任专门归属于任何一方，也未对责任进行数额上的限制。相反，产品责任法尽可能扩大了可诉对象，使消费者可以选择有能力偿付且起诉最便利的主体进行诉讼，在程序和实体上都有利于消费者维权。限缩受害人的诉权在赋予他们程序上的便利的同时，剥夺的是他们获得充足实体救济的权利。一方面，多元的责任主体能够提供更大的资金池，有追偿权的主体将更有意愿满足被害者的诉讼请求，核损害赔偿责任的专属化大大限缩了赔偿资金规模。另一方面，为补偿承担专属责任的营运者，防止营运者因专属的严格责任而背负过高成本，营运者在一次核事故中所需承担的赔偿责任有数额上的限制，超出规定数额后，营运者不再进行赔偿。对超出限额的赔偿请求，或由国家财政进行补偿，或者将处于不确定状态。

其次，专属责任并不是减轻受害人诉讼负担的唯一办法。建立专属管辖、成立专门的核损害赔偿机构都可以减轻受害者的诉讼负累。在核损害索赔中，受害者往往还会形成联合，雇佣专业律师，以减少诉讼过程中不必要的冗杂，环保组织等公益机构也会对受害人提供司法上的帮助。退一步讲，即使精简诉讼程序、减轻受害人诉讼负担可以为营运者专属责任的正当性辩护，但是显然它只解释了专属责任的第一部分，即阻却受害人对其他主体的诉权，却无法解释专属责任对营运者追偿权的阻却。

（二）降低保险费用作为正当性依据的不足

论证专属责任原则正当性的另一依据是专属责任可以避免过高的核风险保险费用。哈佛报告认为将责任唯一归于营运者，免除其他相关方的保险责任，可以避免对同一风险的重复保险，从而避免计算保费时的过度估计。[①]灾难性的核事故发生的概率极小，缺乏足够数据支撑，但是影响范围之

---

① Harvard Law School &. Atomic Industrial Forum, *International Problems of Financial Protection against Nuclear Risk: A Study Under the Auspices of Harvard Law School and Atomic Industrial Forum, inc.*, New York: Cambridge University Press, 1959, p. 18.

广、破坏之深也是其他事故难以匹敌的，因此计算核风险保险费用十分困难。如果供应商等成为潜在的责任承担主体，多主体的责任承担模式会造成多主体对同一风险的重复保险，而实际承保能力并未得到提升。也就是说，多主体担责不仅无益于受害者得到更多的赔偿，反而供应商的保费支出会通过产业链以更高价格的形式转移给营运者，最后转移给公众。

保险的考虑在专属责任建立和推广过程中起到了非常重要的影响，哈佛报告认为在美国保险行业提供综合条款的前提下，"只需进行了财政保证，谁作为责任归属方则无关紧要"。① 在这样的制度设计下，保险商获得保费收入，供应商等主体享受责任豁免，营运者虽然要支付一定的保费，但专属责任限制了责任总额和时效，保费的支出也被控制在合理的限度。但是与此同时，牺牲的是公众、环境和潜在的受害者的利益。保险的考虑无论如何也不应成为高于受害人利益的选项来支撑制度设计。

另外，虽然专属责任确实在一定时期起到了利用保险保证核损害赔偿责任履行的作用。但是是囿于当时保险业发展初期计算能力和承保能力都不足的限制而"不得已为之"。如今保险业经过数十年的发展，保险市场渐趋成熟，完全有能力为核风险作出更成熟的计算和承保。② 营运者和供应商也可通过成立自保险公司和行业互保来降低对商业保险的依赖。③ 以保险市场无法支持多主体责任形式为理由论证其正当性已经不再具有说服力。

（三）营运者的风险控制优势地位作为正当性依据的不足

在核设施管理和运营中，核安全无疑是重中之重。由谁承担责任可以更好地预防核事故的发生，应该是影响核损害赔偿主体选择的重要因素。类似的问题，在产品责任领域早有研究和讨论，即应由物之所有者抑或生

---

① Harvard Law School &. Atomic Industrial Forum, *International Problems of Financial Protection against Nuclear Risk: A Study Under the Auspices of Harvard Law School and Atomic Industrial Forum, inc.*, New York: Cambridge University Press, 1959, p. 57.

② Tom Vanden Borre, "Channeling of Liability: A Few Juridical and Economic Views on an Inadequate Legal Construction", *in* Nathalie Horbach (ed.), *Contemporary Developments in Nuclear Energy Law: Harmonising Legislation in CEEC/NIS*, Boston: Kluwer Law International, 1999, p. 38.

③ 郑宏亮：《核保险概论》，中国财政经济出版社 2019 年版，第 203~204 页。

产者承担损害责任。支持由危险物品或设备的所有人或持有人以及危险活动从事者承担因风险导致的损害的观点认为，这些人处于控制风险的最佳位置，由他们承担风险既可以有效防止或减少损害的发生也可以节约资本。[①] 而另一种观点则认为，对于因产品的缺陷而导致的风险，因为对产品更为了解，生产者无疑是控制风险的最佳人选，由其担责也更符合公平原则。[②]

同理，专属责任原则的支持者认为当产品或服务交付给营运者之后，产品或服务的提供者如供应商、顾问等，已经丧失了对产品或服务的支配，而营运者作为核设备的操作者和核活动的经营者，能够更好地控制核风险，防止并减少核损害的发生。[③] 然而，营运者控制风险的优势地位与使供应商承担过错责任并不冲突，供应商提供的设备或服务缺陷也并非对核损害的发生毫无"贡献"。侵权法预防功能实现的基础是通过课以责任施加威慑，对人们的行为进行引导，从而预防和遏制损害的发生。[④] 哈佛报告却将供应商保持良好产品的动机寄希望于市场商誉，这显然是不够的。在供应商等主体不必为其过错导致的核事件负责的情况下，其并没有足够的动机去避免瑕疵产品的产生。历史上几次重大的核事故虽然主要事故原因各不相同，但其中都存在设备缺陷、电站设计缺陷等问题，如在福岛核事故中，在已有数次事件证明核电厂安全系统在面对洪水等自然灾害存在风险的情况下，核电厂的设计和建造仍未提供针对海啸等极端外部洪水事件的可比安全裕度，[⑤] 甚至为迎合美国设计公司的标准而将选址地崖壁削低，为海啸淹没核电站埋下了隐患。[⑥] 为了节省核电站建设与营运成本，营运者可能忽视安全利益，而本应起到监督作用的建造商和设计方因为不必担责而无须进行提醒，无疑增大了核事故发生的风险。

---

① 董春华：《对严格产品责任正当性的质疑与反思》，《法学》2014 年第 12 期。
② 董春华：《对严格产品责任正当性的质疑与反思》，《法学》2014 年第 12 期。
③ 李良雄编著：《高度危险侵权法律应用指南》，法律出版社 2010 年版，第 76 页。
④ 王利明：《侵权责任法研究（上卷）》，中国人民大学出版社 2010 年版，第 109～110 页。
⑤ 王海丹：《IAEA 布福岛核事故报告》，《国外核新闻》2015 年第 9 期。
⑥ 冯昭奎：《试论日本的核电技术发展—福岛核事故与日本核电发展路径缺陷》，《日本学刊》2014 年第 4 期。

（四）促进投资作为正当性依据的不足

促进投资作为确立营运者专属责任的理由确实是可以站得住脚的，这也是专属责任确立的最初原因：打消各类主体进入核能利用的顾虑，促进民用核能产业的发展。但是促进投资不足以单独支撑专属责任的正当性论证。法学界关于法律的正当性多从价值和形式两方面切入。从价值判断角度衡量核责任立法的正当性，即在冲突的价值之间进行取舍，以核责任法所维护的价值为标准判断其正当性。促进核产业的发展固然可以看作符合效率价值，但其与公平原则、风险预防原则以及污染者付费等原则存在天然的冲突，违背了更为基础的安全、公平等价值。建立核损害赔偿制度，要在保障核安全、保护受害者利益与促进核产业发展之间不断做价值权衡，这一问题的更深层次是对核损害赔偿立法中各价值优先性的拷问。正当性是实现"良法之治"的基础，是法律"被人民或公众认为是合理的、合乎道义的，从而使人民或公众自愿服从或认可的品性"，① 即立法首先需与一般的伦理道德价值观相契合。而很明显，以促进核产业投资为基本价值取向，无法构建起正当的核损害制度。

三　专属责任原则的突破

虽然专属责任原则广为国际公约和大多数国内立法所接受，但事实上其正当性仍面临很大挑战，尤其是在核工业已经进入成熟阶段的当代，经济、社会背景的变化也使其正当性不再具有说服力。印度的核责任立法就是一次正式的对专属责任原则的改革。

（一）印度《核损害民事赔偿法》立法背景

印度自建国之初就将发展核能作为一项国家战略，目前，印度在运核电站和在建核电站在数量、规模和技术水平方面，都已处在世界核能发展

---

① 蔡守秋：《论环境法的正当性的依据》，《政法论丛》2010 年第 6 期。

的前列。[1] 与核工业的迅速发展不相匹配的是，印度的核责任立法一直处于空白状态，直至 2008 年美印签署民用核能合作协议，要求印度尽快出台核责任立法，以便于美国投资者进入印度核市场。2010 年 5 月 7 日，《核损害民事责任法案》由印度总理曼莫汉·辛格及其所在的国大党起草，由印度科技部提交给人民院（印度两院制议会中的下院）审议。当法案在人民院被审议之时，恰逢印度博帕尔案的作出最终决定，在博帕尔事故发生后的三十多年间，受害人面临着赔偿不足、医疗保障缺乏的困境。在博帕尔事件中，印度民众和环境遭受了不可逆的损失，但始作俑者美国联合碳化物集团（Union Carbide）却只付出了相对极轻微的代价。博帕尔事件使得公众、媒体包括印度人民党都坚定不应让历史重演，不应让核责任法变为美国投资者逃脱责任的工具的信念。

印度科技部最初提交人民院审议的法案中采用的是营运者专属责任，但因为国大党在人民院中并不占多数，该版本在人民党的要求下进行了修改。科技部常务委员会咨询了各方意见，其中非政府组织和商业联盟建议采用与产品损害责任相似的规定，他们认为在大多数情况下，营运者只有在设备开始运营后才能发现产品瑕疵，所以供应商应当为瑕疵产品、瑕疵设计、过错等担责。[2] 最终，综合各方面意见后法案几经修改，于 2010 年 8 月 30 日经两院表决通过，并于 2010 年 11 月 11 日生效。

(二) 印度《核损害民事赔偿法》的前进与后退

印度《核损害民事赔偿法》（Civil Liability for Nuclear Damage Act）虽然将受害人索赔的对象限制为营运者，但与国际通行做法不同的是，其第 17 条赋予了营运者对有过错的供应商进行追索的权利。如果供应商或其雇员提供具有显著的或潜在的缺陷或低于相关标准的设备或材料，并因此造成核事故，营运者在赔偿受害人相关损失后可以向供应商行使追偿权。

---

[1] 李小军：《论印度核能开发的现状、挑战及前景》，《国际政治研究》2013 年第 2 期。

[2] Rajya Sabha, "*Two Hundred Twelfth Report on 'The Civil Liability for Nuclear Damage Bill, 2010'*", available at http://www.prsindia.org/uploads/media/Nuclear/SCR% 20Nuclear% 20Liability% 20Bill% 202010.pdf, updated at August 20, 2010 12：51：30, viewed on March 25, 2020.

印度采用"受害人向营运者索赔，营运者赔偿相关费用后在符合相应条件下可向供应商追索"的模式，实现了对占据垄断地位的专属责任原则的突破。这一尝试收获了学界和印度国内民众广泛的赞誉，但却遭到国内外供应商的反对。粗略看来，"除合同约定外不具有追偿权"的专属责任原则与"除合同约定外具有追偿权"原则看似区别不大，但实际上，如果营运者在合同中免除供应商的赔偿责任，在发生核事故后，法院仍有可能以合同约定有损公共利益为由，认定追偿权约定无效。供应商认为追偿权的存在使得自己处于极大风险当中，参与印度核市场的积极性受损。为此，一部分人认为应开发一种覆盖供应商和营运者等相关主体的保险产品；而另一部分人认为可以在合同中约定，由营运者在收到产品或服务之时书面证明所得产品或服务不存在 17 条所规定之缺陷。① 然而，此两种方案都不可完全消除其风险。最终，为了回应供应商的抗议，印度政府制定了《核损害民事责任规则》以淡化追偿权规定的影响。

印度《核损害民事责任规则》第 24 条澄清了核损害法规定的追偿权："（1）核损害法第 17 条第 1 款所述合同应包括一项不低于第 6 节第二分节规定的营运者责任范围或合同本身价值的追偿权规定，以较小者为准。（2）第 1 款所指的追偿权规定应适用于根据 2004 年《原子能规则》颁发的初始许可证期限或产品责任期，以较长者为准。解释 1——就本规则而言，'产品责任期'一词系指供应商对合同项下的专利、潜在缺陷或不合格服务承担责任的期限。"规则明确规定供应商仅在约定的固定时间段内承担责任，而在约定期限后发生的事故，供应商不再因其供应的有缺陷或有故障的设备承担责任。此外，供应商还可以将标的较高的合同拆分成几个价值较小的合同，从而将追偿权数额限制在相当小的范围内。该《规则》的出台，有效地稀释了《核损害民事赔偿法》中的供应商追偿权条款，供应商不会承担巨额的或无尽期的责任，从而使《核损害民事赔偿法》的立法初衷虚置。

---

① Sidhant Chandalia, "International and Indian Civil Liability Regime for Nuclear Damage-Operator's Liability v. Supplier's Liability", *in Kathmandu School of Law Review*, 2 (2013), pp. 95 – 97.

四　专属责任原则的前景

对专属责任原则的正当性争论由来已久，《维也纳公约》通过后，曾有 14 个缔约国提交了一份联合修订案，要求在因供应商过错而导致核事故的情形下，允许营运者对其进行追偿，然而这份修订案最终被驳回。法学界也有学者认为应取消对追偿权的限制，甚至建立供应商发展风险责任制度，使供应商不得援引"将产品投入流通时引起损害的缺陷上不存在或缺陷是在投入流通后产生的"的发展风险抗辩事由主张免责。[①] 然而，印度《核损害民事赔偿法》对专属责任原则的突破和后续规则的开倒车，证明取消专属责任原则对有核国家，尤其是作为新兴核市场的国家来说，非不为也，实不能也。印度《核损害民事赔偿法》所作突破，为新的法律规则不断限缩，如何规避第 17 条的讨论也堂而皇之地不断出现在公众视野，反而是对法律权威性的损害。专属责任原则归根结底是为顾全核工业发展而作出的妥协，而且这种妥协在相当长一段时间内仍将继续存在。然而，妥协不意味着应回避对专属责任原则正当性的讨论，更不意味着必须为其作正当性辩护，而是要通过规则的完善，弥补其正当性漏洞。

（一）正当性审视下的核责任立法价值取向

立法指导思想是立法主体据以进行立法活动的重要的理论根据，是为立法活动指明方向的理性认识。[②] 立法指导思想在立法、司法过程中的作用至关重要，关系到各种模式如何取舍、如何适用法律、如何解释法律等等问题。建立符合正当性判断的核损害赔偿制度，首要是明确核责任立法指导思想中的价值取向。与《核安全法》"保障核安全，预防与应对核事故，安全利用核能，保护公众和从业人员的安全与健康，保护生态环境，促进经济社会可持续发展"的立法目的相呼应，我国的核责任立法应当围

---

① 黄锡生、关慧：《供应商核损害赔偿责任豁免的反思与重构》，《重庆大学学报》（社会科学版）2012 年第 2 期。

② 张文显主编：《法理学》，高等教育出版社、北京大学出版社 1999 年版，第 271 页。

绕着"保障公众生命安全与健康，保护环境，建立及时、有效、充足的核损害责任索赔机制，促进核能的安全利用"的指导思想展开。

在核责任立法众价值中，安全和公平价值应居于首位，保障公众生命安全与健康和保护环境应当贯彻在核活动的全部环节，包括事前的预防以及事后的快速止损、救济。因此应保障核损害赔偿制度预防功能的发挥，督促各类参与主体恪尽勤勉，避免核事故的发生。而损害赔偿的复原功能要求核事故一旦发生，需要及时有效的核责任制度提供充足的资金，以支持人身伤害的及时治疗以及预防措施的实施，使受害人的权利恢复到损害事故发生前的状态。核责任制度的设计在程序上应尽量减轻原告的诉讼负担，在实体上应当尽可能提供充足的赔偿，以恢复受害人的权利。当然，核能发展的需求也应反映在核责任的制度设计中，减轻各类主体进入市场的阻碍和负担。但是，促进核能发展的目的绝对不能以牺牲公众、环境和受害人的合法权益为代价。在立法思想的指导下，从对专属责任的正当性进行修正的角度，我国的核责任立法应沿着保障潜在受害者及公众利益以及保障核安全、预防核事故两大思路，对相关规则进行修正和塑造。

（二）正当性补全思路下的核损害责任规则设计

1. 清晰界定营运者的概念

营运者在核损害赔偿中的地位要求法律规定中"营运者"概念的指向性应明确而统一，并保证作为营运者的企业应具备有保障的赔偿能力。《核安全法》将营运者定义为在我国境内"申请或者持有核设施安全许可证，可以经营和运行核设施的单位"，但还需结合实践情况进行进一步明确。确定、清晰的核损害赔偿主体，不仅有利于索赔的具体开展和公众权益的保护，也有利于企业明确自身责任、进行相应的风险管理和机制安排。

从文本角度，我国目前有效的关于核损害责任的法律法规中，关于营运者的称谓和概念范围存在一定出入。如44号文称其为"营运人"，是"经政府指定，经营核电站的单位，或者从事核电站核材料的供应、处理、运输，而拥有其他核设施的单位"；64号文中"营运者"是"依法取得法人资格，营运核电站、民用研究堆、民用工程实验反应堆的单位或者从事民用核燃料生产、运输和乏燃料贮存、运输、后处理且拥有核设施的单位"；《侵权责任法》中则称承担责任的是"民用核设施的经营者"。三者与《核安全法》中关于"营运单位"的定义并不完全重叠。核责任专门立法中应对此予以关涉，确立统一的"营运单位"的称谓和具体内涵。

在实践中明确而清晰地确定营运者，也需要后续立法的明确。其一，对于偷窃、遗失或抛弃的核材料引发的核事故，该核材料已不在营运者运行的核设施中，但作为对核材料有保管义务的营运者仍需承担对受害者的赔偿责任。在此种情况下，应赋予营运者在赔偿受害者损失后对偷窃、遗失或抛弃核材料的行为人的追偿权。而如果该材料已为其他营运者所占有，按《核安全法》第九十条的规定应由后者承担责任，而原营运者是否应承担赔偿责任？核责任立法中应予以说明，若不承担赔偿责任，则应通过刑事责任等方式进行追究。

其二，对于运输过程中发生的核事故的赔偿责任承担主体，《核安全法》并未做出特别说明，但规定"核材料、放射性废物的托运人应当在运输中采取有效的辐射防护和安全保卫措施，对运输中的核安全负责"。虽然可以根据已有法律的解释令托运人对运输中所发生的核事故承担赔偿责任，但严格来说该条属于核安全责任而非核损害赔偿责任，对于运输中牵涉两个或多个营运单位的情况，核损害赔偿责任后续立法还应做出明确规定，明晰在运核材料引发的核损害的赔偿责任主体，并采用约定或法定的形式，明确赔偿责任转移的节点，防止因扯皮、推诿而损害受害者的利益。

2. 延长核损害诉讼时效

核损害赔偿责任的诉讼时效，即核事故受害者求偿的时间限制，超出此时间，受害者仍可申请赔偿，但其赔偿请求不再具备法律效力。对受害者的求偿进行时间限制，不仅存在于核损害赔偿领域，也广泛存在于其他民事纠纷领域，究其原因，是"法律不保护在权利上睡觉的人"。但由于核损害的特殊性，核损害求偿的时间限制存在与其他民事纠纷时效不同的特点。有核国家关于核损害索赔诉讼的主观时效规定多数为三年，即受害人需要在知悉或应当知悉损害存在后的三年内提起诉讼。但对于客观诉讼时效的规定略有不同，如法国受害者索赔的诉讼时效为从事故发生之日起10年。《德国原子能法》第32条将受害者索赔的主观时效规定为3年，客观诉讼时效为30年。印度法则规定对于财产的客观诉讼时效为10年，而对于生命丧失和人身伤害的客观诉讼时效为20年。总体来看，客观时效的长短与国家在核能发展和受害者保护之间的衡量结果密切相关，如"废核"德国的规定最长，而印度和法国作为大力扶持核电的国家则明显采取了较短的时效。

我国关于核损害赔偿诉讼的时效规定体现在"44号文"第六条，其规定"核事故的受害人，有权在受害人已知或者应知核事故所造成的核损害之日起的三年内，要求有关营运人予以赔偿；但是，这种要求必须在核事故发生之日起的十年内提出，逾期赔偿要求权即告丧失。"众所周知核损害具有相当长的潜伏时间，因暴露在辐射中产生的人身损害可能在多年后才能显现出来。受放射性污染的环境对人身产生的损害也具有相当的累积性，在长期接触后才能造成损害，在更久的时间段后才能发现损害。在这种情况下，对核损害赔偿诉讼规定一个短于一般民事侵权诉讼（二十年）的时效并不符合保护受害人利益的价值判断标准。因此，有必要将客观诉讼时效进行适当延长，且对人身损害规定相对更长的诉讼时效。

3. 提高营运者责任限额

为了减轻承担专属责任的营运者的负担，除了日本等少数国家之外，大多数国家对营运者所承担的责任进行了限制。对超出责任限额的部分，由国家承担有限或无限的财政补偿。国家的财政补偿实质上是损害的社会分担，而如果对超出政府限额的损害不再进行补偿，则会造成由受害者承担损害的局面。责任限额的确定实际上是在企业和国家以及潜在受害者之间进行责任分配。由于承担专属责任是营运者接受的"自愿性安排"，因此不应出于"减轻营运者负担"的理由对其限额进行过度限制。

对于在我国境内发生的核损害，根据44号文规定，营运者对全体受害人的最高赔偿额合计为人民币1800万元，如果应赔总额超过此限额，则由政府提供必要的、有限的财政补偿，其最高限额为人民币3亿元。

2007 年, 64 号文的出台提高了对营运者的最高赔偿限额和国家最高补偿限额, 并要求营运者为此进行财务保证和购买保险。核电站的运营商和乏燃料贮存、运输、后处理的营运者的最高赔偿限额被提高为 3 亿元人民币, 其他运营商为 1 亿元人民币。国家财政补偿限额则被提高至 8 亿元人民币。然而, 总计 11 亿元的总额在重大核事故面前无异于杯水车薪。而对于营运者庞大的资本体量, 如从公开披露的招股说明书中可知中广核集团公司每年利润即高达百亿, 3 亿元的最高赔偿额明显不具说服力。因此, 后续的核责任立法应大幅度提高营运者的责任限额, 对风险和损害规模不同的营运者责任进行区分, 其责任额至少应维持在相当于可对供应商进行追偿的情况下所得资金总数的水平, 并采取动态化管理的方式, 规定按期根据国民经济发展水平等因素进行调整, 防止再出现责任限额十数年不变的情况。

4. 确定国家的兜底补偿责任

国家补偿是指对于公民、法人及其他组织因公权力主体合法行为而正当权益受损时, 国家应依法作出弥补。[1] 国家补偿在我国已有大量的相关实践, 但相关制度并不健全。与一般事故不同, 核事故中担责主体的责任很有可能超出其能力承受范围, 核损害的特殊性往往也为处理核事故带来了较高的专业知识门槛, 因此, 对于核损害的国家补偿制度需要谨慎设计, 以使其制度化、规范化, 减少补偿的随意性, 从而更好地保障公民的合法权益。

关于国家补偿责任, 有的国家明确规定了责任限额, 如德国规定在营运者责任用尽后, 由国家承担 25 亿欧元的补充赔偿责任, 英国与法国的规定类似, 皆为 1.75 亿特别提款权, 印度则为 3 亿特别提款权。亦有国家未对国家补充赔偿责任的数额做出规定, 如俄罗斯, 美国、日本则规定营运者赔偿资金用尽后, 可由国家权力机关确定补偿数额。在我国, 44 号文规定的国家财政补偿限额为 8 亿元人民币, 远低于其他国家。

根据危险责任理论, 行政相对人的权益因社会公共利益而处于某种危

---

[1] 司坡森:《论国家补偿》, 法制出版社 2005 年版, 第 1 页。

险状态时，其因此可能遭受的损失应得到补偿。[①] 出于保护受害人的目的，理论上其原因行为应不仅及于政府行为，也应包括由国家组织、受政府支持的企业行为，尤其是社会公益性与高度危险性兼具的活动。核能的发展有利于国家实现能源结构调整、保障能源安全、减排目标，同时也为社会提供了低廉稳定的电力供应，所以促进核能发展是国家能源战略与政策的一部分。然而，其社会收益实现的同时，是由特定人群承担了较高风险，而在核事故发生后，这些风险转化成了切实的损害。对于这部分人，有必要由公权力机关进行补偿。64 号文在将国家补偿责任定为 8 亿元的同时，类比美国非常核事故的概念，规定发生非常核事故后，经国务院评估后决定是否增加财政补偿金额。但是对"非常核事故"的概念并没有做出界定。我国的核责任立法中，应取消对国家补偿数额的限制，改为"核事故损害的应赔总额超过营运单位的最高赔偿额的，由国家提供财政补偿，补偿标准和范围由全国人大常委会决定"。

五　结语

核能的和平利用是人类科学技术史上的重大成就，是关系能源结构和能源供应的重大变革。但美国三里岛核事故、前苏联切尔诺贝利核事故以及日本福岛核事故都为核能利用敲响了警钟。核材料的放射性及其他危险特性可能对公众的生命安全、人身健康、财产安全以及环境造成不可逆的显著损害。因此核能利用必须加强核安全管理，预防核事故发生。除此之外，还应完善核能损害民事赔偿责任体系，对核事件中受害人的损害进行及时、充分、有效的赔偿。而核能损害民事赔偿责任的主体设定，是核责任的内核所在，关系到核责任是否能充分、有效地履行，然而，核能市场各主体话语权与市场力量的不均衡导致核责任主体的选择终究只能"委曲求全"，而其正当性不足的先天问题必须通过其他规则的完善进行补全和强化。核损害赔偿立法在对核能事业发展需求进行回应的同时，其目的最

---

① 姜明安：《行政补偿制度研究》，《法学杂志》2001 年第 5 期。

终要回归到保障公众安全与健康、保护环境等社会公共利益上来。

Rethinking on the Legitimacy of Nuclear Operator's Exclusive Liability for Nuclear Damage

Wu Qian

Abstract：The principle of operator's exclusive liability is regarded as the cornerstone and the most distinctive principle of the nuclear liability system. For the personal injury, property loss or environmental damage caused by the nuclear accident, the operator shall bear the exclusive liability for compensation, while the suppliers are absolutely exempted. Whether it is the economic channeling system that exempts the supplier from the economic responsibility, or the legal channeling system that exempts the supplier from the economic responsibility and the possibility of being sued, it cannot effectively respond to the interrogation of its legitimacy. India's Civil Liability for Nuclear Damage Act breaks through the framework of the principle of exclusive liability, but it ends up being superficial. Under the competition of all parties in the nuclear market, ·it is necessary to clarify the value orientation of nuclear liability legislation, and improve the relevant rules to make up the loopholes of its legitimacy.

Keywords：Nuclear Damage；Operator's Exclusive Liability；Subject of Compensation Liability

我国原子能法律制度域外适用研究

刘　宁

摘　要:"中广核事件"是美国针对我国企业的扩张性和进攻性的国内法域外适用。在国际压力和国内需求急升的背景下,有必要对我国原子能法律制度的域外适用规则进行审视和完善。现行立法在体系上缺乏对域外适用制度作原则性、统领性规定的原子能专门法律,在规范内容上存在效力范围较窄、法律责任缺位等缺陷。在考察美国原子能物项和相关技术出口管制域外适用制度后,提出完善构想:尽快制定《原子能法》,并在该法中对原子能物项和技术出口的全面控制原则、最终用途和最终用户管控、许可和清单制度、受管制的出口和再出口行为的范围、域外适用的连接点、权责部门、法律责任等基础制度作充分规定。

关键词:原子能法律制度;域外适用;完善对策

作者简介:刘宁(1992—　　),北京大学法学院环境与资源保护法学专业博士研究生,主要研究方向:环境法、核法。

目　次

（二）美国出口管制法律的规定

四 我国原子能法律制度域外适用规则完善之构想

引 言

2019 年 8 月 14 日，美国商务部产业与安全局在联邦纪事上发布公告，将中国广核集团有限公司及其下属三家关联企业，包括中国广核集团、中广核研究院有限公司、苏州热工研究院有限公司列入出口管制实体名单（以下简称"中广核事件"）。①

"中广核事件"引起了我国政府、媒体以及其他各方对美国政府泛化国家安全概念、滥用出口管制措施的不满和批评，同时也让我国政治家和相关利益实体高度重视事件背后的法律原理，即"国内法的域外适用"，并展开对"我国国内法的域外适用"，尤其是"我国原子能法律制度的域外适用"等规范体系的自我审视和反思。然而，目前学界关于国内法域外适用的具有说服力的成果为数不多②，而针对原子能法律制度这个特殊领域法的域外适用研究更是寥寥无几，难以为立法与实践提供充分的理论支撑。

在复杂的国际关系中，我国面临如"中广核事件"这种他国扩张性和进攻性的国内法域外适用主张日益频繁。同时，随着我国"一带一路"倡

---

① 新华网：《外交部发言人就美商务部将中广核等 4 家企业列入出口管制"实体名单"答记者问》，资料来源：http://www.xinhuanet.com/world/2019 - 08/15/c_1124881404. htm；更新时间：2019 年 8 月 15 日 21：25：03；访问时间 2020 年 3 月 22 日。美国联邦纪事网：〈Addition of Certain Entities to the Entity List, Revision of Entries on the Entity List, and Removal of Entities From the Entity List〉，资料来源：https://www.federalregister.gov/documents/2019/08/14/2019 - 17409/addition-of-certain-entities-to-the-entity-list-revision-of-entries-on-the-entity-list-and-removal#print；访问时间：2020 年 3 月 22 日。

② 典型如廖诗评：《国内法域外适用及其应对——以美国法域外适用措施为例》，《环球法律评论》2019 年第 3 期；张晓君、石晓玉：《中国法在美国适用的司法实践与对策》，《政法论丛》2019 年第 5 期；廖诗评：《中国法域外适用法律体系：现状、问题与完善》，《中国法学》2019 年第 6 期；霍政欣：《国内法的域外效力：美国机制、学理解构与中国路径》，《政法论坛》2020 年第 2 期。

议的深入推进，以及以"华龙一号"核电出口为代表的核电"走出去"战略的大力实施，我国对于原子能物项和相关技术出口保护的需求愈加迫切。十九届四中全会《决定》提出："加快中国法域外适用的法律体系建设"。因此，在国际压力和国内需求急升的背景下，有必要审视并完善我国原子能法律制度的域外适用规则。

本文拟结合"中广核事件"及其背后的美国国内法域外适用规则，着力讨论我国原子能法律制度域外适用机制的构建和完善。在明确原子能法律制度域外适用的基础理论之后，对我国原子能法律制度域外适用的规范进行梳理并检讨，最后汲取美国法的经验，提出具体的完善对策。

一 原子能法律制度域外适用的内涵与外延

"中广核事件"背后的法律原理，实际上是国内法的域外适用，即一个国家将具有域外效力的法律适用于其管辖领域之外的人、物和行为的过程，既包括国内行政机关适用和执行国内法的行为，也包括国内法院实施司法管辖的行为。[①] 为精确界定"原子能法律制度域外适用"的内涵与外延，本文对以下要点先作说明，并以其为后续讨论之基础。

第一，本文所讨论的原子能法律制度，主要指原子能物项和相关技术出口管制所适用的法律制度。原子能法律制度域外适用规则体系既包含确立域外适用的规则，又包含实施域外适用的规则。

第二，本文所讨论的原子能法律制度域外适用中的"域外"，指的是国际法上的"管辖领域"之外，而非国际私法上的"法域"之外。管辖领域主要包括一国领陆、领水、领空及其船舶和航空器，也包括专属经济区、毗连区、大陆架和实际控制管理的其他区域（如军事占领区），但不包括一国驻外国的使领馆。[②]

---

① 廖诗评：《中国法域外适用法律体系：现状、问题与完善》，《中国法学》2019 年第 6 期。
② 李庆明：《论美国域外管辖：概念、实践及中国因应》，《国际法研究》2019 年第 3 期。

第三，本文所讨论的原子能法律制度域外适用，实际上是公法规则效力范围的域外延伸。原子能物项和相关技术出口管制的法律制度本质上属于公法。① 公法执行的是国家公权力，在传统的国际法中，由于属地最高权原则，一个国家不得在其他国家领土上行使主权行为。然而，随着主权国家将公法方面的管辖权延伸至域外的理论和实践日益增多，一些公法规则的域外适用逐渐得到国际社会接受和执行。② 一般认为，在遵守国际法基本原则的前提下，各国有权采用自己认为最好的、最合适的管辖权原则，并自主地行使这种管辖权。③ 因此，在互相尊重国家主权和领土完整的国际法原则基础上，从维护国家核心利益和公民、企业权益出发，我国推动如原子能出口管制相关的公法性质的法律或条款的域外适用是合理且符合国际法的。

第四，关于域外适用与域外管辖权、域外效力、长臂管辖权等重要概念的定义和关系，我国学界尚有分歧。④ 本文采以下观点：国内法域外适用是国家行使域外管辖权的行为，其后果是赋予国内法域外效力。国家的域外管辖权是国内法域外适用的前提和基础。长臂管辖权仅限于民事诉讼中的对人管辖权，主要是法院行使司法管辖权的基础；而国内法域外适用主要是一国行政机关行使执法管辖权的过程，随后也可能会引发法院行使司法管辖权。⑤

---

① 关于公法、私法划分标准，有不同学说。根据利益说，公法规定国家利益和社会公共利益，私法规定的是私人利益；根据主体说，规定国家或具有管理公共事务职能的组织作为主体一方或双方的为公法，规定法律地位平等的主体则为私法。程信和：《公法、私法与经济法》，《中外法学》1997 年第 1 期。原子能物项和相关技术出口管制的法律制度强调对出口活动的国家干预和管控，以保护国家利益为重要目的，因此其公法性质毋庸置疑。

② 张利民：《经济行政法的域外效力》，法律出版社 2008 年版，第 26 页。

③ 邵沙平：《国际法（第三版）》，高等教育出版社 2017 年版，第 71 页。

④ 关于域外适用与域外管辖、域外效力、长臂管辖等概念联系和区别的综述，廖诗评：《国内法域外适用及其应对——以美国法域外适用措施为例》，《环球法律评论》2019 年第 3 期；孙国平：《论劳动法的域外效力》，《清华法学》2014 年第 4 期。

⑤ 廖诗评：《国内法域外适用及其应对——以美国法域外适用措施为例》，《环球法律评论》2019 年第 3 期。

二 我国原子能法律制度域外适用的立法现状与检讨

（一）我国原子能法律制度域外适用的规范梳理

我国原子能相关的规范体系主要由涉及核安全、放射性污染防治、环境保护、电力、矿产资源、海域使用、安全生产、出口管制、消防等领域的法律，涉及投资建设、核电管理、环境保护、国土资源等领域的行政法规，涉及核电可研与核准、工程建设、运营、核应急、放射性废物处理、核燃料、核材料进出口、电力与环境、国土资源等领域的部门规章和地方性立法，以及中国加入和签署的一系列国际条约和双边协定构成。其中，原子能法律制度域外适用的国内法规范主要包含两类，一是原子能专门立法中规定的有关原子能物项和相关技术出口的域外适用内容；二是非原子能专门立法（主要为一般性的对外贸易或者出口管制立法）中直接规定的，或者虽未明确规定，但是可以适用或解释得出相关结论的内容。

1. 原子能专门立法中的域外适用规定

国务院 1997 年发布、2006 年修订的《核出口管制条例》是我国规定域外适用条款的首个原子能专门立法。该条例第 5 条规定了核出口再转让情形中接受方的保证义务，即未经中国国家原子能机构事先书面同意，不向第三方转让原子能物项和相关技术；还规定了经同意后接受再转让的第三方的义务，即承当相当于由中国直接供应所承担的义务。第 17 条则规定了接受方违反前述保证义务的后果，即有关部门有权作出中止出口有关物项或者相关技术的决定，并书面通知海关执行。

国务院 1998 年发布、2007 年修订的《核两用品及相关技术出口管制条例》也规定了域外适用条款。该条例第 3 条第 2 款规定："为维护国家安全以及国际和平与安全，国家对核两用品及相关技术出口可以采取任何必要的措施。"同时，该条例第 6 条规定了对核两用品及相关技术出口的最终用途和最终用户的管制。对于中国供应的核两用品及相关技术或者其任何复制品，接受方需对其最终用途和最终用户作出保证，即不用于核爆炸目的以及申明的最终用途以外的其他用途，不用于未接受国际原子能机构保障监督的核燃料循环活动；以及未经中国政府允许，不向申明的最终用户以外的第三方转让。该条例还在第 17 条规定了违反前述规定的相应后果，即商务部对已经颁发的出口许可证件予以中止或者撤销。

除前述两个行政法规外，我国其他原子能专门立法中也有部分涉及域外适用的内容。例如原国防科学技术工业委员会、外交部、原对外贸易与经济合作部 2002 年发布的《核进出口及对外核合作保障监督管理规定》中即规定了接受方的保证义务，包括对最终用户和最终用途的控制。该规定实际上是对《核出口管制条例》第 5 条等条款的细化。

2. 出口管制立法中的域外适用规定

除了原子能专门立法以外，我国以《对外贸易法》（2016 年修正）和《出口管制法》（2020 年制定）为基本法，以《货物进出口管理条例》和《技术进出口管理条例》为重要实体规则，以大量部门规章为行政规程的出口管制法体系，[①] 也实现了管制原子能物项和相关技术出口的功能；其中，域外适用规则主要在前述两部法律中进行了规定。

依据《对外贸易法》第 17 条、第 27 条，以维护国家安全或维护国际和平与安全为目的，或在战时的情况下，国家对于原子能物项和相关技术的出口可以采取任何必要措施。"可采取任何必要措施"的表述赋予条文自身以广泛的域外适用效力。

与《对外贸易法》中原则且宽泛的域外适用条款不同，《出口管制法》构建了严格且清晰的出口管制域外适用规则框架。《出口管制法》的管制物项范围含括了核材料、核设备、反应堆用非核材料以及相关技术和服务。[②] 管制行为客体则不仅包括从我国境内向境外转移管制物项，还包括我国公民、法人和非法人组织向外国组织和个人提供管制物项，管制物项的过境、转运、通运、再出口，以及从保税区、出口加工区等海关特殊

---

① 陈立虎：《中国出口贸易管制法初探》，《国际贸易法论丛》2015 年第 6 卷，第 54~67 页。
② 《出口管制法》第 2 条第 6 款。

监管区域和出口监管仓库、保税物流中心等保税监管场所向境外出口。①
同时，《出口管制法》明确将管制清单和出口许可两种方式作为出口管制
的主要手段，并建立了管制物项最终用户和最终用途风险管理制度以及管
控名单制度。② 此外，《出口管制法》还对境外主体违法情形下的法律责
任作出了原则性规定。③

（二）我国原子能法律制度域外适用立法的检讨

总体来看，我国现行的原子法律制度域外适用在立法体系和规范内容
方面均存在不足，以下分述之。

1. 立法体系的缺陷

我国现有的原子能物项和相关技术出口管制域外适用规则主要由《对
外贸易法》《出口管制法》《核出口管制条例》《核两用品及相关技术出口
管制条例》等法律和行政法规的相关规定，以及少量部门规章和其他规范
性文件的部分内容构成。从立法体系的角度来看，现有体系存在结构性缺
陷，缺乏对核出口管制域外适用制度进行原则性、统领性规定的原子能专
门法律。

首先，《核出口管制条例》和《核两用品及相关技术出口管制条例》
中的域外适用规则应当有上位法依据。根据我国《立法法》第 8 条的规
定，涉及国家主权的事项只能制定法律。原子能物项和相关技术出口管制
立法本质上是强调国家干预的公法，而国内公法的域外适用实际上是主权
国家管辖权的延伸，属于国家主权的事项。因此原子能出口的域外适用规
则应当由全国人大或全国人大常委会制定的法律来规定，并以此作为前述
两条例等位阶较低的规范的上位法依据。

然而，《对外贸易法》和《出口管制法》虽然是全国人大常委会制定
的法律，但其中的域外适用规则难以全面、充分地作为其他低位阶的原子
能专门立法的上位法依据。一方面，从适用对象来看，《核出口管制条例》

---

① 《出口管制法》第 2 条第 3 款、第 45 条。
② 《出口管制法》第 9、12、15 ~ 18 条。
③ 《出口管制法》第 44 条。

和《核两用品及相关技术出口管制条例》的管制范围不仅包括原子能相关物项及其相关技术的贸易性出口，还包括对外赠送、展览、科技合作和援助等方式进行的转移。① 在未对《对外贸易法》和《出口管制法》的适用范围进行扩张的情况下，涉核的赠送、展览、科技合作和援助等内容无法直接纳入管制范畴，即两法律中的出口管制域外适用规则并未实现对原子能物项和相关技术出口的全面覆盖。另一方面，从管制要求来看，由于原子能的危险性和特殊性，我国原子能立法强调国家对涉核活动的直接、积极、全面干预；对于核出口活动应施以更严苛的域外适用规则，以保障相关物项和技术在域外的合法使用，实现对违法行为的责任追究。因此，有必要在《对外贸易法》和《出口管制法》构建的一般性出口管制域外适用框架的基础上，构建核出口管制的特殊域外适用规则。综上，从适用对象和管制要求来看，《对外贸易法》和《出口管制法》并不能充分地作为其他低位阶原子能专门立法的上位法依据。

事实上，《对外贸易法》和《出口管制法》已就核出口管制事项留有余地。例如，《对外贸易法》第 67 条规定，"与军品、裂变和聚变物质或者衍生此类物质的物质有关的对外贸易管理以及文化产品的进出口管理，法律、行政法规另有规定的，依照其规定"。《出口管制法》第 46 条规定，"核以及其他管制物项的出口，本法未作规定的，依照有关法律、行政法规的规定执行"。因此，鉴于原子能的特殊性，有必要在原子能专门法律中就核出口管制域外适用制度进行原则性、统领性规定。然而，我国现有的原子能领域的专门法律，包括 2003 年发布的《放射性污染防治法》和 2017 年发布的《核安全法》，并未设置关于原子能物项和相关技术出口管制域外适用的条款。

综上所述，我国现行的原子能法律制度域外适用的立法体系存在结构性缺陷：《对外贸易法》和《出口管制法》不能全面、充分地作为低位阶的原子能专门立法中域外适用规范的上位法依据；现有的《放射性污染防治法》和《核安全法》尚无相关域外适用之规定；缺乏对核出口管制域

---

① 《核出口管制条例》第 2 条和《核两用品及相关技术出口管制条例》第 2 条。

外适用制度进行原则性、统领性规定的原子能专门法律。

2. 规范内容的缺陷

第一，效力范围较窄。我国现行原子能法律制度域外适用效力的构建路径主要有三种：一是以属人连接点为基础的域外适用规则。经营原子能物项或技术出口的企业必须是在中国政府部门登记的公司，这些公司的出口行为以及出口的原子能物项或技术，都得接受中国的管制，并需要对违法行为承担相应法律责任。二是以物项和技术为连接点，推行管制法律的域外效力。所有源自于中国的原子能物项和相关技术的使用和转让，都得接受中国政府的管制和监督，未经允许，不得用于其他用途，不得向第三方转让。三是以国家安全或国际和平与安全为连接点，构建保护性管辖规则。

管辖连接点的边界直接决定了域外适用的效力范围，我国原子能法律制度域外适用的效力范围较窄，主要体现为现有的规则对于连接点的界定呈内缩态势。首先，以属人连接点为基础的域外适用规则，只针对中国企业的行为产生域外效力，对于境外法人和自然人则鲜有明确规定。其次，以原子能物项和相关技术为连接点的域外适用规则，其所针对的物项和技术仅限于管制清单所列①，而管制清单具有范围的局限性和更新的滞后性；同时对于视同出口②，以及对只包含一定比例的管制物项和技术的产品的出口，现有规则并未作出明确规定。最后，以国家安全、国际和平与安全作为连接点的域外适用规则更多起到"兜底"的作用，虽然扩大效力范围表面上得以扩大，但实际中的可操作性有待提高。综前所述，我国现有的原子能法律制度域外适用规则的效力范围较窄，削弱了国内法域外适用的效果，不利于对原子能物项和相关技术出口的全面管制。

---

① 《核出口管制条例》第 2 条规定，核出口是指《核出口管制清单》所列的核材料、核设备和反应堆用非核材料等物项及其相关技术的贸易性出口及对外赠送、展览、科技合作和援助等方式进行的转移。《核两用品及相关技术出口管制条例》第 2 条规定，核两用品及相关技术出口，是指《核两用品及相关技术出口管制清单》所列的设备、材料、软件和相关技术的贸易性出口及对外赠送、展览、科技合作、援助、服务和以其他方式进行的转移。

② 视同出口，通常指将向在境内的外国人发布或以其他方式转让技术等行为视同为出口行为。

第二，法律责任缺位。主要呈现如下两个特征：一是现有原子能法律制度域外适用规则中，绝大多数法律责任条款只针对包括国内经营者、管理工作部门及其工作人员在内的境内主体，缺乏对境外自然人和法人的处罚。二是现有的少量对境外自然人和法人追究法律责任的规定极为模糊，甚至是通过停止出口或让境内主体承担相应不利后果而实现的。对于境外组织和个人的相关违法行为，《出口管制法》中的法律责任条款表述仅为"依法处理并追究其法律责任"，并无具有可操作性的行政责任或刑事责任制度设计。对于接受方违反保证的情形，《核出口管制条例》规定的后果为"中止出口有关物项或者相关技术"；《核两用品及相关技术出口管制条例》规定的后果为"对已经颁发的出口许可证件予以中止或者撤销"，两者均通过停止出口或对境内出口主体的处罚实现对境外接受方的间接制裁。

法律的权威在于实施，完善的法律责任配置是原子能法律制度域外适用的必要保障。原子能法律制度域外适用规则设计的目的不仅是规制境内主体和境内行为，更是为了实现对违反中国国内法的域外行为充分和有效的制裁，即针对境外主体以非法占有或不正当竞争为目的，侵犯、窃取、非法转让我国原子能物项和相关技术的行为，使其承担充分的刑事、行政法律责任，以实现道义谴责和功利补救，维护国家及相关市场主体的安全和利益。然而，法律责任缺位的现状削减了原子能法律制度域外适用规则的威慑力，削弱了其实施效果。

三 美国原子能物项和相关技术出口 管制的域外适用制度

作为世界核大国与贸易大国，美国为原子能物项和相关技术出口设定了完善、严格的法制保障，其主要由原子能法律和出口管制法律构成。对这些法律中域外适用规则的考察，可为我国相应制度的完善提供有利借鉴。

（一）美国原子能法律的规定

美国原子能法律主要由《1954 年原子能法》（Atomic Energy Act of 1954）

及其修正案构成。从国家利益和公众利益出发，美国对核出口实施以许可制度为核心的全面监管，对从美国进行的源材料、特种核材料、生产或利用设施和任何敏感核技术的出口设置了严格的许可证审查和签发程序。

美国原子能法律中核出口管制的域外适用规则主要以物项和技术作为连接点，针对最终用途和最终用户确立管辖权。《1954 年原子能法》第 127 条第 2 款和第 5 款就物项和技术的最终用途作出规定，即不得将拟出口或已出口的核材料、核设施以及敏感核技术，以及通过使用此类材料、设施或技术生产的特种核材料用于任何核爆炸装置或任何核爆炸装置的研究或开发；除非事先经过美国政府的批准，不得将拟出口的这种材料以及通过该材料生产的特种核材料进行后处理，不得改变从反应堆中移出的含有这种材料的辐照燃料元件的形式或含量。该条第 4 款则就最终用户进行了规定，即除非事先得到美国的批准，不得将拟出口的此类材料、设施或敏感核技术转移到任何其他国家或国家集团的管辖范围。①

若任何无核武器国家有引爆核爆炸装置，或终止、废止或实质性违反了国际原子能机构的保障协定，或从事涉及源材料、特种核材料并对制造或取得核爆炸装置有直接意义的活动；若任何国家或者国家集团实质上违反与美国签订的合作协议，或者协助、鼓励、诱导任何无核武器国家从事特定涉核活动，美国将终止核出口行为。②

（二）美国出口管制法律的规定

美国的出口管制主要包括纯商用、军民两用和军用物项与技术的出口管制。其中，美国两用物项和技术的出口管制制度是世界上最早、最成熟、最先进的出口管制法律体系，其奠定了国际出口管制法律制度的基础，许多原则和制度成为国际通行做法。③ 本文选取美国两用物项和技术出口管制的核心立法，即《出口管理条例》（Export Administration Regula-

---

① Atomic Energy Act of 1954 §127, 42 U. S. C. § 2156（2006）.
② Atomic Energy Act of 1954 §129, 42 U. S. C. § 2158（2006）.
③ 葛晓峰：《美国两用物项出口管制法律制度分析》，《国际经济合作》2018 年第 1 期。

tions，EAR)① 和《2018 年出口管制改革法案》（Export Control Reform Act of 2018，ECRA)，并就其所规定的域外适用规则进行阐述。总体而言，EAR 和 ECRA 形成了旨在服务国家安全、外交政策等美国国家利益，以清单和许可制度为基本手段，以保护、属人、物项和技术为连接点的灵活宽泛的域外适用规则，并以严厉的法律责任确保规则的实施。

首先，EAR 设计了"美国人"（U. S. Person）概念，并以此为基础构造以属人为连接点的域外适用规则。"美国人"包括美国公民、美国的永久居民、美国《移民和归化法》规定的包括难民在内的受保护的个体；根据美国法律或在美国境内设立的任何实体（例如公司、商业协会、合伙企业、社团、信托或任何其他获准在美国开展业务的实体、组织或团体），以及该实体在国外的分支机构；身处美国境内的任何个人。② "美国人"概念在 ECRA 中得到了沿用。通过"美国人"概念的设定，美国出口管制法律可基于美国国内实体或个人对国外实体的控制或联系而实现域外适用，这事实上是对传统属人管辖的效力扩张。③

其次，EAR 还确立了以物项和技术作为连接点的域外适用规则。首先，EAR 明确了受管制的物项和技术④的范围。一是美国境内的所有物项，包括位于美国对外贸易区中的或过境美国的从一个国家转移至另一个国家的物项。二是原产于美国的物项，无论位于世界何地。三是外国制造的产品，但包含了一定比例的原产于美国且受管制的产品或"捆绑"了一定比例的原产于美国且受管制的软件；以及外国制造的软件，但混合了一

① EAR 即美国在中广核事件中所适用的法规。
② §772.1 Definitions of terms as used in the Export Administration Regulations（EAR).
③ 张利民：《经济行政法的域外效力》，法律出版社 2008 年版，第 116～117 页。
④ EAR 对包括技术和软件在内的关键术语作出了明确而宽泛的定义。EAR 对技术（Technology）的定义是：任何可用于开发、生产、利用、操作、安装、保养、维修、检修或翻新各类产品的专门知识。技术可以是有形或者无形的，例如书面或者口头的交流，模板、图纸、照片、平面图、图表、模型、公式、工程设计和技术参数、计算机辅助设计文件、说明书、可视化的电子媒介或信息等。对软件（Software）的定义是：固定在任何有形表达媒介中的一个或多个"程序"或"微程序"的集合。§772.1, Export Administration Regulations，美国电子联邦法规网，https://www.ecfr.gov/cgi-bin/text-idx? SID = e54a878604c282be52e924963a461f70&mc = true&node = pt15.2.772&rgn = div5#se15.2.772_11，最后访问时间，2019 年 9 月 26 日。

定比例的原产于美国且受管制的软件；以及外国技术，但混合了一定比例的原产于美国且受管制的技术。四是外国制造的使用原产于美国的技术或软件生产的直接产品。五是美国境外设备生产的产品，且该设备或设备的主要部分是原产于美国的技术或软件的直接产品。[①] 同时，为有的放矢，EAR 授权美国商务部制定和修改《商业管制清单》（Commercial Control List），以增强对特定物项和技术的管制，"核材料、设施与设备"作为该清单十大类中的一类被列入其中。

ECRA 则对 EAR 所确立的物项和技术的管制范围作了进一步扩张。ECRA 引入了"新兴和基础技术"（Emerging and Foundational Technologies）的概念，要求对其识别并建立适当的监管措施。新兴和基础技术被界定为对美国国家安全至关重要且不属于《1950 年国防产品法》及其修正案中规定的"关键技术"（Critical technologies）。ECRA 同时明确将以下因素作为识别该技术的考量因素：该技术在外国的发展情况；实施出口管制后对该技术在美国发展的影响；限制该技术向外国扩散的管制措施的有效性。[②] ECRA 对新兴和基础技术的识别规则，其连接点既是以保护管辖为基础，如国家安全，又是以物项和技术为基础。EAR 和 ECRA 所规定的受管制物项和技术范围的叠加，共同形成了极为宽泛同时又具有针对性的连接点，为出口管制法律的域外适用提供了有力支撑。

再者，EAR 强调对出口物项和技术的最终用途（End-use）和最终用户（End-user）的管制。实现该管制目的的首要手段是实体名单（Entity list）制度。根据 EAR 规定，基于明确的事实，对于曾经、正在或者有重大可能参与违背美国国家安全或者外交政策利益的活动的实体，主管机关可将其列入实体名单。对于实体名单中的任何实体，向其出口、再出口或者在国内转让任何受 EAR 管制的物项或技术，必须获得许可；除非获得授权，否则不适用许可例外。[③] 同时，除管制清单外，美国政府还对一些

---

① § 734.3 Items subject to the EAR.

② Requirements to identify and control the export of emerging and foundational technologies, 50 US-CA § 4817.

③ PART 744—CONTROL POLICY: END-USER AND END-USE BASED（EAR）

领域实施全面控制原则（Catch-all）。全面控制原则是对最终用户和最终用途可能危害国家安全或外交政策的清单外物项进行兜底性的管控，与清单管控共同组成完整的出口管制体系。EAR 规定的全面控制原则所控制的最终用途主要有核武器、导弹、化学和生物武器、海洋核动力推进系统等。①

除前述手段外，美国出口管制法律还通过扩大"出口"、"再出口"等相关概念的范围和外延，实现对出口环节的全过程管制。例如，EAR 在出口（Export）概念中纳入了视同出口（Deemed export），将向在美国境内的外国人发布或以其他方式转让技术或者"源代码"等行为纳入出口管制的范畴。同样，视同再出口（Deemed reexport）也被纳入了再出口（Reexport）的范畴，例如在他国向该国以外的外国人发布或以其他方式转让受 EAR 管制的技术或者"源代码"。②

最后，EAR 和 ECRA 设置了完备的执法和处罚机制，违反出口管制规定将面临严厉的民事或刑事制裁。在 EAR 的基础上，ECRA 加大了对违法行为的处罚力度，其中刑事处罚包括不超过 100 万美元的罚款，自然人可判处不超过 20 年的监禁，或两者并罚。民事处罚则包括不超过 20 万美元的罚款，或处以交易价值两倍的罚款，以较高者为准；撤销许可证；禁止相关主体出口、再出口或在国内转移受管制的物项和相关技术。③

综上所述，美国构建了完备且复杂的出口管制体系，包括《1954 年原子能法》《出口管制条例》《2018 年出口管制改革法案》等具有代表性的美国国内法，其中的域外适用规则，为美国原子能物项和相关技术的出口提供了强有力的保护。总体来说，前述美国国内法的域外适用规则有以下特点：第一，连接点多样。美国原子能法律和出口管制法律域外适用规则设置了多个连接点，包括但不限于保护、属人、物项和技术等，赋予了规则适用的广泛性和灵活性。第二，强调对连接点本身范围的扩张。例如

① 葛晓峰：《美国两用物项出口管制法律制度分析》，《国际经济合作》2018 年第 1 期。
② PART 734—SCOPE OF THE EXPORT ADMINISTRATION REGULATIONS （EAR）.
③ Enforcement. 50 USCA § 4843.

"美国人"概念实际上是基于企业控制关系,将传统的难以直接适用属人原则的跨国企业国外子公司或分支机构纳入了管制范围;在确认受管制的物项和技术时,只要包含一定比例的受管制的物项和技术,甚至使用了美国技术和设备生产的产品,都被纳入了管制范围。第三,将许可证和清单制度作为出口管制的基础手段。通过差异化的许可证制度实现不同级别的管制,而不同的许可证政策不仅取决于管制原因,也取决于拟出口的国家/地区、最终用户、最终用途,这主要通过清单列举的方式来实现。第四,对于原子能物项和相关技术的出口实行全面控制,严格管控最终用户和最终用途,以保护国家安全和外交政策,防止国家利益受到侵害。第五,设置了严厉的法律责任,赋予域外适用规则以威慑力并保障其实施。

四 我国原子能法律制度域外适用 规则完善之构想

立法是经济社会发展到一定时期做出的政治选择,其中的利益博弈和协调,是一个典型政治行为。[①] 美国国内法的域外适用即是基于其强大的经济、军事和科技地位做出的政治投射,以完善详尽的立法和解释为依据对外实现"法律霸权"。而以域外适用制度形成对原子能物项和相关技术出口的全面、绝对控制,是美国为维护国家安全和外交政策,确保其在贸易、安全、军事等领域的世界领导地位的政治选择。"中广核事件"就是此政治选择下美国国内法域外适用的典型案例。

我国也应当构建和完善自身的原子能法律制度域外适用规则。首先,随着我国"一带一路"倡议的推进以及核电"走出去"战略的实施,国内原子能物项和相关技术的出口日益增多,对国家自身和企业等主体利益保护的需求也愈加迫切。再者,原子能物项和相关技术本身具有特殊性,其与国家安全和国际和平具有强关联性,因此有必要通过域外适用制度对

---

① 吕忠梅:《关于自然保护地立法的新思考》,《环境保护》2019 年第 Z1 期。

其出口实现全面管控。同时，域外适用制度还是处理国际关系的一项"攻守兼备"的法律工具。在利益至上、云谲波诡的国际关系中，追求构建相互尊重、公平正义、合作共赢新型国际关系的中国虽然不寻求霸权地位，但面对"中广核事件"这种他国扩张性和进攻性的法律主张，完善的自身国内法域外适用制度可以在国家间关系和外交谈判中获得筹码，有利于实现对外政策目标，保护本国国家利益和公民企业的利益。[①]

我国原子能法律制度域外适用规则的构建与完善，应当从立法体系和规范内容两个方面着手。首先，关于立法体系的构建，应当尽快制定《原子能法》，在该法中对原子能出口管制的域外适用进行充分地、全面地、统领性地规定，并为其他低位阶的原子能出口管制规范提供直接上位法支撑。2018 年 9 月 10 日，第十三届全国人大常委会发布了《十三届全国人大常委会立法规划》，将《原子能法》列为第一类项目。2018 年 9 月 20 日，司法部公布《原子能法（征求意见稿）》，向社会征求意见，标志着我国原子能法立法进入了一个新的阶段。有鉴于此，我们应当借《原子能法》立法之契机，着手我国原子能法律域外适用制度的构建和完善。

关于规范内容的完善，鉴于《原子能法》的定位是我国原子能领域的基础性法律，[②] 建议在该法中系统规定原子能物项和相关技术出口管制的域外适用制度，主要包括：第一，规定对原子能物项和技术出口的全面控制原则，并对最终用途和最终用户进行管控。第二，规定对原子能物项和技术出口管制的基本制度，即许可和管控清单制度。第三，规定受管制的原子能物项和技术出口和再出口行为的范围，将向我国境内的外国主体发布或以其他方式转让技术等"视同出口"行为，以及在其他国家或地区向该国家或地区以外的外国人发布或以其他方式转让技术等"视同再出口"行为，分别纳入受管制的出口和再出口行为范畴。第四，明确原子能物项

[①] 廖诗评：《中国法域外适用法律体系：现状、问题与完善》，《中国法学》2019 年第 6 期。

[②] 关于《中华人民共和国原子能法（征求意见稿）》的说明，资料来源：http://www.moj.gov.cn/news/content/2018 - 09/20/zlk_40215.html；更新时间：2018 年 9 月 20 日；访问时间：2020 年 4 月 17 日。

和技术出口管制制度域外适用的连接点，建议以保护、属人、物项和技术为基础，并对连接点范围本身作适当扩张。例如属人连接点应不仅针对中国企业，还应纳入与国内企业有控制关系的国外主体；对于物项和技术连接点，应当将包含一定比例受中国管制的原子能物项和相关技术的产品也纳入管制范围。第五，规定执行原子能物项和相关技术出口管制的权责部门。第六，规定法律责任条款，以充分且适当的行政责任和刑事责任，强化原子能法律域外适用规则的实施效果。

On the Extraterritorial Application of China's Atomic Energy Law System

Liu Ning

Abstract："CGNPC's being Listed on the Entity List" incident is an expansionary and offensive extraterritorial application of American domestic laws. In face of internal and external demand, it is necessary to review and improve the extraterritorial application rules of China's atomic energy legal system. The current legislation system lacks a special atomic energy law that provides principled and dominant provisions for the extraterritorial application system. There are also defects such as the narrow scope of effectiveness and lack of strict legal responsibility. Through reviewing the American atomic energy-related items and technology export control system, the following proposals are offered. First, formulate the "Atomic Energy Law" as soon as possible. And in this law, "catch-all" policy, end-use and end-user control, licensing and list system, jurisdiction link points, authorities, legal responsibility should be fully specified.

Keywords：Atomic Energy Law System；Extraterritorial Application；Improvement Measures

我国乏燃料所有权主体研究

刘　颖

摘　要： 我国乏燃料管理选择后处理的方式，即将乏燃料作为可利用资源，加工为新核燃料以循环利用。为保障核不扩散与核能安全利用，我国在公法中规定了核电企业以及乏燃料持有者的安全监管责任，但没有直接规定乏燃料的权属主体，实践中对于所有权主体应当是企业还是国家出现诸多争议。乏燃料是核燃料受到辐照后的剩余物，是与核燃料不完全相同的新物且仍具备商品性质，因此核电企业通过劳动生产获得乏燃料所有权。为保障核安全与核不扩散，核电企业应当在法律规定下通过买卖的方式将乏燃料所有权转移给国家，以明确所有权主体支付乏燃料管理成本，并合理分配所有权人、持有人安全保管责任。

关键词： 乏燃料；国家所有权；主体

作者简介： 刘颖（1992—　　），北京大学法学院 2018 级博士生，主要研究方向：环境法、核法。

目　次

引　言

"乏燃料"一词由英文词组"spent fuel"翻译得来，直译为"已经使用过的燃料"。根据世界原子能组织的定义，乏燃料是指核燃料在辐照后从反应堆中移除的，由于裂变材料的耗尽、毒物积聚或辐射损伤而不再可用的物质。[①] 我国 2017 年颁布的《核安全法》附则中对乏燃料的定义为：乏燃料，是指在反应堆堆芯内受过辐照并从堆芯永久卸出的核燃料。

乏燃料管理指任何与处理和贮存乏燃料相关的活动，乏燃料管理要妥善处理乏燃料的危害性，避免乏燃料危害公众和环境。乏燃料处理方式存在两种路径，一种是对乏燃料进行后处理，即将乏燃料作为可以利用的资源，收回剩余的易裂变核素铀-235 和新生成的钚-239 及可转换核素铀-233 或钍-232，[②] 将其进行暂时贮存、运输、后处理后获得新的核燃料，实现乏燃料闭式循环；另一种是对乏燃料进行处置，将乏燃料视作不可利用的放射性废物，进行地质深埋等最终处置。

1983 年我国国务院科技领导小组提出坚持乏燃料闭式循环的方针，乏燃料管理在政策指导下选择后处理的方式。目前我国国内的乏燃料有两个来源：绝大多数产生于核电生产，极小部分来自军工武器生产。军工武

[①]　IAEA Safety Glossary（2016 Edition）.

[②]　Helen Cook，*The law of Nuclear Energy*，Sweet & Maxwell，2018，p.114.

器生产中的乏燃料属于国防资产，根据《物权法》第 52 条规定，国防资产属于国家所有。其中，直接关系国家战略利益和国防安全的财产是国家专有财产，此类财产只能由国家所有，因此，军工武器生产中的乏燃料不在本研究讨论的范围之内。本文所讨论的乏燃料，仅指核电生产中的乏燃料。截至 2019 年 11 月，已经有部分大亚湾核电站产生的乏燃料经过后处理加工成为新的核燃料。

一 我国乏燃料所有权法定的必要性

(一) 严格管理是保障核安全的必要条件

乏燃料的循环利用价值以及我国后处理的政策选择，赋予了乏燃料能够进入市场流动的商品性质。乏燃料不同于一般商品，其特殊之处在于高放射性给环境和人身健康带来巨大风险，交易和使用应当受到严格的限制和监管。为了规避乏燃料等放射性物质带来的辐射风险，联合国于 1968 年开放签署《不扩散核武器条约》（也称《核不扩散条约》），要求缔约国对领土之内、管辖之下或者控制之下的任何地方进行和平核活动的一切原料或特殊裂变物质采取保障措施。国际原子能机构于 1997 年审议通过《乏燃料管理安全和放射性废物管理安全联合公约》（以下简称《安全联合公约》)），其中第 4 条要求每一缔约方应采取适当步骤，以确保在乏燃料管理的所有阶段充分保护个人、社会和环境免受放射危害。

从国外立法实践来看，美国、英国、法国、日本等缔约国均将乏燃料视作特殊商品，通过财产法保护和行政管制双重手段进行严格管理，既保护了核工业企业的财产权利，又规避了乏燃料的辐射风险。其中美国规定乏燃料属于联邦政府所有，联邦政府承担管理处置过程中的安全责任，对乏燃料进行严密管理。① 日本规定乏燃料属于核电企业所有，政府通过审

---

① 42 U. S. C § 10222 (2006)．

计乏燃料管理基金的收支管控乏燃料的管理与流动①。

我国于 1992 年加入《不扩散核武器条约》，并于 2006 年加入《安全联合公约》。为遵循条约和公约中和平利用核能的原则，确保乏燃料管理阶段中的核安全，我国通过完善立法对乏燃料使用和流通进行严格的管理和保障具有必要性。

（二）乏燃料安全管理缺乏私法保护

在我国核工业实践中，核电公司、运输公司、后处理厂等企业是乏燃料产生、运输、后处理等各管理环节中的实际持有人；而《核安全法》（2018 年）规定国家对核材料等放射性物质应当采取充分的安全措施，负有核安全责任。由于国家对放射性材料进行严格监管，公民个体和社会团体不可能持有乏燃料，可见企业与国家是仅有的与乏燃料密切相关的两大主体。

我国目前与企业乏燃料管理的有关法律如下：

《核安全法》第 39 条规定，产生、贮存、运输、后处理乏燃料的单位应当采取措施确保乏燃料的安全，并对持有的乏燃料承担核安全责任。

《核安全法》第 48 条规定，核设施营运单位应当按照国家规定缴纳乏燃料处理处置费用，列入生产成本；第 52 条规定，核材料、放射性废物的托运人应当在运输中采取有效的辐射防护和安全保卫措施，对运输中的核安全负责。乏燃料、高水平放射性废物的托运人应当向国务院核安全监督管理部门提交有关核安全分析报告，经审查批准后方可开展运输活动。

原国防科学技术工业委员会、公安部、原交通部、原卫生部《核反应堆乏燃料道路运输暂行管理规定》（2003 年）第 5 条规定，托运人或托运代理人和承运人应当遵守本规定和国家其他有关乏燃料安全运输的法规、标准，加强乏燃料运输的安全管理，建立健全安全运输责任制度，完善安全运输条件，确保乏燃料安全运输。

---

① Government of Japan, *National Report of Japan for The Sixth Review Meeting*, *Joint Convention on The Safety Of Spent Fuel Management and on The Safety of Radioactive Waste Management. Vienna*：*IAEA*，2017，p. 3.

我国目前与国家行政机关乏燃料管理的有关法律如下：

《核安全法》第51条规定，国务院核工业主管部门负责协调乏燃料运输管理活动，监督有关保密措施。公安机关对核材料、放射性废物道路运输的实物保护实施监督，依法处理可能危及核材料、放射性废物安全运输的事故。通过道路运输核材料、放射性废物的，应当报启运地县级以上人民政府公安机关按照规定权限批准；其中，运输乏燃料或者高水平放射性废物的，应当报国务院公安部门批准。

《国家核应急预案》（2013年修订）① 第5.1条乏燃料运输事故章节规定，乏燃料运输事故发生后，营运单位应在第一时间报告所属集团公司（院）、事故发生地省级人民政府有关部门和县级以上人民政府环境保护部门、国家核应急协调委，并按照本预案和乏燃料运输事故应急预案立即组织开展应急处置工作。必要时，国家核应急协调委组织有关成员单位予以支援。

国家海事局《乏燃料运输船舶法定检验规则》（2018年）中详细规定了乏燃料船舶运输的相关内容，包括船舶的分舱与布置、消防、货物出所温度控制、货物系固布置、电气、辐射防护、管理与培训、船舶应急响应和相关事故的通告。

《核反应堆乏燃料道路运输暂行管理规定》第二章"运输的申请与审批"中规定，托运人或托运代理人应向相关部门申请办理乏燃料转移审批手续和道路运输通行手续，使用的乏燃料货物包需获得批准，承运人事先获得国家交通主管部门对其从事道路危险货物运输的资质认可等。

综上所述，当前立法侧重于对乏燃料的公法管理，主要通过行政审批和制定主体安全责任的方式保障乏燃料管理中的核安全，但没有规定乏燃料的所有权主体，因而未能将乏燃料安全管理置于私法的保护之下。法定的所有权人安全保管的义务的缺失，如果发生核泄露事件，也难以追究主体的损害赔偿责任。出于以上的考虑，通过立法确定乏燃料所有权具有必要性。

---

① 《国家核应急预案》（2013年修订），国务院办公厅，2013年6月30号发布。

（三）乏燃料所有权法定的现实需求与困境——以中核、中广核为例

中国核工业集团有限公司（以下简称"中核"）、中国广核集团有限公司（以下简称"中广核"）、国家电力投资集团公司（以下简称"国电投"）以及华能集团有限公司（以下简称"华能"）等集团公司是我国目前四家具有核电营运资质的核电企业。核电企业下属的子公司，如大亚湾核电站运营管理有限公司等是持有核电营运牌照的公司，也被称为业主公司、核电站、核电厂，负责具体的核电发电生产活动。

通过调研得知，2010 年以前，中广核所属的大亚湾核电站运营管理有限公司（以下简称"大亚湾核电公司"）与中核子公司清原公司签订委托运输合同并支付运输费用，与中核子公司 404 厂签订后处理合同并支付后处理和放射性废物处置费用。清原公司将乏燃料运送至中核子公司 404 厂进行后处理。由于目前没有乏燃料权属的法律规定，乏燃料在核电站的厂房外交付时不能视为乏燃料所有权转让，合同中约定乏燃料由大亚湾核电公司交付给清原公司时，乏燃料安全保管责任由大亚湾核电公司移交给清原公司；乏燃料由清原公司交付给 404 厂时，乏燃料安全保管责任由清原公司移交给 404 厂。

2010 年财政部、国家发展和改革委员会、工业和信息化部制定了《核电站乏燃料处理处置基金征收使用管理暂行办法》（以下简称《暂行办法》），该《暂行办法》规定，基金专项用于乏燃料处理处置，使用范围包括乏燃料运输、离堆贮存、后处理、后处理产生的高放废物的处理处置、后处理厂的建设、运行、改造和退役以及其他支出。

《暂行办法》第五条要求，乏燃料处理处置基金按照核电厂已投入商业运行五年以上压水堆核电机组的实际上网销售电量征收，征收标准为 0.026 元/千瓦时；第六条要求乏燃料处理处置基金计入核电厂发电成本。截止到 2010 年 10 月，中核集团已经支出了大亚湾核电站交给中核集团的乏燃料运输费，乏燃料后处理费和高放射性废物处置的费用尚未支出。根据《暂行办法》第二十条规定，该部分费用由中核集团交给国库。

自 2010 年起至今，乏燃料管理的成本全部由处理处置基金承担。在实践中，基金已向清原公司支付乏燃料运输的费用，并向 404 厂支付了乏燃料贮存的费用。

乏燃料的所有权主体应当是国家还是企业，目前在实践中存在很大争议。《暂行办法》明确规定处理处置金属于国家所有，国防科工局负责基金具体项目安排使用，企业使用基金时需要提出申请，由国防科工局将款项划拨予企业，国家是承担管理成本的主体。部分核电企业认为，我国征收乏燃料处理处置金的方式与美国乏燃料基金管理相同。美国是典型的乏燃料国有化管理模式，1982 年颁布《放射性废物政策法》（以下简称《政策法》）规定，联邦政府与核电企业签订商业合同，约定核电企业缴纳每度电电价的 10% 作为乏燃料管理基金，该基金属于联邦政府所有，美国能源部代表联邦政府负责乏燃料的运输和地质深埋处理。[1] 美国模式有两个鲜明的特点：第一，《放射性废物政策法》规定自合同签订起，联邦政府获得乏燃料的所有权；第二，美国能源部是管理环节中乏燃料的实际持有者，《政策法》规定联邦政府承担贮存、运输和处置中的全部安全责任。

我国核电厂向国家缴纳基金的方式看似与美国十分相似，实则有本质区别。《政策法》要求联邦政府与核电企业签订商业合同，因此核电企业缴纳基金的行为实为支付该合同的对价，给付能源部对乏燃料的持有和管理的费用；我国国家与核电公司之间不存在这种合同，征收处理处置金是国家对乏燃料的一种管控手段。因此，仅通过处理处置金国有的性质判断我国乏燃料属于国家所有不甚妥当。

在我国乏燃料管理的流程中，乏燃料在各个企业公司之间流转。以大亚湾核电站为例，大亚湾核电公司与中核集团 404 厂[2]签订后处理合同，并委托中核集团清原公司将乏燃料运输至 404 厂。这种交易模式类似于法国的乏燃料管理模式。法国 2006 年《放射性物质和废物可持续管理方案

---

[1] 42 U. S. C § 10222 (2006).

[2] 目前我国国内唯一的后处理厂即中核集团 404 厂，国内需要进行后处理的乏燃料均运输到此厂进行处理。

法》（以下简称《方案法》）规定，核电公司是乏燃料管理过程中的所有权主体，管理过程中一般不发生所有权转移。核电公司负担乏燃料贮存、运输和后处理的主要责任并承担乏燃料后处理的成本，第二章亦明确规定乏燃料和放射性废物的生产者对这些物质负责，但不影响其持有者作为核活动操作者的责任。《方案法》中对核电企业负担成本、承担安全责任等的规定，均与我国《核安全法》对核设施运营单位的规定十分相似。

将乏燃料视作核电企业所有，这种选择颇受企业诟病。通过调研得知，大亚湾核电公司、404 厂等公司企业均认为我国企业不具备成为乏燃料所有权主体的条件。主要原因是所有权主体应当享有对物占有、使用、收益和处分的权利，而核电公司对乏燃料享有的是占有、使用的权利。对于收益权，尽管乏燃料经过 404 厂的后处理可以获得新的核燃料，但目前后处理获得的新核燃料不属于任何企业公司所有，而是被认定为国有资产并贮存在 404 厂中，此类新核燃料是通过核电厂买入的方式还是国家批准核电厂使用方式再进入市场没有具体的规定，买卖收益是否归国家所有亦不明确；至于处分权，尽管没有明确的法律规定，但国家通过行政管控的手段禁止核电企业自主处分乏燃料，因此核电企业既不享有收益权，也不享有处分权。

从核电公司与后处理厂之间的合同关系来看，企业对乏燃料享有的是一种受到限制的法人财产权，但是否享有所有权，仍需进一步讨论。但不能否认的是，通过立法明确乏燃料所有权人才能保障核电企业对乏燃料享有的财产权利，法定所有权人的缺失会对乏燃料在市场上的交易流通造成阻碍，进而导致闭式循环无法真正达成。

二　我国乏燃料客体物性质辨析

（一）核燃料所有权取得及乏燃料转化

乏燃料的前身是核燃料，讨论乏燃料所有权问题必先厘清核燃料所有权如何取得。核燃料由铀矿加工而成，2008 年国土资源部、原国防科工委颁布《关于加强铀矿地质勘察工作的若干意见》，支持各类地质勘查队伍积极开展铀矿地质勘查工作，允许社会资本投入铀矿勘查、开发领域，享受勘查、开采权益，允许在规定范围内实行矿业权的有偿使用和流转等。目前，中核集团核工业地质局（以下简称"地质局"）与中广核集团铀业发展有限公司（以下简称"铀业公司"）均获得铀矿勘探权，但只有地质局具有铀矿的开采权，且目前我国国内铀矿产资源的来源均为地质局开采获得的铀矿。①

原始铀矿不能直接用于核能生产，核燃料元件公司必须向地质局买入铀矿②，并对铀矿进行压缩、提纯等一系列加工制成核燃料元件，此时，铀矿通过元件公司生产加工活动变为核燃料，元件公司通过生产获得核燃料的所有权。

此后，由核电站与铀业公司签订委托代理采购和供应合同，由铀业公司买入核燃料元件并运送至核电站用以生产。由于二者之间是代理与被代理的关系，因此铀业公司买入核燃料元件时，核燃料的所有权由元件公司转让给核电站③，核燃料在核电站投入生产经营活动。

在核电站的核反应堆中，核燃料在堆中随着反应的进行，燃料中的易裂变核素逐渐减少，俘获中子的裂变产物逐渐增加，最终达到不能维持链式反应的状态④，此时卸出的已经使用过的核燃料即乏燃料。可见最终产物乏燃料与原物核燃料在化学结构上并不完全一致，已产生了一定的变化；但就使用价值而言，核燃料经历核裂变后仅消耗了约3%的铀，乏燃料中剩余约96%未反应的铀可以通过后处理变为新的核燃料再次投入使用，乏燃料实质上又是一种特殊的核燃料。从这一物理过程可得知：乏燃料是产生于核燃料又不同于核燃料的新燃料，其物的性质应当进行研究和界定。

---

① 依据我国民法典物权编规定，采矿权的内容包括对矿产品的处分权，地质局有权将铀矿资源售出。

② 值得注意的是，我国核电工业生产中使用的铀矿产品不仅来源于国内开采，也来源于国外铀矿产品进口。此时铀矿产品以商品的性质在市场交易流动，企业通过购买取得铀矿产品的财产权。

③ 尽管铀业公司与大亚湾核电公司均属于中广核集团，但二者均为集团公司下的子公司，具有独立的企业法人资格，可以作为独立的乏燃料财产权主体。

④ 周明胜：《核燃料循环导论》，清华大学出版社2016年版，第14页。

（二）乏燃料客体物性质辨析

既有研究中没有对乏燃料的性质进行探讨，但目前实践中，核电企业与核电监管部门对乏燃料物的性质有两种主流观点：其一是将乏燃料完全视为具有自然属性的矿藏资源，依据《宪法》规定自然资源属于国家所有。但这一观点明显存在较大的逻辑漏洞：学术界广为接受的观点认为，自然资源的定义是人在其自然环境中发现的各种成分，只要它能以任何方式为人提供福利的都属于自然资源[①]。《宪法》第 9 条规定，矿藏、水流、森林、山岭、草原、荒地、滩涂等自然资源，都属于国家所有，即全民所有。可以看出，自然资源的一个重要特质是资源的自然性，如矿藏作为自然环境中的成分，能够定义为自然资源。

乏燃料并非在自然环境中直接开采获得，尽管其原始形态是矿藏自然资源，但矿藏经过生产加工后成为核燃料，核燃料再经过核电生产（辐射照射）后获得乏燃料，可见乏燃料是矿藏进入人类社会流通领域后层层加工获得的产品，是对自然资源消耗性使用的结果，其自然属性消退而作为商品的属性彰显[②]，因此将乏燃料视为自然资源有失偏颇，本文亦不认同这一观点。

其二是将乏燃料看作具有商品属性的新型核燃料，由于其产生于核电站的生产经营活动，从物权法角度来看属于财产所有权原始取得，即核电站通过劳动生产取得乏燃料的所有权。首先确定这一权属关系后，再对所有权转移进行讨论。这一观点更符合乏燃料产生的物理特性，亦是本文采纳的观点。

三　我国乏燃料所有权主体辨析

（一）企业乏燃料所有权及公法限制

由于核电站通过劳动生产取得乏燃料的所有权，因此当乏燃料产生

---

① 崔健远主编：《自然资源物权法律制度研究》，法律出版社 2012 年版，第 26 页。
② 王社坤：《自然资源产品取得权构造论》，《法学评论》2018 年第 4 期。

时①，核电站即获得其所有权。尽管物权法将所有权绝对作为立法原则，但考虑到所有权绝对的行使可能会对他人权益和公共利益带来损害，近代民法所有权制度出现了公法对所有权绝对的限制②。以我国《环境保护法》（2014 年修订）为例，该法规定了在建设污染项目时环境影响报告书的报批义务等，限制所有人或使用人对其利用的土地带来的负外部性后果，从而土地所有人或使用人无法自由地排放对环境有害的污染物。从域外核安全立法来看，考虑到核材料的运用给环境带来较高的风险和威胁，各国都有着对核设施的报批义务，并对核材料的保存和占有有着特殊规定。

公法对企业乏燃料所有权的限制能够降低乏燃料管理过程中的风险，保障公共利益与环境安全，具有正当性。我国目前核工业实践中，公法对核电企业乏燃料所有权的限制主要体现在以下两个方面：第一，依据《核反应堆乏燃料道路运输管理暂行规定》，托运人和承运人在运输乏燃料之前需获得国务院公安部门、国防科工局等相关部门的批准，是国家对乏燃料运输安全管理的有效手段；第二，乏燃料管理各环节中的成本支付来源于乏燃料处理处置金，该费用的获取方式是由运输、后处理公司向国防科工局申请，科工局批准后方可获得。国家管控处理处置金能够对企业处分乏燃料施以限制，是国家保障核安全与核不扩散的充分表现。

但这种处分权限制方式的问题在于，管控处理处置金实为间接限制，不能向行政审批手段一样直接有力的限制企业行使处分权，也难以覆盖管理环节中企业对乏燃料的全部处分行为。在管理环节中乏燃料（或者说乏燃料和核燃料）所有权在企业间出现两次流转：第一次是产生乏燃料的核电企业向后处理厂转交乏燃料时；第二次是后处理厂将乏燃料加工后获得新的核燃料，后处理厂向核电企业转交新的核燃料时。处理处置金只能限制第一次转让，而无法限制第二次转让。

---

① 按照乏燃料产生的核技术环节，产生这一节点应当指：经过使用的燃料棒全部自反应堆中取出之时刻。

② 焦琰：《我国保护役权的构建研究——基于环境保护与财产权限制方式的探讨》，《北方法学》2018 年第 3 期。

因此，想要实现乏燃料"从摇篮到坟墓"全环节的管控，仅靠公法限制是难以实现严密控制的，也不足以应对核电市场中多变的商业交易等情形。出于保护公共利益的角度，乏燃料所有权还应当探讨国家所有权的情形，研究国家作为主体对乏燃料享有的财产权利以及承担的安全管控责任。

（二）乏燃料所有权"国家—企业双主体论"

结合核电实践来看，乏燃料国家所有权取得有两种情形：第一种观点是，国家是乏燃料的所有权主体，核电企业是乏燃料的法人财产权主体，即"国家—企业双主体论"。这一观点的依据为：

截至 2020 年 9 月之前，我国目前有且仅有的三家核电企业是中核集团，中广核集团以及国电投。其中中核和国电投是国有独资的有限责任公司，中广核的股权关系是国资委持股 82%，广东省持股 10%，中核集团持股 8%，三家核电企业均为国家出资的法人财产[①]。依据《物权法》第55 条规定，国家出资的企业，由国务院、地方人民政府依照法律、行政法规规定分别代表国家履行出资人职责，享有出资人权益。也就是说，以上三家核电企业营运的核电站中产生的乏燃料，作为国有核电企业的财产即属于国有资产，从物权法上看乏燃料的所有权属于国家是十分明确的。

前述已论证企业作为乏燃料的所有权人，其所有权是一种受到限制的权利，仅能实现占有和使用两项权能。在这种情形下，核电企业对乏燃料拥有的权利更近乎于法人财产权。《物权法》第 68 条第 1 款规定，企业法人对其不动产和动产依照法律、行政法规以及章程享有占有、使用、收益和处分的权利，由于企业法人也包括国家出资的企业，因此作为独立的民事主体，国有企业法人享有独立的财产权。但第 68 条没有承认企业法人对其财产享有所有权，企业法人只能在法律、行政法规和章程规定的范围

---

① 国家出资的企业既包括中央政府的出资，也包括地方各级政府的出资，因此中广核集团的三种股权均为国家出资的情形，应属于国家出资设立的企业，而非国家与其他主体共同出资设立的企业。

内独立享有财产权利，其享有的财产权是受到严格限制的。因此，就乏燃料这一客体物而言，企业对乏燃料的处分即是对国有资产的处分，应当经过有关部门的批准。因此，企业享有的是法人财产权，国家作为乏燃料的所有权人与企业作为乏燃料的财产权人并不冲突。

双主体论看似符合核不扩散管控的目的以及核电实践的现状，但这一观点最大的问题在于其不能适用于开放的核电市场。首先，2020 年 9 月华能集团获得国内第四张核电营运牌照，成为国内首家获得核电营运资格的民营企业，打破了既往国企营运核电站的局面，也意味着核电市场进一步向多元主体开放的趋势；这种情形下，不能将民营企业产生的乏燃料视作国有资产而获得国家所有权；其次，目前国内核电站已出现外资参股的情形。以台山核电站为例，台山核电合营有限公司股权比例中有 25% 由法国阿海珐（E. D. F）公司持有，该核电站产生的乏燃料目前全部贮存在核电站内，没有进入后处理循环中。换言之，这种外资企业持股产生乏燃料的情形，权属似乎"僵持"在核电站内：根据《不扩散核武器条约》和出于公共安全保护，我国既不承认外资企业在境内通过劳动生产获得乏燃料所有权，又不能将此类乏燃料当然认定为国有资产而获得其所有权。实践中，这批乏燃料的所有权仍处于难以明确的状态，后处理厂亦拒绝接受此类乏燃料进入处理环节。

因此，这种双主体论存在较大的逻辑漏洞，本文不认可这一观点。

（三）乏燃料所有权国家主体论

国家所有权取得的第二种观点是：核电企业通过劳动生产获得乏燃料所有权后，应当在法律规定下通过订立商业合同的方式将乏燃料卖给国家，国家成为乏燃料所有权主体，即"国家主体论"。

尽管这一观点目前在实践中没有实现，但本文认为这一思路是最有效明确乏燃料所有权且最符合当前乏燃料管理情形的模式。在这一模式下，企业首先享有乏燃料占有、使用、收益和处分的权利，通过对乏燃料的买卖这一处分将所有权转移给国家；转移后，国家享有乏燃料所有权并承担安全义务。所有权转移应当以乏燃料交付时为转移的节点，即乏燃料离堆贮存①期间所有权仍属于企业，企业负有安全保管责任并负担贮存成本；待冷却后进行交付之时所有权转移。这种模式可以最大程度保障所有权与占有权不分离、所有权主体与持有主体为同一主体，令持有人始终负有乏燃料安全保管的责任，最大程度实现核安全与核安保。

依据《核电站乏燃料处理处置基金征收使用管理暂行办法》，乏燃料处理处置基金计入核电厂发电成本，即核电站支付处理处置金以支付乏燃料离堆贮存、运输、后处理、放射性废物处置及后处理厂建设等成本。除支付离堆贮存成本不合理以外，核电厂支付乏燃料后处理的成本与乏燃料所有权国家主体并不冲突。这是由于乏燃料具有双重性质，其利用价值可以带来财产权利，这一财产权利在核电站售出乏燃料时已经实现；但乏燃料还具有高放射性，如不进行后处理，乏燃料本身即为一种高放射性固体废弃物。因此，作为乏燃料的产生者，核电企业亦应当负有处置固体废弃物的义务。出于乏燃料本身的特殊性，后处理环节可以视为乏燃料利用与固体废弃物处置两种行为合二为一；企业应当支付的固体废弃物处置成本，也就是支付后处理的成本。因此，企业支付处理处置金具有正当性，但出于公平考虑，处理处置金的适用范围应当进行调整，该基金不应用于支付离堆贮存成本。

此外，在国家获得乏燃料所有权后，该乏燃料经过后处理产生的新核燃料所有权亦归属于国家，国家可以通过卖出的方式令新核燃料再次进入市场，由于所有权主体享有收益的权利，卖出核燃料获得的收益归国家所有。我国可通过立法规定这一收益合并入乏燃料处理处置金中，以负担高额的后处理费用，实现乏燃料管理专款专用。

值得注意的是，国家作为乏燃料所有权人并不意味着免除后处理环节中企业作为乏燃料持有人的安全责任。乏燃料冷却交付时，由运输公司接管乏燃料并负责运输到后处理厂；此时依据《核安全法》等相关法律法规，国家作为托运人与承运人运输公司共同承担运输中的安全责任。运输

---

① 根据核技术要求，乏燃料离堆后需要在在核电站中贮存十年，待冷却后方可进行运输与后处理。

至后处理厂后，目前没有相关法律规范规定后处理厂负有安全责任。国家应当尽快立法以明确后处理过程中乏燃料持有人与国家核安全责任承担与合理分配的问题。

四 结语

乏燃料所有权是探索建设完备的乏燃料管理过程中不可避免的问题。现行法律规范不完善导致乏燃料所有权不明确，为乏燃料后处理中财产权益与安全责任分配带来一系列问题，实践中已出现明确乏燃料权属立法的迫切需求。只有探究乏燃料作为客体物的性质，明确乏燃料所有权由核电企业劳动生产而取得，才能探讨所有权如何转移，进而探究企业对国家转让乏燃料所有权的必要性。从核电市场长远发展来看，国家所有权是明确乏燃料所有权最优路径之一，明确乏燃料在后处理环节中属于国家所有，有利于我国构建完善乏燃料管理法律制度，进而促进我国尽快构建公平合理的乏燃料处理处置基金管理制度，并完善安全责任承担制度等。

Research on Ownership Subject of Spent Fuel in China

Liu Ying

Abstract： China's spent fuel management chooses the way of post-processing, that is, spent fuel as available resources, processed into new nuclear fuel for recycling. In order to ensure nuclear non-proliferation and the safe use of nuclear energy, China has stipulated the safety supervision responsibility of nuclear power enterprises and spent fuel holders in public law, but it has not directly stipulated the ownership subject of spent fuel. In practice, there are many disputes about whether the ownership subject should be the enterprise or the state. Spent fuel is the residue of nuclear fuel after irradiation, which is not exactly the same as nuclear fuel and still has the nature of commodity. Therefore, nuclear power enterprises obtain the ownership of spent fuel through labour production. In order to ensure nuclear safety and nuclear non-proliferation, nuclear power enterprises should transfer the ownership of spent fuel to the government by means of trading under the law, so as to clarify the ownership subject, pay for the management cost of spent fuel, and reasonably allocate the safe custody responsibilities of the owners and holders.

Keywords: Spent Fuel; Governmental ownership; Subject

论 文

论破产程序中企业纳税申报的义务主体

——以破产财产主体论为视角

范志勇

摘　要：纳税申报不仅是税收征管机关加诸纳税人的义务负担，也是纳税人依法享有的权利。在破产程序中，债务人企业的纳税义务不应当被免除，税收义务人与纳税申报义务人存在分化的必要。针对破产财产的法律性质采取主体论的整合进路，破产财产是具有法律主体人格的集合性财产，成为适格的纳税义务人。融合破产财产代表说与职务说认为，破产管理人的法律定位应当是破产财产主体的代表机关，由此产生了破产管理人代表破产财产履行的纳税申报义务。破产程序与破产管理人履职的特点决定纳税申报制度需要为其作出特殊调适，明确赋予破产管理人延期申报权，以及撤回、修正纳税申报权。破产管理人未依法履行纳税申报义务的，由其承担最终的法律责任。

关键词：纳税申报；破产财产主体；破产管理人；破产财产代表机关；延期申报权

作者简介：范志勇（1986—　），北京交通大学法学院讲师，中国人民大学破产法研究中心兼职研究员，研究方向：破产法、财税法。

基金项目：本文系中国人民大学法学院新天伦法学基金专项研究课题项目"破产中的税务问题研究"（2019LAW004）研究成果之一。

目　次

111

一　问题的提出

"确认纳税人的主体资格是制定税法和实施税法、进行征收管理时必须解决的首要问题。"[1] 纳税申报作为纳税人承担的法定的税收程序义务，在企业进入破产程序的特殊情境下，虽然企业仍面临着纳税申报的负担，但债务人企业丧失了债务清偿能力，破产管理人全面接管债务人财产，债务人在破产程序中的权利受到严格限制，债务人的权利义务关系几近全部转移于破产管理人行使，纳税申报义务归属主体与义务内容的设置，不得

---

[1]　沈玉平、马国贤、朱关烈、丁富根：《纳税人主体资格确定的研究》，《税务研究》1995年第 10 期。

不成为需要被特殊对待的问题。

（一）纳税申报的制度逻辑

在学理上，纳税义务关系可以划分为抽象的纳税义务关系与具体的纳税义务关系，二者具有前后阶段性，前者在租税要件充分具备时成立，纳税义务关系的内容成为课税权行使的对象，后者则需经过具体确定前者内容的特别程序才可成立，课税者得以现实地行使征收权。[①] 确定具体纳税义务的方式往往区分为三种：申报纳税，核定征收与申报征收。纳税申报（self-assessment），是指"纳税人在发生纳税义务后按照税法规定的期限和内容向主管税务机关提交有关纳税书面报告的法律行为，是界定纳税人法律责任的主要依据，是税务机关税收管理信息的主要来源。"[②] 核定征收，是指应纳税额只能依据税务机关的核定处分结论确定的课税方式；申报征收，将申报纳税与核定征收相结合，先由纳税人申报纳税标准与应纳税额等内容，再由税务机关核定最终应纳税额，纳税人据税务机关核定结果办理纳税。[③] 相较于其他纳税义务确定方式，纳税申报采取了诚信推定的举措，税务机关原则上认可纳税人申报的纳税内容，以此接受纳税人履行纳税义务，通过事后的税务稽查权实现税务机关的监督权，仅在纳税人未申报或申报不合理的情形下，税务机关才启动行使税收核定征收权。[④] 纳税申报制度的实施有利于创造税收法律关系中征纳双方诚信合作的良好税收环境，纳税人在纳税申报体制下拥有较多的自治权，有权依法选择纳税申报的时间、地点、方式与内容，有效提升了纳税人自觉纳税的意识，增强了纳税人与税务机关及时沟通、交流信息的愿望。[⑤] 纳税申报制度的实施，提高了税收征管的效率，降低了税务机关的征收成本。纳税人主动参与税收征收的过程，避

[①] 〔日〕北野弘久：《税法学原论》，陈刚、杨建广等译，中国检察出版社 2001 年第 4 版，第 174~175 页。

[②] 张怡主编：《财税法教程》，法律出版社 2019 年版，第 231 页。

[③] 陈清秀：《税法总论》，元照出版公司 2012 年版，第 490 页。

[④] 刘剑文、熊伟：《税法基础理论》，北京大学出版社 2004 年版，第 345 页。

[⑤] 闫海主编：《税收征收管理的法理与制度》，法律出版社 2011 年版，第 21 页。

免税务机关的突袭性决定，也符合现代社会民主参与精神与民主纳税之理念。但申报纳税制度功能的充分发挥，有赖于国民确立较高的纳税意识，自发性的正确申报，亦即自发性的纳税协力。① 由于申报纳税制度在纳税人宪法权利保障、经济稽征效率等方面的独特优势，被世界主要法治国家所广泛采用。根据日本《国税通则》第 16 条第 1 项第 1 号，纳税人申报的税额原则上被税务机关确定为应纳税额，只有在纳税人未自动申报或申报不适当的情况下，才由税收行政机关更正处分和决定，进行税额确定。②

就纳税申报行为的性质而言，学界通说认为其是一种私人公法行为，即私人进行的、以产生公法上的效果为目的的行为，本质上属于公法上的确定行为，具有确定应纳税额等纳税实体内容的效力。③ 然而，此确定纳税内容的效力仅为诚信推定，需要满足按照法定期限、法定程序等要件依法申报纳税的要求才能产生相应的法律效果。在纳税人未依法申报，或税务机关事后稽查发现纳税人存在申报不实等不诚信申报情形下，税务机关有权推翻对纳税人申报纳税的诚信推定的效力。同时，纳税申报的缴税内容实质上由实体税法予以规定，纳税申报程序本身无法对其产生影响，纳税人只是基于自我对纳税义务内容的认识，向税务机关进行通知，因此，纳税申报往往是一种事实通知行为，具有准法律行为的特征。但对于减免税等税收优惠的申报，体现了纳税人的意思表示，纳税人申报此项内容相当于向税务机关提出申请，此时应当属于法律行为。④

《中华人民共和国税收征收管理法》（以下简称《税收征管法》）第 25 条将纳税申报与代扣代缴相结合，规定纳税申报义务人包括纳税人与扣缴义务人，严格要求在法定申报期限内进行纳税申报，明确了以纳税申

---

① 陈清秀：《税法总论》，元照出版公司 2012 年版，第 489 页。
② 〔日〕金子宏：《日本税法》，战宪斌、郑林根等译，法律出版社 2004 年版，第 417 页。
③ 〔日〕金子宏：《日本税法》，战宪斌、郑林根等译，法律出版社 2004 年版，第 421 页。〔日〕北野弘久：《税法学原论》，陈刚、杨建广等译，中国检察出版社 2001 年版，第 177 页。
④ 刘剑文、熊伟：《税法基础理论》，北京大学出版社 2004 年版，第 349～350 页。

报表、财务会计报表等纳税材料为主体的纳税申报内容；① 第 26 条规定了现场与非现场等灵活多样的申报方式；② 第 27 条确立了以税务机关核准为适用前提的延期申报制度，并配套施行预缴税款机制；③ 第 35 条第 2 款第5、6 项设定了纳税申报与税务机关核定的衔接机制，当纳税人发生纳税义务，未按照规定的期限办理纳税申报，经税务机关责令限期申报，逾期仍不申报的，或纳税人申报的计税依据明显偏低，又无正当理由的，税务机关有权核定其应纳税额。《中华人民共和国税收征收管理法实施细则》（以下简称《税收征管法实施细则》）第 4 章集中对纳税申报制度进行了细化规范。第 32 条指出，"纳税人在纳税期内没有应纳税款的，也应当按照规定办理纳税申报。纳税人享受减税、免税待遇的，在减税、免税期间应当按照规定办理纳税申报。"第 37 条明确规定了不可抗力为延期申报纳税的法定事由。

（二）纳税申报的价值基础

纳税申报制度充分回应了现代社会对税收征管效率的要求，在异常庞杂的纳税信息面前，倘若仍依靠传统的税收征收核定方式缴纳税收，税务机关难以具备足以匹配全面核定征收的客观能力。纳税申报"一方面可以提高纳税人的纳税意识，另一方面也可以大大降低税务机关的工作负担，同时还可以减少'人情案'的发生比率，确实可以在效率提升方面发挥一

---

① 我国《税收征管法》第 25 条规定："纳税人必须依照法律、行政法规规定或者税务机关依照法律、行政法规的规定确定的申报期限、申报内容如实办理纳税申报，报送纳税申报表、财务会计报表以及税务机关根据实际需要要求纳税人报送的其他纳税资料。扣缴义务人必须依照法律、行政法规规定或者税务机关依照法律、行政法规的规定确定的申报期限、申报内容如实报送代扣代缴、代收代缴税款报告表以及税务机关根据实际需要要求扣缴义务人报送的其他有关资料。"

② 我国《税收征管法》第 26 条规定："纳税人、扣缴义务人可以直接到税务机关办理纳税申报或者报送代扣代缴、代收代缴税款报告表，也可以按照规定采取邮寄、数据电文或者其他方式办理上述申报、报送事项。"

③ 我国《税收征管法》第 27 条规定："纳税人、扣缴义务人不能按期办理纳税申报或者报送代扣代缴、代收代缴税款报告表的，经税务机关核准，可以延期申报。经核准延期办理前款规定的申报、报送事项的，应当在纳税期内按上期实际缴纳的税额或者税务机关核定的税额预缴税款，并在核准的延期内办理税款结算。"

定的功效。"① 在税收稽征的经济性之外，田中二郎主张："申报纳税方式具有让纳税者自主地、民主地分担国家在行政上各种课税的功能。因此，可以说申报纳税方式是一种远比赋课征收方式更具伦理性的征收方式。"②日本的"北野税法学"打破了传统的观念，北野弘久提出申报纳税制度乃宪法上主权在民思想在税法中的体现，纳税义务确定权为纳税者的固有权利，其建立是民主政治发展的必然结果，它是推进税收民主化、保护纳税者基本权、提高征税效率的重要体现。③ 纳税申报由此确立了其同时为纳税人负担的程序性义务与享有的不可剥夺的程序性权利的双重地位。纳税人妥当履行纳税申报义务需要具备基本的税收知识，纳税申报不断提升公民的法律水平与纳税意识，也促使税务机关谨慎行使税务征管权，减少行政恣意的产生，提高了税务机关征管的法治水平。④

(三) 实质课税原则：破产涉税规范设置的核心思想

在强大的民法学传统之下，德国机械地坚持税法依附于民法，在税法领域严格贯彻法律实证主义原则，导致了各种形式的税收流失问题。为解决财政困境，打击避税行为，实质课税原则作为"经济的观察方法"产生于德国。⑤ 我国台湾地区"税捐征稽法"第 12 条之 1 明确就实质课税原则予以规定："涉及租税事项之法律，其解释应本于租税法律主义之精神，依各该法律之立法目的，衡酌经济上之意义及实质课税之公平原则为之。"实质课税原则是在税法的形式理性无法应对丰富多彩的经济活动的背景下产生的，具有合理性与必要性。在现代社会中，实质课税原则超越了保障国家财政收入的单一价值观，同样针对符合征税的形式要件，但不符合实质要件可能对纳税人的权益造成实质损害的情形，以保障纳税人的合法权益。⑥

---

① 刘剑文、熊伟：《税法基础理论》，北京大学出版社 2004 年版，第 347 页。
② 〔日〕北野弘久：《税法学原论》，陈刚、杨建广等译，中国检察出版社 2001 年版，《宪法化的税法学与纳税者基本权——代译者序》，第 20～21 页。
③ 〔日〕北野弘久：《税法学原论》，陈刚、杨建广等译，中国检察出版社 2001 年版，《宪法化的税法学与纳税者基本权——代译者序》，第 22 页。
④ 闫海主编：《税收征收管理的法理与制度》，法律出版社 2011 年版，第 20 页。
⑤ 刘剑文：《财税法专题研究》（第 3 版），北京大学出版社 2015 年版，第 202 页。
⑥ 黎江虹：《中国纳税人权利研究（修订版）》，中国检察出版社 2014 年版，第 218 页。

　　一国的法律制度具有体系强制的功能，税法作为法律制度的一部分，必须融洽于整体法律体系中，尊重立法者在其他法律领域作出的基本评估，避免或妥善调整法域冲突。① 实质课税原则恰恰是破产法与税法两者理念与规范调适的结合点与关键，破产债务人企业丧失债务清偿能力，不同于正常经营企业的经济状态，对其征收标准应适用不同于常态企业的特殊规则，以保障企业纳税人的合法权益，而破产债务人企业依照法定破产程序有序退出市场，或对具有挽救价值的企业，通过破产重整、和解程序促使其事业重生，均关系着企业职工的就业利益、经济资源的优化配置、社会信用体系建设等多项社会价值，对破产涉税规则的特殊调整也是维持社会整体经济秩序，维护社会公共利益的需要。实质课税原则在破产涉税领域中衍生出"课税特区"理论，"是指为保障纳税人的正当权益，征税机关应当慎入（禁入）或者原有税法规则应当做出特别调整的领域，具体在实体税法与程序税法两个层面进行必要的调整和限缩，破产程序是课税特区的典型代表，属于需要关注的特殊场域。"②

　　学理上具有争议的是，实质课税原则与税收法定原则存在价值上的冲突。详细考察二者关系，不难发现，实质课税与税收法定原则的抵牾只是"形式"与"内容"的矛盾关系，在保护纳税人的权利、实现税收法治的目标下，二者可以统一于宪法秩序之下实现互适、共同发展。实质课税原则对税收法定原则刚性的冲击是良性的，前者为后者的完善提供了弥补的手段。③ 详言之，实质课税原则具有规范修正的制度功能，是一种以问题意识为导向的税法规范的生成机制，具有面向实践不断完善税收实定法律规范的价值，这也是妥当处理税收法定原则与实质课税原则的冲突，以契合经济实践的现实需求的可行路径。申言之，基于平衡税收法定原则的考量，实质课税原则可以适用于税收立法环节，除此之外，税法解释等属于税务机关享有自由裁量权的领域也具备适用实质课税原则的可能，以此作

---

① 〔日〕迪特尔·比尔克：《德国税法教科书》（第13版），徐妍译，北京大学出版社2018年版，第17页。

② 徐阳光：《破产程序中的税法问题研究》，《中国法学》2018年第2期。

③ 贺燕：《实质课税原则的法理分析与立法研究——实质正义与税权横向配置》，中国政法大学出版社2015年版，第51～52页。

为限制税务机关行政恣意的裁量基准。

另一争议问题在于量能课税与实质课税的关系。"肩负实质正义追求的量能课税，不仅仅是宪法平等原则的体现，也是税收公平理念的要求。"[1] 量能课税的适用空间取决于一国的税制结构，将量能课税原则作为基本税法原则，将使得整个间接税法因为违反量能原则而无效，一国税制若以间接税为主导，将无可避免地引发财政危机，而如果将量能课税视为一种财税思想，在现实社会中更具有可行性和生命力。[2] 在我国这一以间接税为主的国家中，量能课税原则的确立与适用面临着危机。不可否认的是，实质课税原则中内含着量能课税的基本思想与核心内容，笔者主张，量能课税原则可以被吸收进实质课税原则之中，前者成为后者的主要内容之一，而实质课税作为税收法治的基本原则，适用于所有税种的立法与税法解释的过程。由此，量能课税与实质课税均能够在税法的"广阔天地"中"大有作为"。

（四）破产程序中企业纳税申报的辩证审视

"税收作为一种公法上的非对待金钱给付，它的缴纳不可能是纳税人非常乐意的行为。因此，各国都赋予了征税机关以相当的权力，以求征税的顺利进行。"[3] 纳税申报从纳税人义务角度而言可以作为税务机关所享有的一项征管权力。破产涉税规范的调适需要尊重破产法与税法的双重理念与核心规则，破产程序与破产企业不应是税收征管的"盲区"，一并免除债务人企业的各项税收征管义务非明智之举，将破坏我国的税收统一的征管秩序，形成吸引纳税人以丧失债务清偿能力为由免除税收义务的负面的"制度诱惑"的格局，不利于国家税收利益的维护。妥适的举措是在承认进入破产程序的纳税人企业仍然负担纳税征管义务的前提下，结合企业财产不足以清偿全部债权诉求的法律关系的特质，对其征管义务内容作特

---

[1] 叶金育：《税法整体化研究——一个法际整合的视角》，北京大学出版社 2016 年版，第 15 页。

[2] 刘剑文：《财税法专题研究》（第 3 版），北京大学出版社 2015 年版，第 200~201 页。

[3] 黎江虹：《中国纳税人权利研究》（修订版），中国检察出版社 2014 年版，第 213 页。

殊规范，以兼顾破产债权人的债权受偿权益与国家的税收利益。

纳税申报义务的履行判断标准为纳税申报表的内容，而非企业客观存在的财务报表，当纳税申报表未依法申报，就属于申报不实，纳税人将依法承担法律责任。[①] 纳税申报的价值在于通过引入纳税人在纳税缴纳方面的诚信义务，以减轻税务机关的税收征管负担，提高税收遵从度，降低税收征管成本，因此，申报表本身的内容成为认定纳税申报责任的唯一凭据，而非纳税人的客观财务事实。由此也可以推出，以企业进入破产程序的事实，作为推翻债务人企业承担纳税申报责任的论证依据，不具有直接因果关系。

当我们以辩证法思维来看，进入破产程序中的企业向税务机关进行纳税申报，[②] 表面上展现为义务主体的行为负担，但通过纳税申报行为，在税务机关及时掌握企业纳税人动态的税务信息的同时，也为税务机关实时了解企业破产程序的进程与企业的市场信用状况的变动情况提供了极大的便利条件，有利于税务机关积极参与企业纳税人的破产程序，依照破产法律规则分配税收债权的获偿财产，减少了企业破产法与税法的摩擦，提高了税法对于破产程序的"遵从度"。税务机关通过纳税申报信息对于破产企业，尤其是破产重整企业的生产经营情况的掌握，促使其得以及时在税法规范的"射程"内，对破产企业的税收课征与纳税信用修复作出特殊处理，以配合、保障企业破产程序的有效进行，支持破产重整企业的事业重生。综合而言，可以考虑扩大破产程序中企业纳税人纳税申报的义务内容，以使其成为税务机关观察、了解企业破产程序的窗口，以及税务机关行使破产税收债权的起点。

二 纳税申报义务主体

在学理与实践中，破产债务人企业的纳税申报负担均不应当被免除，接下来的问题在于由哪一主体来为债务人企业履行纳税申报义务，对此，仍需结合税法中纳税人主体的相关理论与破产程序的特点进行考察。

---

① 张怡主编：《财税法教程》，法律出版社 2019 年版，第 231~232 页。
② 此处表述仅指在说明破产企业纳税申报的事实行为，并未指明纳税申报的义务主体。

（一）税收义务人与纳税申报义务人的辨析

税收义务人与税收债务人并非同一范畴，但对各项税收主体的界定，学界存在不同的观点。以税收之债理论观之，有学者认为，税收义务人可以区分为税收债务人与非税收债务人等税收义务人，前者又可以划分为实质意义的自己责任之纳税人，与包括实质意义税收债务人与他人责任之税收担保责任人的形式意义的税收债务人；后者包含他人责任之提供担保义务人、税收征收义务人、纳税人的法定代理人，以及负有其他税收义务的税收义务人，如税收申报义务人、账簿会计记录制作义务人等。[1] 陈清秀主张税收义务人包括负担税捐债务的税收债务人，税捐缴纳义务人（含扣缴义务人与代征义务人），负有义务提出税捐申报、设置及保持账簿凭证或履行税法所定其他义务的人。[2] 还有学者将税收债务人分为原始税收债务人和非原始税收债务人，原始税收债务人承担自己责任，非原始税收债务人承担他人责任，非原始税收债务人包括扣缴义务人、纳税担保人、连带纳税义务人、破产管理人、遗产继承人、代缴第三人、第二次纳税义务人等，属于特殊纳税主体。[3] 在德国法上，具有纳税义务的人的范围比较宽泛。德国《税法通则》第 33 条第 1 款规定的具有纳税义务的人包括欠税的人、对税收负有责任的人、必须为第三方保留和缴纳税收的人、必须提交纳税申报的人、必须提供担保的人、必须记账和做记录的人或者必须履行税收法律强制规定的其他义务的人。根据《税法通则》第 43 条第 2 款，具有缴税义务的人是"作为第三方"必须为税收债务人缴纳税款的人，责任债务人是对于他人的税收债务提供担保的人。根据《税法通则》第 44 条第 1 款，税收债务人和责任债务人是连带债务人。[4]

无论纳税主体如何划分，不可否认的是，税收征纳法律关系可以分为

---

[1] 李刚：《税法与私法关系总论——兼论中国现代税法学基本理论》，法律出版社 2014 年版，第 299 ~ 305 页。

[2] 陈清秀：《税法总论》，元照出版公司 2012 年版，第 281 ~ 282 页。

[3] 史广峰：《纳税主体法律责任研究》，郑州大学 2007 年硕士学位论文，第 4 页。

[4] 〔德〕迪特尔·比尔克：《德国税法教科书》（第 13 版），徐妍译，北京大学出版社 2018 年版，第 90 页。

实体关系与程序关系，通常所言的税收义务人承担的狭义层面的纳税义务属于税收征纳实体法律关系的内容。① 而纳税申报与纳税登记等税收征管制度一并作为税收征纳程序法律关系的内容。税收义务人与税收程序义务人既有区别又有联系，二者往往具有一致性，但在税收义务人因行为能力不足或将程序义务委托等情形中，二者也可能出现分离。根据大多数国家的规定，不论实体判断上是否应当缴纳税款，只要发生涉税行为或者拥有涉税财产，都必须进行纳税申报。因此，纳税申报是一种法定义务，拥有自己的证成逻辑，并不以申报人负有纳税义务作为前提。② 在破产程序中，债务人企业的财产权转变为破产财产，由破产管理人管理与运营，区分税收义务人与纳税申报义务人具有裨益，在二者分离的视角下确立破产企业申报纳税义务人是唯一可行的路径。

（二）破产程序中企业纳税申报义务主体规范的调整

在企业债务人进入破产程序后，作为纳税义务人的企业主体因丧失债务清偿能力等破产原因的出现而发生本质的变化，因其经济学层面的所有权归属由股东转为全体债权人，③ 企业负担的税收也将一并由全体债权人承受，此过程实际上体现为一种理论层面的税法资格的概括移转，虽然实定法并未就此予以明确。在企业常态化经营中，在缴纳直接税的场合下，企业纳税人与负税人是一致的，当债务人企业进入破产程序后，企业所承

---

① 张守文：《略论纳税主体的纳税义务》，《税务研究》2000 年第 8 期。

② 刘剑文、熊伟：《税法基础理论》，北京大学出版社 2004 年版，第 345 页。

③ 从经济学理论分析，现代企业产权理论建立在不完全契约理论基础上，不完全契约是一种必然的存在，企业的所有权就是在契约中没有明确规定的控制权的权利和在契约履行之后取得剩余收益的权利。企业所有权本质上是对剩余索取权和剩余控制权的安排。企业所有权的主体随企业状态处于变化之中。不同于物质所有权，企业所有权展现出状态依存性的特点，即以企业当前的经营状态而决定企业所有权的归属。在状态依存所有权看来，公司控制者也是受到公司经营状态的支配，具体而言，倘若公司尚保有债务偿付能力时，股东持有公司控制权；但当公司丧失偿付能力时，债权人应当从股东手中接管公司控制权。详见董必荣、方耀民：《论企业状态依存所有权与企业公司治理结构的完善》，《改革与战略》2003 年第 S1 期；年志远：《论企业所有权的状态依存特征》，《经济与管理研究》2002 年第 5 期；操仲春、张河壮：《产权、所有权安排与融资偏好》，《中央财经大学学报》2004 年第 4 期；丁广宇：《论有限责任公司债权人权利的回归——基于相机治理理论的探讨》，《法商研究》2008 年第 2 期。

担的实际税负实质上转移予债权人负担，出现了"税负转嫁"的现象。承认这一拟制税负"继承"的存在具有实践意义，不仅涉及债务人企业在破产程序中的实体税务负担的调整，还为其承载的程序税法义务的设置提供了论证的前提与平台，这也是上文提及的实质课税原则适用的要求。

破产程序对债务人企业的税法实体义务的调整也会影响到程序义务的负担，譬如我国企业破产程序，无论是破产清算程序，还是破产重整、破产和解等破产拯救程序，均会不同程度地涉及破产企业对外债务的豁免，破产清算以企业主体资格消灭的方式实质性地强制免除了破产企业的债务，而破产重整、破产和解更多地以重整计划、和解协议等彰显当事人意思自治理念的意定途径免除债务人企业的部分债务，得以豁免的债务中可能包括税收债务，当狭义纳税义务被免除之后，债务人企业的纳税申报等程序税法义务也将不复存在。在破产税收实体债务尚存在的前提下，纳税申报义务也一并存续，在破产涉税司法实践中，往往由破产管理人为债务人企业申报纳税，但破产管理人在其中承担了何种法律角色，其申报纳税负担的正当性何在，以及破产管理人申报纳税的义务内容与责任设置如何，现行立法未予以规范，学理上存在争议，有展开讨论的必要。

（三）税务代理制度的局限性

税务代理是各国普遍确立的法律制度，可以有效维护纳税人的权利，减少纳税人的成本，降低纳税人的税务法律责任风险，实现纳税人与税务机关的权利制衡。[1] 就税务代理人的定位而言，"税务代理人的职责和立场应当是为了税法的正确实施，基于独立公正、谨慎负责、诚实守信，以保护纳税人权利和促进税法遵从为使命，以自愿为前提所提供的一种专业性的职业服务，税务代理人是纳税人权利和税法的捍卫者，不是税务机关的附属。"[2] 我国《税收征管法》第 89 条确立了税务代理制度，其规定："纳税人、扣缴义务人可以委托税务代理人代为办理税务事宜。"税务代理

---

[1] 闫海主编：《税收征收管理的法理与制度》，法律出版社 2011 年版，第 202 页。
[2] 施正文：《建立现代税务代理制度是〈税收征管法〉修订的重要使命》，《注册税务师》2015 年第 5 期。

一般为意定代理，以签订书面的委托代理合同并告知税务机关为必要，否则税务代理不产生法律效力，税务代理人以本人名义从事代理行为，税务代理所产生的法律后果归属于本人而非代理人，本人纳税人对纳税代理人的代理行为承担法律责任。

税务代理制度在诸多国家得到了广泛的适用。在日本，税务代理人被称为税理士，并专门制定《税理士法》，以对税理士的职责、资格、权利与义务关系、法律责任等进行规范。北野弘久教授提出，"税理士不是单纯的税务会计专家（tax accountant），其责任是作为维护纳税者合法权益的代理人（taxpayer's representative），即税法专家（tax lawyer）。因此税理士是精通会计学、经营学等理论的'税金律师'（tax attorney），他作为纳税者的代理人，应当依宪法及税法保护纳税者的正当权利，协助纳税者履行纳税义务。"[①] 纳税申报领域也有税收代理适用的广阔空间。譬如，纳税申报的税务代理业务在美国非常发达，几乎所有人的个人所得税都委托税务代理人代理申报缴纳，除税务专家外，注册代理人、律师和注册会计师均是可以开展税务代理业务的适格主体。[②]

鉴于税务代理制度的特性，能否认为破产管理人是破产企业的税务代理人，承担为破产企业申报纳税的义务呢？答案是否定的。首先，破产管理人的产生与履职，不符合意定税务代理的特点，破产管理人与破产债务人企业之间不存在税务代理的书面委托合同，税务机关也未得到债务人企业委托破产管理人税务申报的通知。其次，虽然我国税法没有规定税务法定代理机制，但就法理而言，倘若纳税人因年龄小、智力低下等事由缺乏完全民事行为能力，为了保护纳税人的利益，仍有纳税申报法定代理制度适用的必要，这应当属于当然许可，无需法律的特别规定。[③] 而破产企业的纳税申报与此法定代理情形不符，破产管理人不是破产债务人企业的法定代理人，与破产法上关于破产管理人的法律定位抵牾。与此同时，企业

---

① 〔日〕北野弘久：《税法学原论》，陈刚、杨建广等译，中国检察出版社 2001 年第 4 版，第 313 页。

② 屠文远：《纳税申报法律制度研究》，安徽大学 2014 年硕士学位论文，第 8 页。

③ 刘剑文、熊伟：《税法基础理论》，北京大学出版社 2004 年版，第 352 页。

进入破产程序情况下，纳税义务人是哪一主体尚存在争议，将债务人企业确立为纳税义务人不合理，在破产程序启动前后，债务人企业的权利义务关系存在本质的区别，程序启动后，债务人企业的主体资格严重受限，其法律关系凝聚于破产财产之中，而由破产管理人接管。因此，在税法理论中，我们无法确立合适的破产债务人企业的纳税申报义务主体，应当回归破产法理论内部，结合破产财产性质的界定，明晰破产管理人的合理法律定位，在此基础上确定真正适格的纳税申报义务主体。

三　破产财产性质的界定

税法对财产的关注兴趣要远远大于对主体的认定，当因种种实践中的困境无法确认一项作为课税对象的财产的所有人，甚至管理人、占有人也存在模糊的现象时，只要课征之财产存在，国家税权仍可得到满足，但毕竟现代社会常态下财产的归属主体具有明晰化要求，税收征管质效的提升有赖于纳税主体的明确。进入破产程序中的债务人企业不同于正常经营的商事主体，其纳税义务紧紧围绕着破产财产而产生，因此，只有对破产财产的性质予以合理的界定，方能证成破产财产之上的适格的纳税申报义务主体。

（一）债务人财产与破产财产的分合

英美法分别使用破产财产（the Bankrupt's Estate）和破产人的财产（the Bankrupt's Property）两个概念，前者指用于破产分配的破产人的财产，后者范畴涵盖前者，还包括不得向债权人分配的完全由破产人支配的所谓"自由财产"。[①] 此二分法在自然人破产法律制度中意义更为明显。我国《企业破产法》颁布后，在破产立法上就存在"债务人财产"和"破产财产"两个概念，关于二者的理解，有"区别说"和"相同说"两

---

① 齐明：《破产法学：基本原理与立法规范》，华中科技大学出版社 2013 年版，第 106 ~ 107 页。

种观点。"相同说"认为，破产财产和债务人财产只是术语表述的不同，并无本质内涵上的差别，实为同一财产在不同破产环节的表现，债务人财产所涵盖的时间段是从破产申请的受理到破产程序终结前，而破产财产所涵盖的时间段是从破产宣告到破产程序终结前。① 破产财产可以吸收债务人财产的概念，"破产财产是依破产程序进行债务清偿的债务人的总财产，是破产申请受理时和破产申请受理后至破产终结前债务人所拥有的全部财产的集合。"②

主张"区别说"的学者认为，破产宣告作为划分债务人财产和破产财产的临界点，对二者进行明确区分，不仅仅涉及适用的时间段的不同，更有利于在一定程度上鼓励债务人企业通过破产预防制度免于破产清算，保留其持续经营价值，尽量降低破产程序的启动给债务人企业造成的负面影响。依照我国破产立法规范，债务人、债权人等当事人可以直接向法院申请破产重整等破产挽救程序，且在法院受理破产清算申请至破产宣告前，债务人企业仍然有可能通过破产和解或者破产重整程序的转化而免于破产清算。而破产财产专指破产清算宣告后财产的存续状态，债务人财产的适用范围较破产财产更为广泛，有必要与破产挽救程序中的债务人财产状态相区别。除此之外，在同一破产案件中，随着破产程序的进展，债务人财产的价值与破产财产的价值并非对等，存在价值变动的可能。③ 笔者赞同二者的功能区分，但二者的根本属性没有本质区别，为论证便利，笔者在此统一适用破产财产的范畴。

（二）关于认定破产财产性质的争议

就破产财产的法律性质而言，英美法系主张信托说，将破产财产视为一项独立的信托财产，由破产管理人作为受托人享有形式所有权，由债权人作为受益人享有实质所有权，但信托双重所有权理论为大陆法系物权法

---

① 汤维建：《新企业破产法解读与适用》，中国法制出版社 2006 年版，第 117 页。
② 王延川：《破产法理论与实务》，中国政法大学出版社 2009 年版，第 212 页。
③ 齐明：《破产法学：基本原理与立法规范》，华中科技大学出版社 2013 年版，第 107 ~ 108 页。

体系所不容。大陆法系对破产财产的性质，历来存在权利客体说与权利主体说两种主流学说的争论。权利客体说主张，破产债务人进入破产程序后，虽然其对破产财产的管理处分权受到剥夺，但破产财产仍然归属于债务人所有，为债务人享有的所有权的权利客体。权利主体说又可以称之为破产财团说。破产财团是大陆法系国家的称谓用语，债务人进入破产程序后不宜再作为商事交易的主体，为满足破产财产支付破产费用等需要，法律就将具有独立的法律地位、本身就相当于一个财团法人的财产，视为独立的民事主体，称之为"破产财团"，它是一种人格化的财产。[①] 德国、日本等国的破产法都将破产财产称之为破产财团，并在立法中直接界定，譬如德国《支付不能法》第 35 条，日本《破产法》第 2 条第 14 款。不难理解，大陆法系国家向来有着拟制民事主体的法律传统，拟制主体资格在法人之外也存在着扩大化的趋势，其在破产立法中通过赋予破产财产以拟制的民事主体地位的"破产财团"的方式，来应对破产企业归属权设置的难题，是其遵循自身法律传统下做出的可行的立法选择。

破产法律关系主体均无法作为破产财产的适格所有人，前已述及债务人在破产程序中的权利受到严格限制，其对破产财产无管理处分权，债务人对破产财产价值的维持也存在漠不关心的现象，由债务人作为所有人，不利于破产财产保值增值；破产管理人对破产财产的管理处分需要依据债权人会议的决议，依法进行，且受到破产法院的监督，不符合所有权支配性的特点；破产债权人虽然在经济学层面可以视为破产财产最终的所有权人，但该论着眼于破产财产分配后的环节而言，债权人享有对破产财产的所谓最终权益要在破产分配后才能实现，在破产分配之前，债权人对破产财产并不享有所有者的权益；[②] 破产本质上是私人债权债务关系的清理程序，法院无权实质性介入，法院也不能成为破产财产的所有权人。就实定法规范分析而言，我国《企业破产法》第 30 条规定："破产申请受理时属于债务人的全部财产，以及破产申请受理后至破产程序终结前债务人取

---

① 齐明：《破产法学：基本原理与立法规范》，华中科技大学出版社 2013 年版，第 108 页。
② 王欣新：《破产法》（第四版），中国人民大学出版社 2019 年版，第 126 页。

得的财产，为债务人财产。"其中的"取得"是对债务人对财产的占有状态的描述，而非意味着债务人得到破产财产所有权，况且该条后半句明确指出债务人"取得"的财产为"债务人财产"，而非属于债务人，因此，并不能由此条推理出债务人享有财产所有权的结论。同时，我国《企业破产法》第 17 条规定："人民法院受理破产申请后，债务人的债务人或者财产持有人应当向管理人清偿债务或者交付财产。债务人的债务人或者财产持有人故意违反前款规定向债务人清偿债务或者交付财产，使债权人受到损失的，不免除其清偿债务或者交付财产的义务。"从该条规定可以看出，债务人对其债务人或者财产持有人不具有受领财产交付与债务受偿的权利，倘若破产财产仍为债务人所有，债务人不应丧失该项受领权。如果采取破产财产客体说，破产财产将面临成为"无主物"的窘境，影响破产财产价值的发挥，法院的监督也将失去正当性依据。而破产财产主体说明确了破产财产的主体归属与破产程序启动后的债之关系的承受，为破产撤销权与破产无效制度提供了合理依据，使破产管理人独立于债权人与债务人而中立地履行职责，便于破产管理人最大限度地收集破产财产，维护破产财产的各项权利，从而满足债权人最大比例的清偿要求。①

在破产财团说内部，又可以划分为法人团体说、非法人团体说。法人团体说认为，虽然法律上没有承认破产财团的法人地位，但是以法人人格为前提的种种法律效果在实体法上的承认，可以说在实际上假定破产财团法人格的存在。例如，对于破产财团所发生的请求权、破产财团所享有的利益、因破产财团而发生的损害等，均是以破产财团为法人作为前提的。② 破产财产是不同于债务人的全新的法人主体，不受债务人的权利和义务的影响。③ 非法人团体说认为，虽然破产法或者民法并没有明确规定破产财团为权利主体，但从破产法规定的法律关系上考察，只有承认破产财团具有权利主体的性质时，才能做出合理的解释。破产财团并非以单个财产的

① 韩长印：《破产清算人制度的若干问题》，《河南大学学报》（社会科学版）2000 年第 3 期。

② 〔日〕石明川：《日本破产法》，何勤华等译，上海社会科学院出版社 1995 年版，第 143 页。

③ Stephen McJohn. "Person or property? On the Legal Nature of the Bankruptcy Estate", *in Bankruptcy Developments Journal*, Vol. 10. Issue 3（1993），p. 470.

形式出现，而是以集合体的形式来偿还债务的，符合非法人团体的法律定位。① 在非法人团体说之下，又衍生出诸多分支学说，如德国学者艾思理（Eccires）提出的类似财团法人说，德国学者黑尔威格（Hellwig）提出的特别财团说，日本兼子一教授主张的默示构成法人说（又称为推定法人说，暗星法人说），无法人人格财团说等。② 如此多项学说主张均指向了破产财产的非法人主体地位的核心论点，受限于实定法对破产财产的法人主体地位的规范欠缺，破产财产难以具备法人资格，但因其逻辑衍生的必然性，应当享有非法人或类法人的主体人格，申言之，至少在学理上破产财产的主体资格没有绝对的障碍，且认可其上的视同法人的拟制人格具有正当性。

就破产财产信托说而言，由于非公司制的信托模式，譬如特定目的信托（Special Purpose Trust，简称 "SPT"），因其民事主体资格未被实定法律规范所确认，以及起源于英美法系的信托制度本身的信托财产 "双重所有权" 的特点，与大陆法系 "一物一权" 的物权法理论发生冲突。在大陆法系的立法环境中，纯粹信托模式容易引发双重课税的非公允的经济性问题，破产财产信托论本身也会涉及双重课税的争议，而破产财产主体论可以有效避免这一问题。虽然我国立法没有对破产财产的主体地位予以明确规定，但这其实属于我国民法理论与立法中的空白，在民法中也确实有 "财团" 存在的必要，需要对民事主体理论予以完善。③ 从破产财团和财团法人成立和运作的内在机理来看，法律本质上具有一致性，均以一定的目的财产的集合体作为权利义务关系之主体，对此，不应当因法教义学上的主张限制应然的法理推演，即便实定法未确立破产财产的主体登记制度，也不妨碍其作为非法人主体而存在。破产财产主体说既与大陆法系的拟制法律主体制度相合，又与英美法系将破产财产视为信托财产的信托法理相契，是一种较为理想的制度选择。④

---

① 陈荣宗：《破产法》，三民书局 1986 年版，第 197 页。
② 韩长印：《破产法学》，中国政法大学出版社 2016 年版，第 98 页。
③ 李永军：《破产法——理论与规范研究》，中国政法大学出版社 2013 年版，第 232 页。
④ 韩长印：《建立我国的破产财团制度刍议》，《法学》1999 年第 5 期。

（三）破产财产主体论的整合进路

破产财产主体说与信托财产说有一定相似之处，在二说中，作为破产管理人管理职责中心对象的破产财产均具有独立性。英美法系立法没有大陆法系中严格的所有权概念，信托法律关系中的双重所有权的设置规则对信托财产本身的束缚力不强，信托财产的独立性具有类似于权利主体的实质地位。因此，二说具有融合的空间，在大陆法系的民法传统体系"前见"下，信托财产双重所有权理论必须"因地制宜"地面向物权法进行改造，信托财产的所有权必然面对着需要确认唯一主体的选择。对此，大陆法系学者提出了委托人所有、受托人所有、受益人所有等多种主张。还有学者扩张了物权法的共有权范畴，构建了由受托人与受益人共享信托财产所有权的信托财产共有权，以与我国固有的物权法传统相衔接。[①] 在民事信托制度下，笔者赞同信托财产共有权理论，其作为通过改造信托财产所有权的规则，是信托制度中国化的一项可行性尝试。但对于破产财产独立性与组织性更强、以商事目的成立并存续、以专业性的市场机构担任受托人的商事信托财产而言，信托财产主体说更为合理。有学者进一步结合信托法理关系中各方当事人间广泛存在的共有关系的特点，提出了信托财产民事共有体理论，信托财产与合伙企业、集体组织等对象类型一并归于民事共有体范畴之内，民事共有体是独立于自然人、法人之外的第三类民事主体，信托财产民事共有体自身享有共有财产所有权，受托人、受益人等共有人享有他物权性质的共有权，二者并存于信托财产民事共有体之中。[②] 按照英美法系的破产财产信托论，破产财产无疑符合商事信托的特点，信托财产民事共有体论融合了商事财产主体制度与信托财产制度，笔者认为，在破产财产性质的界定时，可以引用信托财产民事共有体论，作为整合大陆法系破产财团主体说与英美法系破产信托财产说的

[①] 范志勇：《论信托财产的所有权归属——信托财产共有权的构建》，《西南交通大学学报》（社会科学版）2011 年第 1 期。

[②] 范志勇：《民事共有体刍议：非法人团体民事主体地位研究》，《西南交通大学学报》（社会科学版）2013 年第 1 期。

一种可行路径，使破产财产主体的认定结论在两大法系中实现"殊途同归"的效果。

需要明确的是，假设破产财产主体论成立，其与债权人的关系如何处理？债权人会议作为债务人企业处于破产程序中的"权力机关"，发挥着企业常态经营状态下的"股东大会"的功用，形成了破产债务人的意志，破产管理人的履职要受到债权人会议及其常设机构——债权人委员会的制约与监督，在重大破产处置事项上，需要债权人会议做出决议，破产管理人无权自行决定实施。破产财产虽然在经济性的理念层面根本归属于债权人所有，但在破产法中，破产财产所有权并不直接体现为债权人所有权，那将是破产财产向债权人分配完毕之后的权利形态，而在破产程序中，破产财产具有短暂的主体人格，债权人的"破产所有权"在此期间表现为破产债权，只能依据破产既定法律规则，通过债权人会议集体方式行使，而破产法设计债权人会议的核心目标在于保障破产受偿秩序，以此推动破产财产价值的最大化，债权人会议是一种以形成债权人集体意志的方式实现破产财产价值的工具，破产管理人执行债权人会议决议的过程，成为践行破产财产主体意志的有效途径。

四　破产管理人的纳税申报义务

在破产财产主体论的整合进路下，破产财产主体成为了税收债权债务关系中的非法人税收债务人，同时成为税收义务人。但因其主体人格在具体财产管理事项上的晦暗不明，其意志概括授权于破产管理人，由管理人在法院和债权人会议的监督下具体履行管理破产财产的事务，破产税收债务人与纳税申报义务人应当分别由破产财产主体与破产管理人担任，为此需要详细论证破产管理人的法律定位。笔者对破产财产以及破产管理人法律定位的研讨，采取了面向实践问题的功能主义的务实立场。[①] 笔者对破

---

① Stephen McJohn, "Person or property? On the Legal Nature of The Bankruptcy Estate", *in Bankruptcy Developments Journal*, Vol. 10, Issue 3 (1993), p. 515.

产财产法律性质的分析不仅仅涉及理论的推演，而是着眼于由此确立破产管理人职责范围的理论基础，为破产管理人的纳税申报义务的负担提供正当性论证。对破产管理人法律地位的解读，是合理认知与界定管理人与破产当事人法律关系的基础，关系到对破产管理人本质属性的评价，是适当设置破产管理人职责范围的前提，对于破产立法未具体列举的破产管理人职责，破产管理人的法律定位具有面向实践的职责解释生成功能，也是人民法院依据我国《企业破产法》第 25 条的兜底条款的授权，创设管理人职责内容的指导思想与限制性原则，以及对管理人的履职工作开展评估的衡量基准。

（一）破产管理人申报纳税义务的来源

1. 关于破产管理人法律定位的争议

破产管理人，"指破产案件受理后依法成立的，在法院的指导和监督之下全面接管债务人企业并负责债务人财产的保管、清理、估价、处理和分配以及重整等事务的专门机构。"[①] 在英美法系国家，确定破产管理人的地位适用以信托关系为基础的受托人制度。破产管理人被称为破产程序中的受托人，破产人为委托人，全体债权人为受益人。根据美国《破产法》第 323 条（a）规定，破产管理人（trustee）是破产财产的代表，具有起诉或被起诉的资格，地位上等同于受托人（fiduciary）。破产管理人信托论主张破产财产为他益信托财产，即由债务人作为信托人为他人利益而设定信托，委托管理人以法律上的所有权人的身份管理作为信托财产的破产财产，债权人作为信托关系中的受益人享有受益权，并基于受益人的身份对信托财产拥有实质所有权，对破产财产所有权归属的认定即建立在英美法系信托财产双重所有权理论的基础之上。

在大陆法系国家，关于破产管理人的地位则有"破产人代理说""债权人代理说""破产人和债权人共同代理说""破产财团代理说""职务

---

① 王欣新：《破产法》（第四版），中国人民大学出版社 2019 年版，第 75 页。

说"和"清算机构说"等不同的学说。① 代理说是关于管理人法律地位最早的一种学说。该学说认为，破产程序性质上属于私人间的债务清偿程序，管理人具有私法上代理人的地位，以他人名义行使破产程序中的职务权限。② 代理说着眼于破产管理人行为效果的归属，虽然认识到破产管理人履职效果非及于自身的特点，却不适当地认定了利益归属，破产管理人本质上为破产财产利益而行为，非为破产当事人履职。反对代理说的理由主要有三点：其一，代理说无法对管理人就破产人的行为行使撤销权、破产无效权等否认权制度作出合理的解释，因代理人为被代理人利益而从事代理行为，无权否认被代理人的决定。其二，依据代理法理，代理人以被代理人名义进行代理事务的管理，但法律却规定管理人以自己名义对破产财产行使处分权。其三，管理人对破产财产的管理、处分和分配等工作，具有实现债权权利的类似执行的性质，而这种公法上的执行性质显然是与私法上的代理关系相悖的。③ 代理说实质上源于破产程序的自力救济主义，将破产程序认定为解决私人债务清偿问题的私法范畴下的非诉程序。④ 其忽视了破产程序对当事人自治的限制与破产管理人制度的法定性，我国破产立法在破产管理人的任职资格、产生程序、职责范围等环节挤压了破产法律关系当事人意思自治的空间。譬如，我国《企业破产法》第 24 条明确规定只有律师事务所、会计师事务所、破产清算师事务所等社会中介机构以及清算组是适格的破产管理人，并从反面列举了受到刑罚、曾被吊销执业证书、与案件有利害关系等不适宜担任破产管理人的具体情形；根据我国《企业破产法》第 22 条的规定，破产管理人由法院指定，债权人会议仅享有在破产管理人不能胜任职务情况下的更换建议权，《最高人民法院关于审理企业破产案件指定管理人的规定》（法释〔2007〕8 号）就破产管理人名册制度与破产管理人的选任流程予以了细化规范；破产管理人的职责范围在我国《企业破产法》第 25 条中进行了详细列举，即便第

---

① 邹海林、周泽新：《破产法学的新发展》，中国社会科学出版社 2013 年版，第 105 页。

② 齐明：《破产法学：基本原理与立法规范》，华中科技大学出版社 2013 年版，第 76 页。

③ 王欣新：《破产法》（第四版），中国人民大学出版社 2019 年版，第 76 页。

④ 姚彬、孟伟：《破产程序中管理人制度实证研究》，中国法制出版社 2013 年版，第 38 页。

（九）项设置了兜底条款，也将认定的权限授予了人民法院，指出"人民法院认为管理人应当履行的其他职责"，[1] 排除了当事人对破产管理人职责赋权的可能，债权人会议对管理人工作的开展主要行使监督权，破产管理人并非依据债权人会议的意志行使职权。代理说将破产管理人隶属于某一破产法律关系当事人群体，破产管理人将因此丧失中立性，违反其公正履职的要求。破产程序中利益相互冲突的群体众多，权益关系复杂，意思自治需要受到严格的限制，破产管理人的法定性确保了规范、公平的破产受偿秩序，也直接消解了代理说的合理性。

职务说一直以来是德国的主流观点，其认为破产管理人作为私人职务承担者，以自己的名义为破产财团行事，破产管理人从功能上负责特别财产，并作为独立的司法助理的机关为全体各方的利益管理和变价该财产。[2] 职务说，又被称为机构说，且通常专指私机构说。"私机构"（privates Amt）是德国法上统领遗产管理人、强制执行管理人、破产管理人等诸范畴的上位概念，其基于法律规定或者死因行为等非法律行为而成立，此类管理人也多以自身名义从事管理财产的行为。[3] 职务说与代理说针锋相对，注意到了债权受偿的自力救助主义会出现权力滥用、无序清偿的非公平现象，最终将损害全体债权人的利益，主张在破产管理人制度中凸显公力救济主义。[4] 虽然职务说克服了代理说绝对意思自治理念的弊端，却又滑入了权力至上的窠臼，破产管理人的法定性、中立性、概括执行等职权中的公法因素仅仅使其生成了类公法机关的形态，破产管理人本质上仍然是破产财产的利益代表，而非国家利益或社会公共利益的贯彻者，其对后者

---

[1] 由人民法院任意创设管理人职责的该条规定，是基于我国以前没有管理人制度的立法和司法经验的状况作出的，理论界也欠缺关于管理人制度的全面深入研究，而其兜底性条款的规定可以让法院在面对错综复杂的具体案件时灵活应对，避免破产程序因立法不完善而受不利影响。但规定过于宽松，有可能出现法院对管理人授权不当，将本应由法院或其他主体履行的职责转授给管理人，需要增加一定的限制，以维护各方当事人利益。详见王欣新、郭丁铭：《论我国破产管理人职责的完善》，《政治与法律》2010 年第 9 期。

[2] 〔德〕莱因哈德·波克：《德国破产法导论》，王艳柯译，北京大学出版社 2014 年，第 30~31 页。

[3] 许德风：《破产法论：解释与功能比较的视角》，北京大学出版社 2015 年版，第 259 页。

[4] 姚彬、孟伟：《破产程序中管理人制度实证研究》，中国法制出版社 2013 年版，第 41 页。

利益的维护以不损害破产财产价值为前提，片面界定破产管理人的法律定位是不合理的。况且，破产管理人一般为法院选任，但破产债权人会议对其任免有建议权，对其履职有监督权，在立法中其并未获得特殊职务；破产管理人可以自己的名义管理破产财产，成为诉讼当事人，机构不具备这一权限；机构的成立、存续与消亡遵循公法逻辑，与破产管理人的存在过程有别。

破产财团代表说最早由德国汉堡大学民事诉讼法学教授鲍狄奇（Botticher）于 1964 年提出，是指破产财产整体人格化形成破产财团，破产管理人作为破产财产主体的代表人。[①] 该学说使得破产管理人在破产事务中获得了独立于其他破产当事人的中立地位，有利于其公正处置破产财产，越来越多的学者开始接受 "破产财产代表说"。[②] 详言之，破产管理人并非为自己利益履职，其行为的法律效果必然归属于自身之外的其他主体，综合考察各方破产当事人所追求的利益，均与破产管理人的行权利益与破产程序的目标存在不同程度的冲突，唯有破产财产本身的利益与破产管理人制度所追求的价值相吻合。破产财团代表说较其他学说，对破产财产与破产管理人的关系，以及破产管理人的制度价值有了更深入的认知，能够相对合理地解释破产法上的如破产财产对破产管理人职务侵权责任的承担、执行职务的功能等诸多法律现象，为日本法学界的通说，也为德国、我国台湾地区等许多学者所认可。虽然我国在民事立法上未认可财团法人与破产财团的独立民事主体地位，实定法难以支持破产财团代表说，但其无疑在法理上最具合理性，我国《企业破产法》对破产管理人的职责规定也与此说较为相符。[③] 在美国《破产法》中，破产财产代表说在一定程度上得以贯彻，依据第 541 条，破产申请的提交可以产生创设 "破产财团" 的效力，"破产财团" 是一个明确独立的法律主体，与美国《1898 年破产法》不同的是，管理人不享有破产财产的 "所有权"（title）。[④] 笔者赞同破产财

---

① 汤维建：《论破产管理人》，《法商研究》1994 年第 5 期。
② 韩长印主编：《破产法学》，中国政法大学出版社 2016 年版，第 73 页。
③ 王欣新：《破产法》（第四版），中国人民大学出版社 2019 年版，第 77 页。
④ 〔美〕查尔斯·J. 泰步：《美国破产法新论》，韩长印、何欢、王之洲译，中国政法大学出版社 2017 年版，第 433 ~ 434 页。

产代表说，将在此基础上结合代表的民法理论予以进一步细化。

需要辨析的是，虽然破产管理人以自己的名义从事民事法律行为，但在以管理破产财产为主的破产管理人职责范围内，其行为的目的非为个人，体现出为他人利益而行为的特点，履行权责的行为后果也归属于管理人所服务的利益主体。因此，受制于实定法层面中的破产财产主体地位的缺失，破产管理人以自己名义而行为仅仅是一种迫不得已的表象。而且根据我国《企业破产法》第 13 条的规定，法院在裁定受理破产申请的同时，应当指定案件的破产管理人，在破产司法实践中，法院往往同时出具受理破产申请与指定破产管理人两份裁定书，并依据我国司法裁判文书公开的规定，社会公众在相应的系统平台上可以查阅到法院公布的破产裁定书内容，破产管理人的认定得到了实质意义上的公示，破产管理人的身份在破产债权人、债务人、其他利害关系人以及不特定第三人处依法产生了"权利外观"，其以自己名义行为本身不会致使交易相对人产生误解。破产管理人行为的名义在破产这一特殊情境下丧失了实质意义，与交易安全、市场效率等价值无涉，仅为保证法律体系内部和谐的举措。同时，从立法进化的角度而言，倘若破产立法中确定了破产财产的主体地位，破产管理人调整为以破产财产主体的名义从事法律行为则为应有之义，而此时破产管理人实体意义上的职责内容并无根本变化。以破产管理人的行权名义作为论证破产管理人应然法律地位的依据并不合适，犯了倒果为因的逻辑错误。

还有学者主张破产管理人"独立民事主体说"，该观点主张由破产管理人具有的法律负责的中立性的法律特征可以推论出其应当享有民事主体资格。[①] 破产管理人在管理破产财产的过程中，无论是从应然还是实然层面，确实具有着独立的法律立场，与破产债务人、债权人以及其他利害关系人皆不存在应当回避的利益关系，如此方能保证管理人的公平履职。[②] 该论与"职务说"在强调破产管理人中立地位方面有相似之处，但均未

---

① 康晓磊、仲川：《对破产管理人法律地位的思考》，《法学论坛》2007 年第 6 期。
② 王欣新：《破产法》（第四版），中国人民大学出版社 2019 年版，第 75 页。

认识到破产管理人的核心制度价值与所针对的利益对象，破产管理人的独立性是相对于破产债务人、债权人、其他利害关系人，甚至破产法院而言的，但其并非是"不食人间烟火"的绝对超脱于任何群体利益的"大公"性主体，破产管理人的报酬来源于破产财产，其履职的目的在于推动破产财产价值的最大化，公平地向债权人进行破产财产的分配，对具有挽救价值的债务人积极促使其事业重生，所有目标均指向破产财产，公平分配本身也是在财产静态意义上充分发挥破产财产价值的体现，债务人事业的挽救客观取决于破产财产价值的支撑，换言之，破产重整、和解等程序对债务人的拯救实际上是在拯救破产财产。破产管理人合法履职过程中所产生的侵权等民事法律责任由破产财产承担，破产管理人具有独立的责任能力。因此，破产管理人是破产财产的"代言人"，不应当具有脱离破产财产价值之外的利益诉求，不是具有独立意志的独立民事主体。

2. 破产管理人是破产财产的代表机关

《中华人民共和国民法总则》（以下简称《民法总则》）第 61 条规定："依照法律或者法人章程的规定，代表法人从事民事活动的负责人，为法人的法定代表人。法定代表人以法人名义从事的民事活动，其法律后果由法人承受。法人章程或者法人权力机构对法定代表人代表权的限制，不得对抗善意相对人。"第 62 条规定："法定代表人因执行职务造成他人损害的，由法人承担民事责任。法人承担民事责任后，依照法律或者法人章程的规定，可以向有过错的法定代表人追偿。"因此，虽然公司作为重要的法人类型，法定代表人的制度价值通常在公司层面上得以发挥，但法定代表人仍然是所有法人类型得以适用的代表人制度，申言之，法人作为典型的拟制法律主体，为保障其参与市场竞争与社会活动便利的法定代表人制度具有向其他拟制主体扩张适用的合理性与可行性，并有必要针对其所适用的拟制主体的特征而采取非独任自然人的团体机关代表人模式。根据我国税法规范，企业纳税人未完全履行纳税义务的，基于法定代表人在执行职务行为时与企业人格同一性的原理，企业的法定代表人有时将与企业承担同等责任，如我国《税收征管法》第 44 条规定，"欠缴税款的纳税人或者他的法定代表人需要出境的，应当在出境前向税务机关结清应纳税款、滞纳金或者提供担保。未结清税款、滞纳金，又不提供担保的，税务机关可以通知出境管理机关阻止其出境。"而破产管理人虽然代表破产财产主体的利益，以获得概括授权的方式践行破产财产的主体意志，但在破产财产的具体管理事项上，破产管理人具有很大程度的独立性，以自身专业性判断履行职务，宜将破产管理人的破产财产代表说进一步改造为破产财产代表机关论。

破产管理人作为破产财产的代表机关的定位，不同于破产财团代表说的主张，后者着眼于破产管理人在私法关系中的主体定位，而代理人、法定代理人、法定代表人等私法性质的代表论均无法与破产管理人的履职特点相契合。破产管理人代表破产财产这一拟制主体利益的规则设置，使其得以从纷繁复杂的破产法律关系主体中利益冲突中解脱出来，推动破产财产价值最大化，通过概括执行类公法职权使全体债权人得以公平受偿，在个案中彰显对社会公共利益的维护，虽然破产管理人不具有公务身份，但其实际履职过程与职责范围不可避免地带有公法履责的因素。将破产财产定位为代表机关，能够将破产管理人隐而不显却又无处不在的公法职责融合进代表破产财产利益而行为的过程之中，"观照"破产管理人法定性、中立性的核心特征，更符合现代破产管理人制度维护社会公共利益的立场。破产管理人的公法属性所要保障的核心价值目标为正当性极大的社会公共利益，非国家利益或群体利益，整体化、长远性的破产财产利益可以被视为一种社会公共利益，二者的本质并不相悖，共存于破产管理人的代表机关说的法律定位之中。

破产财产代表机关论亦为破产管理人以自我名义履职提供了解释路径，作为代表机关，不同于法定代表人与被代表人的人格混同，与代理人在代理行为中映照本人的人格意志也有区别，代表机关自身的意志不会泯灭，其代表职责的完成是以自我意志实现被代表主体意志的过程，履职的实践行为与效果是否契合被代表主体的核心利益是被评价的对象，而非代表机关自身意志的彰显程度。代表机关通常在被代表人的主体性极度弱化、被代表意志模糊不清的场景中适用，譬如国家机构代表的国家，由于国家外延过于宽广，群体内部成员众多，国家意志难以在细致的琐事中集中体现，故设置了拥有独立意志的国家机构作为代表机关，在国家机构行使公权过程中彰显国家意志，维护国家利益。需要辨明的是，即便被代表人的主体性弱化，甚至实定法中尚未对其主体性予以认可，亦不会妨碍其在法理上为独立主体的合理逻辑证成结论与实践中主体性的现实地位。另外，破产财产与其他被代表主体一样，其主体意志具有显然性、原则性的特征，无须在具体事务中表达主观意思，代表机关形成之刻即获得了被代表主体意志的"概括授权"，在破产程序中，债权人会议、破产法院等监督者在破产立法的规制下，均成为在破产法律适用中践行破产财产主体意志的实践者与维护破产财产利益的"卫道士"。

纳税申报具有私人公法行为的性质，其公私融合的特点契合了破产管理人的破产财产代表机关的法律定位。首先，破产管理人作为破产财产主体的代表，有义务为被代表人利益计争取权利的行使，纳税申报是纳税人的一项税法权利，纳税人减免税、退税、其他税收优惠、税务筹划、不应课税等主张均可通过行使纳税申报权向税务机关提出，本质上是纳税人面向征税主体的请求权，请求权基础为税法规范，税务机关不得违法拒绝纳税人在纳税申报中的请求内容。其次，纳税申报是维护国家税收秩序、优化税收征纳环境、提高税收遵从度与征收效率、便捷税务机关工作开展的公法机制，破产管理人作为破产财产代表机关的公法因素呼应了纳税人进行纳税申报的公法义务，破产管理人应当代表破产财产依法履行公法上的义务。需要明确的是，破产管理人仅作为破产财产的代表机关履行纳税程序义务，纳税义务的实质性财产负担内容仍由被代表的破产财产来承担，因破产财产主体地位的确立，其作为最终纳税人和负税人在理论上成为可能，也为实践中税务机关对破产财产的税收征管实践进行了合理的解读。

（二）破产管理人进行纳税申报职权的完善

1. 破产管理人负担为债务人企业申报纳税的义务

我国《中华人民共和国企业破产法》第 25 条明确规定了破产管理人

的职责范围，在列举事项中，并未明确涉及破产管理人的纳税申报义务，考察其他国家立法例，鲜有在破产管理人立法规范中规定纳税申报职责的先例。而破产管理人作为破产财产的代表机关，具有决定债务人内部事务的职责，破产管理人任职后将代替债务人企业原来的管理人员行使管理债务人内部事务的权利，如果债权人会议决定债务人继续营业的，管理人还要负责营业事务。① 纳税申报作为破产管理人管理破产财产与特殊情形下经营债务人企业所必然产生的义务负担，可以从破产管理人管理、处分破产财产与经营债务人企业的职责范围内推理出来，我国《企业破产法》第25条规定的"决定债务人的日常开支和其他必要开支""管理和处分债务人的财产"中内含了纳税申报的义务内容，且通过"人民法院认为管理人应当履行的其他职责"的兜底条款，可以法院授权的方式确立个案中破产管理人的纳税申报义务。美国《破产法》第704条就托管人的职权做出了列举性规定，其中"保管破产财产""经营债务人企业"等法定职责中可以衍生出破产管理人的纳税申报义务。破产管理人作为破产财产纳税主体的代表机关，负担为破产财产主体依法履行纳税申报的义务。依法申报包括及时申报和全面申报等，及时申报即破产管理人作为申报纳税人要在法定申报期限内，向税务机关办理破产财产上所发生的纳税申报事宜；全面申报要求破产管理人申报的报表和有关资料要齐全、完整，报表内的申报项目要填报齐全、完整。②

实践中有争议的是，破产管理人在纳税申报中是否有义务向税务机关报告债务人企业在进入破产程序之前发生的税收违法行为，笔者认为破产管理人有报告义务。首先，破产财产是合法的民事主体范畴，对于涉及行政违法，甚至犯罪嫌疑的纳税行为，破产财产及其代表机关不具有包庇的权利，且该类违法行为往往由破产之前的作为破产财产"前世"形态的债务人企业或其他主体所为，违反纳税义务所导致的税收责任亦应由相关行为主体承担，只是破产财产概括承继债务人企业主体资格的特点决

---

① 韩长印主编：《破产法学》，中国政法大学出版社2016年，第80页。
② 毛礼明：《纳税申报制度研究》，吉林大学2009年硕士学位论文，第12页。

定，因债务人企业存续期间行为所被施加的责任往往由破产财产负担。由此，虽然在责任承担的结果上具有一致性，但不应当忽略责任的转移过程。而对于民商事层面的合法的纳税筹划行为，因属于民事主体正当的意思自治的范围，无论是进入破产程序前的纳税人企业，抑或是企业进入破产程序后形成的破产财产，均无对此的通知义务，也无须为此而承担法律责任。

2. 破产管理人延期申报权的完善

前承抽象纳税义务与具体纳税义务的二分法，我国税法对应地确立了"纳税义务发生的时间"与纳税期限，前者以时点的形式体现为抽象纳税义务的发生时间，后者是纳税主体将其纳税义务具体化的一段合理的期间。违反纳税期限的限制，一般构成税收违法行为。[①] 对申报纳税的国税及申报纳税的地方税，各有关国税的法律及地方税法，都规定了必须申报的期限。在日本，依据《国税通则》第 17 条，在此法定申报期限内进行的申报为期限内申报；依据《国税通则》第 18 条、25 条，负担法定申报义务的纳税申报义务人，即使在法定申报期限之后，只要尚未作出课税决定的，都可以进行申报，此称期限后申报，但无正当理由超过法定期限申报的，纳税义务人将被课以滞纳税以及无申报加算税或重无申报加算税；税务署长等根据"灾害及其他不得已之理由"，认为在法定申报期限内不能进行申报时，可延长法定申报期限。[②] 我国税收征管立法确立了税务机关核准制的纳税申报延期规则，但延期事项上仅仅规定了"不可抗力"。按照不可抗力的传统定义，其指不能预见、不能避免、不能克服的客观情况，而我国债务人企业进入破产程序贯彻当事人主义原则，法院无职权强制启动破产程序，必须由破产债权人或债务人提出破产程序的申请，此一事由显然与不可抗力的定义不符，因此，按照既有的税收征管规范，破产管理人并无权向税务机关申请纳税申报延期。但破产管理人接管债务人企业是一项过程行为，其接管职责的履行与对债务人企业经营情况的掌握需

---

① 张守文：《略论纳税主体的纳税义务》，《税务研究》2000 年第 8 期。
② 〔日〕金子宏：《日本税法》，战宪斌、郑林根等译，法律出版社 2004 年版，第 422 页。

要经过一定的期间，依照常态企业纳税申报的法定期限要求破产管理人，对其而言显然不公平，亦违背了破产程序的特点。对此，有必要扩展延期申报的法定事由，将债务人企业进入破产程序列入法定情形之中，赋予破产管理人在合理期限内提出的延期申报纳税权。

3. 破产管理人撤回、修正纳税申报权的补足

目前，我国对纳税申报的撤回和修正还没有明确的规定。纳税申报不可避免地可能会出现申报错误的情况，有些是违背申报人意志的错误，应赋予其合理的改正机会。日本学者及通说认为，根据行政法的一般原理，纳税人在税务机关受理其纳税申报之前，即在法定纳税期限内，纳税人的申报行为原则上是可以撤回的。但是，如果行政机关对纳税人的申报行为作出行政处分后，纳税人就无权提出撤回申请。[①] 在日本税法上，进一步就申报修改的利益诉求，区分为修正申报与更正申报。无论是期限内申报，还是期限后申报，如税收行政机关尚未作出更正处分，纳税义务人可以进行以修正课税标准或税额等为内容的申报。倘若税收行政机关已作更正、决定后，也可以进行以修正该更正、决定有关的课税标准或税额等为内容的申报，称为修正申报，是将申报等的内容向不利于自己的方向变更的申报。如欲将申报内容向有利于自己的方面变更时，必须根据请求更正程序办理。[②] 破产领域中的纳税申报义务人与纳税义务人存在分离的现象，破产管理人为他人利益履行纳税申报义务，破产管理人从接管破产财产到对破产财产展开有效的管理需要一定的了解期间，相较于纳税义务人自我担任纳税申报义务人的情形，纳税申报错误更易出现，应为其设置更为友好的纳税申报规则，赋予其撤回和修正纳税申报权。

（三）破产管理人未履行纳税申报义务的责任规则

1. 破产管理人的法律责任类型

大陆法系国家一般以善良管理人来界定破产管理人的基本义务，英美

---

① 闫海主编：《税收征收管理的法理与制度》，法律出版社 2011 年版，第 19 页。
② 〔日〕金子宏：《日本税法》，战宪斌、郑林根等译，法律出版社 2004 年版，第 423 ~ 424 页。

法系国家破产管理人应当承担谨慎、忠实和信用的基本义务，所以，两大法系中破产管理人承担民事责任的前提分别是对善良管理义务或信托义务的违背。[①] 英美法系国家中受托人的注意义务，主要包括谨慎义务和忠实义务，其中，受托人的谨慎义务是以善良管理人的注意义务为底线的，其要求实际上要高于善良管理人义务的要求。我国《企业破产法》第 27 条规定，管理人的勤勉尽责义务，即要求其履行善良管理人的注意义务；所谓忠实履行职务，即要求其履行忠实义务。[②]

破产管理人的法律责任是因其不正当行为违反破产管理人法定义务所承担的不利负担，民事责任属于法律责任的一部分。破产管理人的法律责任的属性取决于其法律定位，笔者采认破产财产代表机关说，既然破产管理人的法律责任产生于其履职过程中，破产管理人作为破产财产主体的代表机关，则必然与破产财产主体利益脱离不了干系，履职行为所产生的法律后果由被代表人承受。破产管理人的职权行为由于轻微过失或不可抗力、意外事件等因素造成他人损失的，由破产财产主体承担最终的民事责任；倘若因破产管理人的故意或重大过失致使他人损失的，构成对他人的侵权责任，在《中华人民共和国侵权责任法》（以下简称《侵权责任法》）与破产立法等实定法未对其归责原则作特殊规定的情况下，应当适用我国《侵权责任法》第 6 条确立的过错责任原则，侵权责任的成立需要经过侵权行为、损害事实、过错、侵权行为与损害事实间的因果关系等四项构成要件的检验，同时，破产管理人涉嫌违反了勤勉尽责义务，破产财产对外担责之后，有权依法向破产管理人追偿，请求权基础仍为侵权责任请求权，破产管理人的过错侵权行为同时侵害了他人与破产财产主体的合法权益，破产管理人应承担最终的民事赔偿责任，追偿所得款项归属于破产财产主体，实行破产财产的"入库规则"；破产管理人违反忠实义务，为谋求自我利益或他人利益而直接损害破产财产利益的，受害人仅涉及破产财产主体，破产管理人应当对破产财产主体承担适用过错责任原则的侵权责

[①] 张艳丽：《破产管理人的法律责任》，《法学杂志》2008 年第 4 期。
[②] 王欣新：《破产法》（第四版），中国人民大学出版社 2019 年版，第 123 页。

任。破产财产作为类拟制主体，具有主体意志的模糊性，当其代表本身侵害权益之时，更难以自我维权，因此，应当允许债权人、债务人或相关利害关系人作为间接权利人，向破产管理人行使赔偿请求权，当请求权人缺失时，破产法院有义务为破产财产利益计行使向破产管理人的追偿请求权。

我国《企业破产法》第130条规定："管理人未依照本法规定勤勉尽责，忠实执行职务的，人民法院可以依法处以罚款；给债权人、债务人或者第三人造成损失的，依法承担赔偿责任。"第131条规定："违反本法规定，构成犯罪的，依法追究刑事责任。"就此，确立了破产管理人因不法行为所承担的司法责任与刑事责任。破产管理人行使职权受到债权人等破产当事人与法院的监督，且前者监督权的实现有赖于法院司法权的保障，多重主体对破产管理人行使监督权的后果不仅仅体现在撤换管理人上，还表现在法院可以对管理人的不法行为采取司法强制措施，即要求破产管理人承担相应的司法责任，其目的在于纠正破产管理人正在进行的违法或不当行为，促使其依法谨慎、忠实、高效地履职。[①] 我国《企业破产法》第130条授予了法院对破产管理人在特定情形下罚款的权限，破产管理人司法责任形式过于单一，不利于法院监督权的开展，有必要根据破产管理人行为不法性的程度灵活地采取训诫、罚款、没收违法所得、暂停执业、吊销资格证书、拘留等不同的司法强制措施。同时，我国《企业破产法》第131条规定："违反本法规定，构成犯罪的，依法追究刑事责任。"由此确立了法院对破产管理人的涉嫌刑事犯罪的行为追究刑事责任的可能，但问题同样在于规范内容过于简单，刑事法律规范尚未就破产管理人犯罪的具体罪名与刑责等作出配套性规定，我国破产管理人刑事责任法律体系有待进一步完善。

2. 破产管理人的纳税申报责任

我国《税收征管法》第62条至64条的规定涉及违反纳税申报义务的法律责任，纳税人或扣缴义务人未在法定期限内申报纳税和报送相关材料

---

① 黄泽雁：《破产管理人的职权研究》，华东政法大学2007年硕士学位论文，第47～48页。

的，由税务机关责令限期改正，并处罚款。纳税人、扣缴义务人经税务机关通知申报而拒不申报或者进行虚假的纳税申报，不缴或者少缴应纳税款的，构成偷税行为，由税务机关就涉及的税款、滞纳金进行追缴并处罚款，构成犯罪的，依法追究刑事责任。纳税人不进行纳税申报，不缴或者少缴应纳税款的，由税务机关就涉及的税款、滞纳金进行追缴并处罚款。破产管理人违反纳税申报义务主要产生应申报缴纳的税收本金债务，由此生成滞纳金以及罚款。在日本破产法上，破产税收债权上所产生的滞纳税、利息税、滞纳金等与利息性质相同，采取与税收债权同等的清偿顺位规则。根据日本《破产法》第 148 条第 1 项第 4 号，对于属于财团债权（相当于我国的破产费用）的税收债权的清缴，因破产管理人未依法履行纳税申报等职责而产生的滞纳税、利息税、滞纳金，由于是因破产管理人为破产财团行为而产生的请求权，故作为财团债权处理。① 我国税收征管法律体系中税收滞纳金性质存在利息与罚款的争议，未来税收征管立法对滞纳金的改革方向是使其回归利息的本质，对纳税申报责任中的滞纳金可以与尚未缴纳的税款本金在破产程序中采取同一清偿顺位规则；对于税收罚款，因为属于惩罚性破产债权，按照破产债权清偿顺位规则，应当作为劣后破产债权处理。由于破产管理人申报纳税是履行其作为破产财产主体代表机关的职务行为，即便违背善良管理与忠实义务，破产管理人行为的本质仍不会改变，所有纳税申报责任中的经济支付内容均首先由破产财产主体支付，但对于非破产管理人轻微过失或不可抗力、意外事件等缘由造成的纳税申报责任，破产财产在履行支付责任后，可以参照侵权责任承担规则，向破产管理人追偿。

我国《企业破产法》第 24 条关于破产管理人资格和条件第 4 款规定，"个人担任管理人的，应当参加执业责任保险。破产管理人执业责任保险在我国保险市场上方兴未艾，针对破产管理人纳税申报责任的风险分担需求，执业责任保险的风险保障范围应该向纳税领域适当扩张，涵盖破产管

---

① 〔日〕谷口安平主编：《日本倒产法概述》，佐藤孝弘、田言等译，中国政法大学出版社 2017 年版，第 78 页。

理人为破产财产利益计而过失进行不当纳税申报造成的执业责任风险，以此也可以充分保障受害方的求偿权。目前开展破产管理人执业责任保险业务的保险经营主体不多，仅仅涉及中国人民财产保险公司等数家保险人，且所涉保险产品保障风险范围过窄，因投保主体多元化导致了该类保险产品适用范围不广，存在产品条款内容与适用推广优化的空间。在美国，破产管理人为取得执业资格必须向联邦政府交纳保证金，"以保证忠实履行公务"。① 职业保证金制度也是我国破产管理人规范体系可以借鉴的方案，有利于提升破产管理人自我注意的程度，且职业保证金制度在我国建筑施工等领域已然适用。

五　结语

企业破产与税收征管作为各自运行的重要法律调整机制，其规制领域存在交叉、碰撞。纳税申报制度是满足国家提升税收稽征效率与法治水平要求的制度选择，同样体现出宪法上主权在民的思想，是纳税人基本税收程序权利与义务的统一。企业进入破产程序之后，债务人丧失对原所有财产的权利，破产财产作为独立的类法人法律主体形成，大陆法系的破产财团主体说与英美法系的破产信托财产说均指向了破产财产独立人格的结论。破产管理人在破产程序启动后全面接管破产财产，以自我名义管理、处分、分配破产财产，成为破产财产主体的代表机关，在履行代表职责的过程中享有独立的意志。破产财产的主体人格使其成为破产程序中的税收债务人，而破产管理人基于其代表职责履行税收程序义务，担当纳税申报义务人的角色。现有的税收征管规范应就破产管理人的延期申报权，以及撤回、修正纳税申报权予以补足与完善，并明确破产管理人纳税申报法律责任的承担规则。

---

① 〔美〕查尔斯·J. 泰步：《美国破产法新论》，韩长印、何欢、王之洲译，中国政法大学出版社 2017 年版，第 93 页。

On the Obligatory Subject of Enterprise Tax Declaration in Bankruptcy Procedure: From the Perspective of Bankruptcy Property Subjectivity

Fan Zhiyong

Abstract: Tax declaration is not only an obligation imposed on the taxpayer by the tax collection and management authority, but also a right that the taxpayer enjoys according to law. In the bankruptcy proceeding, the tax liability of the debtor's enterprise should not be exempted, and there is a need to differentiate between the tax obligor and the tax declaration obligor. Taking the subjective integration approach to the legal nature of bankruptcy property, bankruptcy property is a collective property with the personality of a legal subject and becomes an eligible taxpayer. Incorporating bankruptcy property representatives' opinions and duty theory, the bankruptcy administrator's legal position should be the representative body of the bankruptcy property subject, resulting in the bankruptcy administrator's tax declaration obligations on behalf of the bankruptcy property. The characteristics of the bankruptcy procedure and the performance of the bankruptcy administrator determine that the tax declaration system needs to make special adjustments to it, clearly granting the bankruptcy administrator the right to defer declaration, and the right to withdraw and modify the tax declaration. If the bankruptcy administrator fails to perform his tax declaration obligations in accordance with the law, he shall bear the ultimate legal responsibility.

Keywords: Tax Return Filing; Bankruptcy Property Subject; Bankruptcy Administrator; Representative Office of Bankruptcy Property; Right of Delayed Declaration

论汽车外观设计专利侵权之判定

肖　翰

摘　要: 近年来,我国汽车外观设计专利侵权案件"同案不同判"的现象频发,其根源在于裁判者对判定主体"一般消费者"认知能力的争议及其对"整体观察、综合判断"之判定方法具体适用时的误差。汽车外观设计侵权判定应当从汽车产品外观设计的技术内涵出发,明晰该行业内外观设计侵权行为的共性,从而精确提炼出汽车外观设计专利侵权判定主体应具备的素质,并在此基础上赋予"整体观察、综合判断"新的考量因素、观察顺序与权重层级。

关键词: 汽车外观设计;侵权行为共性;判定主体;判定方式

作者简介: 肖翰(1990—　),武汉大学法学院/知识产权与竞争法研究所2016级博士研究生,主要研究方向:竞争法、知识产权法。

目　次

引　言

外观设计通常是指产品的外表式样设计，由产品的整体或者局部的形状、图案或其结合以及色彩与形状、图案的结合构成，旨在满足工业产品的美感需求。通过分析我国《中华人民共和国专利法》（以下简称《专利法》）的相关规定可以得出：外观设计必须以产品为载体、以美感为目的、以适用于工业应用为前提。同时，外观设计对经济的贡献巨大，相关数据显示，在日本每增加 1000 亿日元的销售额，外观设计的贡献达到 51%，而技术改造的作用仅占 12%。① 鉴于外观设计对产品销量带来的显著影响，我国企业亦深受感召，数据显示我国外观专利年度申请量自 2001 年起持续名列世界第一，且对其申请无须进行实质审查，导致外观设计专利无效案件和专利侵权案件数量随之大幅增加。②

近年来，我国自主研发的汽车逐渐在中低端市场崭露头角，为了能在设计空间愈发有限、技术差距逐渐缩小且竞争日趋激烈的中低端汽车市场

---

① 张广良：《外观设计的司法保护》，法律出版社 2008 年版，第 1 页。

② 张鹏、徐晓雁：《外观设计专利制度原理与实务》，知识产权出版社 2015 年版，第 3 页。

占据一席之地，部分车企试图在汽车外观设计上"搭便车"。随着本田诉双环、宝马诉双环、通用诉奇瑞、菲亚特诉奇瑞、菲亚特诉长城、路虎诉江铃等跨国汽车外观设计侵权之诉的爆发，我国车企"整体抄袭、部分改进"的外观设计理念以及该类案件"同案不同判"的司法现状均被推上风口浪尖。在我国将知识产权制度提升至国家战略层级的当下，在吉利、比亚迪、宝骏等国产自主品牌实现口碑、销量双丰收的背景下，没有理由继续纵容那些借控制成本之名、行抄袭设计之实的车界蠹虫。但是，当前我国汽车外观设计专利侵权认定的理论研究尚不充分，不能为司法实践提供行之有效的判断标准和判断路径，因此，汽车外观设计专利侵权认定成为理论界必须关注的议题。

一 汽车外观设计专利侵权判定的前提

在我国汽车工业的发展进程中，20 世纪 80 年代中期我国车企多采取"以市场换资金、换技术"的合资策略，这一策略显著提高了我国车企的产销量，为我国成为汽车大国奠定了坚实的基础。但合资车企勤于生产国外成熟车型而怠于独立研发的经营方式使我国长期以来在代表汽车核心竞争力的"三大件"（发动机、底盘以及变速箱）领域仍与德国、美国、日本等汽车强国存在显著差距，涉及核心技术的发明专利之体量和质量皆不尽如人意，进而导致我国自主品牌汽车在高端市场难以立足。在新能源汽车得以大力发展之前，我国车企拥有的专利有相当一部分集中于实用新型专利和外观设计专利，而两相比较，外观设计专利在实践中因极易导致市场混淆而更易引起公众关切。对汽车外观设计专利的现状进行考察、审视，需要优先明确汽车外观设计专利的保护期限与保护范围，并对当前汽车外观设计专利发展状态呈现的特征予以明晰，进而为汽车外观设计侵权认定的展开建立基础。

（一）汽车外观设计专利的保护期限与保护范围

知识产权的保护均具有一定的期限，我国于 2021 年 6 月 1 日起施行的《专利法》明确将外观设计专利的保护期限由 10 年延长至 15 年，若一件产品的外观设计专利已经到期，则其无法再受到专利法的保护。但实践中，如果该款产品已经具备一定的知名度，即使其外观设计专利已经到期从而处于公有领域，但因其所承载的知名度，对其外观进行模仿或抄袭的行为仍然有可能构成搭便车行为从而引发市场混淆而造成侵权。① 此时往往受反不正当竞争法的规制，是否构成侵权的认定遵循着该行为是否符合不正当竞争行为要件的判定路径。

对处于外观设计专利保护期限内的外观设计而言，当他人未经许可对已经落入外观设计专利权保护范围中的产品实施受专利权人控制的行为时才可能被认定为侵权。如新《专利法》第 64 条第二款所述，外观设计专利的保护范围是以外观设计图片或照片中所承载的产品信息为准，同时涵盖用以解释该外观设计的简要说明。《专利法实施细则》第 28 条对外观设计专利简要说明的内容作出了具体的要求，令其务必将外观设计产品的名称、用途、设计要点、视图省略情况及色彩保护情况纳入其中，并指出一副最能体现设计要点的图片或者照片。可见，简要说明对外观设计图片或照片中所承载的产品信息起到适度的补充和解释作用，即简要说明的内容不能超出外观设计图片或照片中表示的内容。但是，当图片或照片中的产品信息与简要说明的描述不一致时，断不可以实物作为判断标准，而应严格遵照相关法条以图片或照片中所表现的产品信息予以判定。

确定外观设计专利权的保护范围是判断被诉侵权设计是否落入外观设计专利权保护范围之内的前提。根据《最高人民法院关于审理侵犯专利权纠纷案件应用法律若干问题的解释》（法释〔2009〕21 号）的规定，被诉侵权产品是否涉及外观设计专利侵权需要由产品的类别和产品的外观设计两个方面共同确定，只有在与外观设计专利产品相同或近似种类的产品上，采用与授权外观设计相同或者近似的外观设计时，才能被认定为外观设计专利侵权。

---

① CA Paris, 4e ch. A, 14 juin 2006, SA Cartier c / SA Raymond Weil: Juris – Data n° 2006 – 304157, Comm. Com. électr. 2006, comm. 153, note C. Caron. 转引自冯术杰：《 "搭便车" 的竞争法规制》，《清华法学》2019 年第 1 期。

用途是判断产品种类相同或近似与否的重要依据，对产品用途的判定可以参考外观设计的简要说明、国际外观设计分类表、产品的功能及产品销售、实际使用等多种依据。① 实践中，以授权阶段外观设计分类依据——《国际外观设计分类表》作侵权认定时常会出现产品分类号不同而用途有所交叉的情形，如在"维多利亚食品诉越远食品"案②中，涉案专利是花型小装饰品，被诉侵权产品是果冻，两者在该分类表中的编号虽有不同但被诉侵权产品除了可供食用外亦可作为贡品或摆设从而起到装饰之用，所以最高人民法院做出两者种类相近的判定。由此，在认定产品的种类时，应当优先考虑其实际的使用目的与使用状态（即用途），并辅以外观设计的简要说明、使用状态参考图及国际外观设计分列表等依据。如果涉案产品与外观设计专利产品在类型上相同或者相近，则需要进一步考察两者的外观设计是否相同或者近似。相比之下，对"外观设计相同或者近似"的认定则更加复杂，其时常受制于大量主观因素。具体而言，在判断被诉侵权产品与外观设计专利产品是否相同或者相似时，受判断主体的认知水平、审美观察能力以及主观判定方法等诸多因素的影响。

汽车外观设计专利的保护期限与保护范围并不能超脱出一般外观设计专利的保护期限与保护范围，只因汽车产品的技术性特征使其侵权认定具有特殊性。而在对汽车外观设计专利侵权判定进行技术解构前，需要对汽车外观设计专利的发展现状进行梳理，以探究汽车外观设计专利侵权频发的深层次原因并找寻遭受侵权的重点对象。

（二）我国汽车外观设计专利的现状审视

通过对我国汽车外观设计专利的考察，当前该领域内的外观设计专利呈现出以下特点。

1. 受制于技术因素，独立研发具有风险

相较于汽车的发明及实用新型专利而言，外观设计专利专注于解决美

---

① 《最高人民法院关于审理侵犯专利权纠纷案件应用法律若干问题的解释》第9条。
② 最高人民法院（2013）民申字第1216号民事裁定书。

学而非技术问题，但汽车这一特殊消费品的极强性能要求直接降低了外观造型时的自由度，例如设计汽车外观时必须将视野性、碰撞安全性、空气动力性与噪音控制等技术问题纳入考量。同时，逾百年的汽车制造革新历程使车身设计中性能参数的取值不仅进入了公共领域而且处于相对稳定的状态，欲求汽车整体外观重大技术性突破的难度不言而喻。尤其是在作为我国自主品牌汽车主战场的中低端乘用车市场中，经营者为能在品牌间同类型汽车性能差异不大的现状下切实提升产品销量，往往对能够直接引起消费者注意的外观设计寄予厚望，然而精准迎合目标汽车消费群体的外观喜好绝非易事，独立研发的汽车外观能否在符合各项性能指标的基础上得到市场的认可具有相当的不确定性。

2. 自主创新程度低，逆向工程技术滥用普遍

为了降低研发风险、缩短研发周期以及控制研发成本，借鉴成熟乃至热销车型的外观设计遂被汽车生产企业视为良策，逆向工程技术因此得以大行其道。与传统汽车设计方法相比，逆向工程技术是一种以不侵犯被逆向产品的知识产权为原则，通过深究被逆向产品的设计、制造和管理技术，进而达到对已有设计进行升华的技术手段，其能够较为直接、简易且精确地获取被逆向产品的设计参数，具有研发周期短、尺寸精度高、产品系列化程度高等特点，在我国自主品牌汽车的研发初期得以广泛运用并不断改进。但不可否认的是，当实施者创新动力不足或者动机不纯时，逆向工程技术极易遭到滥用，意图坐享其成的生产企业通过这一技术侵犯被逆向产品知识产权的行为在实践中时常发生，造成市场中的混淆和误认，这也是近年来国外车企向国内车企提起汽车外观设计侵权之诉的根本原因。

3. 时代特征非常明显，换代周期呈缩短之势

汽车自诞生经历了马车形、箱形、甲壳虫形、船形、鱼形、楔形、子弹头形直至当代个性化、科技化、环保化并重的嬗变。汽车设计著名学者保罗·图米内利认为汽车造型风格具有历史共性，且在发展的历程中交替着传承与创新。汽车造型的改变分为局部造型的改变以及整车造型的改变，两者分别被简称为改款和换代。改款通常是指在维持车身主要风格线条和车身整体尺寸的前提下，对车灯、进气格栅、保险杠等结构和装配方式相对简单的零部件进行修改。该方式可以在短期内使原车型"改头换面"，从而快速应对市场的新型审美需求。换代则是指对汽车外观造型以及配置进行全新的设计，使新材料、新技术、新理念得以具象化并量产，具有研发周期长、投入成本大的特点。不同车型换代的周期也各不相同，就乘用车而言，A0 级和 A 级车的换代周期为 6 年左右，通常长于 B 级和 C 级车 4 年左右的换代周期。这是因为前者结构简单，通过改款就足以满足市场对新品的需求；而后者不仅结构较为复杂，且其用户群体对诸如舒适性和安全性等性能具有更高的要求。[①] 如今，为了延续市场热度、避免消费者审美疲劳，不少热销车型呈现出缩短换代周期的趋势，这使得部分国内自主品牌盲目跟风，但技术上的差距使其研发周期难以与外企或合资车企相抗衡，进而萌生"搭便车"的动机。现实中，汽车产品更新换代的加速，使外观设计侵权者往往不会抄袭不同时代汽车的外观，也通常不会对超过外观设计保护期限的汽车进行抄袭，而是聚焦于当下的热销车型。

二 汽车外观设计专利侵权判定的技术解构

在汽车外观设计专利侵权认定过程中，汽车制造技术的特殊性及车辆部件标准化程度对于侵权状态的认定具有重要的影响，因此在具体分析汽车外观设计侵权认定各要素之前，确有必要对汽车外观设计专利中的技术性因素进行厘清，并通过明晰汽车外观设计各组成部分对专利侵权认定的影响，进而探寻汽车外观设计专利侵权认定中的特殊要素。

一般而言，汽车车身由白车身、活动部件、车身外装件、车身内装件组成。[②] 由于车身内装件不会出现在汽车整体外观设计专利说明书中，且其一般被单独申请外观设计专利，而本文所研究的主要是以汽车整体外观

---

① 盛永晶：《汽车产品生命周期及汽车换代分析》，《合肥工业大学学报（自然科学版）》2007 年第 S1 期。

② 洛伦兹·莫雷洛等：《汽车车身结构与设计上卷：部件设计》，王文伟、林程译，机械工业出版社 2018 年版，第 73 页。

申请的外观设计专利，因而在此对车身内装件不做探讨。虽然通过汽车车身的六视图足以将其全貌尽收眼底，但是在对其进行外观设计侵权判定时，基于汽车车身结构组成及其特点提炼出的观察顺序有助于观察人员迅速地把握重点，以达条分缕析之效，进而作出科学、准确的判定。因此，汽车外观设计各组成部分对专利侵权认定的影响，应从白车身、活动部件与车身外装件三个方面进行探究。

（一）白车身

白车身是完成焊接但未涂装之前的车身，即车身结构件与覆盖件焊接或铆接后不可拆卸的总成，它使车身形成一个整体式的结构，起主体承载作用。同时，基于白车身决定汽车内部空间、视野及安全性能的特征，其性能参数的改变往往会"牵一发而动全身"，并需要付出较大的研发成本。就汽车外观设计侵权者的角度而言，其时常会通过修改车身外壳非关键区域的参数来掩盖自己的抄袭行为，而不会对关键区域[①]的主要组成部分即白车身进行大幅修改。因此，无论其是直接抄袭对标汽车的白车身，还是对该白车身进行微调[②]，都能从白车身上较为轻易地捕捉到抄袭痕迹。从轿车外观设计的角度来看，外观设计专利图片或照片中白车身的改变，主要体现在前门铰链铰接处 A 柱、后门铰链铰接处 B 柱以及后挡风玻璃处 C 柱[③]。

由上图 1 可以比较直观地看出，此三者形状及位置的变动将直接改变汽车的高度以及汽车前后排空间布局等对汽车整体外观具有显著影响的部分。同时，由于 A 柱和 C 柱是车顶外轮廓的重要组成部分，车顶轮廓又是汽车运动感、科技感的主要来源，因此 A 柱和 C 柱的自身形状及其两者与车窗下沿贯穿线（腰线）的夹角角度通常属于汽车外观设计者较为关

[①] 车身外壳关键区域通常包括结构骨架（白车身）和门铰链。

[②] 虽然在 20 世纪中期某些日本车企通过微调白车身参数的方式制造出优于对标车的侵权产品，但在汽车制造工艺非常成熟的当下，白车身的各项参数取值均为汽车生产企业经过大量实验得出的近似最优解，以抄袭的心态对其进行微调必然会使相关性能得以降低。

[③] 前纵梁、后纵梁等决定车身长度的结构件与底板横梁等决定车身宽度的结构件，因不能直接呈现于外观设计专利图片或照片中而不予考量。

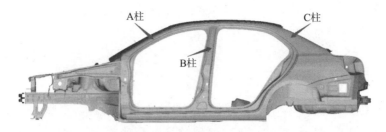

图1　轿车白车身侧视图中 A、B、C 柱的位置

注的因素。例如在"捷豹路虎诉江铃控股"案①中，法院认为前者"揽胜极光"所含的悬浮式车顶设计尽管牺牲了部分后排空间，却使汽车外形在整体上更具运动感，达到了极为醒目的程度，且不属于现有设计，因而认定其悬浮式车顶构成独特设计。

值得注意的是，不同类型的汽车上起支撑车顶作用的结构不尽相同，例如敞篷车通常不设 B 柱和 C 柱，双门轿跑通常不设 B 柱，运动型多用途车（SUV）除以上三柱外通常增设 D 柱。但是无论采取何种车顶支撑结构，车顶自身的轮廓造型以及车身支柱均为需要重点观察的部位。

（二）活动部件

汽车的活动部件又称闭合件，是车身上可启闭的各种舱门的结构件，包括发动机罩、车门、行李舱盖、油箱盖及相应的锁和铰链，其中对汽车外观整体效果具有显著影响的主要是前三者。汽车活动部件的造型顺序位列白车身之后，因其与白车身之间常通过铰链连接而具有一定的可拆卸性，对其进行的改装也会使汽车整体外观效果产生一定的差异。汽车外观设计侵权者有可能主要抄袭白车身而对汽车活动部件上的造型线条进行改变，也有可能将对标汽车活动部件上的造型线条进行移植，从而降低其产品被认定外观设计侵权的风险。目前，承载于汽车活动部件上的一些造型线条被赋予了重要的视觉传达功能，但在分析时依旧不宜将其与白车身相分离：一方面，白车身中相应部位的尺寸对活动部件的尺寸设计起到决定性作用，两者的尺寸若不相符则难以进行装配；另一方面，从装配后的封

①　北京市高级人民法院（2018）京行终 4169 号行政判决书。

闭车身上可以更为直观地观察到完整的车身造型线条，从而作出准确的判断。

（三）车身外装件

车身外装件是指车身外部起保护或装饰作用的部件，主要包括前后保险杠、车外后视镜、车灯、进气格栅等。车身外装件具有较强的可拆卸性，对其进行替换不仅较为容易而且常会使改装车与原车产生较为明显的区别，因此实践中汽车外观设计侵权者常在车身外装件上做文章，整体抄袭对标汽车封闭车身而仅替换车身外装件的情况在该类侵权案件中屡见不鲜。但是可拆卸性较强的特征并不能降低其对汽车整体视觉效果的影响，尤其是位于车头部位的车身外装件通常被各汽车生产企业视为重要的造型基因，多数享誉盛名的"老字号"汽车生产企业均会赋予旗下汽车产品家族式特征，该类特征如遗传基因般在每一代汽车产品中延续并不断得以改进，其中蕴含的识别功能渐有趋同商标之势。例如红旗 L 系轿车的"天安门"型进气格栅及"宫灯"型前大灯，奥迪轿车的口字型进气格栅及 L 型前大灯，宝马轿车的"双肾"型进气格栅及"天使眼"前大灯。因此，汽车生产企业在对汽车整体外观申请外观设计专利的基础上通常还会对车身外装件单独申请专利，以谋求更加完备的权利保障措施。

三　汽车外观设计专利侵权判定的主体探讨

外观设计专利侵权判定主体是指在作外观设计侵权的判断时裁判者所置身的立场代表的特定群体。裁判者将自己拟制为不同知识背景、认知能力、注意程度的主体时极有可能就同一案件事实得出截然不同的结论。根据《最高人民法院关于审理侵犯专利权纠纷案件应用法律若干问题的解释》第 10 条之规定，我国外观设计侵权判定的主体被拟制为"一般消费者"，而这一主体的内涵也在经济社会不断发展的过程中持续演变，经历了从无任何限定条件的一般公众到实际购买者或物理效用享有者直至相关行业内普通设计人员的争议。①

（一）"一般消费者"的内涵争鸣

当前，关于"一般消费者"内涵的界定主要参考于国家知识产权局发布的《专利审查指南》（2019），根据该指南，作为某类外观设计产品的"一般消费者"具有以下特征：1. 对涉案专利申请日之前相同或相近种类产品的外观设计及其常用手法具有常识性的了解；2. 对外观设计产品之间在形状、图案以及色彩上的区别具有一定的分辨力，但不会注意到产品的形状、图案以及色彩的微小变化。相较于《专利审查指南》（2006），此后修订的《专利审查指南》对"一般消费者"的认知能力提出了更高的要求，即要求其对常用设计手法具有常识性了解，但遗憾的是，该指南仅仅是一部部门规章，且其对"一般消费者"作出的定义仍然比较宽泛，并不能消除由此造成的主观判断偏差。在具体案件审查过程中无法避免将这一抽象概念具化为与某一类特定产品密切相关的群体，但究竟是物理效用享有者还是实际购买者抑或该领域中的普通设计人员等，目前尚未形成统一的观点，这也为外观设计侵权案件的判决增添了不确定性。

1. 本领域普通设计人员说

主张以本领域普通设计人员作为外观设计专利侵权判定主体的理由来源于 2008 年《专利法》修订时将创造性引入外观设计专利权的授权条件。外观设计专利可以效仿发明专利由所属领域普通技术人员判断创造性的做法，以本领域普通设计人员进行创造性的判断，并进一步要求普通设计人员不具备创新能力。不具备创新能力意味着其不会注意到外观设计细微之处的差异，故可以避免许多差异细微的外观设计获得授权或免于侵权，从

---

① 在路灯外观设计专利无效行政案中，北京市高级人民法院将"一般消费者"定义为无任何限定条件的一般公众。北京市高级人民法院（2005）高行终字第 337 号行政判决书。在"T 框型材"案中，北京市高级人民法院推翻了专利复审委和北京市第一中级人民法院认定型材类产品的"一般消费者"为型材加工的专业采购人员的论断，并将最终产品即门、窗的使用者作为本外观设计判定主体。《专利审查指南（2010）》进一步要求"一般消费者"应知悉常用设计手法，此时的"一般消费者"实质上已经接近不具备创新能力的普通设计人员。

而规避外观设计之间总体视觉差别不大的问题。

2. 实际购买者说

主张以实际购买者作为外观设计侵权判定主体的理由为外观设计制度具有防止消费者产生混淆的功效，其根本在于保护专利权人的经济利益。当被诉侵权产品与专利产品的外观相似性达到了欺骗购买者的程度而误使其认为购买的被诉侵权产品就是专利产品时，外观设计专利权人的经济利益便难以得到保障。[①]

3. 物理效用享有者说

物理效用的享有者也即产品的使用者，主张以物理效用享有者作为外观设计侵权判定主体的理由为产品物理效用的享有者能更为准确地认识到产品在使用状态下的视觉效果。如最高人民法院在"手持淋浴喷头"案[②]中指出，须综合产品的用途与其各种使用状态等因素判断其容易被观察到的部位，从而确定各个部位对整体视觉效果的影响权重。

上述几种观点均具有一定的说服力，但亦不可忽视其对判决结果带来的主观性因素，因此本文试图在对不同类型汽车的特点进行比较的基础上，探求该领域内"一般消费者"的深层次内涵。

（二）汽车外观设计专利侵权判定中的"一般消费者"

有研究指出，在作外观设计相似性的判断时，可以结合普通社会大众对相关产品的熟悉程度事先将该产品归类于日常类用品或非日常类用品：当"一般消费者"作为日常类用品的判断主体时，其认知能力与普通社会大众较为接近；当"一般消费者"作为非日常类用品的判断主体时，其认知能力通常高于普通社会大众。[③]

在汽车领域，由于车辆用途存在重大差异，这种分类判断的思路具有重要的价值。"房车外观设计"案中，法院判决认为，房车理当被认定为

---

① 张晓都：《外观设计专利的侵权判断主体与授权条件判断主体》，载国家知识产权局条法司编：《专利法研究（2010）》，知识产权出版社2011年版，第106页。

② 最高人民法院（2015）民提字第23号民事判决书。

③ 胡充寒：《外观设计专利侵权判定理论与实务研究》，法律出版社2010年版，第106～107页。

非日常类用品，其"一般消费者"明显有别于普通社会大众，而应是在购买时对房车相关宣传信息具备一定了解并通晓相关房车外观设计状况的购买者群体。① 较之于房车，中低端乘用车则应被认定为日常类用品，但因其外观更为精细、推陈出新更为频繁且对美感要求更高的特征决定了普通社会大众难以在该产品领域具备较强的识别能力，进而无法作为"一般消费者"对其外观设计是否近似做出准确判断。因此，可以在汽车类型化的基础上，对不同类别下的"一般消费者"内涵进行限缩。

我国的汽车分类标准长期以来错综复杂，不仅各行政部门因管理需要所设的标准至今深陷相互交叉、重复甚至矛盾的窘境，就连正式发布的国家标准、行业标准也尚未协调统一。鉴于产品的根本价值在于它的用途，汽车的用途是决定汽车形体特点的最主要因素，同时，结合在作"产品种类相同或者近似"之认定时以用途为依据的做法，遂参考以用途为基本原则的分类标准 GB/T3730.1－2001 将汽车分为主要用于载运乘客及其随身物品的乘用车（9 座及以内）和在设计与技术特征上用于运送人员及货物的商用车（9 座以上）。值得注意的是，该标准在对乘用车的类型进行细化时，将居旅车、防弹车、救护车及殡仪车作为专用乘用车而归于乘用车项下的举动会间接提升乘用车领域内"一般消费者"的认知能力要求。为了更加精确、直接地认定汽车领域内"一般消费者"的所属群体，乘用车可以进一步细化为日常类乘用车与非日常类乘用车。其中日常类乘用车是指主要用于满足家庭日常出行需求的乘用车，包括轿车、多用途车（MPV）和运动型多用途车（SUV）；非日常类乘用车是指主要用于经营活动及特殊用途且不为一般家庭所配备的乘用车，包括专用乘用车和交叉型乘用车（主要是微型客车）。非日常类乘用车为了满足某种特定的经营需求，通常更注重对性能的打磨以及生产成本的控制，例如救护车的外观多年来似乎没有发生明显的改变，但车内医疗急救设施的配置却得以不断改善，因此不难得出非日常类乘用车以及受运营成本、载重量等商业因素影响更甚的商用车对美感的需求通常低于日常类乘用车的结论，这也是现实

① 天津市高级人民法院（2014）津高民三终字第 0019 号民事判决书。

中日常类乘用车外观设计侵权之诉远多于此二者的主要原因之一。

由此可见，汽车领域内"一般消费者"的认知水平因汽车类型的不同而存在差异。当非日常类乘用车与商用车作为外观设计侵权判定的客体时，"一般消费者"的知识水平通常应接近"本领域普通设计人员"，即可以根据具体案件的需要将该法律拟制的主体具象化为使用者、安装与维修人员，乃至本领域内不具有创新能力的设计人员。

当日常类乘用车作为外观设计侵权判定的客体时，"一般消费者"认知水平的浮动范围就会增大，其有可能与普通社会大众相近，亦有可能需要本领域内不具有创新能力的设计人员来鉴别。例如，在"捷豹路虎诉江铃控股"案的二审判决书中，北京市高级人民法院认为"一般消费者"需要对"涉案专利申请日之前相同或相近种类产品的外观设计"以及"其常用设计手法"具有常识性的了解，这一观点实则对"一般消费者"提出了较高的要求。一方面，对"涉案专利申请日之前相同或相近种类产品的外观设计"具有常识性的了解要求其应当知晓：（1）申请日前该类型汽车外观设计专利申请的情况；（2）其推广宣传时披露的信息，如主要卖点、产品定位等；（3）该类型汽车外观的现有设计状况。另一方面，对"常用设计手法"具有常识性的了解则要求其不仅应明了 SUV 外观设计中转用、拼合、替换等常用设计手法，还要进一步认识到：（1）该类汽车外观部分的结构组成，即 SUV 的外观通常由白车身、活动部件、车身外装件组成；（2）主要可视外观部件的功能和设计特点，区分功能性设计特征、装饰性设计特征及两者兼具的设计特征，并进一步考察装饰性的强弱；（3）车身的三维形状、各个面与特征线条的位置关系和比例；（4）车身外装件的形状和布局。①

北京市高院在正确理解《专利审查指南》（2010）中相关规定的基础上，对本案中"一般消费者"应具备的"常识性了解"之程度及"常用设计手法"之种类作出了适度的扩大解释，即：不应将"常识性了解"理解为基础性、简单性的了解；"常用设计手法"亦不仅仅局限于设计的

① 北京市高级人民法院（2018）京行终 4169 号行政判决书。

转用、拼合、替换等，还应将使用功能、技术功能所限定的设计手法以及装饰性的比例、对称等方面的设计手法纳入考量。因此，北京市高院对汽车领域内"一般消费者"认知能力提出的具体要求极具参考价值，其不仅可以适用于大多数日常类乘用车，也可以在适当添加限定条件后适用于非日常类乘用车及商用车。尤其是在尚未解决"一般消费者"内涵争议的当下，结合汽车产品结构较为复杂、设计因素相互制衡、外观侵权行为具有共性等特征，确有必要对汽车外观设计专利侵权判定主体制定明确的规定，从而提高该领域内同类案件判决的准确率，并以此提振维权者的信心。

四 汽车外观设计专利侵权判定的基本方法

在明晰了汽车外观设计专利侵权的判定主体后，需要进一步探讨汽车外观设计专利侵权判定的具体方法，即在司法实践中，应当以何种原则、标准、过程对汽车外观设计专利侵权案件予以认定。《专利审查指南》（2019）中规定在对外观设计进行比对时应采用"整体观察、综合判断"的方式，这也成为外观设计专利侵权案件中判定的基本原则。"整体观察、综合判断"是指从外观设计的整体而非外观设计的部分或者局部出发比对被诉侵权产品的设计与涉案专利并得出结论，其实质在于判断涉案专利与对比设计是否具有明显区别，因此实践中通常的做法是分别对比两外观设计对应的设计特征，确定两者的相同点和不同点，接着逐一判断各相同点与不同点对整体视觉效果造成影响的显著程度，最终在对上述判断进行综合考量的基础之上得出认定结论。

（一）整体观察

"整体观察"要求将全部设计特征纳入观察范围，悉数各个对应部分的相同及不同之处，从而避免"一叶障目"。在进行"整体观察"时应当采取直接对比、单独对比、直接观察的方式。

直接对比是与隔离对比相对应的一组概念，是指在比较涉案专利产品与被诉侵权产品时毋需在时间或者空间上予以一定间隔。在早期的案例中，与之相反的隔离对比被一些法院所采用，如审理"菲亚特诉长城"案①的法院认为菲亚特公司提交的《汽车外观与外观专利相似度调研报告》中用以调研的照片与图片在对比时未在时间和空间中留有一定间隔，这会致使判断者的视觉效果发生保留从而作出有失偏颇的判定。隔离对比为 2004 年之前外观设计专利与商标侵权判定采取的共同观察方式，但隔离对比的本质是防止混淆，其与外观设计制度保护创新设计的立法宗旨有所偏差。并且，涉案专利产品与被诉侵权产品之间产生混淆可以推定两者整体视觉效果相近似，从而得出后者外观设计侵权的结论；但两者整体视觉效果不产生混淆却仍有可能构成外观设计侵权，因为外观设计侵权判定还需要进一步比对它们创新部位的异同，所以不难理解《专利审查指南》(2004) 将隔离对比删除的举措。外观设计专利旨在解决工业产品的美感问题，这一点与著作权法对实用艺术作品的要求有所交叉，因此更应借鉴著作权法中判断实质性相似时的直接对比方式。单独对比是指侵权认定过程中将被诉侵权设计与涉案外观设计专利进行"一对一"式的相似性对比。当涉案专利是由两个以上单独构件通过一定的排列组合方式或者拼接规则组装而成时，可以将与其单独构件数量相对应的明显具有组装关系的构件结合起来作为一项设计与涉案专利进行对比。直接观察在《专利审查指南》(2019) 中体现为直接通过日常视觉进行观察，而不借助能大幅提升肉眼观察能力的工具或者化学分析等手段，对于无法用日常视觉直接分辨的部分或者要素不作为判断的依据。②

　　具体到汽车领域，在进行"整体观察"时首先应结合相关车型的特征确定使用时容易看到的部位。一般而言，在汽车外观设计专利图中通常包含汽车整体外观的六面视图（主视图、后视图、左视图、右视图、俯视图和仰视图）以及立体图。就日常类乘用车而言，"一般消费者"在使用时容易看到的部位主要是前面、侧面以及后面，而顶面和底面通常属于正常

---

① 河北省高级人民法院 (2008) 冀民三终字第 84 号民事判决书。
② 《专利审查指南》(2019) 第四部分第五章第 5 节的 5.2.2。

使用时不容易看到或看不到的部位。因此，实践中主要是从该类车型的主视图、侧视图①、后视图中进行观察。值得一提的是，作为日常类乘用车的轿跑，近年来愈发注重对车顶造型的设计，例如标志 RCZ 的凹陷式车顶，很难从侧视图和后视图中获取全部的设计信息，此时则应视情况将俯视图纳入考量。就非日常类乘用车及商用车而言，其用途通常较为特定，在观察时更需要"因车而异"，例如消防车车顶升降结构与道路清扫车车底清扫装置的外观设计都有可能成为被抄袭的对象，从而此时应分别将两者的俯视图和仰视图作为重点观察的对象。另外，汽车外观造型细节繁多，为了降低观察的难度、缩短观察的时间，结合上文中对汽车外观设计顺序和抄袭痕迹获取难易程度的分析，可以按照由白车身到活动部件再到车身外装件的顺序进行初步的观察。具体而言，本文建议依照"由体至面、由面到线、由线及点"的顺序对汽车进行"整体观察"：首先，观察由白车身与活动部件组成的封闭车身的立体轮廓形状以及活动部件与车身外装件的相对空间位置，从而对汽车各个面所占车身的比例、各部分的相对位置与比例关系、正常使用时容易观看的部位等因素作出判断；其次，提取汽车各个面视图中的造型特征线，并测算单一线条的弧度及位置、线条相互交叉形成的角度及分割的比例等，最终确定线条间的相对位置关系；最后，观察车身外装件的外形、布局、相对位置关系以及是否存在家族式设计特征。

（二）综合判断

"综合判断"要求在考察各设计特征对外观设计整体视觉效果影响程度的基础上，对能够影响整体视觉效果的所有因素进行归纳总结。进行"综合判断"时的难点在于如何确定各相同点与不同点对外观设计整体效果的影响程度，实践中一般需要考虑"使用时容易看到的部位"、与现有设计的差异程度、功能性设计、设计空间等要素。

---

① 侧视图是左右两视图的总称，大部分汽车的左右两面呈对称结构，因而在观察侧面造型时主要以作为工程领域基本视图的左视图为主。

"使用时容易看到的部位" 也称要部，《专利审查指南》（2019）指出使用时容易看到部位的设计变化通常对整体视觉效果具有更显著的影响，除非有证据表明不容易看到部位的特定设计能引起一般消费者的瞩目。[①]在菲亚特诉长城汽车外观设计侵权案的二审判决中[②]，法院认为菲亚特"熊猫"的专利主要集中在侧视图部分，但主视图所载的车头对一般消费者具有更大的吸引力，因此涉案专利的要部应是汽车的头部，从而作出被告汽车外观不构成侵权的判决。显然法院的上述推论缺乏严谨，不仅忽略了本案中车身侧面在该类型汽车整体外观中占比大于车头的客观事实，即没有将车身侧面作为要部的可能性纳入考量；而且未曾科学权衡车身头部与侧面对整体视觉效果的影响，相关结论有主观臆断之嫌。虽然《专利审查指南》（2006）删除了作为独立判断方式的要部判断法，但其将要部判断并入 "整体观察、综合判断" 中的做法意味着要部之中的设计创新相较于不容易看到部位的设计创新在综合判断时应占更大的权重。

最高人民法院在《关于审理侵犯专利权纠纷案件应用法律若干问题的解释》中明确指出除了要部通常对外观设计的整体视觉效果更具影响外，授权外观设计中与现有设计有所差异的设计特征较之于其他设计特征也更具影响。[③]创新设计按与现有设计差异的大小可以分为全新设计与改进设计，全新设计是对现有设计的颠覆，是一种从未出现过的设计，其创新程度不言而喻；改进设计则是对现有设计一定程度范围内的改良，其创新程度介于现有设计与全新设计之间，在外观设计领域中亦更为常见。当某种产品对现有外观设计的改良达到了足够显著的程度，其创新之处通常会更为引人瞩目，因此以现有设计为基准将涉案专利、被诉侵权设计分别与之比较更易于确定哪些部位理应占据更大的视觉权重。例如在 "盛美照明诉童先平" 之照明器材外观设计侵权案[④]中，法院认为涉案专利的灯槽、灯

---

① 《专利审查指南》（2019）第四部分第五章第 6 节的 6.1（1）。
② 河北省高级人民法院（2008）冀民三终字第 84 号民事判决书。
③ 现有设计是指在外观设计专利申请日之前在国内外为公众所知的相同或相近种类产品的外观设计的整体状况以及各设计特征的具体状况。《最高人民法院关于审理侵犯专利权纠纷案件应用法律若干问题的解释》第 11 条第二款第 2 项。
④ 最高人民法院（2015）民申字第 633 号民事裁定书。

罩、上灯盖背部、下灯盖侧面形状、内部反光板形状及产品尾部接口处截面与现有设计具有明显区别，因此对整体视觉效果更具影响，而被诉侵权产品在对应部位采用了上述设计，故作出其与涉案专利设计近似的判定。若上述某部位属于全新设计，则应该进一步提升其权重，同时根据改进设计的难度、程度、位置等因素进行客观的权重排序。值得注意的是，现有设计与惯常设计之间属于包含关系，当某种现有设计被某类产品的大部分生产者所共同采用时，便称之为惯常设计，例如易拉罐产品的圆柱形状设计、智能手机产品的长方体形状设计等，可见其通常对外观设计整体视觉效果不具有显著影响。

设计空间与现有设计和功能性设计具有密切联系。设计空间是指设计者在创作特定产品外观设计时的自由度。现有设计越多、越成熟，设计空间就越小，进而替代性设计方案便会随之减少，最终导致外观设计上的细微差异会对整体视觉效果产生较大的影响。同时，设计空间受限于功能性设计，[①] 一项外观设计受功能性的制约越大，意味着对其进行美感设计的空间就越小，因而同样可以得出其间细微差异对整体视觉效果影响较大的结论。

综上所述，本文建议按照图 2 所示路径初步判断相同点和不同点是否具有显著性。并在此基础上结合要部判断，最终得出它们对整体视觉效果的影响权重。

如图 2 所示，应首先分析该设计是否为惯常设计或功能性设计，是则不具有显著性；如果不是，需进一步考察其是否为现有设计。现有设计因其不具有显著性而无法对整体外观视觉效果产生影响，若不属于现有设计，则按其与现有设计的差异程度划归于全新设计或改进设计。全新设计的显著性不言而喻；而在对改进设计的显著性进行判断时，不可忽视设计空间的制约，只有当某种产品对现有外观设计的改良达到了一定的程度，才能被视为具有显著性。

---

① 功能性设计是指由所要实现的特定功能所唯一决定而不考虑美学因素的设计，一般而言，其对外观设计的整体视觉效果不具有显著影响。

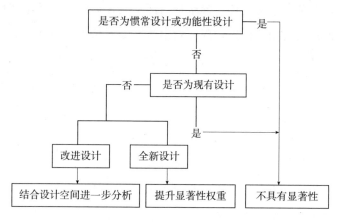

图 2　显著性判断的一般流程

五　汽车外观设计专利侵权判定的特殊要素考量

在对汽车外观设计专利侵权进行判断时，除了要将汽车自身的物理特征与外观设计专利侵权认定的基本范式相结合，还需要进一步探究该行业内的特殊考量因素以及车身部件"与生俱来"的视觉权重，以求更为直接、精确、客观的判定结果。

（一）汽车行业特殊考量因素——造型特征线

就轿车和运动型实用汽车而言，位于其侧窗下部，贯穿车身前后的腰线多被赋予识别功能，如奥迪、奔驰和保时捷等知名汽车生产企业均对旗下汽车产品的腰线作出了独特的诠释。此外，汽车车身在侧视图中的外轮廓线（顶端线），车身侧视图中的肩线、裙线等主要特征线同样会受到广泛关注。汽车领域中这些独特的线性结构对车辆品牌和品质的识别具有重要的影响，这些具有独特识别意义的线型结构统称为造型特征线。有研究将汽车造型特征线定义为有特定结构约束和形态内涵的实体标记，并将汽车造型特征线分为位于汽车"三围一顶"（前围、侧围、后围和顶）上的主造型特征线，如侧面轮廓线、腰线、肩线等；提取自"三围一顶"过渡面上的过渡造型特征线，如在车身主视图中表示轮罩形状的线条或俯视图中表示前挡风玻璃边沿的线条；以及表达造型附加特征的附加造型特征线，如车灯与进气格栅的外轮廓线。[①]

需要注意的是，不同车型的汽车造型特征线数量有所不同，但均可以参考上述方式进行提取，并将其分为主造型特征线、过渡造型特征线及附加型特征线。尤其是主造型特征线，在汽车外观设计侵权判定分析时具有重要的价值，有研究运用该线条直观并极具说服力地对"尼欧普兰诉中大集团"案[②]进行了剖析，以图 3 为例。[③]

	侧面特征曲线	侧面特征曲线元素提取
1 德国尼欧普兰 欧洲星航线		
2 中大 A9 （被判侵权 06 款）		
3 中大 A9 （2010 年新款）		

图 3　客车侧面主造型特征线

通过图 3 可以非常清晰地看出 2006 年款中大 A9 客车的侧面造型与涉案专利的侧面造型相比高度相似，而 2010 年款中大 A9 客车的侧面造型与涉案专利的侧面造型相比则具有明显区别。在运用该方法对涉案客车的正面造型以及尾部造型进行观察之后，即可为综合判断提供充分的理论依据。由此观之，汽车的造型特征线能非常直观地展现出车身各部的设计信息，便于观察人员精准测量及比对，"一般消费者"也往往能够通过汽车的造型特征线达到对不同车辆的辨别和认识，因此在对汽车外观进行"整体观察"时，理应将造型特征线的约束纳入考量。

---

① 赵丹华、赵江洪：《汽车造型特征与特征线》，《包装工程》2007 年第 3 期。
② 北京市第一中级人民法院（2006）一中民初字第 12804 号民事判决书。
③ 吴磊、李娟、曹淮、朱志娟：《基于客车设计侵权案例的外观专利研究》，《包装工程》2011 年第 4 期。

如前所述，在考量汽车造型特征线的相似程度时，应当在提取汽车各个面视图中主造型特征线、过渡造型特征线与附加造型特征线的基础上予以展开。但不可置否的是，在实践中通常也存在部分造型特征线难以提取的情况，特别是过渡造型特征线的提取通常需要一定的专业知识基础，裁判者基于此作出的判决很有可能备受争议，例如在 "尼欧普兰诉中大集团" 案中法院指派具有车辆工程专业背景的人员担任审判长及人民陪审员的举动就被认为与将 "一般消费者" 作为判定主体的现有审查制度背道而驰。综上所述，当汽车造型特征线能为 "一般消费者" 基于共同的认知能力所提取时，便可作为判断的依据；反之，则可能需要沿用传统的观察方式。

（二）汽车外观设计专利侵权评价指标的定量权重分析

在汽车外观设计专利侵权的判定过程中，可以采取相应的技术手段确定汽车外观各项评价指标的具体权重数值，从而将权重分析从定性的层面上升至定量的层面，以此来降低主观判断的误差。国内已有相关研究成果对某款汽车外观评价指标权重进行了排序，认为普通消费者对该款汽车外观要素关注程度的权重从高到低依次是：腰线、轮毂、头灯组、肩线、上进气口、车门、侧窗、前舱盖、尾灯组、裙线、前保险杠、下进气口、排气管、尾箱、后保险杠。[1] 虽然该结论的得出所依据的样卷数量较少且存在普通消费者将腰线与肩线相混淆的干扰因素，但其总体上仍具有一定的参考价值。同时，该研究运用层次分析法[2]得出的汽车各面对整体视觉效果的影响权重由高到低依次为侧面、前面、后面、顶面，此与 "捷豹路虎诉江铃控股" 案中 "被诉决定" 的观点[3]不谋而合。"被诉决定" 根据对汽车设计顺序、难易和视觉关注程度的考量，就汽车不同面对整体视觉效

---

[1] 李彦龙、朱翔：《基于消费者心理的汽车外观量化评价方法研究》，《设计》2018 年第 1 期。

[2] 层次分析法根据问题的性质和要达到的总目标，将问题分解为不同的组成因素，并按因素间的相互关联影响以及隶属关系将因素按不同层次聚集组合，形成一个多层次的分析结构模型，从而最终使问题归结为最低层（供决策的方案、措施等）相对于最高层（总目标）的相对重要权值的确定或相对优劣次序的排定。

[3] 北京市高级人民法院（2018）京行终 4169 号行政判决书。

果的影响权重得出了相同的结论，然而二审法院认为该权重的确定至少还应考虑所属汽车类型的特点、现有设计状况、设计空间大小等因素，因此对原审法院最终纠正"被诉决定"的做法予以肯定。不可否认，构建汽车外观的量化评价体系能显著降低主观因素对权重排序的消极影响，但该评价体系的构建仍存在进一步细化的必要，在家族式造型基因得以盛行的当下，仅对汽车外观进行共性层面的量化分析显然与汽车生产企业愈发追求个性化的设计理念所有偏差。因此，在个案中若能对涉案专利所属车型进行基于"一般消费者"心理的汽车外观量化评价，则能使"综合判断"更具说服力。例如在上述案件中，相关诉讼主体应以涉案车型为客体，向以最终使用者为代表的"一般消费者"群体发放并回收足量的调查问卷，从而确定使用时容易观察到的部位及其所受关注程度的数值，同时剔除属于功能性设计、惯常设计、现有设计等的部位，进而通过层次分析法确定剩余部位对该款汽车整体外观视觉效果影响的具体权重数值，最终对相同点和不同点对应的数值分别求和并进行大小比对。具体到汽车外观设计的侵权认定实践，裁判者应当将具有一定可靠性的量化权重分析结果纳入考量。若缺少该类证据，则可以参考汽车车身各组成部分的本质特征将涉案专利与被诉侵权产品间的相同点与不同点对整体视觉效果的影响权重划分三个权重层级，从高到低可依次设置为：三维立体轮廓、使用时容易看到的面、具体的造型特征线。

六　结语

汽车外观设计专利侵权认定也应遵循"整体观察、综合判断"的基本方法，优先确定涉案专利与被诉侵权设计在公开信息[①]中所有的相同点和不同点。在此基础上，当以汽车产品的类型化与特征归纳为前提，明确汽车造型的范式以及侵权行为的共性，进而根据该领域"一般消费者"的认

---

① 公开信息包括表示在图片或照片中的产品外观与相关的简要说明，以及未被反映的视图中可根据"一般消费者"的认知能力所确定的公开信息。

知综合考虑相同点和不同点对整体视觉效果的影响权重。确保"整体观察、综合判断"环节与汽车造型流程及汽车形态认知层级相契合，将定性分析的误差控制在合理限度内，从而对是否侵权作出比较科学的判断。

The Determination on Infringement of Automobile Design Patent

Xiao Han

Abstract：In recent years, the infringement proceedings of automobile design patent which always brought different verdicts in a same situation have caused contoroveries in China. One of the roots causes leading to the problem mentioned above is the cognitive deviations of the examiners' abilities, another is the mistakes happened at the stage of the application of judgement standard which requires overall observation and comprehensive decition. Therefore, the determination on infringement of automobile design patent should start from realsing the technical connotation of automobile design and the commonness of design infringement in the industry. Only in this way can we define the abilities that the examiners should have and introduce new factors of observation and weight.

Keywords：Automobile Appearance Design；Commonality of Infrigement Act；Subject of Determination；Way of Determination

论深度合成技术滥用在著作权领域的风险及应对措施

孙　那　赵江琦

摘　要： 深度合成技术主要是利用"生成式对抗网络"的人工智能方案，自动生成伪造的音视频、图像等内容。由于其操作简单，该技术迅速被相关用户普及。深度合成技术在快速发展的同时，也存在着被滥用的风险。深度合成技术滥用会威胁个人和企业的合法权益，产生社会信任危机，并且在著作权领域也会引发一系列法律问题。本文试图分析深度合成技术滥用在著作权领域存在的风险及相关的应对措施，阐明深度合成音视频的传播平台应在现行法律法规下审慎监管深度合成技术的利用。在平台内部寻找监管资源，及时获取视频素材的商业使用权，修改与著作权紧密相关的用户协议，完善平台的技术应对措施，提高平台的风险防控能力。

关键词： 深度合成技术；著作权法；平台责任

作者简介： 孙那（1986—　），西安交通大学法学院副教授，北京大学国际知识产权研究中心研究员，主要研究方向：知识产权法、娱乐法。

赵江琦（1997—　），西北政法大学经济法学院硕士研究生，主要研究方向：知识产权法。

基金项目： 本文系国家社科基金西部项目《知识产权惩罚性赔偿制度的完善及与民法典的衔接》（20XFX013）研究成果。

目　次

一　问题的引入

一款名为"ZAO"的现象级 App 在 2019 年走红网络，该应用主打"换脸视频制作"，使用门槛极低，用户无需 PS 等其他操作，只需上传照片就可以将原视频中的人物的面部替换，从而拥有自己"主演"的深度合成音视频。这款 App 因功能简单易懂、操作难度较低迅速吸引大众的眼球。与此同时，可以"一键换音"的 App 也逐渐映入公众眼帘，引发了广泛的关注。类似 App 所依赖的"深度合成技术"滥用的法律风险也逐渐凸显①。

---

① 深度合成（deep synthesis），是一种基于深度学习的人物图像合成技术的假视频生成方法，深度合成在视频中常见的方式是把原有视频中的人脸用另一张脸来替换，因此也被称为人脸交换（face swapping）技术。

2017 年，深度合成技术首次在美国引起公众关注。美国新闻网站 Reddit 的某用户上传了大量经深度合成后的色情视频，这些视频中的成人演员的脸被替换成了著名演员的脸。此后，Reddit 网站也因为大量分享经深度合成后的虚假色情视频而被迫关闭。但深度合成技术却引发了技术社区的广泛兴趣，借助深度合成技术制作的语音、音乐、图像、人脸、视频等内容的开源方法和工具性应用不断涌现。与此同时，网络平台中也出现了一些涉及普京、特朗普等政治人物的深度合成视频，也将深度合成技术推到了社会舆论的风口浪尖，人们逐渐认识到其滥用的风险。

深度合成技术主要依赖于从海量数据中自主学习的深度学习算法模型，具体实现过程主要有三个步骤：数据提取、数据训练和数据转换。[①]其背后所依赖的人工智能技术主要包括自动编码机（autoencoders）和生成式对抗网络（Generative Adversarial Networks，以下简称"GAN"）。自动编码器是一个人工神经网络，被训练来对输入数据进行重建以实现数据合成。GAN 由两组相互对抗的人工神经网络组成，其中生成器负责生成数据，识别器负责甄别。[②]生成器主要是从现有网络中获取目标人物的视频和图像等，形成源数据集，通过算法的训练达到样本学习的目的，生成伪造数据。识别器将目标数据与伪造数据进行对比，鉴别真伪，当识别器鉴定为"真"时，成为制作伪造音视频的素材，当识别器鉴定为"假"时，需要优化算法，优化后继续进行比对。生成器、识别器在合作中产生大量高相似性的数据输出，形成深度伪造音视频。基于每次迭代的结果，生成网络不断进行调整，生成越来越接近原始数据的新数据，最终 GAN 可以生成高度逼真的深度伪造音视频。目前的深度合成技术应用主要包括：人脸替换（face replacement）也被称为人脸交换（face swapping），即将源人

---

① 以人脸替换为例，第一步是数据提取，这步需要收集足够的人脸图像，以便来训练算法模型。主流方法是借助软件从视频中提取源人物和目标人物的多角度图像并剪裁成合适的尺寸。第二步是利用收集到的图像对人脸替换模型进行训练。模型训练通常用到编码器和自动编码机（autoencoder）这一神经网络，以及更复杂的生成对抗网络（GAN）。最后一步是合成，需要将合成的图像插入视频中。这意味着要确保视频中的每帧合成的图像的自然度和真实性，让合成人脸的角度与目标人物的肖像角度完全一致，目前视频的深度合成难度远大于图像。

② 曹建峰：《深度伪造技术的法律挑战及应对》，《信息安全与通讯保密》2019 年第 10 期。

物图像覆盖到目标人物图像上，从而覆盖目标人物的面部；人脸再现
（face re-enactment），主要是更改目标人物的面部特征，从而操纵目标人物的
面部表情，让他们"说"自己从未说过的话；人脸合成（face generation），主
要是创建全新的人脸图像，有一部分是可以代替真实的肖像使用，比如广
告宣传、用户图像等；语音合成（speech synthesis）主要用于创建特定的
声音模型，可以将文字转化为接近真人的语调和节奏的声音。虽然以上四
种应用目前都有一定的局限性，但鉴于深度合成技术的迭代发展，局限性
会逐渐被克服。除此之外，深度合成技术逐渐朝着综合性的方向发展，全
身合成逐渐成为新热点，立体的数字人技术也将是下一阶段的重点。

虽然深度合成技术趣味十足，[①] 但在使用过程中也存在安全隐患，可
能会对个人的人身权、财产权和企业的财产权、名誉权、社会公信力等方
面产生极大的影响。比如，不法分子运用深度合成技术将某些女性的肖像
替换到一些淫秽色情视频中，侵害相关群体的肖像权及名誉权。[②] 其次，
深度合成技术在进行人脸识别时通常需要录入用户的面部表情等内容，极
易出现用户的个人信息泄露的现象，随之存在利用其面部信息进行盗刷的
风险。[③] 此外，深度合成技术实现了图像与声音的结合，使得企业遭受信
息网络诈骗的风险大大增加，企业的名誉权和财产权难以保障。[④] "影响
大众想象力的，并不是事实本身，而是它扩散和传播的方式。"[⑤] 深度合
成技术在一定程度上影响了大众对于事实的"想象力"，在互联网中造成

---

① "仅需一张照片，出演天下好戏"进行宣传的"ZAO"APP 设计之初就是让普通用户无
需任何技术手段，仅需一张照片就可以生成自己所喜欢的相关影视娱乐视频，仿佛与自
己喜欢的艺人置身于同一帧画面中，身临其境，体会 AI 技术在智能应用中的新玩法。

② 以合成视频为例，根据 CNN 相关报告显示，到 2019 年 12 月，网上的合成视频的总数比
2018 年 12 月翻了一番，达到近 15000 个，其中合成的色情视频高达 96%，深度合成已
经成为色情复仇的工具。

③ 例如，不法分子可在受害人毫不知情的情况下，通过深度合成技术合成受害人的肖像，
利用该肖像认证账号注册或登录后，用于虚假注册、盗刷、刷单、诈骗、泄露信息等不
法行为。

④ 据《华尔街日报》报道，2019 年 3 月，有犯罪分子利用"深度合成"技术，电脑合成某
公司 CEO 的声音，成功诈骗某英国能源公司 CEO 22 万欧元。

⑤ 〔法〕古斯塔夫·勒庞：《乌合之众：大众心理研究》（第一版），冯克利译，广西师范
大学出版社 2015 年版，第 102～116 页。

了"耳听为虚，眼见亦虚"的局面，人们在网络虚拟空间的交往过程中产生了信任危机。在"后真相时代"，① 可靠的信息来源逐渐凸显其重要性，我们需要对深度合成技术更加警惕。另外，随着深度合成音视频内容生成的操作难度、使用门槛逐步降低，深度合成音视频平台的受众将愈加广泛。综上所述，利用深度合成技术进行欺诈等形式的非法活动，加深了诸如网络暴力、个人隐私泄露等类型的问题。例如，色情报复、敲诈勒索、假冒身份、商业诽谤、散布虚假信息、非法获取个人信息、虚假情报、选举干扰、外交和国际秩序扰乱等，给个人和企业的合法利益以及国家信息安全、社会秩序带来威胁。

短期来看"深度合成"技术已经应用于影视、娱乐和社交等诸多领域，优化相关用户的影音体验、社交体验。长期来看，"深度合成"技术因其深度仿真的特质，会加深我们对虚拟世界的交互，创造一些超越真实世界的"素材"。与此同时，其著作权风险也客观存在，需要得到正视。

二 深度合成物法律性质的认定

深度合成技术的每一次使用，都意味着原作与深度合成物之间的信息相互勾连与重组，由此衍生出来的是深度合成物对传统著作权法律规则的挑战。譬如，深度合成物是否属于著作权法意义上的演绎作品？相关平台用户使用原音视频作品，利用深度合成技术生成合成物的行为是否构成著作权法上的合理使用？上述问题在传统著作权领域中易于分辨，而在深度合成技术领域内则成为充满争议的话题。

（一）深度合成物是否属于著作权法上的演绎作品

深度合成物通常是将原视频片段的人物肖像、声音替换成自己的面部信息或声音信息，从而形成伪造音视频。目前的深度合成技术的典型利用情况为人脸替换、人脸再现、人脸合成、语音合成。

---

① 后真相时代：相对于情感及个人信念，客观事实对形成民意只有相对小的影响。

首先，深度合成物会让我们联想到其是否属于演绎作品。演绎作品是指在保持原作品基本表达的基础上，增加符合原创要求的新表达形式而形成的作品。[①] 即演绎作品是依据已有作品创作但与已有作品相区别的新作品，具有独创性是其受保护的必要条件，比如对已经存在的作品进行改编，并赋予其新的内容。[②] 一般情况下，演绎作品要经过原作品作者的许可授权、支付使用费后方可获得其合法地位。在深度合成技术的利用过程中，生成的深度合成物大多数只改变了原视频中人物的肖像，并未对原作品进行实质性的改编。此种"变化"的独创性水平极低或几乎不存在，在利用深度合成技术时人工智能参与者对其独创性贡献不高或者无直接贡献。

构成著作权法意义上的作品必须具备独创性。独创性要求作者对该作品的完成作出独立贡献，并且体现一定程度的"智力创造性"，即能够体现作者独特的智力判断与选择，展现作者独特的智力判断和选择，从而达到最基本的独创性要求。[③] 虽然仅要求作品具备最低限度的独创性便可以获得保护，但是该标准仍然属于必须满足的法定要求。独创性是作品体现其具有精神功能，创作者付出"汗水"的关键。基于思想与表达二分法，独创性是表达层面的"汗水"体现。[④] 著作权法不保护思想，但要求作品的思想、情感和个性必须来源于人类，人的创造性思维，是作品创作中不可或缺的因素。[⑤] 深度合成技术只能按照人类预先设定的算法生成内容，虽然过程复杂，结果逼真，但其终究只是人工智能算法输出的内容，无法突破算法设定的框架。[⑥] 所以，深度合成物本身并不具有独创性，目前还不能将其归属于著作权法上的演绎作品。

某些利用深度合成技术修复影像、录音等内容，经过剪辑、合成后的

[①] 王迁：《知识产权法教程》，中国人民大学出版社 2019 年版，第 169 页。

[②] 刘春田：《知识产权法》，中国人民大学出版社 2019 年版，第 93 页。

[③] 王迁：《知识产权法教程》，中国人民大学出版社 2019 年版，第 34 页。

[④] 冯晓青：《著作权法中思想与表达二分法原则探析》，《湖南文理学院学报》（社会科学版）2008 年第 1 期。

[⑤] 刘强：《人工智能创作物邻接权保护模式研究——兼论人工智能创作物制作者权的构建》，《山东科技大学学报》（社会科学版）2020 年第 2 期。

[⑥] 王迁：《论人工智能生成的内容在著作权法中的定性》，《法律科学》（西北政法大学学报）2017 年第 5 期。

音视频在特定情况下不排除成为汇编作品的可能性。汇编作品是对作品、作品片段或不构成作品的片段进行选择或编排而形成的作品，汇编作品的独创性主要体现在选择与编排上。① 若相关用户自行选择想要进行汇编的片段、编排的方式，利用深度合成技术生成的深度合成音视频，在此种情况下可能符合独创性的要求。如果被汇编的作品没有著作权或已经不受著作权法保护，相关平台用户方仅就此深度合成物的整体享有著作权，其中被汇编的内容仍属于公有领域。但由于目前此种方式的深度合成技术使用率较低，暂时没有实例予以佐证。

所以，排除利用深度合成技术生成汇编作品的可能性，大部分深度合成物都不构成著作权法意义上的作品，显然也不属于演绎作品。深度合成物在目前的情况下亦不宜直接划定为公有领域的内容，在当前主流商业模式下，深度合成技术的投资者大多为运营人工智能自媒体创作的互联网公司，其通过向软件著作权人购买使用权和开发相应的互联网平台来吸引大量用户，进而通过投放广告等模式实现流量变现。在这个过程中，投资者不仅需要购买人工智能使用权，还需支付后续的维修升级更新费用和平台搭建运营费用等。在综合考虑各种因素的前提下，著作权法应当为深度合成物提供低于狭义著作权的保护，邻接权模式便是一个值得考虑的方向。此外，鉴于人工智能生成物中未包含任何主体的情感表达与意志抉择，因此深度合成物中包含的邻接权应仅局限于经济权利，不宜包含人身权利。②

（二）深度合成物是否构成著作权法上的合理使用

另外，深度合成物也会让我们联想到其是否属于"滑稽模仿作品"的范畴。滑稽模仿是运用夸张、荒谬等手段，通过模仿原作的实质性部分或其风格，创作的新的作品或片段，以此来批判原作。③ 滑稽模仿作品是对原作品进行颠覆性改编，改变其价值立场、思想情感等，表达新思想、新

---

① 刘春田：《知识产权法》，中国人民大学出版社 2019 年版，第 94 页。
② 韩天竹、孙悦：《论人工智能生成物在著作权法上的定性与权利归属》，《〈上海法学研究〉集刊（2020 年第 5 卷 总第 29 卷）——2020 世界人工智能大会法治论坛文集》。
③ 梁志文：《论滑稽模仿作品之合法性》，《电子知识产权》2006 年第 4 期。

理念，在原作品的基础上呈现出一个新的作品，有讽刺、戏谑原作品的色彩。其核心内容是使用原作者的作品创作出新的作品，该作品有一部分是对原作的评论，形成具备独创性的独立作品。作者在保留原作的表达基础上，对原作内容进行创新使用，带有作者独到的表达风格，表现其对原作的讽刺意味。滑稽模仿作品利用改造之后的原作内容反映模仿者与原作相对立的观点与态度，原作的内容成为滑稽模仿作品的内容来源，构成一种特殊的合理使用，即属于合理使用性质的演绎作品。[①]

但深度合成物与滑稽模仿作品有所不同，经深度合成后的音视频，其故事情节、视频画面、人物对白等基本视频要素均未改变，只是对原视频中人物的肖像等因素进行转化。并且此类深度合成物并未对原作的内容进行讽刺和批判，没有通过原作输出新的观点或态度。与此同时，此种合成具有机械性和单一性，并未达到滑稽模仿作品的独创性程度。所以，深度合成物不属于滑稽模仿作品。

最后，思考深度伪造视频是否仅构成一般的合理使用。合理使用是指在法律有明确规定的情况下，著作权以外的人在指明作者姓名、作品名称的前提下，无偿使用著作权人已经发表的作品且无须经著作权人许可。[②]虽然，现阶段大部分深度合成物都是用户为娱乐消遣而制作，只在相关音视频平台上发布，但不能排除用户将深度合成物进行商业用途，以及对原作进行恶意诋毁的风险。利用深度合成技术的对原作的不当使用行为已经构成著作权法意义上的侵权，与原作的正常使用相冲突，也不合理地损害了原作者或原版权方的正当利益。另外，相关音视频平台看似其并没有将这些素材进行商用，但用户利用这些素材制作的深度伪造音视频作品趣味十足，给相关平台吸引了大量的新用户，实质上平台也因此获得了流量、广告宣传等收入，平台也已经超出了对视频素材合理使用的范畴。

但不排除以下情况：相关音视频平台中用于制作深度合成物的素材来源于合法渠道，用户在利用该素材生成合成物时，尊重原作的相关著作权

[①] 阮开欣：《演绎作品的合理使用问题研究——以 Keeling v. Hars 案为视角》，《中国版权》2016 年第 3 期。

[②] 刘春田：《知识产权法》，中国人民大学出版社 2019 年版，第 119 页。

利，未与原作品的正常使用相冲突，未损害原版权方的合法利益，未对原作品产生不良影响，并且制作该深度合成物仅供个人的娱乐和欣赏。在上述的利用方式下，深度合成物构成著作权法上的合理使用。其符合《著作权法》第 24 条第 1 款第 1 项的关于合理使用的范围和具体方式，即符合为个人学习、研究或欣赏，使用他人已发表的作品的要求。

综上所述，深度合成技术在著作权领域的滥用对深度合成物性质的认定造成了困难。针对现阶段深度合成技术的主要利用方式，本文认为，大多数深度合成物并非著作权法意义上的作品，对其合理使用的认定还存在困难，其相关法益研究还需进一步探索。

三　深度合成技术可能引发的著作权侵权风险

现阶段，相关音视频平台上用于制作深度合成物的素材基本上都未经过原版权方的许可授权或支付使用费，甚至相当一部分素材来自平台用户的自发上传。由于相关音视频平台并不享有这些用于制作深度合成物的视频素材的商业版权，并且没有提醒用户上传视频素材以及制作深度合成物存在侵权的风险，而直接将该风险直接转移到原视频版权方和用户之间，造成对原视频版权方作品的侵权事件频发。

（一）构成对相关著作权的侵害

首先，在深度合成技术的利用过程中，存在行为人随意更改甚至篡改原作品，歪曲原作品的立意，给原作品及原版权方造成不良影响的情形。原版权方的修改权和保护作品完整权在目前的深度合成技术使用过程中难以得到完善的保护。与此同时，原作者或原版权方对其作品的署名权也难以实现，大部分的深度合成物都未指明原作的来源或归属。[①] 就换脸所需要的基本视频素材来看，为了保证话题性和娱乐性，深度合成物大多以影视作品中的片段作为素材，而这些视频素材大多数是有明确的版权归属

---

① 蔡士林：《"深度伪造"的技术逻辑与法律变革》，《政法论丛》2020 年第 3 期。

的。我国著作权法明确规定影视作品和以类似摄制电影的方法创作的作品属于著作权法意义上的作品，相关作者享有著作权。如果未经著作权人同意擅自上传这些影视作品片段到相关平台上，极易造成侵权。就制作过程来看，换脸视频是一个二次创作的过程，同时涉嫌侵犯著作权人的保护作品完整权。① 其作为一种著作人身权，它侧重于保护作品的内容、观点、主题和作者的基本表达。行为人通过深度合成技术对影视作品中人物的头像进行替换，无论是出于何种主观目的，只要在客观上确实对原视频造成了歪曲、篡改的效果，改变了原作品的内容，就应判定构成对作品完整权的侵犯。除此之外，目前有相当一部分深度合成素材或原作品都是由行业内一些音视频平台独家授权播放或播出，但深度合成技术似乎剥夺了这些重金购买原作品版权平台的"独家性"，一些经剪辑后的深度合成物在其他商业平台中播放，经独家授权的相关音视频平台的信息网络传播权也在现阶段难以保障。

（二） 构成对表演者权的侵害

平台用户通过深度合成技术将原影视作品中表演者的五官运用生成式对抗网络替换成其他人的五官，② 由此生成的深度合成物对原表演者的表演者权造成极大威胁。

首先，若行为人运用深度合成技术进行 AI 换脸后，未表明被换脸者身份的，该行为侵犯了被换脸者的"表明表演者身份"权，③ 如果直接行为人将他人照片替换到表演者面部，那么表演者将无法向公众展示自己的身份。其次，因表演一旦作出并被固定成为表演形象，其相对表演者独立地存在。一般情况下，处于猎奇或娱乐的目的将其他明星的肖像替换到影

---

① 陈昌凤、徐芳依：《智能时代的"深度伪造"信息及其治理方式》，《新闻与写作》2020年第 4 期。

② 例如在《射雕英雄传》杨幂替换朱茵的视频中，原作品中朱茵饰演的黄蓉形象经过换脸之后相对比来看，两者除了五官的差别之外，脸型大小、声音、肢体语言、人物外观形象都没有发生变化，并且原本作品中朱茵为表现黄蓉古灵精怪的比较夸张的面部表情也没有发生改变，换脸之后杨幂五官也会随着剧情的变化带有符合情节的惊讶、得意等表情。朱茵对黄蓉的演绎属于知名演员对虚拟形象的表演，其可识别比较高。

③ 表明表演者身份权是表演者拥有的把自己的社会身份和演出活动相互对应的权利。

视明星的表演者面部，不宜认定为歪曲表演形象。但是，如果行为人使用的是第三人的"丑照或者恶搞的照片替换了影视作品中的表演者形象，此时则可以认定行为人具有故意丑化影视作品表演者的表演形象的目的。此外，表演者的信息网络传播权等相关财产权也难以保障，表演者无法直接控制换脸行为本身，深度合成物在网络传播过程中，源头"失控"的问题因而被进一步放大，《著作权法》在解决此问题上有一定的局限性。①

但是实践中并非所有的深度合成物都侵犯表演者权，《民法典》第1020条亦规定了合理使用他人肖像的制度，② 适当地限制肖像权的行使，以维护公众行为自由。因此，在具体出现深度合成技术滥用侵犯表演者权的案件时，既要具体分析利用行为，是否未表明原表演者身份，是否歪曲原表演者表演形象，是否未经原表演者许可利用表演形象获得了商业利益等方面；又要具体分析利用行为的目的，考察行为人是否仅系个人的欣赏或娱乐利用深度合成技术制作 AI 换脸视频。

四 深度合成技术滥用侵权主体的责任分析

运用深度合成技术实施的侵权行为有别于著作权传统的侵权行为，在大多数情况下被侵权人可能确定具体的侵权人。另外，运用深度合成技术实施的侵权行为不仅侵犯的权利客体较多，侵权主体的范围也比较广泛，有时会出现一果多因的现象。所以有必要对各侵权主体在不同情形下承担的责任进行分析。

（一）直接侵权行为人的责任

在深度合成技术换脸过程中，没有直接侵权人的侵权行为，就不会导致之后的损害结果，该行为与损害结果之间存在着最直接的因果关系，直

---

① 赵宇琦、谭宇航：《影视表演者表演形象保护多路径探析——兼谈 AI 换脸背景下的表演形象保护》，《〈上海法学研究〉集刊（2020 年第 5 卷 总第 29 卷）——2020 世界人工智能大会法治论坛文集》。

② 即为个人使用或欣赏为目的、进行时事新闻报道需要、国家公务需要、公共环境拍摄不可避免的使用等原因，可以不经肖像权人同意。

接行为人明知其自身的行为未经被替换人的同意仍然实施了换脸行为，在主观上是存在故意的。[①] 所以，直接行为人是侵权行为的主要实施者，直接侵权者在责任分担时，也应优先承担直接的责任。

网络用户是网络产业链的环节之一，虽然网络是虚拟的，但是网络用户既然选择使用网络就需要遵循法律相关规定文明使用，履行相应义务，若相应义务履行的缺失，则很有可能转化为侵权主体之一。运用深度合成技术的直接侵权行为人本是普通的网络用户，但其可能出于娱乐目的或者商业目的，通过相关平台，利用受害者的面部信息，替换在影视作品、违法视频或者漫画作品等受著作权法保护的作品之中，直接导致了侵权结果的发生，成为最直接的侵权主体。深度合成技术侵权的主体不是单一的，即使网络服务提供者和软件开发者在特定的条件下承担了侵权责任，网络用户仍然是侵权行为的主要实施者，应当对侵权行为所造成的损害承担主要责任。[②] 所以根据网络用户运用深度合成技术实施侵权行为时的各种方式，可以发现网络用户及相关平台服务商实际上承担的是一种直接责任、自己责任和单独责任。[③]

（二）深度合成技术服务平台提供者的责任

平台方作为深度合成技术的主要投资者和实际控制人，其有能力对深度合成技术的开发以及运用全过程进行监管，可及时预警并切断侵权内容在该平台上的传播途径。另外，平台方在网络环境下与直接侵权人相比更为透明，被侵权人更易于向其寻求救济。由此可见，其更适于作为深度合成技术滥用的侵权预防主体和实际侵权的责任承担主体。[④] 但在实践过程中，对深度合成技术服务平台提供者的责任认定还存在诸多困难。

---

① 宋凡：《〈民法典〉时代下"深度伪造"科技风险与应对模式》，《中国电信业》2020 年第 10 期。

② 《民法典（侵权责任编）》第一千一百九十四条规定"网络用户、网络服务提供者利用网络侵害他人民事权益的，应当承担侵权责任"。

③ 薛军：《民法典网络侵权条款研究：以法解释论框架的重构为中心》，《比较法研究》2020 年第 4 期。

④ 黄燕娟：《论人工智能生成物的著作权保护》，《〈上海法学研究〉集刊（2020 年第 5 卷总第 29 卷）——2020 世界人工智能大会法治论坛文集》。

1. 深度合成技术滥用侵权中网络服务者责任承担方式不足

对于深度合成技术服务平台的责任区分为直接责任与间接责任。间接责任是指用户使用网络平台实施侵权行为，网络服务提供者一般为人工智能平台、短视频平台等流量平台、这类平台负责审查以及推广，因此，一般利用深度合成技术进行 AI 换脸侵权案件中的网络平台都属于间接责任。深度合成技术的视频审查是极为复杂的，美国政府及部分 IT 巨头已经开始联手制定深度合成视频的鉴定办法策略，但是我国平台尚未启用该技术，自然无审查能力，对于视频的鉴定也仅是作淫秽与否的人工判定，并未对深度合成物进行审查认定。因此，对于大多数的深度合成视频均无法认定其"伪造性"，这样平台可以一直利用"避风港"① 原则不做审查只履行"红旗"② 原则，从而忽略平台的监管职责。在现有的法律体系内的多数情况下，只有在直接行为人利用深度合成技术侵犯他人权利后，被侵权人及时地通知了网络服务提供者要求删除相关内容，网络服务提供者没有采取必要的措施导致了损害扩大的时候，或者网络服务提供者在网络用户实施了侵权行为后明知其存在侵权行为需要采取措施却没有采取措施的情况下，才需要承担相应责任。本文认为，这样的归责原则在如今深度合成技术日渐被滥用的情形下，是不利于保护受害人的权利的。

2. 深度合成技术服务提供者二元归责原则适用的合理性

根据《民法典》的相关规定，网络侵权责任为过错责任原则。但在利用深度合成技术侵权案件中，此种认定方式不免过于单一，不利于 AI 换脸侵权中相关著作权的保护。我国目前网络侵权行为频发，但不论何种案件均由一种方式进行归责，这种单一的归责方式对于 AI 换脸侵犯著作权等权利的保护显得乏力，但即使是这样也不能严格适用无过错责任，增加

---

① "避风港原则"是指在发生著作权侵权案件时，当 ISP（网络服务提供商）只提供空间服务，并不制作网页内容，如果 ISP 被告知侵权，则有删除的义务，否则就被视为侵权。如果侵权内容既不在 ISP 的服务器上存储，又没有被告知哪些内容应该删除，则 ISP 不承担侵权责任。后来避风港原则也被应用在搜索引擎、网络存储、在线图书馆等方面。

② "红旗"原则是"避风港"原则的例外适用，红旗原则是指如果侵犯信息网络传播权的事实是显而易见的，就像红旗一样飘扬，网络服务商就不能装做看不见，或以不知道侵权的理由来推脱责任，如果在这样的情况下，不移除链接的话，就算权利人没有发出过通知，我们也应该认定这个设链者知道第三方是侵权的。

网络主体的负担，阻碍网络技术的发展，因此针对不同网络侵权行为制定不同的归责原则，更有利于使其具有针对性、目的性、对著作权等权利的保护也会更加充分。

（三）深度合成技术开发者的责任

深度合成技术开发者并非在所有的条件下都需要承担侵权责任，在深度合成技术开发者存在侵权行为或者与直接行为人在无意思联络人数人侵权的情况下，可能需要承担相应的责任。但是多数情况下，深度合成技术开发者很有可能援引"技术中立原则"为自己辩解。① 即使深度合成技术开发者可以援引"技术中立原则"但是也并不意味着不需要承担任何责任，"技术中立"仅仅是对该项技术的评价。当深度合成技术开发者的初衷并不是出于技术中立的目的，而是一开始就通过格式条款等手段侵犯他人权利或者免除自己的义务，那么将不能免除自己的责任。此时，深度合成技术开发者可能需要与直接行为人承担无意思联络数人侵权的按份责任。②

深度合成技术开发者在开发和使用过程中通过用户协议等方式侵犯原版权方的相关著作权，使用深度合成技术进行侵权的直接行为人又利用了深度合成技术开发者的相关平台进一步在未经许可的情况下对人脸进行非法替换。两者都各自实施了侵权行为，他们行为的相互结合最终导致了受害人的著作权受了侵害。③ 深度合成技术开发者制定用户协议时多数会通

---

① 技术中立原则是指如果技术服务提供者制售的产品"能够具有实质性非侵权用途"，即使其用户利用该产品实施侵权行为，也不能推定技术服务提供者具有帮助侵权的意图，并因此承担侵权责任。

② 所谓无意思联络的数人侵权，是指数个行为人之间没有共同的故意，却在偶然间导致了他人权利损害的侵权行为。无意思联络人侵权的主体必须是二人或二人以上，同时每个行为人都各自实施了侵权行为，并且该数人的侵权行为之间相互结合，其相互结合最终导致了受害人的损害或者大的损害，但是每个行为人的单独侵权行为并不必然导致受害人损害的发生。

③ 在这种情况下，受害人的损失不仅仅是由直接行为人一个人造成的，该技术开发者在深度合成技术的开发和使用过程中也对受害人的权利造成了侵害，那么此种情况则构成了深度合成技术开发者与直接行为人的无意思联络的数人侵权。

过运用格式条款的方式免除自己的责任，① 值得注意的是，用户目前都已经习惯了受到各类平台开发者各种条款的限制，下载完成后平台中的用户协议多数情况下已经成为一种摆设，为了尽快使用该平台，大多数人甚至是专业人士都极少地会仔细阅读用户协议中的内容。此外，在非必要的情况下，平台也会收集各种信息，而如果用户选择拒绝，则没有办法继续使用该平台，实际上用户是没有选择的余地的。目前实践过程中相关平台大多数是此类人工智能技术的主要投资者，相关用户协议的制定也都与此类平台密切相关。所以，深度合成技术开发者及相关平台方是否具有这样的权利，是否应该规范这样的行为也是目前实践中比较突出的问题。

由于上述但不限于以上的负面影响，深度合成技术应用之初似乎就被赋予"不真实"的符号，认为其产生的文化影响可能远大于技术影响，即任何人都可以利用深度合成技术诋毁原本真相的证据，所谓的真相可能会成为人们所想要"相信"的。但深度合成技术是人工智能算法发展到新阶段的产物，它不仅不会让社会真相蒙蔽，也更不会成为世界秩序的威胁者。技术本身并不存在善恶，开发人员也一直遵守严格的道德标准。而技术滥用的风险已经真实的摆在我们面前，深度合成的发展趋势不仅取决于技术的发展水平，也取决于规范引导技术发展，以及公众信息分辨能力的进一步提升。这些对深度合成技术的多重治理，体现在法律、技术、市场、行业自律、用户等层面。②

五　规制深度合成技术的相关措施

目前，已经有国家针对深度合成技术滥用的风险相继出台法律法规。美国议会在 2019 年先后提出了《深度伪造责任法案》（Deepfakes Account-

---

① 例如，ZAO 这款软件的版权声明表述为"本产品上存在的短视频等素材，除了特别声明是 ZAO 跟合作方进行版权合作之外，均来源于 ZAO 用户自发上传，ZAO 不享有素材的商业版权"。另外，用户协议中的风险承担条款表述为用户应对 ZAO 及本服务中的内容自行加以判断，并承担使用内容而引起的风险。

② 陈昌凤、徐芳依：《智能时代的"深度伪造"信息及其治理方式》，《新闻与写作》2020 年第 4 期。

ability Act，）和《深度伪造报告法案》（Deepfake Report Act of 2019），主要旨在防范国外竞争对手散布选举虚假信息，干涉选举活动。① 在美国，针对深度合成技术的限制不仅在联邦地区，甚至各州、各科技巨头都制定了具体的适用、限制规定，旨在通过立法或政策等形式，降低深度合成技术的滥用。美国科技界对于深度合成技术的限制同时也值得借鉴，明确制作者披露义务、鼓励当事人诉讼、政府出面制定检测技术等规定都对我国处理关于深度合成技术滥用侵权问题提供了启示。欧盟正式实施的《通用数据保护条例》（General Data Protection Regulation，简称 "GDPR"）其中重要的内容在于保护可能被制作深度合成物的公民个人信息及公民的个人隐私。② 由于深度合成技术仍处于发展阶段，立法和监管应对深度合成技术持包容审慎的态度，避免矫枉过正，挫伤深度合成技术的发展应用。针对深度合成技术在著作权领域滥用的风险，本文主要从相关法律结合运用以及以下各方主体的角度进行阐述，运用管理和技术措施等手段加强源头治理。

（一）完善相关政策法规，加强综合运用

我国在 2019 年也相继出台了相应规制深度合成技术的立法性文件。《网络信息内容生态治理规定》第 23 条规定，网络信息内容服务者和网络信息内容生产者、网络信息内容服务平台不得利用深度学习、虚拟现实等技术新应用从事法律、行政法规禁止的活动。《网络音视频信息服务管理规定》第 10 条~13 条也对服务商和普通用户也明确提出，开展安全评估，对非真实的音视频信息进行标识，禁止基于深度学习的虚假新闻信息。③《数据安全管理办法（征求意见稿）》第 24 条规定网络运营者利用大数据、人工智能等技术自动合成新闻、博文、帖子、评论等信息，应以明显方式标明 "合成" 字样；不得以谋取利益或损害他人利益为目的自动

---

① 李学尧：《美国就 "深度伪造" 展开的法律争论》，《检察风云》2019 年第 21 期。
② 张涛：《后真相时代深度伪造的法律风险及其规制》，《电子政务》2020 年第 4 期。
③ 普通用户发布深度伪造音视频时必须显著标注，服务商应对本平台上线的音视频进行安全评估，研发针对深度伪造音视频的鉴伪技术，及时对未明显标识的深度伪造音视频做下架处理，建立健全辟谣机制。

合成信息。① 此外，我国《民法典》人格权编第 1019 条也明确提出，禁止利用信息技术手段伪造等方式侵害他人的肖像权和声音。由此看来，目前已经有相关法律法规规制深度合成技术的滥用，但由于该技术仍在迭代发展中，还有诸多的不确定性，现阶段还不具备单独立法的条件，对于实务中已经发生的相关侵权问题，我们应当考虑采取何种方式来正确运用现有的法律，去解决深度合成技术可能引发的各种侵权问题。

首先，在立法方面，可以根据深度合成技术的发展阶段和应用场景，区分轻重缓急，一方面着手设计促进深度合成技术发展和风险治理的统一性规范，是为统一性立法模式；另一方面针对某些存在较大风险和现实危害的深度合成技术可以先行立法，是为散在性立法模式。② 散在性立法可以针对深度合成技术的特定问题或具体应用进行专项规制，如前述国家网信办等部门发布的《网络音视频信息服务管理规定》等，也可嵌入其他法律规范之中，包括修订现行法以及新法的制定，如上述《民法典》中关于深度合成技术的相关规定。

其次，对于深度合成技术滥用引发的侵权问题，可对相关平台方采用二元归责原则。针对不同的侵权类型采取不同的归责方式，具体问题具体适用，使得追究侵权行为和保护网络用户之间得到平衡，符合我国目前深度合成技术滥用引发的侵权问题的实际情况。因此，本文认为，针对深度合成技术滥用引发的侵权案件，应当建立以过错责任为主，无过错责任为辅的侵权责任方式。在目前过错责任的基础上，当平台具有审查能力时，适用无过错责任。③ 对具有审查义务的平台，一旦发生侵权行为，用户只需举证相关平台上发生的具体侵权行为与损害结果之间有因果关系即可。目前我国虽尚未规定其适用二元归责原则，但是，为了降低深度合成技术

---

① 白国柱、王蓓蓓：《Deepfake 技术监管政策现状和面临的挑战及建议》，《信息安全研究》2020 年第 5 期。

② 尹茜：《AI 人脸识别技术滥用的法律规制》，《〈上海法学研究〉集刊（2020 年第 5 卷 总第 29 卷）——2020 世界人工智能大会法治论坛文集》。

③ 目前网络平台实施侵权行为承担过错责任，需要由被侵权人承担举证责任，但是因平台提供者对于平台的绝对控制地位，被侵权人的举证责任是极其困难的。例如，侵权平台知道或应当知道侵权行为存在时，侵权行为已经发生，但侵权平台仍可以随时删除侵权内容，导致被侵权人举证困难，合法利益得不到保护。

滥用的风险，考虑适用二元归责原则在维护被侵权人利益方面还是具有一定合理性的。

另外，在著作权法保护相对有限的情况下，影视作品表演者的表演形象在一定条件下可以通过反不正当竞争法进行保护。例如他人未经原表演者或原版权方许可运用深度合成技术，直接利用其表演形象，或利用原表演者的表演"拍摄"新的影视作品。与此同时，若行为人不正当地窃取了表演者的相关财产性收益，替代原表演，损害其期待的商业利益，该侵权行为落入原表演者的实际控制范围内，在此过程中也可以寻求反不正当竞争法进行法律保护。

（二）平台方规范视频来源，运用技术措施进行审查和监管

目前，相关音视频平台上线的视频素材只有一小部分是经原视频版权方授权，平台支付了使用费，用户可以在相关法律法规的范围内随意使用该视频素材。其余上线的素材大多都是用户自发上传，用户和原视频版权方的权利都很难保障。相关音视频平台作为凭借深度伪造技术的营利主体，理应搭建好原视频版权方和平台用户之间的桥梁，规范视频素材来源。平台的运营管理部门可以建立一个视频平台素材库，保证平台上线的视频素材都是经过授权并支付了一定使用费后才上传到平台终端供用户使用。在平台收集相关素材时，可与原版权方以合同的形式约定平台是否可以使用该素材制作深度合成音视频，若可以使用则约定平台使用该素材进行深度合成的边界。当原作品遭受恶意篡改，表演者的形象受到歪曲，对原作品造成了不良影响，相关平台应主动下架使用本素材进行深度合成的音视频。当接收到原版权方、表演者等利害关系人的声明，要求相关平台方下架，则应该及时予以反馈，做出下架等后续措施的跟进，消除原版权方作品及表演者受到的不良影响。

同时，平台需建立其内容审核队伍，培训后台专门人员来审查深度合成内容，对用户上传制作后的深度伪造音视频进行审核。保障上线的内容不侵犯相关权利人的合法权益，对恶意诋毁原版视频的伪造作品及时提出应对措施，保证本平台上线的视频素材和用户上传的深度伪造视频内容都

符合相关法律法规的要求，并且都在合理使用原版视频的范围内。另外，平台可开展"人机协同机制审核"和"分级管理模式"，① 全方位考虑音视频作者制作的目的，以及是否构成非法篡改和非法传播。在确认该深度伪造音视频的上传者故意未进行身份识别，对原作恶意篡改或非法传播后，对其作品强制下架并给予警示，若情节严重可考虑予以该用户销号等处理。同时启动紧急辟谣机制，全网公布该音视频作品为深度伪造作品，根据音视频的传播轨迹对可能受其影响的用户做特别提醒。从鉴别到辟谣机制的启动也要特别注意数据和隐私保护。

除上述平台方规范音视频素材来源，加强对深度合成内容审核等监管措施外，目前解决深度伪造技术滥用问题的较好方法是"以技术对抗技术的滥用"。音视频防伪的技术措施应分为两步，第一步是深度合成音视频的标识。区块链技术对深度合成音视频进行溯源防伪具有良好的效果。因区块链是一种全新的分布式基础架构，② 具有相对独立性和安全值较高的特点，在视频真伪鉴定领域有很大优势。③ 该技术一旦开始实施，深度合成的音视频在发布之初相当于自带"数字指纹"，其身份信息将一直伴随该音视频的传播，普通人难以篡改，直接溯源防伪。当用户以娱乐或自我学习等正当目的制作上传的深度伪造音视频被不法分子恶意篡改、非法传播时，相关音视频平台可通过"数字指纹"进行拦截和下架等操作。

音视频防伪技术措施的第二步是对未提前标识的深度合成音视频作品的鉴别和监测。深度合成技术是在博弈中不断升级改造的，尽管上述措施可以在源头对深度合成音视频进行技术性标注，但在人工智能技术的不断升级中总会出现"漏网之鱼"，鉴伪技术就逐渐凸显其重要性。通常对深度合成物的鉴定方法是：首先，检验该合成物是否有图像或视频拼接在一

---

① 对于仅供娱乐或个人学习的深度伪造音视频作品在上传过程中可能由于识别机制的技术漏洞而未能成功标记发布的，应后台提醒用户补充身份信息，而不对其作品进行下架管理。

② 王延川：《区块链：铺就数字社会的信任基础》，《光明日报》，2019 年 11 月 17 日，法治版。

③ 其能够标识视频发布者，存放标记值，保障视频哈希值可公开查询，通常情况下无法被篡改。但该技术在应用过程中需要避免密钥的泄露，也对技术人员的数据整合分析能力提出了更高的要求。

起的痕迹；其次，观察合成物中画面的光照或其他物理属性是否有变化；最后，观察该合成物的音视频是否存在逻辑上的错误，比如特定的天气，或背景地点不一致的现象。但上述的检验方法有一定的局限性，无法对复杂的深度合成物进行鉴伪，并且效率较低，对人工投入的要求较高。针对深度合成音视频的不断升级，可以从深度合成物的图像结构完整性、声音及声调的分布变化、整体图像声音结合和合理性等进行递进式鉴定，结合相关数字图像编辑处理和深度伪造技术，完成对图像、视频合成的检测。

美国国防部高级研究计划局（Defense Advanced Research Projects Agency，以下简称"DARPA"）目前有两个项目致力于深度合成内容的检测鉴别——媒体鉴定（Media Forensics）和语义鉴定（Semantic Forensics），该项目也是 DARPA 针对下一代人工智能技术的计划之一。[①] 媒体鉴定项目计划开发一个算法数据平台，自动评估照片和视频的完整性，并分析整理深度合成物的生成信息。[②] 当然，鉴于目前的鉴伪措施尚在起步阶段，准确率较低。未来，将会有一场持久的技术博弈来应对深度合成技术的滥用。

（三）平台用户方严格遵守相关规定

首先，在相关音视频平台修改用户注册和登录方式后，新用户应实名制注册，老用户须及时添加实名信息才可以正常使用该平台。用户在实名制使用相关音视频平台制作深度合成物时，若违背诚实信用原则，信用工

[①] DARPA 将下一代人工智能看作是技术进步的第三次浪潮。第一次人工智能技术浪潮始于 20 世纪 60 年代，以"手工知识"为特征，基于规则的系统，能够进行狭义定义的任务。第二次浪潮始于 20 世纪 90 年代，以"统计学习"为特征，典型应用如人工神经网络系统，并在无人驾驶汽车等领域取得进展。虽然对明确的问题有较强的推理和判断能力，但仍然依赖于大量高质量的训练数据，适应不断变化的环境，并且无法向用户提供其结果的解释，不具备学习能力，处理不确定问题的能力也较弱。为了解决前两次人工智能技术浪潮的局限性，DARPA 寻求探索新的理论和应用，使机器能够适应不断变化的环境，以推进人工智能领域的最新技术研究。

[②] 据介绍，媒体鉴定平台将使用三种重要的指标去识别深度合成物：像素不一致（数字完整性）；物理不一致（物理完整性）；以及与其他信息源不一致（语义完整性）。语义鉴定平台也根据媒体鉴定平台试图开发一种媒体信息的自动识别方法，检测和识别不同寻常的信息或面部特征。媒体鉴定和语义鉴定相结合提高了鉴别深度合成物的效率和准确度。

具则会在后台监测该用户的操作行为。若该用户滥用深度合成技术，可能引发著作权领域或其他领域的较大法律风险，并且提醒该用户停止操作无果时，相关平台会向有关部门进行举报，政府规制机构在法治框架内可以考虑将其纳入信用评价范畴，利用信用工具对其予以规制。当前，我国正在进行社会信用体系建设，一方面，利用信用工具可减少深度合成技术滥用的风险；另一方面，借助信用工具来警示平台用户方，规范其使用相关音视频平台的行为，起到警示和震慑作用。

其次，用户应严格遵守制作视频、上传视频的相关规定。[①] 违反平台的相关用户协议时，用户可能面临相关法律风险及平台内部对其的限制，比如禁止其内容分享、对其账号采取暂时或永久封号等措施。用户不得再随意上传未经原版权方授权的视频素材，除非经过平台审核，证实其素材使用已经经过授权后方可上传。用户在利用深度合成技术制作深度合成物时，不得歪曲、恶意篡改原视频，尊重原作的修改权、保护作品完整权、署名权、表演者权等相关著作权利。除此之外，也要尊重他人的隐私权、肖像权、名誉权等内容，不得利用深度合成技术进行非法活动，用户需对自己制作的深度合成物所表达的内容承担相应的法律责任。

最后，明确平台用户方的声明义务。由于"深度合成"技术的泛在普适性，相关音视频平台的潜在用户群体呈上升趋势。深度合成技术滥用的行为可能出现爆发式增长，其严重后果可能短期内难以预见，对于此类行为的主动规制也愈加困难。此时，就势必要在制作深度合成物的相关音视频平台建立一种全新的用户声明义务。对于平台用户方而言，第一，应主动标记上传的音视频为"深度合成物"。第二，在通过平台传播时需要向平台声明该视频的"深度合成属性"。法国的相关立法已经为这种声明义务提供了参照，2017 年法国政府就推出了一项法律规定，规定经过修图处理的模特照片必须标注"已修图照片"。[②] 此种平台用户方主动的说明义务为有效规制"深度合成"技术的滥用风险提供了可能。

[①] 用户利用平台上的素材修改编辑后形成的音视频内容，仅可以在相关的法律法规允许的范围内，在该平台或相关社交平台分享，即以非商业目的进行信息网络传播。

[②] 王禄生：《论"深度伪造"智能技术的一体化规制》，《东方法学》2019 年第 6 期。

（四）从行业发展角度加强对技术的治理

音视频平台内部可共同建立一种监管机制，进行音视频素材资源整合后的自我监管，联合开发通用性的音视频鉴伪技术，进行自限性的内部管理模式，从源头上对深度合成视频音频的产出和传播给与一定的限制。

首先，相关行业应出台相应的行业标准和行业规范等文件进行监督和引导。欧盟近年来在个人数据保护、不实信息规制等领域都引入了行业内部的强制性自我规制。例如，由行业制定的《欧盟不实信息实践准则》，从业者对该准则的遵守就视同对法律的遵守。① 我国也有相关条例制定的实践参考，例如，2019 年多家高校、研究机构、企业联盟共同发布的《人工智能北京共识》，这些是相关行业在自我规制等方面的努力和探索。深度合成相关行业主体也应该以此为借鉴，加强相关行业的深度合作与自我规制。针对保障原版权方或表演者著作权等问题共同研究制定合理的合同内容或相关程序，为深度合成技术的合法合规应用和健康有序发展制定行业公约、技术标准、伦理指南等，营造良好的行业发展氛围。从源头上对深度合成技术进行规范，加强行业及相关音视频平台的自我监管，使得深度合成技术真正在相关行业中发挥正向作用和价值，引导科技向善。

其次，相关行业可联合开发相应的技术治理措施。目前相关行业内并没有通用的鉴伪技术手段，相关行业应联合开发通用的深度合成物鉴别网络系统，加大对高效鉴伪技术的资金投入和技术支持。如开放共享深度合成数据库，深度合成检测识别和标注工具，研究制定行业内部的相关技术标准及规范。根据不同的鉴别方法，联合开发适合自己平台的、有升级改造空间的深度合成鉴伪技术，以应对加速发展的深度合成技术，减少其滥用的风险。② 除上述行业开发应用检测识别和监测等技术措施外，平台之间需加强行业自律与自我规制，共同应对深度合成技术在著作权领域滥用的问题。

---

① 张涛：《后真相时代深度伪造的法律风险及其规制》，《电子政务》2020 年第 4 期。
② 曹建峰、方龄曼：《“深度伪造”的风险及对策研究》，《信息安全与通讯保密》2020 年第 2 期。

最后，相关行业建立平台内通用的音视频素材库。相关行业和原视频版权方开展长期合作模式，及时更新视频素材，可相互进行资源共享和置换。该模式下，行业内相关平台获得了素材的使用权，用户后续的深度合成音视频制作对这些素材的使用构成了合理使用。这样减少了用户的侵权风险，也保护了原视频版权方的权利。长此以往，视频素材库愈加丰富，相关音视频平台的使用率增加，用户更加多元化。此外，相关行业也应保障原版权方或原作者的署名权，表明素材的来源，在合同中尽可能全方位保障原作者、原版权方、表演者等人的著作权及其他权利。

与此同时，相关行业必须高度重视辟谣机制的运作与完善。为处于"后真相时代"的网络用户营造逐渐向好的网络生态环境，行业内部应根据深度合成内容传播的特点，建立实施相应的辟谣机制，追踪不实信息的传播轨迹，对辟谣内容在相关平台内予以置顶显示，全方位减少其产生的不良影响，促进深度合成技术的健康发展。

六　结语

深度合成技术在影视、娱乐、教育、社交、广告、艺术、医疗、科研等领域应用大量涌现，应用前景广阔。深度合成并非舆论所说的那样是"伪造"和"欺骗"的技术，实际上其是人工智能时代富有突破性的技术应用。新的技术总会带来应用的风险，但这些风险不应成为阻碍技术发展的理由。相反，通过法律、行业、用户、技术等多重治理，最大程度减少深度合成技术滥用的风险，最大程度发挥深度合成技术的学习、创作、商用、科研工具的能力。现有的法律和行政法规通常都有一定的滞后性，立法和监管也应当对新技术持审慎态度，所以将一部分该技术及衍生内容的监管转移到相关企业或音视频平台中来。这并不是增加企业负担，而是从音视频作品发布的源头解决问题，加强源头治理。相关音视频平台在防止深度合成技术滥用时，需要多学科、多平台的协同合作，法律、伦理、技术规制的结合，相关深度合成平台和相关用户也应当加强自律，谨慎使用深度合成技术。另外，深度合成技术也在逐渐升级完善中，深度合成的鉴别技术和溯源技术也需不断升级完善，防止深度合成技术在著作权领域的滥用将是一场持久的技术博弈。

On the Risk of Deep Synthesis Technology Abuse in the Field of Copyright and Countermeasures

Sun Na   Zhao Jiangqi

Abstract: The deep synthesis technology mainly uses the artificial intelligence scheme of generative adversarial networks to automatically generate forged audio and video images. Because of its simple operation, the technology is quickly popularized by relevant users. The abuse of deep synthesis technology will threaten the legitimate rights and interests of individuals and enterprises, produce social trust crisis, and cause series of problems in the field of copyright. This paper attempts to analyze the risks of AI deep synthesis technology abuse in the field of copyright and relevant countermeasures, and clarify that the communication platform of deep synthesis audio and video should carefully supervise the use of deep synthesis technology under the current laws and regulations. Search for regulatory resources within the platform, obtain the commercial use right of video materials in time, modify the user agreement closely related to copyright, improve the technical response measures of the platform, and improve the risk prevention and control ability of the platform.

Keywords: Deep Synthesis Technology; Copyright Law; Liability of Platform

《民法典合同编》合意标准的规范构造

——以买卖合同为视角

余亮亮

摘　要：基于买卖合同中对待给付和有偿性的本质特征，价格条款应当是买卖合同的必要条款，但可基于当事人的意思自治下降为非必要条款。为架起合同订立规则与合同履行规则之间的内在桥梁，为价格补充规则的适用提供逻辑前提，《中华人民共和国民法典合同编》应当设置价格待商条款制度，即只要当事人有订立合同的意思，即便双方约定价款留待事后协商确定，或由一方当事人确定或依第三方定价，合同仍可成立。鉴于待商条款之制度宗旨，为保障合同的顺利履行，满足市场交易的灵活性需要，《中华人民共和国民法典合同编》亦应当以"合理价格"作为价格补充方法的兜底条款，并以订立合同时标的物在有关交易类似情况下销售的通常价格作为"合理价格"的确定因素，以填补出现"当事人无法根据约定的定价方法确定价格，或价格明显不合理时"之情形时价款的空缺。

关键词：合意标准；必要条款；待商条款；价格条款

作者简介：余亮亮（1993—　　），清华大学法学院 2019 级民法博士研究生，主要研究方向：民法。

目　次

就要约、承诺是达成合意的基本方式而言，我国《中华人民共和国民法典合同编》（以下简称《民法典合同编》）第 472 条规定，要约不仅需要具备一经承诺便愿意受合同约束的法效意思，还应在内容上满足具体确定的要求，即要约应当至少包括希望与他人订立合同的必要条款。本着"适应鼓励交易、增进社会财富需要"以及"限制合同必要条款的范围，来促成合同成立"之目的，[1]《最高人民法院关于适用〈合同法〉若干问题的解释（二）》（以下简称《合同法司法解释二》）第 1 条进一步明确了合同的必要条款制度，即一方面确立了双方只要对当事人的姓名或名称、标的、数量三大必备条款达成合意，就足以认定合同成立，除非当事人另有约定或法律另有规定。另一方面规定了合意漏洞补充的方法，即对未达成合意的非必要条款可通过补充协议、合同解释以及法律推定规则等方式予以填补。显而易见，司法解释相较于《民法典合同编》第 470 条有关合同条款的示范性规定，愈加放宽了要约应当"内容具体确定"的要求，较大幅度地缩小了合同必备条款的范围，客观上降低了合意达成的标准。[2]

一 我国合意标准存在的问题

（一）法定范围的遗漏：价格条款的缺失

大陆法系诸多国家和地区的民法均认为，合同的必要条款应当以合同

---

[1] 沈德咏等主编：《最高人民法院关于合同法司法解释（二）理解与适用》，人民法院出版社 2009 年版，第 15 页。

[2] 胡康生主编：《中华人民共和国合同法释义》，法律出版社 2013 年版，第 40 页。

类型和性质、当事人的要求以及法律的直接规定作为确立依据，我国理论通说亦持相同观点。① 关于必要条款的具体范围，主要存在下述两类典型立法例：其一，标的、数量与价格条款是合同成立的必要条款，例如《联合国国际货物销售合同公约》（以下简称《公约》）第 14 条第 1 款规定，构成一项十分确定的要约，应当至少具备标的、数量和价格三项基本要素；其二，标的与数量条款是合同的必备条款。对于价格条款，依据《美国统一商法典》第 2 - 305 条，只要当事人存在受合同拘束的意思，即便订立合同时未确定价格，也不影响合同的成立。② 由此可见，立法例上，将标的与数量条款纳入必要条款的范畴并无争议。这是因为没有标的，权利义务就失去目标，当事人之间就不可能建立其权利义务关系。而数量条款是确定合同标的的具体条件，其欠缺亦不能通过合同解释或法律推定规则予以弥补。显然关于必要条款范围的分歧主要在于，价格条款是否为合同成立的必要条款。对此，我国《合同法司法解释二》第 1 条第 1 款关于合同必要条款范围的规定直接借鉴了《美国统一商法典》的规定，即将必要条款的范围仅限定于标的与数量条款，从而承认即便买卖合同欠缺价格条款，也不影响合同的成立。如此立法安排，在理论和实践中造成两方面冲突：一方面，买卖合同的有偿性与双务性决定了没有价款，则不成买卖，因此价格条款应当为买卖合同的必要条款。因此，司法解释对价格条款的遗漏直接导致买卖合同天然地不容于我国统一的必要条款制度。另一方面，若不以价格条款作为买卖合同的必要条款，司法实践中将难以判定当事人之间法律关系的性质，亦加重了主张买卖合同成立的一方的举证难度，既不利于提升合同法的可操作性，也无疑为当事人投机取巧以规避买卖合同的成立，免除自身对待给付义务提供了余地。③

（二）法律适用前提的缺失：价款补充规则的落空

从整体上看，我国关于"要约内容具体确定"的要求与价格补充规则

---

① 马俊驹、余延满：《民法原论》，法律出版社 2010 年版，第 529 页。

② E·艾伦·范斯沃斯：《美国合同法》，葛云松等译，法律出版社 2004 年版，第 217 页。

③ 例如，在我国司法实践中，亦存在接受买卖标的物方为规避对待给付义务，以合同未约定价款为由，主张双方当事人之间的关系为赠与合同关系的情形。

在立法体例上借鉴了《公约》第 14 条和第 55 条之规定，但又在《民法典合同编》第 472 条第 1 项中，对"内容具体确定"的构成要素留有空白，而《合同法司法解释二》第 1 条第 1 款所规定的据以"一般应当认定合同成立"的必要条款，因使用"一般"之措辞，使之难以发挥公约第 14 条所具备的对必要条款范围界定的限制性功能。与《合同法司法解释二》所列举的一般范围不同，目前我国理论界主要遵从"抽象标准"，即依据合同的类型和性质，以及当事人明示或默示的请求，作为必要条款判定的内在标准。① 因此我国许多学者认为，基于买卖合同中对待给付和有偿性的本质特征，价格应同标的条款一样，都是合同成立的必要条款。②

　　然而，从体系解释的角度，若将价格条款解释为《民法典合同编》第 472 条第 1 项之下内容具体确定要素，则将与"合同的履行"一章中有关价格条款补缺规则形成明显的逻辑悖论，进而导致法律规范适用的落空。详言之，依据《合同法司法解释》第 1 条第 2 款，欠缺价格条款的买卖合同应当依照《合同法》第 61 条、第 62 条之补充规则予以弥补，其分别对应于《民法典合同编》第 510 条、第 511 条。但是，上述规定作为合同履行规则，是以合同成立作为法律适用的前提。换言之，基于买卖合同之有偿性特质，缺乏价格条款的买卖合同，因合同不成立，所以不存在合同生效的可能，因此不具备适用第 510 条中"合同生效后"之逻辑前提，第 511 条第 2 项中有关价格条款的推定规则亦会因缺乏适用前提而变得毫无意义。③

二　设置待商条款制度的必要性考察

——《公约》第 14 条与第 55 条矛盾之化解

　　作为我国合同法必要条款制度的主要继受对象，《联合国国际货物销

---

① 王洪亮：《论合同的必要条款》，《清华法学》2019 年第 6 期；马俊驹，余延满：《民法原论》，法律出版社 2010 年版，第 529 页。

② 张善斌、熊倪：《比较法视野中买卖合同的价格条款》，《西安电子科技大学学报》（社会科学版）2014 年第 11 期，第 86 ~ 87 页。

③ 肖冰：《论价格缺失对合同成立的影响—CISG 与中国〈合同法〉的适用差异》，《国际经济法学刊》2008 年第 15 卷第 1 期。

售合同公约》亦存在因"合同有效订立"之前提的缺失，而导致价格补充规则不得以适用的矛盾情形。详言之，《公约》第 14 条明确要求标的物、数量、价格为合意之必备要素，但又在第 55 条规定，"若当事人没有明示或默示地对价格或如何确定价格作出规定，在无相反表示之条件下，应当以订立合同时该种货物在类似情况下的通常销售价格来履行。"从法律逻辑的角度，由于合同的成立是合同履行规则的适用前提，后者实际履行了，即便价格未定，合同仍可成立。

为化解《公约》第 14 条与第 55 条之体系矛盾，构建统一的必要条款制度，学界分别从法律保留、履行治愈规则、当事人意思自治之角度提出了以下三种不同的解释：其一，《公约》第 14 条与第 55 条不能同时适用，只有一方当事人的所属国对第 14 条提出保留，第 55 条才得适用。该观点理由认为，首先，从文义解释的角度，《公约》第 55 条明确规定应以"合同有效订立"作为适用前提，而要约的确定性是合同成立的条件，依据《公约》作为国际条约的规范属性，第 55 条仅在合同当事人一方对《公约》"合同订立"部分提出保留，并且该国国内法又承认，即使合同没有明示或默示地约定价格或确定价格的方法仍不影响合同成立时，才能够适用；① 其次，从历史背景的角度，公约第 14 条与第 55 条之并存属于发展中国家与发达国家互相妥协的产物。即以一些发达国家为代表的缔约国主张删除第 14 条第 1 款，将价格空缺交由合同履行规则来解决；反之，以一些发展中国家为代表的缔约国主张坚持第 14 条第 1 款之规定，因其担心价款未定，最终如由卖方决定，将有损弱势贸易主体的利益。因此，为实现不同缔约国所期望的适用效果，公约第 14 条与第 55 条不应作统一解释，故二者不会造成法律适用上的矛盾。② 其二，《公约》第 14 条与第55 条的冲突性可凭履行治愈规则予以解决。详言之，即便当事人未对价格条款达成合意，只要能够证明卖方已经履行交货义务，而买方已实际接

---

① Secretariat Commentary, Guide to CISG Article 55 (Text of Secretariat Commentary on Article 51 of the 1987 Draft).

② Gyula Eorsi, *Bianca-Bonell Commentary on the International Sales Law* (Artcle 14, Artcle 55), pp. 401 – 403.

受或处分所购买的标的物，应当承认该种情形已经具备《公约》第 55 条中"合同已经有效订立"的适用前提。① 其三，《公约》第 6 条规定："双方当事人可以不适用本公约，或在第 12 条的条件下，减损本公约的任何规定或改变其效力。"据此，为降低"价格确定性"的要求，以促成价格待定买卖合同的成立，双方当事人可在意思自治的基础上，约定减损第 14 条之效力，从而为第 55 条提供适用的前提。②

　　针对学界提出的上述不同观点，本文认为，首先，从法律保留的角度作出的解释，不足以化解公约第 14 条与第 55 条间的冲突与矛盾。理由在于：一方面，基于《公约》第 7 条③之精神，若将价格待定合同是否成立放置于国内法中予以判定，而又依据《公约》之补充规则来确定具体价款，显然不利于推动公约本身的统一适用，极易造成经济活动中法律适用的混乱。另一方面，国际贸易缔约实践中，并非所有缔约国均对《公约》中"要约的确定性要求"提出保留，对于未提出保留的缔约国而言，除非当事人以明示或默示的方式排除了公约之适用，否则仍会面临"相互矛盾的条款在同一法律规范"中的情形。④ 其次，从履行治愈规则角度所作的解释，同样不足以解决《公约》第 14 条与第 55 条之间的冲突。详言之，履行治愈规则的适用以合同的实际履行为前提，意味着当事人双方以默示方式约定适用法律推定规则，以弥补价款之漏洞。然而在现实经济活动中，亦大量存在买卖合同双方未对价格条款达成合意，且该合同尚未被实际履行之情形。对此欠缺价款的买卖合同，仍会因不具备第 55 条"合同已经有效地订立"之前提，而导致该价款推定规则不具备适用的可能。因

---

① "在合同不具备价格条款时，'合同已经有效订立'是指存在其他证据足以表明当事人对于合同已经成立达成了一致，例如在紧急情况下，卖方已经履行交货义务而买方也已接受货物甚至已经处分购买的标的物。"罗昆：《鼓励交易原则的反思与合理表达》，《政治与法律》2017 年第 7 期。

② 肖冰：《论价格缺失对合同成立的影响—CISG 与中国〈合同法〉的适用差异》，《国际经济法学刊》2008 年第 15 卷第 1 期。

③ 《联合国国际货物销售合同公约》第 7 条："在解释本公约时，应考虑到本公约的国际性质和促进其适用的统一以及在国际贸易上遵守诚信的需要。"

④ 刘长霞、秦岭南：《国际货物贸易中价格待定合同的效力认定》，《江西社会科学》2013 年第 5 期。

此，虽然履行治愈规则能够在一定程度上解释《公约》第 14 条与第 55 条之关系，但因无法涵盖合同订立过程中的各项情形，无法从根本上解决二者之矛盾。

基于如上利弊分析，结合我国《合同法司法解释二》第 1 条第 1 款之不足，依本文之见，为适应现代经济活动中的各项需求，弥补合同订立规则与合同履行规则之间逻辑桥梁的空缺，关键在于回答下述两个基本问题：第一，价款缺失是否必然影响买卖合同的成立？第二，如果价款是买卖合同的必要条款，如何为作为合同履行规则的价格补充条款提供法律适用的前提？而解决这两个问题的关键在于承认价格待商条款制度，即只要当事人有订立买卖合同的意思，即使双方约定价款留待事后协商约定，或由一方当事人确定或依第三方定价，买卖合同仍可成立。从社会经济现实发展需要的角度，价格待商条款制度的产生理由如下：首先，为避免司法实践中法律适用的困惑，提升合同法的可操作性，立法不能因为价格补充规则的存在，而放弃必要条款制度所要求的构成要件，也不能因为有了内容确定性要求而放弃价格补充规则可能的救济。基于民法意思自治原则，为适应该种需要，理应承认价格之必要条款的性质；但是，价格条款仍可因当事人双方约定留待事后确定，而转化为非必要条款，从而促成买卖合同的成立，并为合同履行中的价格补充规则提供适用的逻辑前提。换言之，在合同标的、数量条款业已确定的情况下，待商条款制度具备使合同成立的必要条款下降为非必要条款的功效；允许当事人约定价格待商条款，不仅不会导致合同成立的必要条款被排除，还为法官通过补充解释进行漏洞补充提供了正当性来源。[①]

其次，在商品交换的空间和时间不断扩展的社会，要求价款在订立合同时必须具体确定，不能满足社会经济的现实需求。价格待商条款制度的现实需要，可表现为如下两种情形：其一，买卖合同当事人为避免因市场因素的影响，导致价格的大幅波动而带来的商业风险，不愿就合同订立之

---

① Vgl. Merz, Vertrag und Vertragschluss, 2. Aufl. 1992, S. 101. 转引自王洪亮：《论合同的必要条款》，《清华法学》2019 年第 6 期。

时明确约定具体的价格，而仅就价款约定事后确定的方法，从而在把握缔约机会之同时规避风险，实现当事人双方利益的最大化。① 其二，在交易日益追求效率的当下，往往出现因情况紧急，当事人来不及确定价格之情形，为了交易的便捷，降低不必要的时间与金钱成本，当事人可依据双方长期形成的惯常作法，证明存在订立合同的意思，从而在价款尚未具体确定下，促使合同成立。可见，欠缺价格待商条款制度的必要条款体系是不完整的，双方约定价款留待事后确定从而促成合同成立的待商条款制度，正是在理论与实践的结合中应运而生的。它不仅不会对原有必要条款理论体系造成冲击，而且起到合同订立规则与合同履行规则衔接桥梁的作用。

三 我国合意标准的补充与完善

对比作为国际贸易惯例的《国际商事合同通则 2010》（以下简称《通则》)，通则仅在合同订立部分第 2.1.2 条要求"要约应当在内容上十分确定，并表明要约人在得到承诺时受其约束的旨意"，对于内容确定的对象，通则并未具体规定，而是根据私法自治的精神，在 2.1.14 条中特意就待商条款制度（contract with terms deliberately left open）进行了规定，即"若当事人存在订立合同的意思，但却有意将一项条款留待进一步谈判商定，或由第三人确定，该事实并不妨碍合同的成立。"通过比较和梳理二者关于合意标准的规定可知，价格待商条款制度的设置旨在促成在价款尚未确定情况下合同的成立，并为通则中合同履行部分第 5.1.7 条有关价款补充规则（determination of price）的适用提供逻辑前提。如前文所述，基于买卖合同的有偿性本质，《民法典合同编》第 510 条、第 511 条之价款

---

① 例如，在"临泉县创亿建材有限公司与武汉镇安建设集团有限公司、武汉镇安建设集团有限公司安徽临泉分公司买卖合同纠纷"一案中，双方在签订《预拌混凝土购销合同》时并未就价款的具体数额达成合意，只是在合同中约定"混凝土价格待定"，而"价格待定"的内涵即是双方约定价款不明确也不影响合同的成立，价格的确定可由双方根据合同履行中的市场行情，遇涨则涨遇跌则跌。这边是价格待定合同在现实交易中规避风险的具体表现。安徽省高级人民法院（2014）皖民二终字第 00720 号民事判决书。

补充规则会因缺乏合同成立的逻辑前提，而导致该条法律适用的落空。从完善民法典合同编编纂角度的出发，本文认为，我国民法典合同编编纂应当参考和借鉴《国际商事合同通则》中的上述先进规定，改进和完善《合同法司法解释二》中的必要条款规则，引入价格待商条款制度，并制定逻辑严密的价格补充规则，具体立法体例的选择如下。

（一）明确价格待商条款制度的适用条件

比较域外发达国家及地区的立法和国际条约中有关价格待商条款规则的适用条件，可区分为下述两类立法模式：第一，以价格条款具备可确定性，作为待商条款制度适用的条件。可确定性表现为当事人明确约定了价款的补充方法，通常包括双方约定事后协商定价、单方确定价格、第三人经评估后定价之三类方法。该立法模式下，如果合同既没有对价款作出规定，也没有约定留待事后确定价款的方法，合同便不成立。譬如依据我国台湾地区"民法"第 345 条与第 346 条，尽管前条规定买卖契约的成立需当事人就标的物和价款达成合意，但后条仍基于待商条款制度，承认即便价款虽未具体约定，但依情形可得而定，则视为合同有价款。① 第二，不论价格条款是否具备可确定性，均不影响待商条款制度的适用。换言之，只要当事人有订立合同的意思，即便未约定价格或确定价格的方式，仍可成立合同。此类立法模式以《美国统一商法典》《欧洲合同法原则》为代表。② 该类立法之所以无条件承认价格待定合同的成立，《欧洲合同法原则》第 6：104 条基于鼓励交易原则对此解释道："如果合同未约定价格或确定价格的方式，则应当视为当事人已同意了一合理价格。"两类立法模式的分歧在于：如果当事人既未约定价格，也未约定确定价格的方法，合同能否成立。

---

① 我国台湾地区"民法"第 345 条规定："称买卖者，谓当事人约定移转财产权于他方，他方支付价金之契约。当事人就标的物及其价金互相同意时，买卖契约即为成立。"第346 条规定："价金虽未具体确定约定，而依情形可得而定者，视为定有价金。价金约定依市价者，视为标的物清偿时清偿地之市价，但契约另有订者，不在此限。"
② 《美国统一商法典》第 2 - 305 条第 1 款规定："当事人有订立买卖合同的意思的，即便价格未定，仍可成立合同。"

　　本文认为，对于我国立法模式的选择，基于平衡鼓励交易与消极缔约自由之保护的关系的需要，应当以当事人明确约定了确定价格的方法，作为待商条款制度适用的条件。具体理由可展开为如下两个方面：一方面，以效率为导向的待商条款制度，应当受制于我国现阶段的市场经济模式及其发展状况，否则不仅不能实现经济效率，反而会有损经济发展。[①] 详言之，尽管《美国统一商法典》和《欧洲合同法原则》无条件地承认了价格待定合同的成立，但二者的适用对象均是针对发达国家领域的商事买卖或国际商事贸易。商事领域对经济效率的追求使出卖人与买受人可摆脱价款确定性的束缚，而直接成立买卖合同关系。若抛开商事买卖，在民事领域不以当事人明确约定价款的确定方法，而一味地适用法律推定规则，以促成价格空缺的买卖合同的成立，显然难言合理。因此，价格待商条款制度的设置不能脱离我国民商合一的现实土壤；另一方面，旨在缓和合同成立的要求，实现鼓励交易目标的价格待商条款制度，应当通过设置必要的前提条件，平衡其与消极缔约自由之保护的关系，避免因出于鼓励交易的目的过分降低合同成立的要件标准，而导致对市场主体缔约积极性的妨碍。[②] 因此，基于合同自由原则，价格待商条款的适用条件一方面应当表现为当事人确有订立买卖合同的意思；另一方面表现为当事人明确约定价款留待双方谈判商定，或由一方或第三方确定。如果脱离后者适用条件之限制，不仅极易导致在司法实践中，难以分辨当事人是否存在将价款留待事后确定的合意，造成法律适用的困惑，也不利于保护意图继续磋商的当事人在合同成立前终止缔约的自由，最终妨害其缔约的积极性，与价格待商条款制度的设置宗旨相背离。

（二）完善价格条款的补充性与类推性规则

　　基于民法诚实信用、公平原则，我国《民法典合同编》应当确立价格待商合同的成立需要具备一定的确定性要件，即"当事人明确约定价款留

---

① 朱景文：《法理学》，中国人民大学出版社 2008 年版，第 167 页。
② 〔德〕迪尔克·罗歇尔德斯：《德国债法总论》，沈小军等译，中国人民大学出版社 2014 年版，第 45 ~ 46 页。

待双方谈判商定，或由一方或第三方确定"的同时，也应当承认定价方虽最终无法定价或定价明显不合理，但根据法律的补充性与类推性规则，可以推定价款的具体数额之情形。《通则》第 5.1.7 条第 2、3 款是该建议的来源，即"如果合同的价格应由一方当事人确定，而此定价又明显不合理，则不管合同中是否有任何条款的相反规定，均以一个合理的价格予以替代；如果价格应由一个第三人来确定，则该第三人不能或不愿确定该价格，则应采用一个合理的价格。"显然，《通则》主张以"一个合理的价格替代原本明显不合理的定价"，其意旨既在避免因卖方漫天要价，而有损作为进口制成品国家的利益，也是出于诚实信用原则的考虑，当买卖双方委托的第三方不能胜任或拒绝定价时，赋予买卖双方可以直接协商认定"合理价格"，或请求法院或仲裁机构确立"合理价格"的权利，[①] 以利于合同的基本履行，满足市场的灵活性需要。因此，本文建议设置价格补充方法的兜底条款，即当事人无法根据约定的定价方法确定价格或价格明显不合理时，若仍然协商未果，双方均有权向法院或仲裁机构请求确立一项合理价格，作为买卖合同的价款。

关于何为"合理价格"，从立法论的角度出发，本文认为，合理价格的确定应当跳出《民法典合同编》第 511 条第 2 款"价款或报酬不明确的，按照订立合同时履行的市场价格履行；依法应当执行政府定价或政府指导价的，按照规定履行"的限定，即并非必须根据合同履行时履行地的市场价格进行定价。对比域外立法，不论是《公约》还是《通则》，价格类推规则只要求参考最相似因素，即以"订立合同时此种货物在有关贸易类似情况下销售的通常价格"[②] 为类推标准。这种情形既包含了买卖合同当事人依据双方长期形成的惯常作法，凭以往该类交易中履行之价款作为"合理价格"的确定因素，也涵盖了因买卖标的物特殊，依市场通行价格无法确定合同价款之情形。因此，若将价格条款的类推性规则严

---

① 黎珞：《论买卖合同的价格条款及其补价规则之完善》，《湖北大学学报》（哲学社会科学版）2016 年第 43 卷第 5 期。

② 张玉卿：《国际货物买卖统一法联合国国际货物销售合同公约释义》，中国商务出版社 2009 年版，第 359～365 页。

格限定为"依市价或政府指导价确定"这一种情况，则会导致现实中大量缺乏市场通行价格之买卖，例如针对特定物、二手商品、对个人有特殊意义的物品等签订的买卖合同，因无法确定价格，而产生合同不能履行的后果。综上所述，建议直接借鉴《公约》的规定，取消市场价格的限制，只强调以订立合同时标的物在有关交易的类似情况下销售的通常价格即可。

四 我国合意标准的规范构造

我国《民法典合同编》第 472 条对于合意标准的规定过于简单，该条第 1 项没有揭示"内容具体确定"的构成要素，尤其在价格条款留待空缺的情况下，不能为作为合同履行规则的第 510 条、第 511 条提供补充解释的逻辑前提。相较之下，我国《合同法司法解释二》第 1 条第 1 款虽将合同必要条款限定于"当事人的姓名或者名称、标的与数量"，亦存在下述明显的缺陷与不足：

其一，除标的与数量条款外，《合同法司法解释二》将当事人的姓名或名称认定为构成合意的必备要素。多有学者认为，没有当事人的姓名或名称，既不妨碍法官判断合同的属性，也不影响合同的成立，譬如代理人不披露本人而与相对人订立的合同、通过向不特定人发出要约而订立的合同。[①] 本文认为该观点值得商榷。实际上，当事人的姓名或名称仅为意思表示的主体，其不以双方的权利与义务为内容，因而不属于合同条款。就向不特定人发出的要约而言，虽然"名称或名称"并非意思表示的内容，但仍为合同依法成立所必不可少的条件，因为在非要式合同中，合同成立的时间点不是发出要约之时，而是相对人作出承诺之际，只有确定之人作出承诺，合同方可成立；另就不披露本人的代理而言，不披露不意味着不存在，被代理人在客观上仍然是存在的，否则将无从发生代理权授予行

---

① 王洪亮：《论合同的必要条款》，《清华法学》2019 年第 6 期；陈聪富：《民法总则》，元照出版公司 2016 年版，第 328 页。

为。因此，虽然相对人在订立合同时主观上不知晓本人的姓名或名称，但仍应视合同当事人为确定；其二，从立法用语之角度，《合同法司法解释二》第 1 条第 1 款前半句运用"一般"之措辞以认定合同成立，后半句却以"但书"相承接，有违法律逻辑中"后文有但书，前文无例外"的立法学常识；其三，从但书内容上看，该条规定了"但法律另有规定或当事人另有约定的除外"，但并未提及当"当事人另有约定"与"法律另有规定"内容冲突时的解决办法。另外，依据该条但书内容，可以得出"当事人可以通过约定，使得未确定当事人姓名或名称、标的或数量的合同成立"之结论，显然有悖于立法原意。

结合上述《民法典合同编》以及《合同法司法解释二》有关必要条款制度存在的问题，本文就我国合意标准的规范构造作出如下建议。

第××条 ［必要条款的范围］

"当事人对合同成立与否存在争议的，受诉人民法院能够确定标的、数量和价格，应当认定合同成立，但当事人另有约定或法律另有规定者除外。当事人约定的内容违反法律强制性规定，依法律另外之规定。"

第××条 ［价格待商条款制度］

"当事人有订立买卖合同的意思，但却约定将价格条款留待双方协商确定，或由一方当事人确定，或由第三人确定，该事实并不妨碍合同的成立。"

第××条 ［价格的确定］

"当事人确有订立合同的意旨，尽管将价格条款留待双方协商确定，或由一方当事人确定，或由第三人确定，亦可达成合同。在下列情况下，价格为订立合同时此种标的物在有关交易的类似情况下销售的通常价格：

（1）价格留待双方当事人协商确定而双方未能达成协议；

（2）价格应由一方当事人确定而此定价明显的不合理；

（3）价格应由第三人确定而该第三人不能或不愿确定该价格。"

The Construction of the Consensus Criteria of the Civil Code:
From the Perspective of Sales Contract

Yu Liangliang

Abstract: For the consensus criteria, first of all, based on the essential characteristics about compensation and payment of sales contract, contract law should acknowledge that the price is the necessary clause of the sales contract. Secondly, in according to the spirit of autonomy in private law, we need to establish the inner bridge between the rules for the establishment of contracts and the efficacy of the contract, on which we provide the logical premise the application for the supplementary rules. In this regard, Chinese contract law should convince that as long as the parties have the intention of establishing consensual relationship, the sales contract still has its way to set up. Even if both sides agree that the pricing clause shall be determined by negotiation afterwards. Furthermore, in view of the purpose of the institution of commercial terms, our contract law should set up a save clause about "reasonable price" and use the normal price in the same or similar circumstances as the determining factors to guarantee the smooth fulfilment of the contract and meet the flexible requirement of the market, especially when parties cannot set up the pricing clause due to the agreed method not proving effectively and properly.

Keywords: Consensus Criteria; Necessary Terms; Business Terms to be Negotiated; Terms of Price

论死者人格保护条款的规范续造
与解释适用

——基于《民法典》第九百九十四条的检视与思考

赵轩毅

摘　要：我国司法实践对于死者人格保护规则所进行的"续造"已经经历了从"是否应当受到保护"到"保护什么"的规范演进，为死者人格保护的规则创制提供了开放的解释空间。《民法典》第九百九十四条首次以立法的形式对于死者人格保护作出了一般性规定，但是基于死者人格保护客体的理论争议，死者人格保护条款的内容并未突破此前司法解释的语义射程，仍然保留了司法解释尚未解决的问题与争议。为了更合理地保护死者的人格利益，一方面，针对"英雄烈士"等特殊身份死者的人格保护已被纳入民法典总则编的情形，死者人格保护条款在适用过程中亟待处理"特别保护"与"一般保护"之间的紧张关系，以避免立法上出现不必要的逻辑矛盾和体系混乱；另一方面，在目前的民法教义学体系之下，"保护死者人格利益"的合法性基础在于维护法的安定性价值，因此在死者人格利益纠纷的司法裁量之中，应当摒弃认识论上"直接保护说"与"间接保护说"的"立场之争"，避免人格权外延的不当扩张抑或死者近亲属权益的过度保护，并结合司法解释和民事诉讼法中的具体规定，进一步厘清死者人格利益的保护范围、保护期限以及诉权配置等问题，以进行体系融贯的法律解释和司法适用。

关键词：死者人格；平等保护；公共利益；规范适用；法律解释

作者简介：赵轩毅（1994—　　），中国人民大学法学院博士研究生，德国科隆大学联合培养博士研究生，主要研究方向：民商法、法理学。

基金项目：本文系国家留学基金委建设高水平大学公派研究生项目

（201906360034）资助成果。

目　次

一　现象与问题：以《民法典》
第九百九十四条为引

死者人格利益是否应当保护以及如何保护的问题，是 20 世纪以降各国司法实践共同面临的一大难题。随着网络媒体的发展和社会公众权利意识的提升，自然人死亡后可能遭受的种种侵害以及由此造成的社会影响逐渐被扩大化，以"死者人格利益"为保护对象所提起的诉讼案件在中国的司法实践中不断涌现。从"荷花女案"、"海灯案"到"彭家珍案"、"鲁迅姓名、肖像纠纷案"再到"狼牙山五壮士名誉侵权案"、"邱少云名誉侵权案"等等，近三十年关于死者人格利益纠纷的一系列案件引发了广泛的社会关注与理论探讨。但与此相对应的是，从 1986 年 4 月正式通过、2009 年 8 月修订的《中华人民共和国民法通则》到 2017 年 10 月正式施行的《中华人民共和国民法总则》（以下简称《民法总则》），我国立法并没有专门对死者人格利益保护做出体系性的规定，因此在司法实践中法院只能通过"规范续造"的形式，参考最高人民法院颁布的司法解释和个案批复，扩张解释《中华人民共和国侵权责任法》第二条中姓名、名誉、肖像、隐私等人格权益的适格主体，对涉及死者人格利益的案件进行裁断。

在死者人格利益保护缺乏具体法律规范指引的背景之下，2020 年 5 月 28 日十三届全国人大三次会议表决正式通过了《中华人民共和国民法典》（以下简称《民法典》），其中第九百九十四条首次尝试以立法的形式对死者人格利益作出一般性的规定："死者的姓名、肖像、名誉、荣誉、遗体等受到侵害的，其配偶、子女、父母有权依法请求行为人承担民事责任；死者没有配偶、子女并且父母已经死亡的，其他近亲属有权依法请求行为人承担民事责任。"但是，相较于司法实务中经常援引的《最高人民法院关于确定民事侵权精神损害赔偿责任若干问题的解释》第三条之规定，该条款仅仅是在法律上对司法解释中既有的内容予以确认，其中依然存在的问题是：（1）死者人格保护条款所要保护的法益，是近亲属权益、社会公共利益还是死者的人格利益？根据第九百九十四条之规定，这一问题依然不甚明晰。而保护法益的模糊性，也使得死者人格利益的保护范围、诉权配置、责任承担方式等问题并未得到解决；（2）如何平衡英雄烈士保护与死者人格保护一般性条款之间的紧张关系？在《民法典》增设死者人格利益保护条款之前，2017 年颁行的《民法总则》第一百八十五条之中便已增设保护英雄烈士"姓名、肖像、名誉、荣誉"的规定，该条款在《民法典》通过之后仍然被保留，虽然这一条款以"损害社会公共利益"为构成要件，但在 2018 年《英烈保护法》出台后直接赋予了英雄烈士近亲属向侵权人请求精神损害赔偿的权利；在此基础上，对于未被认定为"英雄烈士"的死者，如果牵涉社会公共利益，其近亲属是否有权请求精神损害赔偿，现行法律亦并未规定，那么应当如何看待基于死者身份产生的这种法律规则上的"差别待遇"？（3）《民法典》第九百九十四条规定的死者人格保护范围是"死者的姓名、肖像、名誉、荣誉、遗体等"，这里的"等"字当作何理解？是作为前几项的总结，将保护范围限定在这几种人格利益之内；还是说包括其他人格利益，以"等"字作为兜底？这一问题直接牵涉死者人格的保护范围，如若以"等"字作为兜底性规定，会为死者人格保护范围的"规范续造"留下空间，但也容易造成在死者人格保护范围的认定上出现裁判混杂和无法可依的问题；（4）《民法典》关于死者人格利益保护的诉权配置尚不甚明晰，如果死者人格利益涉及公共利益，是否均可以囊括人民检察院等机构作为民事公益诉讼的主体，以有效地对接与借鉴《民法总则》第一百八十五条（2021年1月1日《民法典》正式施行后为该法第一百八十五条）、《英烈保护法》第二十二条关于英雄烈士[1]人格受到侵犯且损害公共利益时可以提起民事公益诉讼的规定？（5）司法机关在涉及死者人格保护的审判实务中长期援引《最高人民法院关于确定民事侵权精神损害赔偿责任若干问题的解释》第三条、第八条和第十条所确立的通过保护死者近亲属权益以保护死者人格利益的规则，是否意味着在死者人格利益保护的类型案件处理过程中，司法解释对法律规范的"解释与补充"已经转化为"超越法律规定意涵之外的续造"，这种规范续造的边界在哪里？目前在民法典中仍然没有明确规定的内容，通过援引司法解释的形式是否可以替代立法上对于死者人格保护规则的模糊化处理？

对于这些问题，虽然《民法典》增设了关于死者人格保护的一般性条款，但并未对此前司法解释中遗留的问题给出明晰的解决方案。因此有必要进一步考察死者人格保护的立法模式，总结和反思司法实践中"规范续造"的理论脉络，厘清《民法典》总则编的英雄烈士保护与人格权编的死者人格利益保护一般性条款之间的关系，运用规范分析的方法完善死者人格利益保护范围、保护期限、诉权配置等具体规则。通过

---

① 王叶刚：《论侵害英雄烈士等人格权益的民事责任》，《中国人民大学学报》2017年第4期。

探讨目前死者人格利益保护中依然存在的争议、问题及对策，从而在现行法体系内为死者人格保护条款的适用提供体系融贯的理论解释与方法论指引。

二 保护谁之利益：死者人格保护法益的认识论之争

从目前我国关于死者人格保护的理论研究来看，在保护法益上的认知差异，正是关于死者人格保护的构成要件、保护范围、保护限度等其它理论论争的根源。是将对死者利益的保护视为"对死者的尊重和保护"；还是将其视为对"与死者相关联的其他民事主体之权益"或"社会公共利益"的保护，关系到死者人格保护体系的建构模式，也直接影响着民法体系中"人格权"内涵与外延的厘定。

（一）"对死者的尊重和保护"：从作为主体的"权利"到作为客体的"法益"

如果在认识论上将对死者人格利益的保护视为"对死者本身的保护"，那么在立法和司法实践中就必须赋予死者得以受到保护的资格，"死者人格权利保护"理论便由此产生。这一理论认为，自然人的权利能力并非与其出生和死亡相始终，人死后仍有权利能力，可继续享有权利。[①] 人身权之所以能延伸保护，是因为死者仍是人格权的主体，仍享有权利，人格延伸保护的仍然是民事主体的人身权。基于此种立场，民事权利能力始于出生终于死亡的观念已被突破并有扩展趋势，因此死者可成为人格权的主体，应当受到法律保护。[②] 此种观点对于传统民事主体资格理论而言是一

---

① 郭林、张谷：《试论我国民法对死者名誉权的保护》，《上海法学研究》1991年第6期。

② 在"人格权延伸保护"的论据之中，德国联邦最高法院"BGHZ 50，133（Mephisto案）"是经常被援引的一则判例。本案判决肯定了死者人格权上精神利益的保护，"法官在判决书中指出，人死之后虽然其权利能力消灭，但其人格利益仍继续存在，因为人格的价值在权利能力终止后仍然持续存在。"刘召成：《死者人格保护的比较与选择：直接保护理论的确立》，《河北法学》2013年第10期。这里需要说明的是，其实在 （转下页注）

种严峻的挑战，除赋予自然人、法人等权利主体地位（实在的权利主体）外，并不排除在特殊情况下存在假定的权利主体（名义或形式的权利主体），如胎儿、死者等，将死者作为形式主体才能与其具有的某些权利实质相匹配。① 由此推之，人身权之所以能延伸保护，是因为死者可以作为人格权的主体，仍享有权利，因而延伸保护的仍然是民事主体的人身权。另外持较为类似观点的学者认为民事权利能力和民事权利可以分离，即使民事权利能力终于死亡，其丧失的只是民事权利能力，自然人仍然可以在死后享有某些民事权利资格。② 当死者这些权利受到侵犯时，应当受到相应的权利保护，侵害方应承担对死者权利本身的侵权责任。

但是，就我国现行民事法律规定而言，自然人死亡后，民事权利能力终止，不再享有人身权。因此死者并不能成为民事权利的主体，更不能享有权利。人格权作为一种民事权利，是民事主体依法享有的、以人格利益为客体，是维护主体独立人格所必备的权利，具有不可让与性、不可继承性；当自然人死后，随着其人格的丧失，人格权也随之消灭。③ "死者人格权"这种表达本身便与现行法体系之间存在着冲突。但由于现实中侵害

（接上页注②）德国民法学研究中关于"人格权于死亡后仍以一种余存的方式继续存在（das hinterlasse Residuum des Persönlichkeitsrechts）"的主张早已有之，Kohler, "Der Fall der Bismarck Photographie", *GRUR*, 5（1900），S. 196～210. 虽然"一般人格权"在德国司法实践中经常被提到，但是无论是在宪法文本还是在民法典或其他民事法律的文本中，都没有明确规定一般人格权这样的权利范畴。由于立法对"一般人格权"并未作出明确规定，德国联邦法院在具体案件中对死者人格利益的保护往往类推适用 1965 年修正后的《著作权法》第 141 条第 5 款关于"死者肖像"的保护（依托于"俾斯麦遗体偷拍案"而在 1907 年《艺术著作权法》中制定的规则，后被《著作权法》所吸纳）；其后甚至直接以《德国基本法》第 1 条、第 2 条为依据，在司法实践中创设"一般人格权"（allgememeines Persönlichkeitsrecht），认系相关权利束为《德国民法典》第 823 条第一项所指称的"其他权利"，受侵权行为法的保护。因此，目前在国内一些文章中援引的这一论据有失偏颇，在具体案件中，只能说是德国司法实践承认法益受到保护且由死者近亲属行使救济请求权，很难说法院承认"死者人格权"。而德国联邦最高法院通过法律解释和法律续造的形式填补法律空缺以解决相应案例中应当保护的"利益"，这种形式同我国《民法典》颁行前的司法实践状况不无类似。

① 张弛：《死者利益的法律保护论》，《东方法学》2008 年第 3 期。

② 龙卫球：《民法总论》，中国法制出版社 2001 年版，第 339 页。

③ Dieter Leuze, Die Entwicklung des Persönlichkeits-rechts im 19. Jahrhundert, Bielefeld: Gieseking, 1962, S. 27–29.

死者各项利益的行为广泛存在，有些案件甚至涉及社会公共利益，司法实践中又不得不对此类案件所造成的损害进行救济。在此情形下，由于赋予死者"人格权"对于法教义学体系融贯性的代价又太大，坚持司法救济所保护对象在于"死者"而非"近亲属"的一批学者，进一步提出"对死者的尊重和保护"不在于"权利"，而在于"法益"的延伸保护。① 死者的某些人身利益（"人身法益"）继续存在，法律应予保护。即对于死者而言，法律所保护的是法益，这不仅仅是死者自身利益的需要，而且是社会利益的需要。②因此，死者名誉等相关利益应该作为一种合法利益而存在，并受到法律的切实保护。

从"权利保障"到"法益保护"，这种赋予死者一定限度"人格权"或"人格利益"的形式，确实有利于对死者权利的直接保护。通过法益概念外延的扩展，将"利益"本身从"权利"中单独抽离，这种法益的延伸既没有与现有制度构架过度偏离，又能使得必要的死者人格利益得到切实的保障。但另一方面，无论是赋予死者"人格权利资格"，还是"法益延伸保护"，在赋予死者形式主体地位的同时，却认为死者无权利能力，就会造成民事主体的权利资格与权利能力相分离，使得该理论与现行民法教义学体系难以衔接。同时，死者这种"人格权"或"人格利益"的存续时间应当为多久，如何确定保护的范围和限度，以及是否应该对不同利益区别对待，在立法尚未作出明确规定的前提下，亦是秉持此种观点在司法适用中难以回避的问题。

（二）"近亲属权益与社会公共利益"：教义学体系下的认知路径

与此相对应，如若在认识论上将对死者的保护视为"近亲属权益的保护"，即对死者人格利益相关的近亲属权益与社会公共利益的保护，亦有其理论依据。目前立法上规定自然人死亡后，民事权利能力终止，一切人

---

① 马俊驹：《人格利益到人格要素——人格权法律关系客体之界定》，《河北法学》2006 年第 10 期；另可参见梁慧星：《民法总论》，法律出版社 2007 年版，第 96~98 页。
② 王利明主编：《人格权法新论》，吉林人民出版社 1994 年版，第 445 页。

格权即告消灭。对于死者名誉、荣誉毁损，隐私受到侵害等现象，影响到近亲属的社会评价和人格尊严、精神财产利益，实际上侵犯的是死者配偶、父母、子女等近亲属的身份权益。[①] 纯粹侵害死者人格利益时，因为死者人格已不存在，所以不是侵权行为；如果侵害死者名誉等人格利益导致死者遗属名誉受损，则属于侵害了遗属的名誉权；或者损害了遗属对死者的敬爱追慕之情，也侵害了遗属的精神利益，遗属均得请求停止侵害和损害赔偿。[②] 故与其说是对死者的权利保护，毋宁说是对其近亲属权益的保护。[③]

从这一视角来看，作为法益客体的死者人格利益，受到侵害需要救济时的请求权主体正是死者近亲属。由于死者近亲属和死者的特殊关系，死者人格利益很大程度上与其近亲属的相关精神或物质方面的民事权利紧密相连。[④] 而对近亲属精神权益的侵害作为私益诉讼的构成要件，亦在司法机关颁布的司法解释中加以确证。在不违背民事法律体系构架的基础上，于司法过程中发挥着保护死者相关利益的机能。从 2001 年最高人民法院颁布的《关于确定民事侵权精神损害赔偿责任若干问题的解释》（以下简称《精神损害赔偿司法解释》）第 3 条来看，措辞十分明晰，即"自然人死亡后，近亲属因下列侵权行为遭受精神痛苦，向人民法院起诉请求赔偿精神损害的，人民法院应当依法予以受理"，该条款在《民法典》颁行之前作为处理死者人格利益纠纷的重要司法解释被广泛援引，在这一条款之下，倘若认为被侵犯的是死者的权利，死者近亲属仅仅以相当于诉讼代理人或者类似失踪人的财产代管人的身份起诉，那么从立法规定和相应的司法解释内容来看，近亲属是无正当理由主张自己受到精神损害并主张赔偿

---

① 张新宝：《名誉权的法律保护》，中国政法大学出版社 1997 年版，第 36~37 页。

② 梁慧星：《民法总论》，法律出版社 2001 年版，第 132 页。

③ 史尚宽：《民法总则》，中国政法大学出版社 2001 年版，第 93 页。

④ 有学者曾提出人身权虽然是专属权，不可继承，但人身权和人身利益不同，后者具有继承性。麻昌华：《死者名誉的法律保护》，《法商研究》1996 年第 6 期；郭明瑞、房绍坤、唐广良：《民商法原理（一）民商法总论、人身权法》，中国人民大学出版社 1999 年版，第 468 页以下。此种观点认为死者的人格利益可以继承，一方面，此种观点尚无法涵盖"损害社会公共利益"的情形；另一方面，究其本质而言，按其理论发生人格利益继承之后，仍然是对"近亲属权益"的一种保护，在此一并讨论。

的。因此，从这一司法解释之规定来看，可以请求精神损害赔偿的，是死者近亲属，不应当是、也不可能是死者，侵权人所侵犯的权利内容，是"死者近亲属自身的精神权益"[1]，而被司法判例广泛援引的《精神损害赔偿司法解释》明确赋予死者亲属请求赔偿精神损害的权利，在司法裁量过程中明确了司法救济所保护的是死者亲属自身的权利，使得对"死者人格利益"的保护通过"死者近亲属精神权益"的保护得以实现，进而将死者人格利益纠纷的问题纳入既有的民法教义学体系之中。

在目前民事权利能力"始于出生、终于死亡"的民法体系下，通过保护"死者近亲属的人格权益"，进而对侵犯死者姓名、肖像、名誉、荣誉等人格利益的行为进行规制，这种"间接保护"的方式可以说是一种比较稳妥的"规范续造"的方法。但此种思路也面临着挑战和质疑，即是否存在着将死者的人格与其近亲属的人格相混同的问题。虽然死者人格利益与其近亲属的人格利益存在一定的关联，但人身权作为个体独有的权利，其基本的特性在于人格本身的"独立"，由此便会在司法实务中产生如下几个问题：

其一，对自然人人格的侵害在司法实务中目前并不能单独成为自然人近亲属主张侵权损害赔偿的依据，也暂未出现因为"侵犯自然人人格"而直接被认定为"侵犯社会公共利益"的案件，那么为什么在自然人死亡之后，对其人格的侵害反而会造成其近亲属人格的侵害和对社会公共利益的侵害呢？尤其是在私益诉讼之中，既然死者的人格利益与其家属的人格利益是两种相互独立的人格利益，并非完全一致，有时甚至会背道而驰，那么自然人死后近亲属拥有的侵权损害赔偿请求权，其依据何在？如果认为只是单纯地保护近亲属权益和社会公共利益，这一问题便难以解释；

其二，在私益诉讼中如果并非直接保护"死者人格利益"本身，而是保护近亲属的精神权益，即一些学者所称的"对死者近亲属的追思情

---

[1] 王泽鉴：《人格权保护的课题与展望——人格权的性质及构造：精神利益与财产利益的保护》，《人大法律评论》2009 年卷，第 101 页。

感"①，那么这种请求权又是否有必要限定在近亲属之中？如果其他民事主体与死者的关系十分紧密甚至超过死者的近亲属，那么是否又有资格提起诉讼，如果说是为了防止"滥诉"，这种限度又该如何把握？既然人格权是人身专属权益，对死者人格利益的保护在于"保护非死者的精神权益"，那么为什么私益诉讼只有近亲属可以提起？

最后，如果在私益诉讼中将死者的人格利益保护依附于其近亲属，那么如果死者没有近亲属，且对死者人格利益的侵害同时牵涉"社会公共利益"，按照"近亲属权益保护理论"的观点，是否就无法进行救济？如果是这样的话，侵犯死者人格的行为仅仅是保护死者近亲属的权益，那么就意味同样是侵害死者人格的行为，侵权行为是否受到法律规制的关键在于死者是否存有近亲属，似乎又有违民法中的平等保护原则，而这也使得近三十年来关于死者人格保护的认识论之争一直存续。

三 死者人格保护"规范续造"的谱系学考察

而要拨开各种理论的"迷雾"，就死者人格利益保护这一问题来讲，除了借鉴不同国家和地区的民法学理论之外，在近三十年我国司法机关已经对"死者人格利益"相关司法实务问题有了一定积累的当下，应当审视与总结本土司法实践关于死者人格保护的历史脉络，以保证死者人格保护条款在民事立法和司法适用上的统一性。

（一）《复函》的"续造"：死者人格保护的正当性确证

在法无明文规定"死者人格应当受到保护"的背景下，对于死者人格是否需要保护的问题首先在司法实务中出现并且通过复函的形式得到了解释和处理。作为象征性标杆之所在，1989 年于天津市中级人民法院受理的"陈秀琴诉魏锡林、《今晚报》社侵害已故女儿名誉权纠纷案"（又称

---

① 葛云松：《死者生前人格利益的民法保护》，《比较法研究》2002 年第 4 期。

"荷花女"案)①，被视为我国改革开放以来首例在司法实践中公开确认保护死者名誉权的案件，正式开启了司法实践关于死者人格保护的"规范续造"。

在"荷花女"案中，一审法院在裁判文书说理部分提到，"吉文贞已死亡，对死人名誉权是否给予保护，目前我国尚无法律明确规定。但公民死亡只是丧失了民事权利能力，其在生前已经取得的具体民事权利仍应受到法律保护。""作者魏锡林以虚构事实、散布隐私等方式毁损死者吉文贞的人格，构成侵犯名誉权，故应承担民事责任。"这种裁判意见与前文提到的"自然人死亡后丧失的只是民事权利能力，在死后享有某些民事权利资格"的理论不无类似，在法无明文规定的情形下，直接赋予了死者享有名誉权的资格。而在最高人民法院于1989年4月12日作出的《最高人民法院关于死亡人的名誉权应受法律保护的函》之中，其中第一项便直接提出"吉文贞（艺名荷花女）死后，其名誉权应依法保护，其母陈秀琴亦有权向人民法院提起诉讼"。从复函的文本意思来看，最高人民法院认为死者仍具有"名誉权"，并首次以复函②的形式确认了对死者"名誉"的保护。但与此同时，复函中提到"其母陈秀琴亦有权向人民法院提起诉讼"，这里陈秀琴的诉权是源自自身权益受到损害，还是因为死者名誉权受损而代为提起的诉讼，关系到责任承担中是否可以提起侵权损害赔偿以及损害赔偿的额度，该复函中并未提及，只是提出责任承担方式可由天津高院"根据本案具体情况确定"。而在"荷花女案"二审时天津高院在认定天津中院判决合法的基础上，主持原被告双方达成了"调解协议"，也潜藏了本案背后死者人格利益保护对象、保护范围与责任承担方式等方面存在的争议。

---

① "陈秀琴诉魏锡林、《今晚报》社侵害已故女儿名誉权纠纷案"，《最高人民法院公报》1990年第2期（总第22期）。

② 从司法实务来看，法院系统内部经下级法院请示报告而由最高人民法院所作的"复函"，在某种程度上具有了司法解释的性质，本是"个案批复"，但实际上已有了"普遍的指导意义"，在审判实务中也常常被称之为"批复性司法解释"。法院将个案批复等同于司法解释的裁判依据援引有很多实例，譬如"王素岚诉图们、祝东力侵害名誉权案"，北京市西城区人民法院（1998）西民初字第547号民事判决书。

随后，在成都市中级人民法院审理的"范应莲诉敬永祥侵害海灯法师及其本人名誉权案"[①] 中，四川省高级人民法院也曾向最高人民法院发函请示意见，最高人民法院于 1990 年 12 月 27 日发布的《关于范应莲诉敬永祥等侵害海灯法师名誉权一案有关诉讼程序问题的复函》称"海灯死亡后，其名誉权应依法保护，作为海灯的养子，范应莲有权向人民法院提起诉讼。"从文义上看，该复函明确了死者人格受到侵害的情况下作为"养子"的诉权，当然这种诉权是建立在死者名誉受到侵害的前提之下的；而最高人民法院于 1993 年 2 月 4 日发布的《最高人民法院关于范应莲诉敬永祥侵害海灯名誉一案如何处理的复函》中又进一步提道，"敬永祥在《金岛》、《报告文学》上刊登的文章和在四川省民法、经济法学会上的发言基本内容失实，贬低了海灯的人格，已构成对海灯名誉的侵害"。[②] 再次以复函的形式在具体个案中重申了死者的"名誉权"[③] 应当受到保护。

在 20 世纪八十年代末九十年代初的司法背景下，最高人民法院通过复函的形式客观上确认了死者人格利益应当受到司法保护，复函对于死者人格利益保护的正当性确证无疑具有一定的积极意义。但是基于个案指导的这几则复函对于保护期限、范围以及责任承担方式等问题并未做细化规定；同时，在法无明文规定的条件下通过"复函"形式直接赋予死者"名誉权"，对法定"人格权"进行超出规范概念限度的"扩张解释"，这种"造法"行为本身的合法性与正当性也是有待商榷的。

---

① 四川省高级人民法院（1991）川法民示字第 16 号"关于范应莲诉敬永祥侵害海灯法师及其本人名誉权一案的请示报告"。

② 从该复函的抽象法效力来讲，最高人民法院重申了"死者人格"应当受到保护；但就具体案件而言，随着科学技术的发展，近些年对于"海灯案"基本事实及庭审程序又产生了争议。敬永祥：《海灯案为何一筹莫展》，《中国律师》2002 年第 4 期。

③ 值得注意的是，曾有观点提出《最高人民法院关于范应莲诉敬永祥侵害海灯名誉一案如何处理的复函》已经将之前"海灯名誉权"的提法改为"海灯名誉"，该案中已经认定死者不具有名誉权。张红：《死者人格精神利益保护：案例比较和法官造法》，《法商研究》2010 年第 4 期。笔者对此持不同意见，在同一案件中最高人民法院明确提到"海灯的名誉权应当受到保护"，可见当时最高人民法院对于死者是否具有"人格权"仍然持肯定意见，虽然这种"超越法律的续造"本身值得存疑。而在此复函中不仅提到死者时用的是"名誉"，在提到生者时也用的是"名誉"而非"名誉权"，不能仅仅从这一字之差就否定最高人民法院在同一案件中前后复函所持的立场，不过这也从侧面也体现出法律术语在类似文本中有待规范。

（二）从"死者人格权"到"近亲属权益"：司法解释的路径转捩

虽然复函对于司法实务具有一定的指导意义，且在一些案件中被直接认定为"批复性司法解释"，但从"复函"本身的法定效力来讲，主要还是针对具体个案有"参考"的作用。① 因此，基于以上复函的内容和相应案件的处理经验，最高人民法院于1993年正式发布了《最高人民法院关于审理名誉权案件若干问题的解答》，将对个别案件的"批复"扩大化为对各地法院审理名誉权案件的指导。在该《解答》的第五条明确规定，"死者名誉受到损害的，其近亲属有权向人民法院起诉。近亲属包括：配偶、父母、子女、兄弟姐妹、祖父母、外祖父母、孙子女、外孙子女。"在这里首次在死者人格利益保护中明确了近亲属的诉权，并规定了近亲属的范围；同时在该文件的第十条明确规定了侵害名誉权的责任承担形式，即应当依照《中华人民共和国民法通则》第一百二十条和第一百三十四条的规定，"可以责令侵权人停止侵害、恢复名誉、消除影响、赔礼道歉、赔偿损失"。这是我国司法实务中第一次以司法解释的形式对死者名誉的保护请求权归属做出界定，但是这种"若干问题的解答"毕竟只是对于具体案件所反映的问题的一种补救形式，对死者生前人格利益予以侵害的行为可能同时损及社会公共利益的情形应如何界定请求权的归属等问题尚不明晰。

此外，不同于之前复函中明确提出"死者名誉权应当受到保护"，在此文件中也并未专门提及"死者名誉权"，而只是提及"死者名誉"作为

---

① 需要说明的是，由于法院上下层级之间是"指导"关系而非"领导"关系，因此最高人民法院在以上三则复函中均在给出的意见之后提到"以上意见供参考"，从这里可以看出"复函"更像是基于具体个案的"内部指导文件"而非具有普遍指导效力的"司法解释"；虽然学界对于"司法解释"的范畴一直有所争论，但在实务操作中，由于上下级法院的审级构造，"复函"往往会起到重要的指导意义，潜在地具有普遍效力。因此，1997年发布、2007年废止的《最高人民法院关于司法解释工作的若干规定》第9条将"解释""规定""批复"正式列为司法解释的三种形式；2007年发布并于同年正式施行的《最高人民法院关于司法解释工作的规定》第6条亦明确地将"解释"、"规定"、"批复"和"决定"同时纳入司法解释的范畴。

一种法益，受到侵害时可以由其亲属提起诉讼，其原因可能在于最高人民法院认识到"死者名誉权"的提出可能与现行民法体系的规范有所冲突，因此在"续造"之中便避开了这一问题，以使得死者名誉的保护尽可能地符合现行民事实体法和诉讼法的制度框架。

但颇具吊诡意味的是，该文件第十条提到的责任承担方式，其定语是"侵害名誉权的……"，又暗示着死者人格受到侵犯的案件之中侵害的是"名誉权"，而为此责令侵权人"赔偿损失"时也应当立足于"名誉权"受到侵害的程度，这就为司法实务的处理带来了疑惑，如果说死者名誉应当受到保护已经成为司法实务的共识，那么在责任承担中到底依据的是谁的"名誉权"，近亲属是否有权提起"损害赔偿"？对于这些问题仍然亟待厘清。基于此，最高人民法院于 1998 年发布了一则涉及死者名誉保护的公报案例，即"李林诉《新生界》杂志社、何建明侵害名誉权纠纷案"（又称"李四光案"）①，试图对《解答》中存在的部分问题进行厘清。该案的二审法院认定，根据《中华人民共和国民法通则》第 101 条的规定，公民的名誉即使在其死后也不应当受到侵害，如果公民的名誉在其死后受到侵害，其近亲属有权提起诉讼。就援引的法条来看，《中华人民共和国民法通则》第一百零一条规定"公民、法人享有名誉权，公民的人格尊严受法律保护，禁止用侮辱、诽谤等方式损害公民、法人的名誉"，该案二审法院在说理部分对"公民的人格尊严受法律保护"进行了扩张解释，可以说这种解释进路是对之前法院内部的复函与《最高人民法院关于审理名誉权案件若干问题的解答》中"指导建议"的确证，不过在这一公报案例中二审法院对死者的保护不再使用"名誉权"的字样，而是采取"死者名誉"的表述，将其视为客体的法益而非一种延伸性的人格权利；同时认为被告行为既侵犯了死者的名誉，又造成了原告的精神痛苦，这种隐含着"双重法益"的侵犯，为近亲属提起"精神损害赔偿"提供了权利依据。从这里来看，最高人民法院筛选并发布的这则公报案例体现出实务中

① "李林诉《新生界》杂志社、何建明侵害名誉权纠纷案"，《最高人民法院公报》1998 年第 1 期（总第 53 期）。

一种新的立场，即在私益诉讼中保护的法益既有死者的人格利益，亦有近亲属的精神权益，这样既可以避免与民事实体法中规定的民事权利能力"始于出生、终于死亡"发生冲突，在维护法体系稳定性的同时将死者名誉作为一种法益而非权利来进行保护；又可以通过将近亲属是否有权提起"损害赔偿"的权利依据放在近亲属自身的精神权益是否受到侵犯而非死者"名誉权"受到侵犯，以衡量近亲属精神权益是否受到侵害的方式，在具体个案中进行损害赔偿的认定。

这一立场在 2001 年 3 月 10 日起施行的《最高人民法院关于确定民事侵权精神损害赔偿责任若干问题的解释》中加以确证，这项司法解释也成为此后处理死者人格利益纠纷时广泛援引的规范依据。该解释第 3 条细化了侵权行为的具体形式，增加了"违反社会公共利益"等侵权形式，同时从之前《复函》和《解答》中的死者名誉的保护扩大到死者的"姓名、肖像、名誉、荣誉、隐私以及遗体、遗骨"的保护，进一步延伸了死者人格的保护范围。而从文义看来，该条文涉及的是使死者近亲属遭受精神痛苦所引发的侵权责任，诉权主体是死者的近亲属，侵权行为的内容是由于侵犯死者人格利益而造成社会公共利益或近亲属精神权益的损害。这种思路一直延续到近年来的司法实务之中，2015 年 2 月 4 日起正式施行的《最高人民法院关于适用〈中华人民共和国民事诉讼法〉的解释》第六十九条更是明确规定，对侵害死者遗体、遗骨以及姓名、肖像、名誉、荣誉、隐私等行为提起诉讼的，死者的近亲属为当事人。私益诉讼中诉权主体认定为近亲属，对"死者"人格利益的保护由对生者权益的保护来间接地实现，这也使得最高人民法院出台的司法解释关于死者人格保护之规定逐渐改变了之前几则《复函》之中直接赋予"死者人格权"的规定，而是转向对死者近亲属的诉权及精神损害赔偿请求权的司法救济，在防止司法解释之规定与民事实体法关于民事权利能力的规定相偏离的同时，将"法律续造"限缩在了现行法体系之内。

从司法解释的轨迹来看，最初的几个复函均直接承认死者有"名誉权"，但在《最高人民法院关于审理名誉权案件若干问题的解答》这一司法解释之后，开始使用"死者名誉"的表达，从条文措辞上这种表达既可以理解为司法实务保护的是死者的名誉，也可以理解为是在保护由于死者名誉等人格利益遭到侵犯而权益受损的死者近亲属。[①] 这种语义上的模糊处理与法对人格权边界可以扩张到"死者"的情形无明文规定不无关系。而在《关于确定民事侵权精神损害赔偿责任若干问题的解释》中，最高人民法院则明确提出是"近亲属"自己可以请求精神损害赔偿，这种损害赔偿的法理依据在于近亲属自身精神权益受损而非单纯地侵犯死者人格。在明确受保护的客体是死者法益的同时，辅之以近亲属精神权益保护和社会公共利益保护的具体规则，虽然本身依然存在模糊地带，但司法实践也正是依靠这种规范续造的方法，再依据其意旨对《侵权责任法》第二条进行扩张解释才得以达成了裁判文书上的"形式合理性"。

经由直接保护"死者名誉权"转变到"近亲属诉权"和"死者人格利益保护"的双重表达，可以看出司法解释的路径是一个逐渐规避"直接说"的过程。虽然有前后说理矛盾、内容含混之嫌，但确实反映出这样一种趋势，即司法机关逐渐趋向于避免关于死者是否具有"权利"的探讨，而是直接指涉个案中的诉权资格、侵权的具体形式和责任承担方式。从"规范续造"的层面来讲，这样更符合目前民法教义学体系框架，能够使得保护死者人格不至于以牺牲现行民法体系的结构性为代价，避免使人格权的外延超出法律限度的扩张，将司法解释所作的"规范续造"限缩在目前人格权法体系的保护射程之内。司法实务中的这种技术性处理，规避了关于死者保护的"法益"和"权利归属"之争，这种技术处理使得多数学者倾向于将其视为"近亲属权益保护"的直接表达[②]，这也更符合目前中国民法教义学体系的认知。与此同时，无论是在未来司法实践中采用"死者人格权"的直接保护理论还是"维护近亲属权益"的间接保护理论，抑或对死者人格利益和近亲属精神权益的"双重保护"，从语义解释的视角来看这种规范续造都留有解释的余地。

[①] 刘国涛：《死者生前人格利益民法保护的法理基础——读〈死者生前人格利益的民法保护〉后的再思考》，《比较法研究》2004 年第 4 期。

[②] 张善斌：《死者人格利益保护的理论基础和立法选择》，《江汉论坛》2016 年第 12 期。

四 解释学视域下死者人格利益的 规范协调与体系建构

从上文的域内司法实践来看，司法解释和个案审判实务已经经历了从"是否应当受到保护"到"保护什么"的规范演进，采取"死者人格"这种技术性表达，辅之以近亲属精神权益保护和社会公共利益保护的规则指引，以避免死者人格保护陷入关于"保护对象"的无休止的"立场之争"，进而试图从"保护什么"走向"如何保护"的规范建构。但是随着2017年《民法总则》第一百八十五条（2021年1月1日《民法总则》废止后仍被保留为《民法典》第一百八十五条）增设关于英雄烈士人格利益保护的规定以及2018年《英烈保护法》的出台引发死者保护在法律规则上的"差别待遇"，在规范层面又造成了"特别保护"与"一般保护"之间的冲突；此外，在2020年5月正式通过的《民法典》为了避免争议，在增设的第九百九十四条中仅仅是重新确认了《关于确定民事侵权精神损害赔偿责任若干问题的解释》第三条关于死者人格保护的部分规则。司法解释为民法典立法提供了"开放的想象空间"，但民法典只是单纯地沿袭了之前司法解释关于死者人格保护的"规范续造"，这使得死者人格利益保护的规则适用产生了新的解释论上的问题。

（一）"英烈保护"与"一般保护"：死者人格保护规范之间的冲突与协调

在关于死者人格保护的规范建构之中，规范层面的核心问题之一便是如何将不同规范之间的内容相衔接、如何将法律规范与司法实务相衔接。在《民法典》人格权编增设死者人格利益保护条款之前，关于死者人格保护的规范依据主要源自司法解释的规范续造和审判实务对法律规范的技术性解释，而在《民法总则》和《英烈保护法》相继出台之后，规范之间潜在的冲突问题便也随之产生。

《民法总则》① 第十三条规定 "公民从出生时起到死亡时止，具有民事权利能力，依法享有民事权利，承担民事义务"，这一则关于自然人民事权利能力的规定延续至最新的《民法典》第十三条之中，亦是目前民法学关于民事权利能力的基本共识；但与此同时，引发了法学理论和司法实务重点讨论，《民法总则》第一百八十五条又明确规定了 "侵害英雄烈士等的姓名、肖像、名誉、荣誉，损害社会公共利益的，应当承担民事责任。"第一百八十五条是我国民事立法首次出现涉及死者人格保护的规定。在这一情形下，如果要给《民法总则》第十三条和第一百八十五条一个体系融贯的解释，那么第一百八十五条的规范主旨就应当在于保护社会公共利益。因为英雄烈士有可能已经去世，按照第十三条之规定，"享有民事权利"的时限是 "出生时起到死亡时止"，那么对于死者 "姓名、肖像、名誉和荣誉"进行保护的正当性基础便只能依托于 "社会公共利益"。而在 2018年 5 月正式实施的《中华人民共和国英雄烈士保护法》（以下简称《英烈保护法》），又进一步细化了 "英烈保护"的保护范围、诉权主体和责任承担方式，这使得在立法中死者人格利益保护的问题变得更加复杂。

从立法的社会目的来看，强调英雄烈士的保护，有利于营造良好的社会风尚，更好地 "维护社会公共利益，传承和弘扬英雄烈士精神、爱国主义精神"。但从死者人格保护的一般性条款去审视英烈保护规则，依然存在的问题在于《英烈保护法》第二十五条之规定。该条款赋予 "英雄烈士"近亲属诉权，并不以 "损害社会公共利益"为要件。那么在这里保护的法益到底是什么，是已逝世的英雄烈士的人格利益还是其近亲属的权益？立法单独规定了不以 "损害社会公共利益"为前提的情形下 "英雄烈士"近亲属的诉权，如果说维护社会公共利益而作特别法的规定有其合理性；那么 "非因公共利益"而确认的 "英雄烈士"近亲属诉权与精神损害赔偿请求权也被法律明确规定，就不免会产生有违 "平等保护原则"

---

① 虽然《民法总则》于 2021 年 1 月 1 日废止，但鉴于《民法典》第十三条、第一百八十五条直接延续了《民法总则》对应条款之规定，且在此前的死者人格保护案例中《民法总则》尚且行之有效，因此在下文论述中为了方便讨论，均援引在相关司法案例发生时尚且有效的《民法总则》之规定，笔者在此予以说明。

的质疑：对于不具有"英雄烈士"身份的其他死者，其近亲属是否同样具备这种诉权与精神损害赔偿请求权？对于不涉及"公共利益"但侵害死者人格的行为，死者近亲属的诉权在立法上的价值宣示是否应该基于死者的这种特殊身份有"差别待遇"？

上述问题便涉及到规范之间的协调与立法上的差别保护。如果说《民法总则》第一百八十五条的规范目的在于保护社会公共利益，而《英烈保护法》的目的就应当在于细化关于"英雄烈士的人格保护"来维护公共利益。基于维护社会公共利益的考量，对于"英雄烈士"人格利益给予重点保护具有一定的现实合理性。但在立法尚未对死者人格保护作出一般性规定的情形下，不以"损害社会公共利益"为前提要件却直接赋予了特定自然人诉权，同时还并未规定这种私益诉讼的诉讼时效和民事责任承担方式，就似乎存在有违平等保护原则的嫌疑。立法或许有公共政策的考量，但确实对法体系来讲造成了一定的困扰，而规范的适用一定会诉诸司法实践，面对规范本身存在的问题，从司法实务中去管窥或许能有更合适的解释进路。

在《民法总则》和《英烈保护法》颁行前发生的"葛长生、宋福宝分别诉洪振快名誉权侵权纠纷系列案"①（又称"狼牙山五壮士名誉纠纷案"）之中，法院认定涉案文章"不仅损害了葛振林的个人名誉和荣誉，损害了葛长生的个人感情，也在一定范围和程度上伤害了社会公众的民族和历史情感。在我国，由于'狼牙山五壮士'的精神价值已经内化为民族精神和社会公共利益的一部分，因此，也损害了社会公共利益。"在此基础上，该案审理法院援引《中华人民共和国侵权责任法》第二条及《最高人民法院关于确定民事侵权精神损害赔偿责任若干问题的解释》（以下简称《精神损害赔偿司法解释》）第三条之规定，确认了死者近亲属的诉权，判令被告向原告赔礼道歉、消除影响；同时认为自然人死亡后，其"生前人格利益"仍然受法律保护，判令被告立即停止侵害葛振林、宋学义名誉、荣誉的行为。这种处理方式得到了最高人民法院的认可，并在

① 北京市第二中级人民法院（2016）京02民终6271、6272号民事判决书。

2018 年《英烈保护法》颁行之后进一步将该案例发布为"指导性案例"，以指导实践中英烈保护的具体实务操作。而在《英烈保护法》颁行后发生的颇具代表性的"叶挺烈士近亲属起诉西安某公司名誉侵权案"① 等案件之中，法院在被告对英雄烈士名誉已停止侵害的前提下，判令被告向原告赔礼道歉、消除影响，同时在判决中业已确认了英雄烈士近亲属所提出的精神损害赔偿的请求。在相关判决给付英烈近亲属的精神损害抚慰金时，同之前侵犯死者人格利益的其他类型案件一样，司法机关均援引了《精神损害赔偿司法解释》中第三条、第八条和第十条之规定，通过保护死者近亲属权益以达到保护死者人格利益之目的。

由此可以看出，"英烈保护"所采取的保护思路与《民法总则》《英烈保护法》颁行前死者人格纠纷的司法处理在本质上别无二致，保护的法益既有"死者人格利益"，通过"停止侵害"来实现救济；亦有法律和司法解释明确提到的"社会公共利益"和"近亲属权益"，通过"赔礼道歉、消除影响"和向死者近亲属给付"精神损害赔偿"的方式来实现救济。司法机关在处理"英烈保护"的案件时，能动地将其归入"死者人格保护的类型案件"之中，除了在《英烈保护法》出台之后法院在处理相关案件时会强调《民法总则》第一百八十五条和《英烈保护法》的相关规定之外，对于侵害死者人格的行为，其具体责任承担方式的援引依据与之前基本是相同的，即《精神损害赔偿司法解释》第三条。因此，尽管从《民法总则》到《民法典》第一百八十五条，立法上关于英雄烈士等特殊身份的死者均予以单独规定，但规范本身主要还是为了起到价值宣示与舆论倡导的作用，具体到个案的解释适用过程，除了在所牵涉案件中对于"社会公共利益""民族情感"等问题予以着重强调之外，其保护范围、诉权配置、责任承担方式均与此前涉及死者人格保护的一般性司法解释相对应，在价值倡导之余所作的是司法上的"平等保护"。而这也意味着在死者人格利益保护的类型案件中，司法解释所作的规范续造②，已经

---

① 陕西省西安市雁塔区人民法院（2018）陕 0113 民初 8937 号民事判决书。该案之后被最高人民法院列入"2018 年度十大侵权损害赔偿案例"。

② 〔德〕卡尔·拉伦茨：《法学方法论》，陈爱娥译，商务印书馆 2003 年版，第 246～250 页。

形成对于法律规范本身的补充和协调，以化解规范可能造成的教义学体系上的冲突和"差别保护"的质疑。

（二）范围、期限与诉权配置：死者人格保护规则建构的具体展开

在厘清既有规范所存在的问题及如何发挥司法的补充与协调功能之后，可以发现《民法典》颁行前我国关于死者人格利益的民法保护，只是在《英烈保护法》等相关法律和司法解释中有一些零星的涉及和规定。而在正式提及死者人格利益保护的《民法典》第九百九十四条中，也仅仅是参考之前《精神损害赔偿司法解释》第3条之规定，首次在立法上予以明确死者人格保护的一般性规定，对于死者人格的保护范围、保护期限、诉权配置等问题仍然有待于通过规范解释的方法予以补充和完善。因此，在现有的立法框架下，有必要进一步研讨法律规范与司法解释尚未明确规定的内容，以进行合理、有效地司法适用。具体而言，目前的死者人格保护条款中尚需厘定的问题主要有如下几个方面：

其一，如何界定死者人格利益保护范围。从现行有效的法律法规和司法解释来看，关于保护范围的设定在不同规范之中表述并不相同，《民法总则》第一百八十五条（现行《民法典》第一百八十五条）和《英烈保护法》第二十五条中明确规定的英雄烈士人格利益保护范围是"英雄烈士的姓名、肖像、名誉、荣誉"；《精神损害赔偿司法解释》第3条除了"侵害死者姓名、肖像、名誉、荣誉"之外还提及"侵害死者隐私"和"侵害遗体、遗骨的行为"可以作为死者近亲属请求精神损害赔偿的构成要件。而在目前颁布的《民法典》之中，第九百九十四条又规定了死者人格利益保护请求权基础是"死者的姓名、肖像、名誉、荣誉、遗体等受到侵害的"，不仅超出了第一百八十五条的保护范围，而且在此列举了保护内容之后，还加了一个"等"字，使得《民法典》关于死者人格利益的保护范围有了更多的解释空间。

这三种保护范围的规范设定之中，《民法总则》第一百八十五条和《英烈保护法》提及的保护范围相对有限，但并不意味着英雄烈士的保护

只汲于"姓名、肖像、名誉和荣誉"。正如前文所言，这两部法律关于
"英烈保护"的规定有公共政策的考量，属于价值宣示类型的规范条款。
在司法实务中"英烈保护"依然会参考司法解释，保护范围可扩展至
《精神损害赔偿司法解释》之中的死者人格利益的保护范围。而就《民法
典》第九百九十四条来看，条款中的"等"字在文义解释上存在有两种
含义：如果认为"等"是对前几项内容的总结，那么该条款的立场与
《精神损害赔偿司法解释》第 3 条第一项和第三项的立场就是基本一致的，
保护范围限缩在《精神损害赔偿司法解释》第 3 条之内，该条款只不过是
立法对之前司法解释中部分"续造"内容的一种正当性确证。如果认为
"等"是法律的"留白"，那么这个带有兜底条款性质的"等"字，就会
在立法上给死者人格保护留下具有不确定性的"开放空间"。对于第一种
解释，在《民法典》草案审议过程中有所印证，草案审议时有意见提到
"死者的遗骨和骨灰作为特殊的物，具有社会伦理意义特别是人格象征意
义或人格利益，对死者的遗骨和骨灰，建议与死者的遗体一样，受到法律
保护。"[1] 该建议对保护范围的补充，是建立在将"等"视为对前几项内
容进行总结和限缩的基础之上的；同时由于"死者的隐私问题"一直存在
争议，将死者人格利益的范围划定在死者的"姓名利益、肖像利益、名誉
利益、荣誉利益以及遗体、遗骨的利益"，在理论研究中也普遍持肯定意
见。[2] 从立法审议材料和理论通说的佐证来看，将《民法典》第九百九十
四条中的"等"理解为对前几项的限缩似乎更具有现实合理性。但是结合
前文所梳理的司法续造过程，应当注意到死者人格利益的保护本身就是随
着法治的发展和权利理论的扩充"从无到有""从少到多"不断完善起来
的。对死者人格利益的保护应当遵循适当性原则，如果某种人格利益是能
够保护且确有必要的，同时这种保护行为不至于对他人的行为自由设置过
多的限制，就应当有受到保护的可能性。"等"字如果作为兜底条款的话，
可以使得法律本身更具有弹性，适应不断变化的社会理念，在法法衔接中

---

[1] 雷蕾：《人的权利和权益边界应有所扩大——十三届全国人大常委会第十二次会议分组
审议民法典人格权编草案侧记》，《人民法院报》2019 年 8 月 25 日第 1 版。

[2] 王利明：《民法总则研究》，中国人民大学出版社 2003 年版，第 340 页。

与"著作人身权""公开权""隐私权"① 等理念相配套，方能更好地衔接《精神损害赔偿司法解释》第 3 条关于保护范围的规定，为死者人格利益的保护范围的司法适用提供一种既稳定又开放的空间。

其二，如何确定死者人格利益的保护期限。目前，现行有效的法律规范和司法解释尚未对保护期限作出明确规定，但死者人格利益的保护必须确定期限，否则对于其他民事主体的权利行使和行为自由就有可能构成严重的限制。② 关于如何确定死者人格利益的保护期限，在理论上存在以下两种路径：（1）死者人格利益保护期限可参照 2010 年颁行的《著作权法》第二十一条的规定，直接规定对死者人格利益之保护期限为死后 50 年，超出此期限的，不再予以保护，这样可以与生者人格利益相区分，同时保证关于死者人格利益保护可以依据不同法律规范进行统一适用。③（2）对应死者人格利益保护案件中近亲属享有的诉权资格，以死者近亲属生存期限为死者人格利益保护期限。④

就第一种思路而言，如果将法律规范所涉及的不同类型法益一概而论，不免有"形式化"之嫌。虽然《著作权法》第二十一条规定公民作品的发表权保护期限为作者终生及其死亡后五十年，但在《著作权法》第二十条亦明确规定"作者的署名权、修改权、保护作品完整权等著作人身权的保护期限不受限制"，而死者的"姓名、肖像、名誉、荣誉"等人格利益相较而言更类似于具有人身专属性质的著作人身权，简单地将死者人格利益的保护期限划定为五十年，既不符合民法教义学的体系，也难以逻

---

① 北京市高级人民法院（2014）高民终字第 1152 号民事判决书。该案又被称为"钱钟书书信著作权及隐私权侵权案"、"杨季康（笔名杨绛）与中贸圣佳国际拍卖有限公司、李国强诉前禁令案"，后被列入最高人民法院颁布的"典型案例"，《最高人民法院公报》2014 年第 10 期（总第 216 期）。本案是人民法院作出的首例涉及著作人格权的临时禁令。法院考虑了该案对于社会公共利益可能造成的影响，对被告作出了司法禁令，明确保护了著作权人权利，又试图避免对拍卖公司及相关公众造成过度影响。该禁令明确强调了收信人对于发信人著作权及隐私权的保护，也引发了对于著作人死亡之后"公开权"与"隐私权"的探讨。

② 杨立新、王海英、孙博：《人身权的延伸法律保护》，《法学研究》1995 年第 2 期。

③ 张红：《死者生前人格上财产利益之保护》，《法学研究》2011 年第 2 期。

④ 马丽：《死者人格利益保护理论的反思与重构》，《南京理工大学学报》（社会科学版）2009 年第 4 期。

辑自洽，同时在司法实务之中也容易出现"钻空子"的现象，对于超过保护期限而侵犯死者人格利益、损害死者近亲属精神权益和社会公共利益的行为难以做到合理救济；而第二种思路与目前《民法典》第九百九十四条中关于保护期限的规定异曲同工，该条款规定了死者配偶、父母、子女以及其他近亲属的诉权资格和诉权顺序，接着在第九百九十五条提到"受害人的停止侵害、排除妨碍、消除危险、消除影响、恢复名誉请求权的，不适用诉讼时效的规定。"这里虽然提及这几种请求权不适用诉讼时效，但结合第九百九十条之规定，在死者人格利益保护类型案件中这些请求权对应的诉权主体只能是前一条款提到的死者近亲属，因此推导出的结果依然是死者近亲属的生存期限是死者人格之保护期限。而如果死者人格利益的保护期限以死者近亲属的生存期限为准，那么就意味着死者人格是否受到保护以及保护多长时间，完全由其是否有近亲属以及近亲属在世多长时间来决定，似乎有违平等保护的原则，在论证逻辑上也存在瑕疵。此外，司法实务中保护死者名誉、荣誉等人格利益还常常涉及社会公共利益，如涉及烈士的保护，此种情形下社会公共利益不会因为死者的近亲属故去而消失，也不会因为死者没有近亲属而不予保护，单纯地将保护期限与近亲属生存期限挂钩并不是最优解。

基于此，死者人格利益的保护期限应当根据保护对象及责任承担方式来确定，对于《民法典》第九百九十五条所提及的"停止侵害、排除妨碍、消除危险、消除影响、恢复名誉"等民事责任承担方式，对应的应当是死者人格法益本身的保护，同时这几种责任承担方式也不至于对侵权人产生过重的负担，可采取不适用诉讼时效的规定，并规定在没有近亲属提起请求的情形下，如若损害社会公共利益亦可进入民事公益诉讼予以保护，以更好地衔接民事实体法和民事诉讼法之制度。而对于死者近亲属可提出的"精神损害赔偿请求权"，作为近亲属其自身的诉权而非代死者提起的请求权，应当受到诉讼时效的限制，在目前无特殊规定的情形下，可参照《民法典》第一百八十八条关于诉讼时效的一般性规定和《最高人民法院关于适用〈中华人民共和国民法总则〉诉讼时效制度若干问题的解释》予以限制，以保证当事人积极履行自身权利。

另外需要注意的是，随着市场经济的发展，对死者人格的侵害不仅是单纯地侵害"精神利益"，有时还会伴随着获取一定的商业利益。① 对于附着于精神利益之上的财产利益应予以重视，此类型纠纷在司法实践中正在逐渐增多，目前在司法实践中如果不涉及使用死者姓名、肖像等进行"非法利用或炒作"，尚不予以保护。② 但在未来的规范续造与法律适用之中，利用死者姓名、肖像等所获得的商业利益，如果商品化利用程度较高，亦应当衡平商业价值、社会公共利益和近亲属精神权益，在排除合理使用、法定许可且不违反社会公共利益的前提下，给附着于精神利益上的财产利益设置明确的保护限度和法定期限。

其三，如何处理死者人格利益纠纷中的诉讼资格问题。死者人格利益受到侵害时谁有权提起诉讼，不仅涉及死者人格保护条款的规定，还涉及民事诉讼法中的诉权配置，直接关系到请求权人的主体资格和具体的民事责任承担方式。而对于这一问题，根据《民法典》第九百九十四条之规定，"死者的姓名、肖像、名誉、荣誉、遗体等受到侵害的，其配偶、子女、父母有权依法请求行为人承担民事责任；死者没有配偶、子女并且父母已经死亡的，其他近亲属有权依法请求行为人承担民事责任。"从内容来看，该条款与《精神损害赔偿司法解释》第七条之中提到的"自然人死亡后其人格或者遗体遭受侵害，死者的配偶、父母和子女向人民法院起诉请求赔偿精神损害的，列其配偶、父母和子女为原告；没有配偶、父母和子女的，可以由其他近亲属提起诉讼，列其他近亲属为原告"这一内容十分相像，或者可以说草案之规定正是从后者衍生而来。但《民法典》毕

---

① 杨巍：《死者人格利益之保护期限》，《法学》2012 年第 4 期。

② 就我国目前的司法实务而言，死者人格利益保护主要针对精神利益，对死者人格之财产利益多持否定态度。如 2009 年发生"周海婴诉梁华侵犯计算机网络域名纠纷案"（又称"鲁迅姓名权案"），法院审理认为，"周海婴作为鲁迅先生之子，有权继承鲁迅先生的物质遗产，亦对鲁迅先生的姓名、名誉等享有精神利益，有权维护鲁迅先生的姓名不受侵害，但是姓名权本身作为人格权的一部分，随着自然人死亡而消灭，不发生继承的问题。因此，周海婴对于鲁迅先生的姓名并无专有的权利。周海婴要求将争议域名移转给自己名下，无任何法律依据，本院不予支持。"该判决否认了死者姓名具有财产利益及可继承性，客观上确认了姓名财产利益的保护期限在死者亡故后即终于消灭。北京市第一中级人民法院（2009）一中民初字第 4747 号民事判决书。

竟以法律的形式确认了死者近亲属的诉权及近亲属之间诉权的顺序，通过立法对诉权配置问题加以规范，在目前实务操作上仍以司法解释的"续造"为依据的情形下不乏积极意义。而为了在法典正式出台之后更好地进行法律适用，在诉权配置上还需要厘清死者近亲属的范围，以及除了死者近亲属之外其他个人或机构是否有可能具备诉权资格等重要问题。

关于死者近亲属的范围，目前仍然存在不同的学理解释，除了认为近亲属即为三代以内直系血亲的观点①之外；还有观点从英烈保护的视角出发，认为对于已经去世的英雄烈士，三代直系血亲以外近亲属均有权提起英烈权益诉讼，因为他们通常也具有维护英烈人格利益的积极性②；甚至可以参照《继承法》之规定，将死者近亲属限定在"四等亲旁系血亲"的范围之内。③ 但是从目前既有的司法解释和法律规定来看，1993 年《最高人民法院关于审理名誉权案件若干问题的解答》第五条便已规定"死者名誉受到损害的，其近亲属有权向人民法院起诉。近亲属包括：配偶、父母、子女、兄弟姐妹、祖父母、外祖父母、孙子女、外孙子女。"④这一规定明确列举了死者近亲属的范围，与《关于贯彻执行〈中华人民共和国民法通则〉若干问题的意见（试行）》之中第十二条所涵盖的"近亲属"范围完全一致，而这种立场也被《民法典》第一千零四十五条第二款关于"近亲属"的规定所采纳。如果"近亲属"的范围过大，除了"配偶、父母、子女"之外，死者人格保护条款所提到的"其他近亲属"之间的诉权顺序就更难协调，也会使得侵害死者人格利益的案件中诉权主体更加不确定；同时还容易造成滥诉的现象以及精神损害赔偿请求权泛滥的情况，

---

① 叶金强：《精神损害赔偿制度的解释论框架》，《法学家》2011 年第 5 期。

② 沈德咏：《〈中华人民共和国民法总则〉条文理解与适用（下册）》，人民法院出版社 2017 年版，第 1224 页。

③ 刘颖：《〈民法总则〉中英雄烈士条款的解释论研究》，《法律科学》2018 年第 2 期。

④ 虽然《民通意见》和《最高人民法院关于审理名誉权案件若干问题的解答》并未将"其他具有扶养、赡养关系的亲属"纳入近亲属的范围，但在前文提到的"范应莲诉敬永祥侵害海灯法师及其本人名誉权案"中，最高人民法院在复函中明确提出"作为海灯的养子，范应莲有权向人民法院提起诉讼"，而这一复函至今仍具有法律效力。从文义上看，该复函明确了死者人格受到侵害的情况下作为"养子"的诉权，为了兼顾复函本身的法律效力和司法解释体系的融贯，也说明对于与死者具有扶养、赡养关系的生者，在司法实务中可以被认定为死者的近亲属，对"子女"、"父母"进行适度扩张解释。

最终影响诉讼中各方法律关系的稳定，有违保护死者人格利益的初衷。因此，将死者近亲属的范围限制在合理有限的范围之内，就《民法典》第九百九十四条中"其他近亲属"的范围而言，虽说这种表达本身也为规范续造以及个案的特殊情形留下了可能的空间，但现阶段为了避免诉权泛滥与诉讼资格模糊不清，参照以上两则司法解释与《民法典》第一千零四十五条第二款以限定"其他近亲属"的范围或许更为合理。那么采取此种近亲属范围，是否意味着其他与死者有亲缘关系的近亲属不能参与到死者人格利益保护的诉讼之中呢？对于这一问题，可以将目光从民事实体法转向程序法，2015 年施行的《最高人民法院关于适用〈中华人民共和国民事诉讼法〉的解释》便提供了一种新的解释路径。该解释第六十九条规定对侵害死者遗体、遗骨以及姓名、肖像、名誉、荣誉、隐私等行为提起诉讼的，死者的近亲属为当事人。与民事实体法关于近亲属范围之规定相衔接，这里死者的近亲属可以理解为死者的配偶、父母、子女、兄弟姐妹、祖父母、外祖父母、孙子女、外孙子女；但在该解释第八十五条同时规定了"与当事人有夫妻、直系血亲、三代以内旁系血亲、近姻亲关系以及其他有抚养、赡养关系的亲属，可以当事人近亲属的名义作为诉讼代理人。"可以发现这一条款的内容其实已经涵盖了学理解释之中近亲属边界扩张的范围，但这里并非给予这些亲属诉权，他们并不具有当事人资格，而是将其视为死者近亲属的诉讼代理人，代为提起精神损害赔偿请求。在法律适用中在认定诉权资格时可以兼采此种解释路径，既能满足保护死者人格不受侵害的目的，也能避免精神损害赔偿请求权的不确定性和请求权主体的过度扩张。

而关于其他个人或机构是否有可能具备诉权资格这一问题，笔者认为，在现实生活中确实不能排除一些死者生前与近亲属以外的他人有十分密切的关系，甚至这种情感联系在某些时候还会超越死者近亲属的情形；但法律规范本身也不能无边界地扩张诉权范围，否则在这种"紧密关系"的认定上、其他个人或机构的范围和诉权顺序上就会出现较大的分歧。这种基于死者生前社会关系的特殊性所造成的复杂情形，推定近亲属最有可能替死者保护权益，是法律追求一般性和安定性价值所不得不做出的选择。但这是否意味着死者近亲属全部过世或死者没有近亲属的情形下，死者人格就无法受到保护了呢？对于此问题的解决或许可以从新近颁行的《英烈保护法》中得到启发，该法第二十五条第二款规定，"英雄烈士没有近亲属或者近亲属不提起诉讼的，检察机关依法对侵害英雄烈士的姓名、肖像、名誉、荣誉，损害社会公共利益的行为向人民法院提起诉讼。"据此，在"英烈保护"中的近亲属诉权之外有了新的补充。① 对于侵害英雄烈士的"姓名、肖像、名誉、荣誉"且达到"损害社会公共利益"的行为，检察机关可以提起民事公益诉讼。而在民事诉讼法与《民法典》第九百九十四条死者人格利益保护条款相衔接的过程中，这种民事公益诉讼程序亦可以纳入死者人格保护的一般性规定之中，作为损害社会公共利益时的补充性救济。通过此种方式，可以弥补死者人格保护只能依赖于近亲属是否在世以及近亲属是否有意愿进行保护所造成的不足；避免那些通过贬损或非法利用死者姓名、肖像等人格利益来攫取商业利益且损害社会公共利益的行为，由于死者近亲属已故或不愿提起诉讼，导致死者人格利益无法得到应有的救济。而在关于死者人格保护的民事公益诉讼程序设计之中或许可以纳入比例原则的衡量，确认提起公益诉讼的要件是其他救济手段已经穷尽、相关行为人的行为严重损害到社会公共利益且提起公益诉讼是必要的、妥当的；同时将民事公益诉讼的构成要件限制在"损害社会公共利益"且后置于近亲属诉权，在责任承担方式上排除近亲属人身专属性质的"精神损害赔偿请求权"，亦能使得这种公益诉讼所保护的法益不超过必要的限度。

五　结论

面对社会观念的变化、公益诉讼的发展和公民权利意识的提升，民法体系也要对此有所回应。虽然死者在现行法体系下不具备民事主体资格，

---

① 黄忠顺：《英烈权益诉讼中的诉讼实施权配置问题研究——兼论保护英雄烈士人格利益的路径抉择》，《西南政法大学学报》2018 年第 4 期。

但并不意味着死者人格利益不应该受到法律保护而沦为任意侵害的对象。在死者人格保护规则长期属于"法律空白"的情形下，通过个案引发了司法对"法律空白"的填补和续造机能。而司法实务中的"法律续造"也并非无迹可循，从死者人格利益"是否应当保护"到"保护什么"再到"如何保护"，为了与整个民法的教义学体系不相违背，一系列司法解释在确定"死者近亲属为当事人"的同时，也在逐渐避开"死者人格权"转而采用"死者人格"的表达，规避了理论上持续已久的保护模式争议，为后续的规范建构提供了开放的解释空间。从目前颁布的《民法典》来看，一方面，《民法典》第九百九十四条并未采纳"死者人格权"这种直接保护的模式，如果刻意强调"死者权利"，可能对人格权法体系造成冲击；另一方面，《民法典》关于死者人格利益保护的一般性规定以"死者近亲属权益"为基础，又难以对《精神损害赔偿司法解释》第三条、《民法典》第一百八十五条和《英烈保护法》第二十五条之中提及的"社会公共利益"作出体系融贯的解释，甚至片面强调近亲属权益保护更容易产生诉讼恣意或者过度保护的现象。

基于此，在既有的民法教义学框架下，如果要完善死者人格利益保护体系，相较于将"保护死者人格利益"的合法性基础视为人格权外延的扩张抑或近亲属对死者生前人格利益的直接承继，从维护公序良俗及保护既有法律关系参与者权益的角度出发去进行解释和适用死者人格保护条款可能更加合理。斯者已逝，为保证法体系的融贯性，从表面上来看法律规范所保护的是逝者生前的人格利益，但这种人格利益在目前的法律体系内唯有与"社会公共利益"或"近亲属精神权益"相关联时才可能受到实际的保护，因此"死者近亲属的精神权益或社会公共利益受到侵害"就成为死者人格利益可能被救济的必要条件。对于"近亲属精神权益"，死者近亲属已被现行民事法律规范确认能够成为诉讼的"当事人"，死者近亲属基于自身诉权，可在上述的责任承担方式之外根据《精神损害赔偿司法解释》第3条，请求对方当事人"赔礼道歉和赔偿精神损失"；对于侵害死者人格牵涉的"社会公共利益"，可在未来的司法实践中比照《英烈保护法》之规定，建立与死者人格保护条款相配套的民事公益诉讼机制，同时将民事公益诉讼之中侵权人的责任承担方式限制在"停止侵害、排除妨碍、消除危险、消除影响、恢复名誉"之中，以防止诉权人基于"侵权损害赔偿"的利益驱动导致滥诉。

最后想要说明的是，面对复杂多变的社会现象，立法不可能穷尽所有救济手段和处理规则，同时从《民法典》第九百九十四条之规定来看，基于公共政策和立法技术的考量，立法对尚未达成理论共识的问题往往采取模糊处理而并不作出价值选择。因此，若要想使国内立法和司法实践形成良好的衔接模式，在死者人格利益等疑难问题之中司法对于漏洞的填补和续造既难以避免也不可或缺。但这种续造必须限制在法律规范的限度之内，方能避免当下围绕死者是否拥有人格权造成理论上持续已久的论争和民法体系内部不必要的矛盾，从个案的实践逻辑出发达到更为合理的保护效果，使民法中的"死者"真正摆脱"身后"的"权益"纠结。

On the Judicial Continuation and Legal Application
to the Personality Interests of the Deceased:
The Review on Article 994 of the Civil Code

Zhao Xuanyi

Abstract: Based on the theoretical controversy of the object of the deceased's personality, civil legislation has not specifically made systemic provisions on the "personality of the deceased" for a long time. Therefore, the court can only use the form of "regular renewal" to adjudicate cases in judicial practice which has undergone a normative evolution from "should be protected" to "what to protect". This provides an "open space for interpretation" for the creation of rules for the protection of the deceased's personality. Article 994 of the Chinese Civil Code provides for the protection of the personality interests of the deceased in the form of legislation, but the content has not exceeded the semantic range of the judicial interpretation. In order to protect the personal interests of the deceased more reasonably, on one hand, facing the special circumstances involving "social public welfare" such as the protection of "heroes", it is necessary to think about how to balance the interests of special groups that avoid unnecessary logical contradictions. On the other hand, in the normative construction of the personality protection of the deceased, It should be based on the existing Chinese judicial interpretation and trial experience. At the same time, The legal basis of "protecting the personal interests of the deceased" lies in maintaining the stability value of the law. The Judicial practice should abandon the epistemological "positional dispute" and reasonably determine the scope of protection of the deceased, the duration of protection, and the allocation of the right to appeal, so as to carry out the legal interpretation and judicial application.

Keywords: Deceased Personality; Equal Protection; Public Interest; Applicable Code; Legal Interpretation

评

论

漏洞填补规则在指导性案例中的运作效果

——基于 92 号指导性案例的考察

袁秀挺　潘　磊

摘　要： 发布指导性案例是我国填补法律漏洞的方式之一，不同于传统的漏洞个案填补规则，指导性案例将个案法律漏洞填补的效力提升，要求其后的类似案件"应当参照"，这对法律漏洞的填补提出了更高要求。在 92 号指导性案例中，法官采取目的性扩张的方法填补法律漏洞，创制了植物新品种权侵权纠纷中的举证责任倒置规则，实现了个案的合理解决。但最高院提炼出的裁判要点没有充分考虑到各植物品种鉴定方法的差异，与一些植物品种鉴定方法的国家标准矛盾，不具备广泛适用的条件。以指导性案例的方式进行法律漏洞填补是积极的探索，但应充分考虑填补的实际效果，谨慎对待漏洞填补工作。

关键词： 指导性案例；法律漏洞填补；举证责任；植物品种鉴定

作者简介： 袁秀挺（1973—　），同济大学法学院教授，主要研究方向：知识产权法、司法制度。

潘磊（1993—　），西安铁路运输法院环境资源庭法官助理，主要研究方向：知识产权法。

基金项目： 本文系国家社科基金项目《知识产权案例指导的运作机制及其实证研究》（项目批准号：13BFX121）研究成果。

目　次

一　92 号指导性案例中法律漏洞的发现

我国建立案例指导制度的初衷是：总结审判经验，统一法律适用，提高审判质量，维护司法公正。已经发布的填补法律漏洞型指导性案例是否可以起到上述作用？本文试图以 92 号指导性案例为对象，考察漏洞填补规则在该案中的运作方式，分析该案裁判要点是否可以满足类似案件的参照需求，并对以指导性案例形式进行的法律漏洞填补提出建议。

（一）92 号指导性案例的基本案情

莱州市金海作物研究所有限公司是玉米品种"金海 5 号"的植物新品种权利人，于 2003 年 1 月 1 日获得授权，品种权号为：CAN20010074.2。2010 年 1 月 8 日，原告莱州市金海种业有限公司（以下简称"金海公司"）获得品种权利人授权独家生产经营玉米杂交种"金海 5 号"，并被授权可对擅自生产销售该品种的侵权行为，以自己的名义独立提起诉讼。被告富凯公司于 2011 年在甘肃省张掖市甘州区沙井镇古城村八社、十一社生产玉米种子。原告金海公司认为富凯公司生产的玉米种子系"金海 5 号"玉米品种，故向张掖市中级人民法院（以下简称张掖中院）提起诉讼。张掖中院受理该案，对被控侵权的玉米进行证据保全，并委托北京玉米种子检测中心对保全样品与农业部植物新品种保护办公室植物新品种保藏中心提取的"金海 5 号"杂交玉米种子的真实性进行司法鉴定。鉴定机构依据法定程序鉴定后，出具 JA2011 - 098 - 006 号检验报告，报告载明两植物 DNA 指纹检测差异位点数为 1，故"无明显差异"。被告认为，差异位点数为 1 说明未侵权，并申请采用 DUS 检测方法或人工种植方法进行重新鉴定。张掖中院认为鉴定报告合法有效，被告侵犯原告的植物新品种权。

被告不服并向甘肃省高级人民法院（以下简称"甘肃高院"）提出上诉，甘肃高院审理后以原审判决认定事实不清，裁定发回张掖中院重审。重审中，张掖中院要求北京玉米种子检测中心对"JA2011 - 098 - 006"号结论为"无明显差异"的检测报告给予补充鉴定或说明。该中心答复："待测样品与农业部品种保护的对照样品金海 5 号比较，在 40 个位点上，仅有 1 个差异位点，依据行业标准判定为近似，结论为待测样品与对照样品无明显差异。这一结论应解读为：依据 DNA 指纹检测标准，将至少两个差异位点作为判定两个样品不同的充分条件，而对差异位点在两个以下的，表明依据该标准判定两个样品不同的条件不充分，因此不能得出待测样品与对照样品不同的结论。"但张掖中院审理后认为该鉴定不能证明两植物为同一品种，故驳回了金海公司的诉请。

金海公司不服，上诉至甘肃高院。甘肃高院认为，根据国标 NY/T1432 - 2007《玉米品种鉴定 DNA 指纹方法检测及判定标准》，品种间差异位点数等于 1，不足以认定不是同一品种，但可认定为相似品种。如果富凯公司提交 DUS 检测报告，证明被诉侵权繁殖材料的特征、特性与授权品种的特征、特性不相同，则可以推翻前述结论。由于富凯公司未提交 DUS 检测报告，故承担举证不能的不利后果，认定其玉米植物侵犯植物新品种权。[①]

（二）法律漏洞的发现

92 号指导性案例的争议焦点是：在玉米 DNA 指纹鉴定中，当两种玉米 DNA 差异位点数等于 1 时，依据国家标准所得的"相似品种"是否等同于法律意义上的"相同品种"；在差异位点数等于 1 的条件下，是否需

---

① 甘肃省张掖市中级人民法院（2012）张中民初字第 28 号民事判决书和甘肃省高级人民法院（2013）甘民三终字第 63 号民事判决书。

要进一步鉴定植物品种相似度,以及应该如何鉴定。

《最高人民法院关于审理侵犯植物新品种权纠纷案件具体应用法律问题的若干规定》(以下简称《植物新品种司法解释》)第 4 条规定:"对于侵犯植物新品种权纠纷案件涉及的专门性问题可以采取田间观察检测、基因指纹图谱检测等方法鉴定。对采取前款规定方法做出的鉴定结论,人民法院应当依法质证,认定其证明力。"该条款对鉴定植物品种时可采用的方法进行了非穷尽式列举,但是该列举仅限于技术方法的名称,没有考虑到技术层面判断品种相似程度的复杂性与法律层面判断品种相同与否的确定性之间的冲突。以 92 号指导性案例为例,根据国标 NY/T1432 - 2007《玉米品种鉴定 DNA 指纹方法检测及判定标准》,品种间差异位点数≥2,判定为不同品种;品种间差异位点数 =1,判定为近似品种;品种间差异位点数 =0,判定为相同品种或极近似品种。显然,国家标准对于两植物相同程度的判断有三种结果,如果说差异位点数≥2 和差异位点数 =0 分别对应法律意义上的不同与相同,那么差异位点数 =1 应该如何处理呢?"相似品种"到底是相同品种还是不同品种,参照本条款无法获得答案。植物新品种纠纷案件虽然数量有限,但几乎每一个例都需要鉴定原被告的植物是否属于同一品种,这是判断侵权与否的关键条件。

综上所述,首先,鉴定两植物品种是否相同是植物新品种纠纷中事实认定的关键问题,本应属于法律调整的事项;其次,法官在相关法律中找不到可以直接适用的明确规则;最后,这种法律规则的缺失是与立法目的相违背的。因此 92 号指导性案例反映出现有法律存在公开的漏洞。[①]

关于法律漏洞,黄茂荣认为,法律漏洞乃指法律体系上违反计划的不圆满状态,可以分为法内漏洞、有据式体系违反、无据式体系违反。[②] 常用的漏洞填补方法有三种,分别是类推适用、目的性扩张和限缩、法律原则法。[③] 后文将结合法律解释方法具体分析 92 号指导性案例填补法律漏洞

---

① 孙光宁:《漏洞补充的实践运作及其限度——以指导性案例 20 号为分析对象》,《社会科学》2017 年第 2 期。

② 黄茂荣:《法学方法与现代民法》,法律出版社 2007 年版,第 428 页。

③ 杨仁寿:《法学方法论》,中国政法大学出版社 1999 年版,第 146~157 页。

的过程与效果。

二　漏洞填补规则在 92 号指导性案例中的具体体现

同大多数指导性案例一样，92 号指导性案例经历了多级审判，体现了案件本身的复杂性与争议性，也反映出面对本案的法律漏洞，各级法院之间不同的处理方法。该案能被选入指导性案例，表明其填补法律漏洞的方式得到了最高院的认可。

本案中，原告出具的 DNA 指纹方法检验报告载明两植物品种差异位点数有一个，按照国家标准来看，属于近似品种。但被告提出生物学意义上的近似品种不是法律意义上的相同品种，申请用 DUS 检测方法或人工种植方法进行重新鉴定。一审法院最初支持了两植物品种相同的结论，理由是："DUS 测试是对申请品种权的植物新品种的特异性、一致性和稳定性进行的测试，这种检测方法解决的是植物新品种是否能被授予保护权的问题，不符合本院委托进行鉴定的目的。"如前所述，司法解释中对植物品种近似程度的判断方法进行了列举性规定，并用"等"字兜底，表明该列举并未穷尽，其他科学的鉴定方式仍有适用机会。实践中，法院确实也接受了其他鉴定方法。如在登海公司诉莱州农科所侵犯植物新品种权纠纷案中，[①] 法院需要认定原被告的玉米品种是否相同，呼和浩特中院认为："对植物品种采用何种方法鉴定，目前我国还没有明确的法律规定，本案采用的 DNA 指纹技术、酯酶同工酶等电聚焦电泳和蛋白质电泳三种方法，是目前科学、先进的鉴定方法，其结论具有权威性……"可见，司法实务中，鉴定玉米品种的方法有多种，并且可以同时使用。

显然，92 号指导性案例中，一审法院原审是根据植物新品种司法解释第 4 条的文义，直接认定应当采取条文中明示的基因指纹图谱检测法进行鉴定。但不论采取文义解释抑或目的解释等方法，都能发现立法者意图

---

① 《最高人民法院公报》2004 年第 3 期。

通过该条款表明的是针对不同植物品种应选择合适的鉴定方法，而且所选择的方法不局限于田间观察检测、基因指纹图谱检测两种。当 DNA 指纹方法显示两植物为"近似品种"时，说明本案事实认定存在瑕疵，可穷尽鉴定手段继续鉴定。因此被告申请使用 DUS 检测方法或人工种植方法进行重新鉴定时，一审法院的拒绝确有不妥。由此观之，对法条进行错误解释的一审法院并没有意识到法律漏洞的存在。被告上诉后，二审法院以事实认定不清为由将此案发回重审，印证了上述结论。

二审中，法院认可了被告提出的 DUS 检测申请，认为被告如果提交相反的证据证明通过 DUS 检测，被诉侵权繁殖材料的特征、特性与授权品种的特征、特性不相同，则可以推翻 DNA 指纹方法的结论。此处是二审法院对法律漏洞的填补。如前所述，相关法条仅非穷尽地列举了判断植物品种近似程度可采用的方法，但并未明确采用 DNA 指纹方法得出的生物学意义上的"相似品种"是否与法律意义上的"相同品种"等同，也未规定如何对 DNA 指纹方法的结果进行补充。二审法院采取了目的性扩张的方法进行漏洞填补。首先，从立法者的意图来看，该条款所列方法之目的是更全面、科学地判断植物品种的近似程度，当 DNA 指纹方法的结果为"相似品种"时，应进一步进行法律事实的认定，因此选择多样的鉴定方法显然是符合立法意图的；其次，植物新品种司法解释第 2 条规定："被控侵权物的特征、特性与授权品种的特征、特性相同，或者特征、特性的不同是因非遗传变异所致的，人民法院一般应当认定被控侵权物属于商业目的生产或者销售授权品种的繁殖材料……"，从侧面指出了判断植物品种相同与否的关键是判断二者的特征与特性是否相同。DNA 指纹方法是鉴定植物品种的实验室方法，其特点是经济快捷。但其鉴定的对象是植物基因型，并不是植物所表现出的外在特征与特性。DUS 的测试方法采用田间种植方式，直接在植物的各个生长阶段对多个性状进行观察，比较植物的特征与特性，最后得出合理、客观的评价。对比 DNA 指纹方法与 DUS 测试法，前者试验简便，耗时短，但是并不能直接比较植物性状特征；后者直接对比被测植物的特征，但一般耗时 2 ~ 3 年，诉讼效率低。由于试验原理不同，DNA 指纹方法与 DUS 的测试方法的结论并无对应性。

因此在 DNA 指纹鉴定结论证明力不足时，二审法院从立法目的出发，对法条进行超出文义的解释，在"田间观察检测、基因指纹图谱检测等方法"的基础上，延伸出可用 DUS 检测法验证或者推翻 DNA 指纹方法的结论的规则，对法条进行了扩张。此举具有科学合理性且未与现行法律冲突、亦具合法性。

值得一提的是，二审法院不仅提出可以采用 DUS 检测法补充鉴定，并且将该证明责任分配给被诉侵权方富凯公司，即原告提供初步证据，被告提出异议后，法院将证明责任转换，由反驳方承担证明责任。这在证据的认定方面是一个突破。在证明责任的分配上，我国采用规范说。① 《最高人民法院关于适用〈中华人民共和国民事诉讼法〉的解释》（以下简称《民诉法解释》）第 91 条的规定分别确立了权利发生、权利消灭、权利妨碍要件事实的证明责任。证明责任系依法分配，在诉讼程序开始之前已经确定，法官原则上无权分配。在侵权诉讼中，除非法律或司法解释另有规定，都应当由主张被侵权的原告承担证明责任。因此在 92 号指导性案例中，如果原告无法证明两植物品种相同，应承担不利后果，认定两植物品种不同，被告未侵权。

本案的争议焦点之一是，原告提出的 DNA 指纹鉴定结论是否达到了证明"两植物品种相同"的证明标准。一般认为，根据民诉法解释第 108 条，我国民事诉讼中证明采用的是"高度可能性"标准，类似于大陆法系国家的"高度盖然性"标准。因此举证方的证明至少要达到"高度可能性"，才能使法官对待证事实的真伪达到"内心确定"的程度。

在 92 号指导性案例中，差异位点数为 1 对应生物学上的"近似品种"，但若使用生物学上的"近似品种"证明法律事实层面的"相同品种"，在客观上显然不能达到高度可能性的证明标准。本案原一审、重审一审、二审中，面对同一份 DNA 指纹方法鉴定结果，法官对事实的不同认定，也印证了本案中的 DNA 指纹方法鉴定结果证明力有限。即原告的举证并不能使法官主观上对两植物品种相同达到内心确定的程度，故待证

---

① 胡学军：《中国式举证责任制度的内在逻辑》，《法学家》2018 年第 5 期。

"被诉品种与主张权利的新品种属同一品种"的事实真伪不明。[①] 按照规范说的要求，此时本应认定原告无法证明两植物品种相同，并承担证明不能的不利后果。即使法官提出可以使用 DUS 方法作为补充鉴定，也应该由原告承担证明责任。

然而，本案的生效裁判要求被告提供 DUS 鉴定反驳两植物品种相同的结论，否则就认定植物品种相同。这意味着将使用 DUS 方法证明植物品种不同的证明责任分配给了被告，实际上确立了植物新品种侵权纠纷中的举证责任倒置规则。我国在证明责任的分配上采取规范说，证明责任原则上并不能由法官斟酌分配，本案也不属于法律或司法解释中适用举证责任倒置的情形。因此仅从法律适用的角度审视本案，生效判决对证明责任的分配与我国证明责任制度违背，合法性存疑。

最高院在发布第 92 号指导性案例时，将其裁判要点明确概况为："对差异位点数在两个以下的，应当综合其他因素判定是否为不同品种，如可采取扩大检测位点进行加测，以及提交审定样品进行测定等，举证责任由被诉侵权一方承担。"[②] 由此可见，最高院认可二审法院的判决，并且将其对法律漏洞的填补以及举证责任的分配作为该案的亮点，使其具有"应当参照"的法律适用效力。毫无疑问，指导性案例应当是适用法律正确的案例。而 92 号指导性案例在证明责任的分配上合法性存疑，不满足"适用法律正确"的要求，为何还能脱颖而出，得到最高院的肯定呢？

笔者认为，该案的指导意义就体现在其对法律漏洞的填补与举证责任的分配上：

首先，本案中鉴定植物品种是否相同是司法鉴定中的"专门问题"，需要依赖科学领域的研究成果。[③] 生命科学的发展，一方面增加了品种的复杂程度与相似程度，提高了司法鉴定的难度；另一方面也创造了更多的鉴定方法，为法官认定事实提供了多样化的选择。因此，为了满足法律鉴

---

① 胡学军：《我国民事证明责任分配理论重述》，《法学》2016 年第 5 期。
② 《指导案例 92 号：莱州市金海种业有限公司诉张掖市富凯农业科技有限责任公司侵犯植物新品种权纠纷案》裁判要点部分。
③ 李苏林：《论司法鉴定的科学性》，《山西大学学报》（哲学社会科学版）2018 年第 4 期。

定科学性的要求，鉴定方法须随科技的发展不断完善。二审法院对法律漏洞的填补体现了鉴定科学性的要求，为 DNA 指纹方法得到种间差异位点数为 1 时的事实认定找到了合理路径，完善了法律意义上认定玉米品种是否相同的方法。

其次，关于证明责任的分配。虽然从证明责任的分配角度来看，本案似与司法解释有抵牾之处，但生效判决对证明责任的分配建立在 DNA 指纹方法得出"品种近似"结论，法律存在漏洞的基础之上。面对法律漏洞，为了平衡双方的利益，法官必须对法律进行一定的突破。而对证明责任的分配正是本案中最为关键的利益平衡过程。《玉米品种鉴定 DNA 指纹方法》NY/T1432 – 2007 检测及判定标准规定，在 20 个测试位点上有两个及以上差异位点，就可以判定植物品种不同，因此 DNA 指纹方法在证伪性事实方面具有优势。当原告使用差异位点数为 1 得出"相似品种"的结论后，虽然该结果并没有使法官对两玉米品种为法律意义上的"相同品种"达到"内心确信"的程度，但是"相似品种"意味着两个植物不是不同品种的概率较高，此时原告的利益被侵犯的可能性很高；对于被告来说，虽然"相似品种"意味着两品种仍有一定的可能性"不相同"，但其概率较低，因为 40 个测点上仅有一个差异位点。[①] 法院考虑到 DUS 的测试方法时间周期长达 2 ~ 3 年，原告的维权成本很高，因此经过利益平衡，将结果意义上的举证责任分配给被告，即若被告不能通过 DUS 方法证明两玉米品种不同，就应承担举证不能的不利后果。如此分配证明责任，既保障了植物新品种权利人的利益，又给了被告举证反驳侵权的机会，体现了利益平衡与公平原则。

在笔者看来，本案对证明责任的分配方式和 DNA 指纹方法、DUS 测试方法的特点密切相关。DNA 指纹法的本质是选择不同的 DNA 测点进行对比，统计两植物差异位点的个数，将该数字与提前划定的阈值进行比较，判断植物的相似度。如果差异位点数大于等于阈值，判定植物品种不

---

① 当案件发回重审后，张掖中院复函北京市农科院玉米种子检测中心，要求对"JA2011 – 098 – 006 号"结论为"无明显差异"的检测报告给予补充鉴定或说明。该中心在先前 20 个测点的基础上，增加了 20 个新测点，最终在 40 个位点上仍然仅有 1 个差异位点。

同；反之判定为相同或近似品种。因此，阈值的选择对于鉴定结论至关重要，换言之，鉴定结论会随阈值的改变发生跳跃性变化。由于生物技术的高速发展，植物种间差异日益微小，实践中出现了一些差异位点数在阈值之下，但是植物特征不相同的案例，[①] 这就使 DNA 指纹方法在使用上出现了不对称的特征：当差异位点数大于等于阈值时，仍然是判定植物不同的充分条件；但差异位点数低于阈值，已不是认定植物品种相同的充分条件，尤其是针对差异位点数等于 1 的情形。因此，DNA 指纹鉴定的意义更多的体现在差异位点数大于等于阈值的情形。如果差异位点数大于等于阈值，说明"植物是不同品种"具有盖然性。因此，如果原告使用 DNA 鉴定方法证明两植物品种差异位点数小于阈值，则可以认定两植物不是不同品种的概率较高。将 DUS 测试的证明责任分配给被告，本质上是将无法举证反驳"两植物并非不同"的不利后果分配给被告。如前文所述，DUS 鉴定方法的时间成本很高，如果被告没有侵权的主观意图，其实施 DUS 鉴定的动力很强；反之，若被告主观上具有侵权故意并实施了侵权行为，其承担举证责任的动力不足。故此时将证明责任分配给被告，有利于实现责任与权力的合理分配，节约司法资源与时间成本。因此，92 号指导性案例的裁判在个案层面实现了双方的利益平衡。

三　92 号指导性案例对法律漏洞填补的效果分析

92 号指导性案例填补了现有法律无法判断 DNA 指纹测试结果为"相似"的植物品种是否相同的漏洞，并且延伸出植物新品种侵权纠纷中举证倒置的规则。从个案层面来看，该判决平衡了双方的利益、解决了双方的纠纷，但是解决个案问题难以等同于解决所有使用 DNA 指纹测试与 DUS

---

① 这在其后公布的 100 号指导性案例（山东登海先锋种业有限公司诉陕西农丰种业有限责任公司、山西大丰种业有限公司侵害植物新品种权纠纷案）中就得到体现。该案中，原告提供的 DNA 指纹法载明两植物差异位点数为 0，但被告通过 DUS 鉴定证明两植物特征具有差异，法院支持了被告。

方法鉴定植物品种相似度的问题，而且以发布指导性案例的方式进行漏洞填补本身的合法性与合理性都值得商榷。

首先，92 号指导性案例的发布等同于最高院利用个案经验进行法律漏洞填补，其合法性存疑。漏洞填补的价值并非针对法律漏洞创造一个具有普遍效力的规则来解决类案问题。相反，漏洞填补仅仅是对个案有效的裁判。因此，漏洞填补的效力不应扩大到类似案件。法律漏洞的存在具有必然性，针对个案的不同案情，即使面对相同的法律漏洞，法官的自由裁量空间也不同，因此对相同法律漏洞的填补方式不尽相同。个案的漏洞填补体现了法官对当事人之间利益的平衡，法官在该过程中既享受创造性解释法律的收益，又要承担突破现有法律的风险，因此漏洞填补是一把"双刃剑"。最高院以指导性案例的形式使个案法律漏洞填补的成果具有"应当参照"的效力，使其作用范围大大扩展，放大了漏洞填补的风险，因此应尽量限制其出现的领域和场所。[1]

其次，抛开指导性案例漏洞填补的合法性问题不谈，仅从指导意义的角度审视 92 号指导性案例，该案所确立的规则是否具有普遍应用的价值、能够满足类似案件的司法需求呢？答案恐怕是否定的。

第一，本案中双方的争议建立在 DNA 指纹鉴定种间差异位点数为 1 的基础上，生效判决由此延伸出可以使用 DUS 检测作为补充鉴定的规则。但是最高院的裁判要点将差异位点数为 0 的情形也涵盖进来，已然超过了本案案情。根据裁判要点，即使 DNA 指纹鉴定种间差异位点数为 0，也不能得出两植物为相同品种的结论，这与国家标准和已生效判决产生矛盾。根据国标 NY/T1432 - 2007《玉米品种鉴定 DNA 指纹方法检测及判定标准》，使用 DNA 指纹鉴定得到品种间差异位点数为 0，表示两植物为相同品种或极近似品种。我国司法实务中也将种间差异位点数为 0 的植物认定为相同品种。[2] 因此 92 号指导性案例的裁判要点与国家标准和多数在先案例存在冲突。最高院主导的案例指导制度要求类似案例对指导性案例"应

---

[1]　于玉：《法律漏洞的认定与补充》，《东岳论丛》2006 年第 3 期。

[2]　最高人民法院（2014）民提字第 26 号民事判决书，云南省高级人民法院（2015）云高民三终字第 44 号民事判决书。

当参照"，而《〈最高人民法院关于案例指导工作的规定〉实施细则》第 9 条更是明确规定，后案与指导性案例相类似的，"应当参照相关指导性案例的裁判要点作出裁判"。这为后案法官带来了困局：当品种间差异位点数等于 0 时，应该如何认定？既然国家标准与大多数在先案例都将差异位点数等于 0 的植物认定为相同品种，那么 92 号指导性案例要求进一步鉴定的意义何在？

第二，即使法官严格参照 92 号指导性案例的裁判要点进行植物品种鉴定，该裁判要点能在多大程度上解决植物品种相似性鉴定的问题呢？造成植物新品种相似度判定困局的关键问题是：技术层面判断植物品种相似度的方法与法律层面认定植物相同的标准不同。在生物工程技术不断发展的背景下，植物品种间的细微差异越来越多，不同技术检测方法的原理、精度、侧重点不同，对同一测试组的两植物品种相似度判断的结果不尽相同，这给法律层面的判断带来难题。面对该生物学上连续渐变的问题，法官需要在法律层面给出"是"或"否"两个独立的结论。显然 92 号指导性案例确立的规则对玉米品种相似度判断具有一定的指导意义，但是植物新品种权纠纷涉及的植物远不止玉米一类，对于其他类目的植物，相似度判断的方法各有不同，比如前述登海公司诉莱州农科所侵犯植物新品种权纠纷案中使用的酯酶同工酶等电聚焦电泳法和蛋白质电泳法。当应用这些方法得到的测试结果产生冲突时，仅依靠 92 号指导性案例确立的规则无法在各结果间进行取舍。

笔者在对常见植物品种鉴定方法的国家标准进行检索后发现，对于不同植物品种，即使均采用 DNA 指纹方法进行鉴定，品种间差异位点数与品种相似度的对应关系也不同。比如，在国标 NYT2470 – 2013《小麦品种鉴定技术规程 SSR 分子标记法》中规定：对于受测小麦样本，品种间差异位点数 ≥3，判定为不同品种；品种间差异位点数 =1 或 2，判定为近似品种；品种间差异位点数 =0，判定为极近似品种或疑同品种。这显然与 92 号指导性案例中的玉米 DNA 指纹方法的鉴定标准不同。因此，92 号指导性案例裁判要点所确立的规则无法适用于小麦鉴定。假设某案件中，原被告的小麦品种种间差异位点数为 2，此时参照国标与 92 号指导性案例的裁判要点会得出截然不同的结论。在国标 NYT2478 - 2013《苹果品种鉴定技术规程 SSR 分子标记法》中，鉴定苹果品种相似度亦使用 DNA 指纹方法，但其鉴定结论不以差异位点数的多少决定，而是结合差异位点数与引物检测结果，利用经验公式计算出品种间的相似度，并以百分比的形式表示。可见，即使将鉴定方法限定为 DNA 指纹方法，植物品种相似度的鉴定结果也不能简单地用大于等于 2 或小于 2 来划分。因此，92 号指导性案例所述的规则实难有用武之地。

值得一提的是，最高院发布的第 100 号指导性案例的案由同样是植物新品种权侵权纠纷，该案涉及的具体法律适用并非法律漏洞的填补。作为后案，该案本可以参照 92 号指导性案例进行审理。100 号指导性案例的裁判要点指出："当 DNA 指纹鉴定意见为两植物品种相同或相近似时，被诉侵权方提交 DUS 测试报告证明通过田间种植，被控侵权品种与授权品种对比具有特异性，应当认定不构成侵害植物新品种权。"该规则与 92 号指导性案例确定的"对差异位点数在两个以下的，应当综合其他因素判定是否为不同品种，如可采取扩大检测位点进行加测。举证责任由被诉侵权一方承担。"的规则并无实质性不同，都肯定了 DUS 测试的价值，并且将证明责任分配给被告。这不禁使人疑问：最高院缘何接连发布两例裁判要点相似的指导性案例，92 号指导性案例与 100 号指导性案例有何关系？

92 号指导性案例的时间轴为：原告提供 DNA 指纹鉴定报告，记载品种间差异位点数为 1（被告否认——法院认定被告承担证明责任——被告未承担）败诉。100 号指导性案例的时间轴为：原告提供 DNA 指纹鉴定报告，记载品种间差异位点数为 0（被告否认——法院认定被告承担证明责任——被告提供 DUS 测试报告）胜诉。对比两案案情，在 92 号指导性案例中，法院认定被告承担证明责任建立在品种间差异位点数为 1 的前提下，而在后案（100 号指导性案例）中，品种间差异位点数为 0，显然如果以在先案例的案情作为大前提，后案并没有落入该大前提内，因此无须参照前案；但是如果以在先案例的裁判要点"使用 DNA 指纹方法所得差异位点数在两个以下"作为大前提，则 100 号指导性案例的案情已经落入该大前提内，故应当参照前案。面对上述在先案例适用的技术性问题，后案法官到底应比对前案事实基础，还是完全以裁判要点为大前提，目前并无明确结论。

从 100 号指导性案例的实际审判过程来看，生效判决并没有明示参照 92 号指导性案例。最高院发布 100 号指导性案例的价值在于明确植物新品种侵权纠纷中不同鉴定方法存在差别时的疑难问题的解决方法，在 92 号指导性案例的基础上，① 明确提出 DUS 鉴定可以验证或推翻 DNA 指纹方法的结论，对该类纠纷的处理具有示范意义。但若从类案的角度审视 92 号与 100 号指导性案例，可以发现在实践中，指导性案例的参照适用标准以及判断后案与前案基本案情和法律适用是否相似的方法仍不明确，这种不确定性在一定程上限制了指导性案例指导作用的发挥。

综上所述，92 号指导性案例所确立的规则在证明责任的分配上具有创新意义，但在技术上并不能解决错综复杂的植物相似度鉴定问题。由于法律漏洞填补本身不够严谨，加之指导性案例适用技术的缺位，92 号指导性案例在实务中发挥的作用仍然有限。

四　案例指导与法律漏洞填补

指导性案例对法律漏洞的填补与个案法律漏洞填补是不同的。对个案而言，其对法律的续造仅在个案中有效；对指导性案例而言，"应当参照"使其裁判规则一定程度上具有法律适用依据的性质。虽然，对指导性案例的效力规定不够明确，但直接参与制定案例指导工作规定的、时任最高人民法院研究室主任胡云腾曾表示："应当"代表"必须"。审理类似案件时，除非有能够令人信服的理由，否则均应参照指导性案例。② 可见虽然指导性案例并不具有法源地位，却在制度设计层面具有与成文法相似的拘束力效果，这扩大了以发布指导性案例的方式进行的法律漏洞填补的

---

① 在 92 号指导性案例中，虽然法官提出应当综合其他因素判定两植物是否为不同品种，但是被告并未举证。因此，使用 DUS 测试推翻 DNA 指纹测试的事实并未发生。

② 蒋安杰：《最高人民法院研究室主任胡云腾——人民法院案例指导制度的构建》，《法制资讯》2011 年第 1 期。

影响。《最高人民法院关于案例指导的规定》第二条所确定的指导性案例的选择标准包括"法律规定比较原则"的情形，这暗示着相关案件本身可能"无法可依"，法律适用存在空白。当这类案件作为指导性案例发布时，其对统一法律尺度所产生的价值就体现在对法律漏洞的填补上。因此指导性案例对法律漏洞的填补效果在很大程度上影响着其指导作用的发挥。

但是不同于成文法制定时的严谨与体系化，通过指导性案例将个案经验上升为普适规则的过程是零散的、不成体系的。案例指导工作是由最高人民法院专门部门通过征集、遴选、审查及发布和编纂指导性案例，通过个案解释法律和统一法律适用标准。既要保证指导性案例所确定的规则与已有的成文法体系相适应，又要使其具有对类案的普适性价值，这对案例指导工作的实施而言是一项艰巨的挑战。

笔者检索了知识产权指导性案例的援引情况，以"北大法宝—司法案例库"（http://www.pkulaw.cn/Case/）所收录案例为限，以"指导性案例+编号""指导性案例名称"及"裁判要点"为关键词，选择"全文"+"精确"的匹配方式，时间段限定为2011年1月1日至2018年12月31日，共搜索发现26例应用案例。而同期全国各级法院审理的知识产权案件合计近百万件，二者对比足见知识产权指导性案例的司法应用十分有限。这里面固然有指导性案例效力不明、配套的检索、援引机制不健全等因素，但通过对92号指导性案例的分析可发现，指导性案例对法律漏洞的填补存在缺陷，其严谨性与合理性不足，是导致在司法中难以适用的重要原因。

最高院发布指导性案例无疑包括填补法律漏洞、统一司法尺度的初衷。一方面，不论每一个指导性案例创制的规则质量如何，其本身的审判水准都很高，在个案层面成功解决了疑难纠纷。但另一方面，个案法律漏洞填补的经验对类似案件并不具有很强的普适性，指导性案例的应用情况也难言理想。是什么造成了指导性案例填补法律漏洞的效果与个案填补效果的差异？

首先，法律漏洞的存在具有必然性。法律调控的对象随科技经济的发展不断改变，使法律具有天然的滞后性；法律意识形态逐渐多元化潜在地增加了法官解释法律的负担。① 法律意识形态的转变也增加了法律出现漏洞的可能性。因此不论采用何种漏洞填补手段，法律漏洞都无法完全被填补。法律漏洞填补的过程本身也在创造潜在的新漏洞。

其次，法律漏洞的填补是个案司法权的体现。正如考夫曼所言："漏洞补充仍然属于司法权的行使，而不是针对某一种案型补充地制定一个一般性规范，它的作用仅是完成对个案的一种裁判，不具有普遍的效力。"②由于漏洞填补是与个案案情高度相关的，因此法律漏洞的填补经验应适用于个案。将其扩展到全国范围内被普遍参照适用，存在一定的风险。③

最后，最高院在以指导性案例的形式进行法律漏洞填补时不具备统筹兼顾的视角。正如 92 号指导性案例确立的裁判规则所反映的问题，最高院对植物品种鉴定方法的认识有限，难以妥善处理各植物品种鉴定中的细微差别。对于涉及技术性问题较多的案件，最高院需要面对各个领域的专业问题，但最高院自身定位以及知识结构决定了处理此类问题并不是其专长，因此将这类蕴含其他学科专业问题的个案经验上升为指导性案例时，最高院的考虑难免有疏漏，最终影响了指导性案例的应用效果。

考虑到法律漏洞无法完全弥补，个案经验与类案适用之间存在天然的鸿沟，因此，最高院在以指导性案例的形式进行的法律漏洞填补时应非常谨慎。

五　结语

最高院对法律漏洞填补的实践与探索是值得肯定的。在我国立法工作取得很大进展，立法活动减少的背景下，司法部门对法律漏洞的填补十分

---

① 季卫东：《宪政新论》，北京大学出版社 2002 年版，第 172 页。
② 〔德〕考夫曼：《法律哲学》，刘幸义等译，法律出版社 2004 年版，第 116 页。
③ 孙光宁、焦宝乾：《法治思维引导下的法律方法论研究——2013 年中国法律方法论研究报告》，《政法论丛》2014 年第 5 期。

必要。① 但是在面对不断涌现的新型法律问题与法律漏洞时，最高院应谨慎对待漏洞填补工作。若能进一步增加制定指导性案例时的宏观考量、提高指导性案例对法律漏洞填补的严谨性，指导性案例将在法律漏洞的填补中发挥更重要的作用。

Investigation on the Operation Effect of Legal Loophole Filling Rules in Guiding Case No. 92: The Investigation on Guiding Case No. 92

Yuan Xiuting   Pan Lei

Abstract: The issuance of guiding cases is one of the ways to fill legal loopholes in China. Different from the traditional rules for filling the loopholes, guiding cases enhance the effectiveness of the loopholes filling in individual cases, and requires similar cases to be "referenced" later, which puts higher demands on the filling of legal loopholes. In the Guiding Case No. 92, the judge adopted the method of purpose expansion to fill the loopholes in the law, created the inversion rule of burden of proof in the infringement dispute of new plant variety rights, and realized a reasonable settlement of the case. However, the referee points extracted by the Supreme Court did not fully consider the differences in the identification methods of various plant varieties, the method contradicts the national standards of some plant variety identification methods so that lacks the use of the Guiding Case No. 92. It is a positive exploration to carry out legal loophole filling in the form of guiding cases, but the Supreme Court should fully consider the actual effect of filling and treat the loopholes with caution.

Keywords: Guiding Case; Legal Loophole Filling; Burden of Proof; Plant Variety Identification

---

① 安雪梅：《指导性案例的法律续造及其限制——以知识产权指导性案例为视角》，《政治与法律》2018 年第 1 期。

美国人工智能知识产权政策之评析

——基于美国专利商标局对公众意见报告的分析

初　萌

摘　要：2020 年 10 月，USPTO 发布了题为《关于人工智能与知识产权政策的公众意见》的报告，就 AI 知识产权的现有政策进行了简要梳理，并汇总了公众针对"AI 发明专利的取得"和"AI 对版权、商标权、数据库保护、商业秘密及其他领域知识产权政策的影响"两项议题提出的主要意见。从《报告》中可以看出，美国人工智能知识产权政策具有如下特点：一是贯彻司法主导的渐进式政策演进模式，在现有法律框架内解决 AI 带来的问题；二是坚持人与 AI 的"主体—客体"二元划分，将权利与责任落实到人身上；三是积极倡导 AI 在知识产权申请、审查等实践中的运用，强化事中、事后监管；四是注重 AI 领域技术创新与运用的平衡，构建自由竞争的行业生态。《报告》的核心内容对我国 AI 知识产权政策制定具有借鉴意义。具言之，我国可以考虑从区分 AI 使用场景、建立公众反馈机制、完善数据立法、注重问责机制、加强人员培训、参与国际交流等角度开展 AI 知识产权政策的制定与完善工作。

关键词：人工智能；知识产权政策；公众意见报告；数据产权；AI 法律主体资格

作者简介：初萌（1990—　　），北京大学法学院 2018 级知识产权专业博士研究生，北京大学国际知识产权研究中心助理研究员，研究方向：知识产权法。

基金项目：本文系教育部哲学社会科学研究重大课题攻关项目"中美网络空间治理比较研究"（18JZD040）研究成果。

目　次

一　引言

随着人类社会步入人工智能（以下简称"AI"）时代，既有政策的不适应性愈发显现，这在知识产权领域尤为突出。当前，AI 技术已大规模运用于知识产权申请、审查程序之中，极大地促进了人力成本的降低与检索效率的提升，进而成为创新者与审查者的良好辅助。与此同时，以个性化推荐技术为代表的 AI 技术运用场景所带来的算法霸权、"信息茧房"等问题，以及对传统侵权制度的挑战，[①] 亦不容忽视。随着 AI 自主性进一步增强，"发明""创作"均呈现出新型样态，需要发明人资格认定、"三性"与独创性判定规则的发展来回应。无论在上述何种意义上，均有必要基于 AI 的新发展进行政策层面的评估，以确定既有的政策能否适用、应否适用以及应当如何调整，从而在促进技术进步的同时，符合公共利益并促进知识产权制度目的的实现。

虽然不同国家所处 AI 技术发展阶段有所差异，适用场景亦不甚相同，但知识产权政策面临的挑战却具有相当程度的普遍性，因此，对别国知识产权政策的跟进研究和借鉴亦十分必要。更为重要的是，由知识产权客体无形性所引发的跨国流通需求，需要国际层面相对统一的知识产权制度与理念来维护，这也提示了我们研究别国知识产权政策的必要性。

本文以美国 AI 知识产权政策作为研究对象，正是基于上述考虑，为继续维持美国在 AI 等新兴技术领域的领先地位，确保这一技术领域的创新存在适当的激励机制，美国专利商标局（以下简称"USPTO"）近年来始终注重与创新群体和 AI 技术专家在 AI 知识产权保护政策方面的信息交流。继 2019 年举办 AI 政策会议以来，USPTO 相继于 2019 年 8 月 27 日、2019 年 10 月 30 日分别就"AI 发明专利的取得"和"AI 对版权、商标权、数据库保护、商业秘密及其他领域知识产权政策的影响"两项议题征求公众意见，以获取进一步的政策制定所需的必要信息。两项议题分别收到 99 份、98 份意见，由学术界、律所、律师协会、贸易协会、相关企业、国外知识产权局等利害关系人提交。[②] 基于上述意见汇总以及对过往经验的总结，USPTO 于 2020 年 10 月发布了题为《关于 AI 与知识产权政策的公众意见》的报告（以下简称《报告》，全文翻译见文后"附录"）。由于《报告》集中反映了政策制定者与核心利益集团的观点，本

[①] 初萌：《个性化推荐服务商合理注意义务之重构》，《科技与法律》2020 年第 2 期。

[②] USPTO, "Public Views on Artificial Intelligence and Intellectual Property", p. i‑ii, *available at* https://www.uspto.gov/sites/default/files/documents/USPTO_AI-Report_2020-10-07.pdf (last visited Oct 26th, 2020).

文的分析将主要围绕其展开。① 在行文方面，本文首先对《报告》的主要结论及公众意见进行归纳汇总，并以此为基础分析美国在 AI 知识产权政策领域的基本主张，最后总结《报告》对我国人工智能知识产权政策制定与完善的启示。

二 《报告》的主要结论及意见汇总

《报告》共分为两部分，分别针对上文所述两项议题而展开。以下简要介绍《报告》的主要结论以及对公众意见汇总的情况。

（一）主要结论

根据《报告》，公众对"AI 技术对知识产权政策影响"这一议题的整体意见如下。②

1. AI 技术对知识产权政策的整体影响

不少评论者指出，由于 AI 技术尚缺乏普适、公认的定义，围绕其展开的知识产权政策制定需要尤为慎重。考虑到当前 AI 技术的发展仍处于

---

① 需要指出的是，本文对美国 AI 知识产权政策的研究并不局限于国会的立法到行政机构制定的条例、法规，相反，本文以拉斯韦尔（Lasswell）、卡普兰（Caplan）的政策过程理论为视角，注重政策制定中公众参与对最终决策结果的影响。"公共政策是包含了目标、价值观和战略的、经过设计的规划，政策过程包括对各种共识、需求和期望的规划、宣传与执行"。Lasswell & Kaplan, 1963, 转引自朱春奎主编：《公共政策学》，清华大学出版社 2016 年版，第 1 页。"政策制定过程以公民们希望政府采取何种行动的想法为出发点。这些想法在政府工作过程中被反复探讨。其结果便产生一系列积极地或消极地影响人们生活的政治行动（或不行动）。"〔美〕史蒂文·凯尔曼：《制定公共政策》，商务印书馆 1990 年版，第 3 页。根据拉斯韦尔的政策科学观念，善治的实现需要以改进政府获取信息的质量为依托，这些信息通常在政策过程中获得。拉斯韦尔将"政策过程"分为七个阶段：情报（intelligence）、提议（promotion）、规定（prescription）、合法化（invocation）、应用（application）、终止（termination）、评估（appraisal）。彼得·德利翁：《政策过程的阶段性方法：何去何从》，载〔美〕保罗·A. 萨巴蒂尔编：《政策过程理论》，彭宗超、钟开斌等译，生活·读书·新知三联书店 2004 年版，第 22～23 页。在本文所研究的《报告》中，对公众意见的分析主要涉及上述过程中的"提议"与"评估"阶段。

② USPTO, "Public Views on Artificial Intelligence and Intellectual Property", p. ii–iv, *available at* https://www.uspto.gov/sites/default/files/documents/USPTO_AI-Report_2020–10–07.pdf (last visited Oct 26th, 2020).

满足特定领域需求的狭义 AI 阶段，与人类智力相媲美的通用 AI 目前仅具有理论上的可能性，多数评论者认为 AI 目前并不具备在无人类干预的情况下从事发明或者创作的能力，这将降低现有知识产权政策修改的必要性。整体看来，多数评论者认为美国现有的知识产权法律制度能够应对 AI 技术带来的挑战，分歧点则在于是否有必要增设新的知识产权类型、建立更为健全的知识产权保护体系。

2. AI 技术与专利申请、授权

多数评论者认为，AI 发明应被视为计算机实施的发明的一个子集，因此，USPTO 当前关于计算机实施的发明的可专利性和充分公开要求的规定依然能够适用。多数评论者还认为 AI 技术的广泛运用会对 "本领域普通技术人员" 的认定产生影响，进而影响专利授权决定。此外，AI 技术的运用可能会产生大量的现有技术，进而增加寻找相关领域现有技术的难度。

3. AI 技术与其他知识产权

多数评论者认为，美国现有的知识产权法律制度能够应对 AI 技术带来的挑战，合同法等法律中的基本原则也有助于弥补因 AI 技术发展而产生的法律漏洞。多数评论者对 "AI 技术的运用能够提升商标、专利审查效率" 的观点持赞同态度，也注意到了 AI 训练中版权作品使用的复制权侵权问题。至于《美国版权法》上的合理使用条款，多数意见认为其具有灵活性、对 AI 技术环境的适应性，因而无需更改。

（二）意见汇总

1. 公众就 "AI 发明专利的取得" 议题的意见汇总①

（1）AI 发明要素的界定

"AI 发明要素的界定" 这一问题的提出，旨在宏观地确定可获得专利的 AI 发明的范围。对于这一问题，主要有四种观点。第一种认为 AI 发明的要素包括但不限于：待解决的问题，对 AI 进行训练、运用的数据库结

---

① USPTO，"Public Views on Artificial Intelligence and Intellectual Property"，p. 1 - 18，*available at* https://www.uspto.gov/sites/default/files/documents/USPTO_AI-Report_2020 - 10 - 07. pdf（last visited Oct 26th，2020）.

构，基于数据的算法训练，算法本身，通过自动化程序实现的 AI 发明结果，影响结果的对数据的权重赋予，等等。第二种认为 AI 可被理解为模仿人类认知功能的计算机功能。第三种认为 AI 发明可以归为三类：AI 技术领域的发明，运用 AI 技术实现的其他技术领域的发明和 AI 自身所产生的发明。第四种着眼于 AI 技术的动态发展以及产生重大改进的可能性，不建议将过多精力用在对其下定义上。

（2）AI 发明中自然人获得发明人资格的可行性

对于这一问题，多数评论者认为传统上判断发明人资格的"发明构思"（conception of an invention）标准[①]对于 AI 发明依旧适用。具体说来，仅仅在数据上运行 AI 算法并得出结果一般不被认为构成发明构思，但对 AI 系统进行设计架构、选择特定的训练数据、制定 AI 系统处理数据的算法等等，可能构成发明构思。

（3）赋予法人、其他组织发明人资格的必要性

根据《美国专利法》的规定，发明人只能是自然人。[②] 多数评论者认为，就 AI 当前的发展阶段而言，没有必要为 AI 发明而更改这一规则。例如，国际保护知识产权协会（AIPPI）就指出当前 AI 技术发展尚未发展到可以排除自然人发明人的程度，[③] 国际知识产权律师联合会（FICPI）等机构也强调 AI 仅仅是人类发明中的工具。[④] 也有一些评论者指出，待 AI 技术发展到通用 AI 阶段时，应重新审视这一问题。

（4）扩充专利权主体的必要性

根据《美国专利法》的规定，仅有自然人以及从自然人处受让权利的法人能够成为专利权主体。多数意见认为暂无必要对这一规定进行修改。少数意见考虑到机器无法获得法律主体资格，提出扩充专利权主体的两种

---

① 美国联邦巡回上诉法院在判决中明确指出，"构思"是发明创造的试金石。构思要求发明者对一个问题有具体的解决方案，而非一个总的实现目标。Burroughs Wellcome Co. v. Barr Labs., Inc., 40 F. 3d 1223, 1227 – 1228（Fed. Cir. 1994）；see also In re Verhoef, 888 F. 3d 1362, 1366（Fed. Cir. 2018）.

② 35 U. S. C. § 115（a）；see also 35 U. S. C. § 115（h）（1）.

③ Response from AIPPI, at 5.

④ Response from FICPI, at 3.

方案：第一种由知识产权权利人协会（IPO）提出，建议增设 AI 程序训练者为专利权主体；① 第二种由 IBM 公司、西门子公司提出，建议赋予 AI 系统所有者、控制者专利权主体身份。②

（5）AI 发明所涉特殊可专利性问题

根据美国专利立法及司法实践，自然法则、自然现象、抽象概念等不具备成为可专利主题的资格。USPTO 发布的《2019 年可专利主题资格修订指南》（PEG）对法院认定的抽象概念进行了提炼和综合，有助于明晰其适用标准。在许多评论者看来，AI 发明并无特殊可专利性问题，应与计算机实施的发明获得同等对待，这也与 USPTO 目前审查实践的做法相一致。关于涉 AI 抽象概念的权利要求，根据 Alice/Mayo 测试法③，如果附加的权利要求要素单独或者结合起来考虑远远超出抽象概念本身，从而构成"显著更多"的要素，则可能被转化为可专利主题。

（6）AI 发明的充分公开问题

根据目前通行的实践标准，算法的充分公开是计算机实施的发明获得专利权的前提条件。AI 发明的特殊问题则在于存在算法黑箱。不过，大多数评论者并不认为需要为 AI 发明制定特殊的充分公开规则，USPTO 2019 年发布的针对含有功能性描述的专利申请的审查指南④已经能够提供有益的指引。具言之，申请人需要在申请书中充分披露其硬件与软件的细节信息，尤其是算法的详细步骤、程序、公式、图表、流程图等。另有一些评论者如 IBM 公司则对上述观点存疑，指出"AI 发明很难完全公开，因为即使发明人知道输入和输出内容，但其间的逻辑在某些方面是未知的"。⑤ 还有一些评论者，如美国律师协会知识产权部（ABA IPL），则倡

---

① Response from IPO（Nov. 11，2019），at 6.

② Response from IBM（Nov. 8，2019），at 4；*see also* Response from Siemens，at 2.

③ Alice/Mayo 测试法主要包含三步：第一步，确定权利要求的主题是否属于方法、机器、产品或组合物这四种法定发明类别之一；第二步，判断权利要求的主题是否属于自然法则、自然现象或抽象概念；第三步，判断权利要求中是否包含"显著更多"的要素，进而转化为可专利主题。

④ Examining Computer-Implemented Functional Claim Limitations for Compliance With 35 U. S. C. § 112，84 Fed. Reg. 57（Jan. 7，2019）.

⑤ Response from IBM（Nov. 8，2019），at 6.

导严格执行充分公开标准，以确保专利质量。[①]

（7） AI 发明的可实施性问题

发明的可实施性是指，本领域普通技术人员根据说明书进行操作即可实现发明，而无需过多的额外实验。[②] 一般而言，对于与特定发明属性相关的现有技术了解越多、技术的可预测性越强，要求在说明书中明确陈述的信息就越少；反之亦然。关于 AI 系统的可预测性，评论者们尚未形成一致意见，但认为司法实践中发展出的"Wands 因素"[③] 判定法仍有适用的空间。

（8） AI 技术对本领域普通技术人员判定的影响

本领域普通技术人员是发明非显而易见性的拟制判定主体，其法律标准的确定一般需要考虑所需解决的技术问题、对技术问题的现有解决方案、创新的速度、技术的复杂程度、所属技术领域人员的受教育水平等因素。[④] 对于这一问题，多数评论者认为 AI 技术会对本领域普通技术人员的标准产生潜在影响，同时指出当前判定本领域普通技术人员的法律框架对于应对 AI 带来的挑战仍然是充足的，毕竟，任何新出现的技术都会提升对本领域普通技术人员技术水平的要求。另有少数评论者指出，对于未来可能出现的通用 AI，其机器身份决定了其所掌握的技术水平不应影响本领域普通技术人员的法律标准。

（9） AI 发明特有的现有技术认定问题

大多数评论者否认此类问题的存在，认为"现有技术"认定标准是足够的。少数评论者则指出，AI 的技术产出将会导致现有技术大量涌现，增加搜索的难度。随着 AI 复杂性的增加，这一问题或许会有新的答案。值得注意的是，评论者普遍认为应当加强审查员训练并为其提供识别、寻

---

① Response from ABA IPL（Nov. 8，2019），at 17.

② 84 Fed. Reg. 62；see also MPEP § 2164. 01.

③ 巡回法院在 1988 年 Wands 案中指出，判断一项生物技术专利能否满足充分公开要求时应考虑如下因素：权利要求的广度、发明的性质、现有技术的状态、本领域普通技术人员的水平、技术的可预测性、发明人提供的索引数量、存在的实例以及根据公开内容实施发明所必需的实验次数。上述因素统称为"Wands 因素"。

④ In re GPAC Inc.，57 F. 3d 1573，1579（Fed. Cir. 1995）.

找 AI 相关现有技术的额外资源。①

（10）以新的知识产权类型保护 AI 发明的必要性问题

对于这一问题，评论者并未达成一致意见，但认为有必要密切关注 AI 技术的新发展，并对法律政策作出及时调整。部分评论者指出，对于作为 AI 基础构成元素的数据，商业秘密、版权可以提供部分保护；若数据的产生需要大量的资源投入，对数据的保护也值得考虑。部分评论者尤为强调生物信息的保护。② 另有部分评论者认为，对数据的单独赋权可能为行业先行者带来竞争优势，需要与市场新进入者使用相关数据训练、发展 AI 的利益进行平衡。③ 但总体而言，评论者尚未就新的知识产权类型的作用机制提出具体意见。

（11）与 AI 发明专利取得相关的其他问题

多数评论者指出应当加强对审查员的技术培训，制定专门针对 AI 领域专利审查的指南。④ 其他观点还包括：对 AI 基础发明授予专利权需要慎重，以维持开放的研究生态系统；⑤ 应注重对 AI 专利不良影响的评估；⑥ 应进一步思考 AI 技术对专利侵权和执法领域的影响；⑦ 等等。

2. 公众就"AI 对版权、商标权、数据库保护、商业秘密及其他领域知识产权政策的影响"议题的意见汇总⑧

（1）AI 生成作品的可版权性问题

根据《美国版权法》的规定，作品若在产生中无自然人的参与，则不

---

① *e. g.*, Response from Internet Association, High Tech Inventors Alliance, the Software and Information Industry Association, and ACT, at 17.

② Response from Genentech (Nov. 8, 2019), at 11.

③ Response from AIPLA (Nov. 8, 2019), at 9.

④ *e. g.*, esponse from CCIA (1st Response), at 8; Response from Internet Association, High Tech Inventors Alliance, the Software and Information Industry Association, and ACT, at 17 – 18; Response from Baysinger, at 3.

⑤ Response from Menart, at 2.

⑥ Response from NAPP, at 4.

⑦ *e. g.*, Response from Genentech (Nov. 8, 2019), at 11 – 12; Response from IBM (Nov. 8, 2020), at 9.

⑧ USPTO, "Public Views on Artificial Intelligence and Intellectual Property", p. 19 – 45, *available at* https://www. uspto. gov/sites/default/files/documents/USPTO _ AI-Report _ 2020 – 10 – 07. pdf (last visited Oct 26th, 2020).

能享有版权保护。对于机器参与生成的作品，自然人的创造性输入或者干预是获得版权的前提，这也是《伯尔尼公约》所采纳的观点，[①] 并进一步体现在美国版权局《业务指南》最新草案中。[②] 对于美国现行法律并不承认非自然人作者身份（"雇主原则"除外）的做法，多数评论者认为无须更改。之所以支持这一观点，一是因为版权法所欲激励的主体是自然人；[③]二是考虑到 AI 的工具属性。[④] 少数评论者则认为应赋予无自然人参与的 AI 生成作品以版权保护，并将作者身份赋予 AI 系统的所有人/控制者或者使作品得以固定的 AI 系统使用者。

（2）AI 生成作品获得版权保护所需的自然人参与的类型及程度

根据美国相关判例，作品获得版权保护以自然人付出最低程度的创造性劳动为前提。一些评论者指出，在可预见的未来，自然人将深入参与到 AI 的使用之中，具体参与方式包括但不限于设计模型与算法、识别有用的训练数据和标准、决定 AI 的使用方式、对算法决策进行指引、否决算法决策的结果、选取有益的产出结果，等等。基于此，这些评论者认为 AI 产出结果将深度依赖于自然人的创造性劳动，因此，AI 生成作品将有很大可能获得版权保护。

（3）AI 大量输入版权作品的合法性问题

这一问题主要包括两个方面：其一，此类输入行为究竟构成复制权侵权，还是可以获得合理使用豁免；其二，被使用作品的作者是否应就这一使用方式获得经济补偿。就第一点而言，合理使用的判定主要取决于个案事实，根据以往的判例，为提供搜索服务而复制作品、为判定是否存在抄

---

① Sam Ricketson, "People, or Machines: The Berne Convention and the Changing Concept of Authorship, Horace S. Manges Lecture", 16 Colum. -VLA J. L. & Arts 1 (1991 ~ 1992). Ricketson 指出，虽然《伯尔尼公约》并没有对作品的可版权性进行定义，但是缔约国之间已经就作品的创作应有人类作者的参与达成共识。

② U. S. Copyright Office, Public Draft Compendium of U. S. Copyright Office Practices, §313. 2 (March 15th, 2019), *available at* https://www.copyright.gov/comp3/chap300/chap300 – draft – 3 – 15 – 19. pdf.

③ Response from ABA IPL (Jan. 9, 2020), at 4 ~ 5; Response from IPO (Jan. 10, 2020), at 2.

④ Response from Public Knowledge, at 1.

袭而数字化存储作品的行为曾被认定为构成合理使用。① 关于机器学习中大量输入作品是否构成合理使用,则尚未有法院裁判,评论者也存在较大分歧。但多数评论者依旧认为合理使用原则的灵活性足以应对 AI 技术带来的挑战,因而无须更改法律。就第二点而言,作者权益保护的倡导者认为,AI 产出收益的一定比例应当分享给被使用作品的作者;② 另有部分评论者认为可以采取一揽子许可的方式进行授权,并赋予版权人"选择进入"或者"选择退出"的自由,③ 这种做法既有助于保护版权人的利益,也能够满足 AI 产业大规模数据使用的需求。

(4) AI 生成作品侵权的法律救济问题

若 AI 所有人在设计程序、输入数据或者其他方面的行为足以导致 AI 生成侵权作品,该所有人应承担直接侵权或帮助侵权责任;若 AI 有较强的自主性,AI 所有人可能需要基于其监督侵权行为的权利和能力,以及从侵权行为中获取经济利益的事实,承担替代责任。据此,多数评论者认为并无必要修改现行法的规定,但强调应将责任主体落实为自然人或法人。另有一些评论者认为现行法的规定过于原则化,无法为 AI 生成作品侵权提供清晰的裁判路径;④ 此外,法官所面临的新技术场景,⑤ "知道"的界定困难等问题,⑥ 都会对规则的具体适用带来挑战。

(5) 商标搜索中 AI 技术的运用对商标可注册性的影响

虽然借助 AI 技术能够发现商标设计中不易被人类视觉所识别的元素,使检索更为全面,但其检索结果却未必能够反映消费者的认知状态,而后者才是商标近似判断中需要着重考虑的问题。就 USPTO 对 AI 技术的运用,多数评论者认为这将有助于提升检索效率,但 AI 技术只能作为审查员的辅助工具,不能取代其对商标可注册性的判断;部分评论者认为 AI

---

① Authors Guild v. Google, Inc., 804 F. 3d 202 (2d Cir. 2015).
② Response from the AAP, at 2; Response from the Authors Guild, at 10; Response from STM, at 4.
③ Response of Lori Pressman, at 2.
④ Response from AIPLA (Jan. 10, 2020), at 7.
⑤ Response from NYIPLA, at 7; see also Response from RIAA, at 7.
⑥ Response from KEI, at 2.

技术的运用有助于提升审查结果的一致性；部分评论者预期，随着 AI 技术的运用，更多因消费者混淆可能性而被驳回注册的情形将涌现；另有部分评论者对当前 AI 运行的精确性以及算法歧视存有疑虑，认为应重视人类对算法的反馈和干预。①

（6）AI 对商标法的影响

对于这一问题，多数评论者认为 AI 的应用不会对商标法的运作产生冲击，即便存在一定的影响，美国商标法也有充足的灵活性进行应对。评论者就这一问题的主要关注点集中在如下方面：①人类参与。例如，要求商标对人类而言具有显著性、商标申请人为自然人或法人、对 AI 生成的侵权通知应由人类审查后才发出，等等。②透明度。例如，要求 AI 的应用应尽量避免对消费者产生误导。② ③商标法上的侵权责任。有评论者认为，AI 设计者有义务避免 AI 从事商标侵权行为。③ 还有评论者提出了适用于网络服务商的商标侵权认定标准可能无法完全适用于 AI 领域、依赖于 AI 的消费决策可能导致"相关公众"认定不再重要、④ AI 的运用可能影响商标侵权中的"意图"判断⑤等问题。④AI 生成作品的商标侵权问题。尤其值得关注的是，在运用 AI 生成与某位知名作者的作品风格相似的作品并标注该作者的姓名时，《兰哈姆法》、反不正当竞争法以及保护公开权的法律能否有效解决这一盗用。⑥ ⑤AI 提供的服务。例如，对此类服务如何进行分类，究竟是归于计算机软件商品，还是以 AI 提供的服务进行分类，仍需进一步澄清。⑦

（7）AI 对保护数据库、数据集的法律的影响

数据是 AI 发展的基石，因此有必要在 AI 发展的背景之下探讨数据保护问题；与此同时，对数据的使用在 AI 技术发展中的重要作用亦不容忽

---

① Response from INTA, at 2.
② Response from Lori Pressman, at 3.
③ Response from A-CAPP, at 2.
④ Response from INTA, at 2 - 3.
⑤ Response from A-CAPP, at 3.
⑥ Response from RIAA, at 7.
⑦ 值得一提的是，根据联邦巡回法院 In re JobDiva, Inc. 判决，企业的软件所提供的服务可以被认为是企业自身所提供的服务。

视。当前，满足一定要求的数据库、数据集可以被认定为作品、商业秘密，而合同法、侵权法、版权法上保护技术措施的规定也能为其提供更为周全的保护。因此，多数评论者认为当前的法律规定能够为 AI 相关的数据库与数据集提供充分保护，没有必要像欧盟那样设置数据库特别权利。一些评论者虽然认为现有的法律保护并不充分，却也对数据库特别权利的赋予是否能够激励创新持存疑态度。[1] 少部分评论者则认为有必要为数据集提供特别权利保护或者反不正当竞争保护，以激励高质量数据集的产出。

（8）AI 对商业秘密保护法律的影响

多数评论者认为当前保护商业秘密的法律足以应对 AI 带来的挑战，评论者更为关注的是 AI 商业秘密保护所带来的问题。例如，当 AI 决策对个人产生重大影响时，对 AI 算法的商业秘密保护可能导致正当程序方面的缺失；[2] AI 技术监管中的透明度要求也与商业秘密保护存在一定的冲突。[3] 由此观之，为数据提供特别权利保护可能是更优的保护路径。[4]

（9）AI 与知识产权保护的其他问题

评论者提出的其他意见还包括：要求 USPTO 关注与数据相关的知识产权问题，[5] 鼓励政府数据公开，[6] 建议政府相关政策中"数据"定义应当具有一致性，[7] 注重个人数据的安全性以及对数据控制者问责机制的构建，[8] 尽快对 USPTO 工作人员展开"AI 技术及其潜能"等主题培训，[9] 关注 AI 系统使用中的歧视问题[10]以及赋予 AI 法律人格所带来的问题，[11]等等。

---

[1] Response from IPO (Jan. 10, 2020), at 7.

[2] Response from Wikimedia Foundation, at 8.

[3] Response from Genentech (Jan. 10, 2020), at 8 – 9.

[4] *e. g.*, Response from Genentech (Jan. 10, 2020), at 9.

[5] *e. g.* Response from Starrett, at 17.

[6] Response from IBM (Jan. 10, 2019), at 8.

[7] Response from AAP, at 6.

[8] Response from IPO (Jan. 10, 2020), at 9.

[9] Response from ACT, at 6.

[10] Response from Aimonetti, at 3.

[11] Response from Shore, at 2.

三 从《报告》分析美国的基本主张

总体来看,《报告》全面、系统地罗列了 AI 技术发展对当前知识产权制度可能带来的挑战,并就公众对 AI 相关知识产权政策的态度进行了较为完整的梳理,对这些信息的高效利用能够为后续政策制定的有效性、可接受性提供保障。《报告》在征求公众意见时采取问答形式,使核心问题得以突出,也能为公众提交意见提供清晰的指引。《报告》对多数评论者的意见与部分评论者的意见分别进行罗列,能够清晰展现公众就议题所达成的共识与存在的分歧,从而有助于在未来进一步征集意见时将问题聚焦。虽然《报告》存在前瞻性不足、关注点不够全面、部分意见的针对性有所欠缺、意见总量及代表性略有不足等问题,并在一定程度上损害《报告》结论的正确性。但是,我们仍旧能够从各方主体基本一致的观点中,归纳出美国 AI 知识产权政策的如下基本主张。

(一) 司法主导的渐进政策

《报告》在系统评估现有知识产权政策及公众意见的基础上,认为当前美国知识产权政策整体上足以应对 AI 技术带来的问题。这一基本结论的得出,既取决于政策制定机构对 AI 当前发展状况的认知,也与公众对司法能动的渐进式政策演进模式的信赖密不可分。就前者而言,由于目前 AI 的发展仍旧处于“狭义 AI”阶段,AI 的生产和运作仍旧依附于对其进行代码研发、数据输入、行为控制的人类,并未脱离工具属性,因此,计算机软件发明的可专利性、版权人借助计算机工具创作作品的版权归属等规则依旧能够适用于 AI。就后者而论,虽然面向未来、能够达到人类智力水平的“通用 AI”会对当下的知识产权政策构成挑战,但秉持着“只有在绝对必要的情况下,立法者才应按照自己的想法来形成和塑造生活;但在能够让生活自行选择的地方,他应避免进行多余的干预”的基本理念,[①] 以及

————————

① 〔奥〕欧根·埃利希:《法社会学原理》,舒国滢译,中国大百科全书出版社 2009 年版,第 192 页。

对司法机关在法律适用中促进法律完善的司法能动主义的信赖，USPTO 及多数公众均未对这一问题予以充分关注。由于 AI 技术处于不断发展之中，其不同运用场景带来的问题亦不尽相同，前瞻性立法规制很容易因有效信息的缺失而呈现出一刀切、挂一漏万的特点，而司法的优势恰恰就在于能够通过个案中充分的信息披露与论证来完成对权利义务的确定，[①] 并通过类案的认定形塑判例的适用范围，最终完成规则细化。一个典型的例子是，美国专利客体的演进在很大程度上就是由司法推动的。[②] 此外，以版权法上的合理使用"四要素"条款[③]为代表的原则性、灵活性规定，也为司法机关根据原则发展规则提供了空间。

比较法上，同样作为 AI 行业领军者的欧盟，其 AI 知识产权政策更具建构色彩。究其根本原因，无外乎大陆法系的成文法传统，以及为发展欧盟范围内的统一市场，需要以各国政策制定自主权一定程度的牺牲为代价制定相对统一的政策。这种做法固然能够为行为主体提供相对稳定的预期，却也失之僵化。美国与欧盟在规制 AI 大规模输入版权作品行为方面的差异，就能提供很好的说明。根据欧盟《数字单一市场版权指令》，AI 大规模输入版权作品的行为只有在使用者能够合法接触作品时方不构成侵权；对于商业性使用行为，版权人还有权通过合同约定排除上述例外规则的适用。[④] 相关研究指出，这一规定限制了数据在研究与创新过程中潜能的发挥。[⑤] 与之相比，美国《报告》所倡导的获益权规则更有利于平衡版权保护与数据流通的利益，这一平衡机制也可通过司法发挥能动作用来实

[①] 李红海：《普通法的司法解读》，北京大学出版社 2018 年版，代序。

[②] 易继明、王芳琴：《世界专利体系中专利客体的演进》，《西北大学学报》（哲学社会科学版）2020 年第 1 期。

[③] 17 U. S. Code § 107. "四要素"包括：（1）使用的目的和性质；（2）被使用的作品的性质；（3）使用版权作品的数量和实质性；（4）使用对版权作品潜在市场与价值的影响。

[④] DIRECTIVE (EU) 2019/790 OF THE EUROPEAN PARLIAMENT AND OF THE COUNCIL of 17 April 2019 on copyright and related rights in the Digital Single Market and amending Directives 96/9/EC and 2001/29/EC, PE/51/2019/REV/1, OJ L 130/92, 113 – 114 (last visited Oct 29th, 2020).

[⑤] Christophe Geiger, Giancarlo Frosio, Oleksandr Bulayenko, "Text and Data Mining: Articles 3 and 4 of the Directive 2019/790/EU", Centre for International Intellectual Property Studies Research Paper No. 2019 – 08, at 36 – 37.

现。可以预见的是，美国的路径更符合 AI 行业长远发展的需求。事实上，在政策前景尚不明朗之时，暂缓制定，让实践先行、司法修补，在试错中发展，可能是更为明智的做法。世界排名靠前的数据库皆为美国人研发，而最早赋予数据库特殊权利的欧盟并未实现其预期的激励数据库投资的目标，无疑是一个很好的例证。

（二）"主体—客体"框架下的主体责任

如何看待自主性日益增强的 AI 并赋予其合适的法律地位，是 AI 知识产权政策的核心问题。对于这一问题，《报告》从当前 AI 发展现状出发采取了相对保守的立场，要求知识产权申请、审查的最终主体应为人，"发明构思""独创性"能够归因于人的智力劳动，直接或者间接侵权责任也应落实到人的身上，暂不考虑赋予 AI 法律主体资格。与《报告》所采取的隐晦态度不同，欧盟议会早在 2017 年便通过了一项关于机器人与 AI 技术的立法决议，建议欧盟委员会考虑赋予机器人电子人法律地位。[①] 虽然欧盟委员会责任与新技术专家组（NTF）评估后，从落实人的主体责任、避免道德风险的立场出发，得出了当前尚不宜赋予 AI 法律主体资格的结论，[②] 但欧盟研究视角的前瞻性仍是毋庸置疑的。类似地，在最新发布的决议中，欧盟议会也对 AI 辅助人类的创作与 AI 自主创作进行了区分，认为对于前者的规制可在现有法律框架中寻求答案；至于后者对现有知识产权体系的挑战，则推翻了此前采取的赋予 AI 法律人格的立场。[③] 欧盟议会进一步指出，从知识产权制度关注对人的创新激励的基本理念出发，AI

[①] Civil Law Rules on Robotics European Parliament resolution of 16 February 2017 with recommendations to the Commission on Civil Law Rules on Robotics（2015/2103（INL）），P8_TA（2017）0051，OJ C 252/239，250（last visited Oct 30th，2020）.

[②] Expert Group on Liability and New Technologies，New Technologies Formation，"Liability for Artificial Intelligence and Other Emerging Digital Technologies"，at 38，*available at* https://www. insideprivacy. com/artificial-intelligence/commission-expert-group-report-on-liability-for-emerging-digital-technologies/（last visited Oct 30th，2020）.

[③] European Parliament resolution of 20 October 2020 on intellectual property rights for the development of artificial intelligence technologies（2020/2015（INI）），P9_TA（2020）0277，*available at* https://www. europarl. europa. eu/doceo/document/TA-9-2020-0277_EN. html（last visited Oct 30th，2020）.

主导的技术发明仍应受到知识产权保护，以维系人类对这一领域创新的投资；至于对 AI 生成作品是否有激励的必要，欧盟议会未置可否，但强调对 AI 生成作品的版权保护应遵循两项条件：即作品生成中使用的版权作品已获得授权，且应当将版权授予合法创作作品的自然人和法人。①

从字面上看，《报告》所体现的美国 AI 知识产权政策缺乏面向未来的属性，从中似乎不易窥见美国对赋予 AI 法律主体资格所持立场。但依笔者之见，美国与欧盟对于这一问题的态度基本相同，其差异主要体现于对人类干预的行为属性判定上。具言之，人类对 AI 的模型算法设计、数据输入控制、启动条件设置、产出结果选取等，在《报告》中被认为是人的创造性劳动，从而使得既有的以人为创新主体的规则能够继续适用，免去了政策修改的必要；而欧盟则并不认可此类干预行为中所蕴含的创新足以被赋予知识产权，因此对 AI 法律主体资格的讨论便不可避免。虽然有回避本质问题之嫌，《报告》对人类行为的强调却也反映出"将权利与责任落实到人身上"的基本价值取向，这也与渐进式的政策演进模式一脉相承。可以预见的是，《报告》强调人对 AI 发明创作的干预、要求人类为 AI 行为的不利后果承担最终法律责任的做法，将持续贯彻在美国未来的 AI 政策之中。

（三）倡导与强化过程监管

关于美国政策界对 AI 相关法律问题的看法，有学者曾得出这样的结论：他们对于 AI 是否改变了人与人之间关系、是否创设新法律规则研究不多，倒是对如何利用 AI 和大数据分析技术辅助司法事务、创新法律服务更有兴趣。②《报告》对 AI 技术在知识产权申请、审查实践中的运用所持的积极拥抱态度，一定程度上反映了上述观点。事实上，这也是美国实

---

① European Parliament resolution of 20 October 2020 on intellectual property rights for the development of artificial intelligence technologies (2020/2015 (INI)), P9_TA (2020) 0277, *available at* https://www.europarl.europa.eu/doceo/document/TA-9-2020-0277_EN.html (last visited Oct 30th, 2020).

② 管育鹰：《人工智能带来的知识产权法律新问题》，《贵州省党校学报》2018 年第 5 期。

用主义哲学态度在 AI 知识产权政策领域的反映。实用主义哲学是一种注重效率与效用的哲学，"所谓真，就是作为有效的工具"。① 由于人类在数据分析和处理方面的能力几乎无法达到 AI 的水平，将 AI 技术运用于商标、专利审查申请、审查实践之中，能够起到节约人力成本、提升申请、效率的作用，实用主义的哲学态度便对尽早使用并适应新技术提出了要求。至于 AI 运作中存在的故障、精确度不足、算法偏好等问题，则可进一步通过人的信息输入与反馈、增强算法的可解释性，在人与 AI 的互动之中不断解决。隐藏在这种通过技术的发展解决技术带来的问题的做法背后的，是一种技术乐观主义的理念。②

与之相比，欧盟对 AI 技术的运用更为审慎。一个看似与知识产权无关却颇具启示意义的示例是，针对个人数据的处理，美国《加州消费者隐私法案》确立了"以允许为原则，以附条件禁止为例外"的规则，欧盟《通用数据保护条例》（以下简称"GDPR"）则遵循"以禁止为原则，以合法授权为例外"的规则。③ 这一做法体现出美国与欧盟在政策规制的介入节点上有不同的倾向，前者更愿意采用注重事中、事后补救的责任规则，后者则主张在特定情形下适用事前许可的财产规则，以更好地保障人权。GDPR 中与 AI 技术运用颇为相关的第 22 条，是限制针对数据主体所做的自动化决策的规定，其也呈现出上述特点。根据该规定，数据主体有权拒绝仅由自动化处理过程所作出的对其产生法律效果的决定，除非这一决定对数据主体和数据控制者之间合同的签署或履行是必要的，或者由欧盟或成员国内规制数据控制者的法律所授权，且规定了合适的保护数据主体权利、自由及合法利益的措施。④ 综观上述规定不难推断，欧盟的 AI 知识产权政策也将更为注重知识产权与人权的平衡，相对美国而言更多引入

---

① 〔美〕威廉·詹姆士：《实用主义》，李步楼译，商务印书馆 2012 年版，第 35 页。

② 技术乐观主义"认为技术始终是中性的，技术无论是有害还是有利，都是人的原因造成的，所以技术无论怎么发展都没有问题，关键是解决人的问题；只要把'人'把握好、搞清楚就行，因为犯的错误都归人，跟技术没有关系"。"由此可见，技术乐观主义是建立在技术的中性论、工具论，以及人的主体论基础上的"。吴国盛：《技术哲学讲演录》，中国人民大学出版社 2016 年版，第 169 ~ 170 页。

③ 何渊主编：《数据法学》，北京大学出版社 2020 年版，第 66 页。

④ General Data Protection Regulation，OJ L 119/1，46（last visited Oct 31st，2020）.

事前规制。事实上，欧盟议会关于 AI 知识产权保护的决议已呈现出这一特点，其具体表现为继续贯彻"个人数据的收集必须尊重基本权利和数据保护规则"的立场，要求用于知识产权执法的 AI 决策系统必须完全透明，等等。[①] 整体而言，由于事中、事后的过程监管相较于事前规制而言，为 AI 技术的发展提供了更多可能性，美国 AI 知识产权政策对巩固其在 AI 领域的领先地位无疑是有利的，但欧盟政策中体现的人本主义理念同样不容忽视。

（四）AI 创新与运用的生态构建

美国 AI 知识产权政策的另一个显著特点，是注重 AI 领域技术创新与运用的平衡，一方面强调通过知识产权强保护为创新提供动力；另一方面也积极引导创新成果的广泛传播与利用，以实现促进社会技术进步、繁荣文艺市场、丰富人民物质与精神生活的目的。激励创新与激励运用不可偏废，正是激励理论的核心要旨。为保持社会创新激励的延续性，在促进原始创新与二次创新之间取得平衡，需要打破垄断、促进信息共享与自由竞争，这一倾向性意见在《报告》关于 AI 训练中输入数据的保护、数据与算法的商业秘密保护的讨论中体现得尤为明显。具言之，虽然商业秘密保护具有不经申请即可产生、保护客体范围广、保护期不受限制、保护不以披露技术为前提等优势，对专利、版权等知识产权保护构成重要补充，但是其本质上却与以公开换取独占的社会契约理念相悖，因此需要与其他知识产权制度建立适当的平衡。由于美国尚未确立数据产权制度，AI 训练中所输入的数据及数据集若不具有独创性，则难以获得版权保护，此时商业秘密便成为企业最可能寻求的保护模式。《报告》的评论者显然注意到了这一平衡向商业秘密保护过度倾斜的可能性，认为这有违合作文化，[②] 部分评论者更据此建议为数据提供保护，以鼓励数据的公开与分享。[③] 另

---

① European Parliament resolution of 20 October 2020 on intellectual property rights for the development of artificial intelligence technologies (2020/2015 (INI)), P9_TA (2020) 0277, *available at* https://www.europarl.europa.eu/doceo/document/TA-9-2020-0277_EN.html (last visited Nov 2nd, 2020).

② Response from AUTM (Jan. 10, 2020), at 2.

③ Response from AIPLA (Jan. 10, 2020), at 16.

一个值得注意的例子是，不少评论者都认为可通过开放数据许可证①以及构建数据使用的准入机制，② 平衡数据拥有者与使用者的权利，制衡 AI 产业先进入者潜在的优势地位。

鉴于 AI 产业的发展建立在对数据的大量使用之上，欧盟议会在关于 AI 知识产权保护的决议中重申了《非个人数据自由流动条例》的基本原则，提倡通过数据开放、增强数据互操作性，提升欧盟 AI 企业的竞争力。③《欧洲数据战略》也指出海量数据向大企业集中对市场竞争的负面影响值得被关注。④ 在促进数据的运用以推动 AI 技术的发展方面，欧美政策具有一致性。不过在竞争法规制层面，只有关键设施理论可能为获取其他企业的数据提供法律依据，但该原则的适用异常严格。⑤ 至于数据产权，欧盟也在《构建欧洲数据经济》等文件中展开了积极探索，但其提出的数据生产者权利以"非个人或匿名化的机器生成数据"为客体，⑥ 至于人类为机器训练所提供的高质量数据应当如何保护，则未明言。与《报告》中反映的观点不同，欧盟的政策制定者并不认为财产权的赋予是促进高质量数据集产出的唯一激励；相反，欧洲战略中心发布的《AI 时代：构建以人为本的欧洲机器战略》报告就明确主张，数据质量的提升可通过对个人数据提供高标准保护来实现，⑦ 而 GDPR 已经做到了这一点。换言之，美国认可数据收集者在数据质量提升方面所做的贡献，而欧盟则更强调数据来源管控，两者构筑 AI 产业、数字经济竞争优势的着眼点存在差异。不

---

① *e. g.*，Response from CDT at 5；IBM at 8.

② Response from AIPLA（Nov. 8，2019），at 9.

③ European Parliament resolution of 20 October 2020 on intellectual property rights for the development of artificial intelligence technologies（2020/2015（INI）），P9_TA（2020）0277，*available at* https://www. europarl. europa. eu/doceo/document/TA－9－2020－0277_EN. html（last visited Nov 2nd，2020）.

④ 《〈欧洲数据战略〉全译》，资料来源：贵州省大数据发展管理局网站，http://dsj. guizhou. gov. cn/xwzx/gnyw/202003/t20200317_55286409. html；更新时间：2020 年 3 月 17 日；访问时间：2020 年 11 月 3 日。

⑤ 曹建峰、祝林华：《欧洲数据产权初探》，《信息安全与通信保密》2018 年第 7 期。

⑥ 曹建峰、祝林华：《欧洲数据产权初探》，《信息安全与通信保密》2018 年第 7 期。

⑦ EPSC Strategic Notes，"The Age of Artificial Intelligence：Towards A European Strategy for Human-Centric Machines"，issue 29，Mar 27th，2018，p. 6.

过，在上文提及的决议中，欧盟议会也认为有必要评估现行知识产权制度对 AI 训练所需数据集的保护是否充足、适当，① 在政策倾向上有向美国靠拢的趋势。

四 《报告》对我国人工智能知识产权政策制定的启示

中国人工智能产业年会上发布的《2019 人工智能发展报告》显示，在多层次战略规划的指导下，我国人工智能学术界和产业界在国际同行中都有不错的表现。② 鉴于合适的知识产权政策对于 AI 技术的发展与运用具有引导作用，我国需要抓紧制定并完善 AI 知识产权政策。在此方面，《报告》能够带给我们如下启示。

（一）明晰 AI 概念

在涉 AI 知识产权政策的制定中，"AI"的定义及其具体应用场景是一个关键问题，直接关乎政策制定的有效性。例如，"AI 发明"既可以指"AI 相关技术领域的发明"，也可以指"借助 AI 技术实现的其他技术领域的发明"，还可以指"AI 像自然人那样自主产生的发明"；AI 既可能是仅在特定领域发挥作用的"狭义 AI"，也可以指与人类智力相媲美的"通用 AI"；根据人类参与的程度及维度，AI 发明和 AI 创作也可以具有不同的层次；AI 在知识产权领域的运用则可覆盖运用 AI 技术从事知识产权生产、交易、申请、审查、维权、执法等诸项活动。在不同场景之下，AI 技术对现行知识产权政策带来的挑战亦不尽相同，需要逐一展开分析，方能增强政策制定的针对性。《报告》正是由于在部分具体问题的设置中未

---

① European Parliament resolution of 20 October 2020 on intellectual property rights for the development of artificial intelligence technologies (2020/2015 (INI)), P9_TA (2020) 0277, *available at* https://www.europarl.europa.eu/doceo/document/TA-9-2020-0277_EN.html (last visited Nov 2nd, 2020).

② 《2019 人工智能发展报告》，资料来源：http://www.199it.com/archives/973690.html；更新时间：2019 年 12 月 2 日；访问时间：2020 年 11 月 3 日。

能明晰 AI 在该特定场景下的涵义，导致很多评论者对这些问题难以做出明确、统一的回答，使得公众意见的价值无法被充分挖掘。我国在制定 AI 知识产权政策时应当注意避免这一问题。

（二）强化公众参与

知识产权是专业性极强的领域，专利法中的技术新颖性、创造性判断，商标法中商标、商品相同或近似的判断，著作权法中的"思想—表达"二分法判断、场景原则的适用等，均有特定的标准，这些标准技术性较强，由技术专家掌控，一般并不为普通民众所掌握。因此，专家往往在知识产权政策制定中扮演重要角色。随着 AI 智能化、专业化程度不断提高，针对 AI 的政策制定中，专家的作用也将不断强化。但若只关注专家的意见，便会陷入技术理性的误区，丢失人本主义精神。① 创新激励是一项系统性的社会工程，以知识产权强保护为核心的创新环境的营造将惠及社会大众，使人人成为潜在的创新者。因此，知识产权政策制定也应当注重民主化，使人民享有有效参与、表达意愿的必要途径，建立相应的反馈机制，促进创新源泉充分涌动。在这一方面，《报告》广泛吸纳利益相关者意见的方式值得借鉴。从意见汇总来看，其收集的个人意见数量多达30%，这些意见涉及知识产权审查中的判定主体、由 AI 技术运用所带来的歧视、AI 算法可解释性、数据保护等诸多领域，将为 AI 技术发展的方向、使用场景、运作模式提供价值引导。

（三）完善数据立法

虽然《报告》得出了美国现行知识产权法律制度能够应对 AI 技术带来的挑战这一结论，但是考虑到数据在 AI 发展中的基础地位，公众提出的关于数据保护的意见、欧盟议会近期提出考虑数据赋权必要性的做法，依旧值得特别关注。《中共中央国务院关于构建更加完善的要素市场化配置体制机制的意见》提出要"加快培育数据要素市场"，而数据价值的充

---

① 初萌：《版权扩张之反思——以技术理性为视角》，《科技与法律》2013 年第 1 期。

分挖掘需要以数据确权和保护为依托。由于 AI 运行中所需的高价值数据并非自始存在，与创新发明、具有独创性的作品一样，其产出、收集中投入的大量资源和劳力也有激励的必要，而现有知识产权体系对数据的保护存在局限性，这便使得对数据赋予权利的意义凸显。值得注意的是，虽然我国《民法典》第 127 条对数据保护的规定缺乏可操作性，但相关实践已通过新浪诉脉脉案①、大众点评诉百度地图案②、淘宝诉美景案③等司法案例逐步展开。在数据权益的保护方面，我国已经走在了世界前列，下一步要做的，便是适时将上述案例中的裁判要点进行提炼，通过构建具有普遍约束力的数据保护规则，提供稳定的预期，持续为数据产业以及依托于数据的 AI 等产业的发展赋能。

与此同时，对数据的有效利用在 AI 产业发展中的重要作用亦不容忽视。在赋权的基础上，对数据产权的行使施加一定的限制，使市场新进入者能够使用重要数据训练、发展 AI 技术，有助于实现利益平衡、促进 AI 产业良性发展。因此，确定数据保护的边界、对作为商业秘密的重要数据的使用规定相应的豁免条件，也是我国数据立法中应当尤为注意的因素。

至于《报告》中提及的 AI 大量输入版权作品的行为，本质上也是一种数据利用行为。由于我国《著作权法》对"合理使用"条款采取封闭式规定，缺乏灵活性，此类使用行为难以落入合理使用的范畴，由此引发的大规模侵权风险也亟需制度层面的调试。为解决这一问题，长期来看，有必要引入"合法获取"的概念，并以之作为 AI 使用作品构成合理使用成立的前提条件。④ 而《报告》中部分评论者所倡导的利益分享以及相应的一揽子许可机制，则不失为短期内解决这一问题的有效方案。

---

① 北京市海淀区人民法院（2015）海民（知）初字第 12602 号民事判决书、北京知识产权法院（2016）京 73 民终 588 号民事判决书。
② 上海市浦东新区人民法院（2015）浦民三（知）初字第 528 号民事判决书、上海知识产权法院（2016）沪 73 民终 242 号民事判决书。
③ 杭州铁路运输法院（2017）浙 8601 民初 4304 号民事判决书、浙江省杭州市中级人民法院（2018）浙 01 民终 7312 号民事判决书。
④ 初萌：《人工智能对版权侵权责任制度的挑战及应对》，《北方法学》2021 年第 1 期。

（四）注重问责机制

在 AI 技术发展中，确保技术服务于人类的利益始终是一个核心问题，而这需要通过人类对技术的管控才能实现。这也正是《报告》展开的前提。通过提炼人类在 AI 数据输入、训练、产出结果、反馈更新等不同阶段介入技术运作的方式，《报告》否认了赋予 AI 主体地位的必要性，确立了人类主体享有 AI 知识产权的具体方式，并在一定程度上澄清了人类主体应当承担的责任，充分贯彻了权责统一的精神。这一精神在欧盟关于 AI 知识产权保护、AI 民事责任框架的决议中亦有所体现。2019 年，我国国家新一代人工智能治理专业委员会发布《新一代人工智能治理原则——发展负责任的人工智能》（以下简称《治理原则》），提出了人工智能治理的框架和行动指南，强调了和谐友好、公平公正、包容共享、尊重隐私、安全可控、共担责任、开放协作、敏捷治理八条原则，其中也明确要求"建立人工智能问责机制，明确研发者、使用者和受用者等的责任"。① 注重问责机制、强化人类控制理应成为我国 AI 知识产权政策制定中坚持的基本方向。在具体制度设计方面，我国现阶段不宜承认 AI 的主体地位，更为可取的做法是在现有法律框架内作出一定的制度调整，找到与 AI 发明、创作联系最为密切的自然人或法人，从激励角度审慎评估赋予其权利的必要性，并落实主体责任。至于具体案件事实中涉 AI 知识产权直接侵权与间接侵权责任的认定，则需从设计者的设计义务、控制者的过程管控义务（如是否及时按下"暂停键"）等维度展开，并视情况考虑公平责任救济的必要性。②

（五）开展人员培训

从当前 AI 技术在知识产权领域的运用来看，其对商标与专利申请与审查实践的影响最为直接。如《报告》所言，其主要影响的领域包括但不

---

① 《科技部：新一代人工智能治理原则——发展负责任的人工智能（附全文）》，资料来源：中华人民共和国科学技术部网站，http://www.most.gov.cn/kjbgz/201906/t20190617_147107.htm；更新时间：2019 年 6 月 17 日；访问时间：2020 年 11 月 4 日。

② 初萌：《人工智能对版权侵权责任制度的挑战及应对》，《北方法学》2021 年第 1 期。

限于本领域普通技术人员的资格认定、现有技术的获取、充分公开的认定、可实施性的判定、商标近似的判断，等等。鉴于 AI 技术能够大幅提高检索效率与精确性，各国知识产权管理部门不断探索其技术可能性的趋势必将延续。对审查人员而言，尤为重要的是使 AI 技术的运用服务相契于而不是相悖于知识产权保护的趣旨。为此，有必要加强对审查员的 AI 技术培训，定期发布涉 AI 领域知识产权审查典型案例，制定并不断完善涉及 AI 技术运用的工作流程及工作指引，使 AI 成为审查员工作中有益的辅助工具。

（六）加强国际交流

随着 AI 自主性、智能性的进一步提升，AI 对现行知识产权政策的挑战愈发突出。即便不考虑法律主体资格，AI 技术的广泛运用也已带来诸多棘手问题。例如，AI 生成物的知识产权归属、AI 侵权的责任主体如何确定？相关主体是 AI 的设计者、所有者还是使用者？对于这些问题，《报告》所提供的视角虽可借鉴，却并不完备。考虑到知识的流动性和知识产权跨国保护的需求，我们不能局限于对产业发展需求的国内制度回应，还需注重国际合作与交流，一方面要吸纳国外先进做法并积极开展可行性论证；另一方面也要将我国积累的有益经验输送出去，促成国际层面 AI 政策共识的达成以及我国知识产权国际影响力的提升。就当前而言，应注重对 AI 知识产权研究成果进行提炼，系统评估各种方案的利弊，形成中国版本的《AI 知识产权政策报告》，作为与世界各国展开沟通的基础性文件，为 AI 知识产权国际治理贡献中国声音，进而实现在 AI 领域与各国共推发展、共护安全、共享成果。[①]

五　结语

当前，AI 相关法律研究尚处于起步阶段，离形成全社会共识、进而

---

① 《习近平致信祝贺 2018 世界人工智能大会开幕》，资料来源：中国政府网，http://www. gov. cn/gongbao/content/2018/content_5335347. htm；更新时间：2018 年 9 月 17 日；访问时间：2020 年 11 月 4 日。

制定出法律规范还有较远距离，[①] 但技术的发展从不会因为法律政策的缺位而止步。技术是一把"双刃剑"，既能造福人类，亦可能带来灾难性后果。就 AI 技术的发展，霍金曾经预言，"除非我们学会如何做好准备并避开潜在风险，否则 AI 可能是人类文明史上最糟糕的事件。它带来了危险，比如强大的自动化武器或者少数人压迫多数人的新方法。它可能会给我们的经济带来巨大的破坏"。[②] AI 所带来的系统性挑战，对窗口期的政策制定提出了新要求。从政策制定的参与角度，AI 知识产权政策的变革与发展需要技术专家与普通公众展开有效交流，在了解 AI 技术运作模式、可能发展前景以及人类社会的价值导向基础上，提升政策制定的有效性和民主性。在政策目标方面，AI 知识产权政策应坚持激励导向，促进 AI 技术与各产业深度融合，服务于"推动先进制造业集群发展，构建一批各具特色、优势互补、结构合理的战略性新兴产业增长引擎，培育新技术、新产品、新业态、新模式"[③] 的远景目标。从大的方向来看，坚持人的主体地位，使 AI 的发展与人类的根本利益相契合，成为人能力实现的工具而非阻碍，是 AI 知识产权政策制定必须坚守的底线。

附录：《关于 AI 与知识产权政策的公众意见》中文译本

背景

美国专利商标局（以下简称"USPTO"）的首要任务是维持美国在创新领域的领先地位，特别在包括人工智能（以下简称"AI"）在内的新兴技术领域。为了进一步实现这一目标，USPTO 一直积极与 AI 领域的创新

[①] 孙建伟、袁曾、袁苇鸣：《人工智能法学简论》，知识产权出版社 2019 年 11 月版，序。

[②] 《霍金：人工智能可能是人类文明史上最糟糕的事》，资料来源：https://tech.qq.com/a/20171107/051605.htm；更新时间：2017 年 11 月 7 日；访问时间：2020 年 11 月 4 日。

[③] 《中共中央关于制定国民经济和社会发展第十四个五年规划和二〇三五年远景目标的建议》，资料来源：中国政府网，http://www.gov.cn/zhengce/2020-11/03/content_5556991.htm；更新时间：2020 年 11 月 3 日；访问时间：2020 年 11 月 6 日。

团队和专家合作，以增进对与 AI 技术相关的知识产权的理解，提升对其认识的准确性。此外，USPTO 正努力确保知识产权激励措施落实到位，以激励这一关键领域及周边领域的进一步创新。为此，2019 年 1 月，USPTO 举行了第一次有关 AI 知识产权政策的会议。此次会议汇集了来自世界各地的知识产权专家，并就专利、商业秘密、版权、商标、知识产权执法、全球视角和 AI 知识产权保护经济学进行了专题讨论。①

在该讨论的推动下，2019 年 8 月 27 日 USPTO 就"AI 发明专利的取得"这一议题征求公众意见（RFC）。RFC 向利益相关者征求了各种关于专利政策的意见，例如 AI 对专利发明人身份和专利权、可专利性、充分公开和本领域普通技术标准的影响。意见征询期于 2019 年 11 月 8 日结束。USPTO 收到了来自个人、协会、企业和外国知识产权机构等广泛利益相关者的 99 条意见（见表 1）。

表 1

2019 年 8 月 27 日回应分类（专利）	意见书数目
外国专利局	2
律师协会	9
行业协会/游说组织	13
公司	13
学术界	13
律师事务所（以事务所形式提交）	2
从业人员（公司和学术界提交的意见书除外）	14
个人（其他类别除外）	33
总计	99

2019 年 10 月 30 日，USPTO 就"AI 对版权、商标、数据库保护和商业秘密等其他知识产权政策领域的影响"这一议题征求公众意见。此次意

---

① 完整会议记录参见：https://www.uspto.gov/about-us/events/artificial-intelligence-intellectual-property-policy-considerations。

见征询于 2020 年 1 月 10 日结束。USPTO 收到了来自个人、协会和企业等广泛利益相关者的 98 条意见（见表 2）。

表 2

2019 年 10 月 30 日回应分类（其他知识产权）	意见书数目
律师协会	3
行业协会/游说组织	28
公司	15
学术界	12
从业人员（公司和学术界提交的意见书除外）	9
个人（其他类别除外）	31
总计	98

报告及公众意见的主题

在公众意见征询结束后，USPTO 的专家团队进行了公众意见的审查并形成以下报告。报告分为两部分。第一部分侧重于第一次有关 AI 技术发明专利的 RFC 意见征询，并针对 RFC 中的每一专利相关问题提供了 AI 语境、法律背景以及公众对该问题的意见汇总。第二部分以类似形式关注有关 AI 技术的非专利知识产权保护的第二次 RFC 意见征询，如商标、版权和商业秘密。

（一）一般问题

很多评论者谈到 AI 没有公认定义的问题。由于该术语定义广泛，很多评论者敦促审慎对待与 AI 有关的具体知识产权政策制定。

多数评论者虽然没有给出 AI 的定义，但都认为目前的技术仅限于"狭义人工智能"。狭义人工智能是指那些在指示明确的领域执行单个任务的系统（例如，图像识别、翻译等）。多数评论者认为通用人工智能（AGI）概念——类似于人类甚至超越人类的智慧——仅仅是在遥远的未来可能出现的一种理论可能性。

由于多数人认为 AGI 尚未到来，他们认为 AI 目前没有人类干预就不能进行发明创造。这表明，人类对于 AI 运行而言仍是不可或缺的，这是在 AI 技术发展的现阶段评估知识产权法是否需要进行修改的重要参考因素。

在所有的知识产权议题下，大多数评论者都普遍认为：美国现行知识产权法已为应对 AI 技术的发展做出了恰当的修订。然而，评论者对于增设新的知识产权类型是否有利于健全知识产权体系存在分歧。

（二）专利问题

大多数评论者认为，AI 最好被视为计算机实施的发明的一个子集。因此，大多数人认为当前 USPTO 关于专利客体构成要件和充分公开计算机实施的发明的规定，能够适应 AI 的发展。然而，一些评论者强调，按照《美国法典》第 35 编第 112 条 a 款的要求，某些 AI 发明可能很难实现（即教会公众制造和使用），并提出这一问题供 USPTO 进一步研究。

大多数评论者认为，AI 的日益普遍化，将影响 USPTO 和法院关于"本领域普通技术人员"的法律认定标准，而这一标准对于判定是否授予一项专利至关重要。

虽然没有太多人认同 AI 对现有技术（即在专利申请提交时已有的知识）的影响，但一些问题已提交给 USPTO 进行进一步考虑，包括 AI 可能会导致现有技术数量增加，达到前所未有的规模，进而增加搜寻相关领域现有技术的难度。

（三）其他知识产权问题

尽管大多数评论者表示，现行知识产权法在版权、商标、商业秘密和数据领域已得到了适当修正，但许多人认为，现有的商法原则可以充分弥补知识产权法因 AI 发展导致的法律空白（例如合同法）。

具体而言，在商标方面，大部分评论者都认为 AI 可以提高商标申请的审查。在专利审查方面也普遍存在这种观点。

许多评论表示，使用受版权保护的材料来"训练"AI 可能侵犯版权所有者根据《美国法典》第 17 编第 106 条第 1 款享有的复制权，而且这种使用也未必构成非侵权的合理使用。

多数评论者发现,《美国版权法》上现有的合理使用条款并不需要修改,因为合理使用条款具有灵活性,能够适用于在 AI 环境下的版权作品。

商业秘密和数据问题引起了关于偏好、透明度、隐私以及 AI 的发展是否需要保护数据权利的专门知识产权体系的争论。

USPTO 将利用这份报告继续探讨可能采取的其他措施,以加强对新兴技术,如 AI 的知识产权理解,提升理解的准确性。这些措施可能包括与公众的进一步互动,对利益相关者的额外指导,以及对审查人员进行持续的新兴技术培训。

更正:最初发布的脚注 29 依据的是四份公众意见书。在初版报告发表后,其中一位提交者拒绝以其公开提交的报告作为依据。随后的发表回应了这一要求。

免责声明:USPTO 感谢公众就 AI 技术相关问题的反馈和参与。相关部门考虑了公众的全部意见并在报告中进行了总结与摘要。完整意见参见 https://www.uspto.gov/initiatives/artificial-intelligence。评论中表达的观点、想法和意见并不一定代表或反映 USPTO、政府或任何其他联邦政府部门的观点。在此提及任何特定主体的评论并不构成或暗示 USPTO、政府或任何其他联邦政府部门的认可、推荐或支持。

第一部分:对 2019 年 8 月 27 日发布的有关 "AI 发明专利的取得" 议题征求意见通知的回应

针对 2019 年 9 月 27 日发布的有关 "AI 发明专利的取得" 议题的征求意见通知,公众所回应意见的摘要如下。该摘要以征求意见通知中提出的问题作为组织行文的依据。评论者包括外国专利局、律师协会、行业协会、学术界以及国内外的各种利益相关者。来自电子、软件、汽车、医疗和制药行业的代表对征求意见通知做出了回应。

1. AI 发明的要素是什么? 例如:待解决的问题(如 AI 的应用);对 AI 进行训练、运用的数据库结构;基于数据的算法训练;算法本身;通过自动化程序实现的 AI 发明结果;用于对产出结果产生影响的数据之上的策略/权重；以及/或其他要素。这个问题试图宏观地确定可获得专利的 AI 发明。

在回复中出现了四种常见观点：

（1） AI 发明要素包括但不限于问题中提到的各种要素。[①]

（2） AI 可以被理解为模仿人类大脑认知功能（如学习能力）的计算机功能。[②]

（3） AI 发明可以分为以下三类（无特定顺序）：

（a） 体现 AI 技术领域进步的发明（例如，改进机器学习（ML）模型或算法的新型神经网络结构）；

（b） 运用 AI 技术实施的其他技术领域的发明；[③]

（c） AI 自身所产生的发明。[④]

（4） 不应在定义 AI 上花费过多的精力，因为 AI 是动态的，在未来几年将发生根本性的变化。[⑤]

2. 自然人可以通过哪些不同的方式促成 AI 发明构思并获得发明人资格？例如：设计算法及/或加权调整；构建算法运行所依据的数据；基于数据运行 AI 算法并获得结果。

与其他技术领域一样，AI 技术的发展也为发明创造提供了许多机会。例如，设计 AI 算法，运行特定的硬件以强化 AI 算法，或者提供为 AI 算

---

① Response from AIPPI, at 2; Response from EPSON, at 2; Response from IBM（Nov. 8, 2019）, at 2; Response from JEITA, at 2.

② Response from IBM（Nov. 8, 2019）, at 2; Response from Juniper Networks, at 1; Response from Schwegman Lundberg & Woessner, P. A., at 1.

③ Response from CCIA（1st Response）, at 1; Response from Ericsson, at 2; Response from Internet Association, High Tech Inventors Alliance, the Software and Information Industry Association, and ACT, at 9; Response from IPO（Nov. 11, 2019）, at 3; Response from JPAA, at 1 - 2; Response from Siemens, at 1 - 2; Response from AIPPI Japan, at 1 - 2; Response from JPMA, at 1 - 2; Response from JPO, at 1; Response from Merck, at 2.

④ 3a - 3c: Response from CCIA（1st Response）, at 1; Response from Ericsson, at 2; Response from FICPI, at 2 - 3; Response from Internet Association, High Tech Inventors Alliance, the Software and Information Industry Association, and ACT, at 9 - 10; Response from IPO（Nov. 11, 2019）, at 3; Response from JPAA, at 1 - 2; Response from Siemens, at 1 - 2.

⑤ Response from Ericsson, at 2; Response from EPSON, at 2; Response from Novartis, at 3; Response from NSIP Law, at 4; Response from Schwegman Lundberg & Woessner, at 3. 7 35 U. S. C. § 100（2018）.

法输入内容的方法，都可能涉及专利方面的考虑。许多创新者也可能参与
AI 系统的开发。鉴于创新的潜在范围，且一个 AI 系统的开发可能涉及多
人，法律要求必须确定谁促成了法律意义上的 AI 发明的构思并可以获得
发明人资格。

《美国法典》第 35 编第 100 条将"发明人"定义为"个人，如果是
共同发明则为发明或发现发明对象的个人。"[1] 此外，第 35 编第 116 条规
定，一项发明可以由两个或两个以上的人共同完成，即使"（1）他们没有
亲自或同时一起工作；（2）每个人做出的贡献类型或数量不同；（3）每个
人并没有对专利的每一项权利要求做出贡献。"

联邦巡回法院明确指出，"构思"是发明创造的试金石。[2] 构思要求
发明者对一个问题有具体的解决方案，而非一个总的实现目标。[3] "只有
当发明人的想法在他的头脑中被清晰地定义，达到不需要大量的研究和实
验，只需要普通的技术就可以把他的发明付诸实践的程度"，构思才算完
成。[4] 同样地，要成为共同发明人，必须："（1）对发明构思或付诸实践
作出某种重要贡献；（2）就整个主张专利权保护的发明而言，其作出的贡
献并非微不足道；（3）不仅仅是向真正的发明人解释众所周知的概念和/
或当前的技术水平。"[5]

绝大多数评论者认为，现行法已经足以应对 AI 技术的发明人认定问题。[6]
一位评论者甚至表示，"没必要急于修改有关发明人身份的法律。"[7] 这些
评论者中的许多人建议，同现有分析一样，对构思的评估应该是以具体事

---

① 35 U. S. C. § 100 (2018).

② *Burroughs Wellcome Co. v. Barr Labs.*，*Inc.*，40 F. 3d 1223，1227 – 28（Fed. Cir. 1994）（citations omitted）；*see also In re Verhoef*，888 F. 3d 1362，1366（Fed. Cir. 2018）.

③ *Id.*

④ *Id.*

⑤ *In re Verhoef*，888 F. 3d at 1366（Fed. Cir. 2018）.

⑥ *e. g.*，Response from IPO（Nov. 11，2019），at 4（"相对于其他高科技领域，自然人对 AI
相关发明构思的贡献并没有什么特别之处……"）；Response from NAPP，at 1（"AI 发明
与其他类型的发明应以同样的方式被确定……"）.

⑦ Response from IBM（Nov. 8，2019），at 5；*see also* Response from SIIA（Nov. 8，2019），at 5
（表明 USPTO 在当前的法律框架下拥有它所需要的所有工具）.

实为依据的。① 例如，一位评论者强调，自然人可以以不同的方式为发明构思作出贡献，而且按照现行法律，每一贡献"应当被逐案评估"。② 一种相关的观点认为，对 AI 技术发明的使用进行建构和测试的数据科学家无非是将发明付诸实践。③ 用一位评论者的话来说，"对数据运行一个 AI 算法并获得一定结果不太可能被认为是对'构思'的贡献。"④

3. 考虑到自然人以外的一个或多个实体可能对发明构思作出贡献，是否需要修订现行的专利法律法规？

由于具有自主创造的潜力，AI 引发了独特的政策考虑。目前的 AI 技术似乎局限于应用于特定领域的弱人工智能，但是，AGI——类似于人类甚至超越人类的智慧的概念值得考虑。因此，这个问题也预示着未来 AI 发明的能力将接近或超越人类的智慧的状态。

正如前面在第二个问题中所讨论的，构思是在发明人脑中对完整的、可操作的发明形成一个明确的、永久的想法。如上所述，《美国法典》第 35 编第 100 条第 1 款中"发明人"被定义为"个人，如果是共同发明则为发明或发现发明对象的个人。"⑤《美国法典》第 35 条中充斥着指明专利申请的发明人必须是自然人的措辞。例如，《美国法典》第 35 编第 101 条规定，"任何人发明或发现任何新的有用的工艺、机器、制造方法或物质组成……可以获得专利，但须符合本条规定的条件和要求"（着重号为后

---

① *e. g.*，Response from AAIH，at 3（说明现行法律是针对具体事实的分析）；Response from BPLA，at 3 – 4（注意到在发明过程中使用 AI 并不否定自然人的发明人身份）；Response from FICPI，at 3（提出调查应当以事实为依据）。

② Response from AIPLA（Nov. 8, 2019），at 3；*see also* Response from IEEE-USA，at 4（"自然人对 AI 发明构思的贡献方式与自然人对计算机执行技术中的发明构思的贡献方式相同或类似"）；Response from Novartis，at 4（AI 发明是否会产生构思"取决于特定情况下的事实……"）。

③ *e. g.*，Response from Maughan，at 2.

④ Response from ABA IPL（Nov. 8, 2019），at 11；*see also* Response from Edward Ryan，at 2（"一个人不应该仅仅因按下一个按钮就被认为是发明人"）；Response from RF SUNY，at 1（"仅仅基于数据运行 AI 算法并获得结果不构成有意义的创造性或发明性贡献……"）。

⑤ *See also* 35 U. S. C. § 115（a）（"每一个发明人……都应该发誓或宣誓……"）；35 U. S. C. § 100（g）（"'共同发明人'是指发明或发现共同发明主题的任何一个人……"）。

加）。"任何人"表示无论什么自然人。① 通过使用"任何人"这一表述，第 101 条将专利保护限于自然人的发明和发现。

《美国法典》第 35 编第 115 条进一步澄清了发明人必须是自然人。也就是说，第 115 条使用自然人特有的代词——"himself"和"herself"指代认为自己是申请书中发明的原始发明人或共同原始发明人的"人"，② 并规定发誓或声明的发明人必须是"人"（person）。③ 事实上，还有许多其他的专利法规将发明人称为"人"（person）。④ USPTO 对专利法的理解和联邦巡回法院判例法中要求发明人必须是自然人的观念，反映在多次提到发明人是"人"（person）的《美国法典》第 37 条中。⑤

如果自然人对要求专利保护的发明构思有所贡献，一般并不因为其使用 AI 系统作为工具而排除其成为发明人（或共同发明人）的资格。也就是说，通常可被视为对发明构思作出贡献的自然人的行为不受 AI 系统被用作开发发明的工具这一事实的影响。例如，根据每个个案的具体事实，诸如设计 AI 系统的体系结构、为 AI 系统选择特定的具体数据、制定 AI

---

① *Merriam-Webster. com*，https：//www. merriam-webster. com/dictionary/whoever（last accessed Apr. 6，2020）.

② 35 U. S. C. § 115（b）（2）（"根据第（a）款作出的宣誓或声明，应载有声明…… 该个人认为自己是申请书中要求的发明的原始发明人或原始共同发明人"）（"An oath or declaration under subsection（a）shall contain statements that …… such individual believes himself or herself to be the original inventor or an original joint inventor of a claimed invention in the application. "）。

③ 35 U. S. C. § 115（h）（1）（任何人如按本条规定作出陈述，可随时撤回、更换或以其他方式更正该陈述）。

④ *e. g.*，35 U. S. C. § 102（a）（"一个人有权获得专利，除非……"）；35 U. S. C. §116（c）（"无论何时当一个人在专利申请中被错误指定为发明人时……"）；35 U. S. C. § 185（"不论法律有任何其他规定，任何人及其继承人、受让人或法定代表人，如果该人或其……将不能获得发明专利"）；35 U. S. C. § 256（a）（"无论何时当一个人被错误指定为一项授权专利的发明人……"）。

⑤ *e. g.*，37 CFR 1. 27（a）（1）（"本节（c）段所指的人，是指任何发明人或其他个人"）；37 CFR 1. 41（d）（"……根据 1. 53（b）或 1. 53（c）提交申请文件时，个人应提供被认为是实际发明人的姓名和住址"）；37 CFR 1. 53（d）（4）（"……附有一份要求删除并非新申请中所要求的发明的发明人的姓名……"）；37 CFR 1. 63（a）（3）（"根据本条作出的宣誓或声明必须包括执行该宣誓或声明的人相信的声明……"）；37 CFR 1. 324（b）（1）（"每个被新增为发明人的人和当前被认定为发明人的人的声明……"）。此外，还要注意 7 CFR 1. 76（b）（1）中的要求，即发明人必须以他们的"法定名称"来确认。

系统处理数据的算法，以及其他未在此明确列出的活动，可能足以构成对发明构思的贡献。

对这一问题作出答复的大多数评论者都认为，没有必要为了对一个或多个非自然人实体对其发明构思作出贡献的发明创造作出说明，而修改专利法有关发明创造的规定。[①] 一位评论者认为："构思本质上是一种人类活动…… 非自然人实体不能促成一项发明构思。"[②] 许多评论对这个问题的前提提出了质疑，即在目前的技术水平下，机器可以构思出一项发明。正如一位评论者指出："目前及在可预见的将来，AI 科技未先进到可以完全排除自然人在 AI 发明中的作用的程度。"[③]

还有人将现代 AI 描述为在发明过程中帮助自然人的工具。[④] 一些评论者提议当发展到 AGI 阶段时，USPTO 应该重新考虑这个问题（如当机器可以自己"思考"时）。[⑤] 一小部分评论者认为 AGI 是当前必须重视的现实。[⑥] 其他人提醒说，如果作出这样的改变是为了承认非自然人发明人，USTPO 应该仔细考虑这种改变的实际影响：如何处理再发明？机器如何签

---

① Response from Abadi, at 2；Response from ABA IPL（Nov. 8, 2019），at 12；Response from AIPLA（Nov. 8, 2019），at 4；Response from AIPPI Japan, at 4；Response from the BADC, at 4；Response from BPLA, at 3 – 4；Response from Ericsson, at 3；Response from Internet Association, High Tech Inventors Alliance, the Software and Information Industry Association, and ACT, at 10 – 11；Response from IBM, at 5；Response from JEITA, at 3 – 4；Response from JPAA, at 3；Response from Juniper Networks, at 3；Response from Gaudry, at 2；Response from Rubin, at 5；Response from Merck, at 3；Response from NAPP, at 2；Response from NSIP, at 4；Response from Kumar, at 2；Response from Davis, at 4 – 5；Response from R Street Institute（Nov. 8, 2019），at 2 – 3；Response from Zubek, at 1；Response from Naimpally, at 1；Response from Schwegman Lundberg & Woessner, at 5.

② Response from BADC, at 4.

③ Response from AIPPI, at 5.

④ *e. g.*, Response from FICPI, at 3（"发明过程中所使用的 AI 系统应被视为'工具'"）；Response from Brindisi, at 4（"我们这个时代的 AI 仍然是由人类设计、应用和开发的工具"）（原文着重）；Response from Ford, at 1（"AI 发明是一种帮助真正发明人的工具的产物……"）。

⑤ Response from Davis, at 5（"展望未来，有一天及其可能会开始自主学习……那么我们可能会面临更深的困境。"）；Response from Gaudry, at 2（"AGI 还有很长的路要走，所以我们现在不必为修改专利法这种遥远的可能性担心"）；Response from Michael Murial and Andrew Noble, at 8（"除非科学界宣布 AI 已经使得计算机具有'意识'并能进行'构思'，否则任何有关 AI 发明产生的问题都纯粹是假设"）。

⑥ Response from RF SUNY, at 2 – 3；Response from Sanker, at 1；Response from Siemens, at 2.

署誓言或声明？随之而来的会是大量专利申请吗？某些类型的 AI 会主导未来的技术发展吗？[①]

4. 非自然人实体或受让自然人发明的公司，能否拥有 AI 发明专利？例如：训练 AI 进行发明创造的公司能否拥有 AI 发明专利？

专利权人有权禁止他人对于受专利权保护的发明进行制造、使用、许诺销售、销售或将其进口到美国。[②] 对于 2012 年 9 月 16 日以后提出的专利申请，除专利权被转让外，将原始申请人推定为原始专利申请的专利权人。[③] 对于 2012 年 9 月 16 日之前提交的申请，专利权（或专利申请权）属于专利的发明人。[④] 专利或专利申请可以书面形式转让，受让人取得专利或专利申请的权利。[⑤]

绝大多数评论者表示美国现行法律没有必要修改，即只有自然人或受让权利的公司才应被视为发明专利的权利人。[⑥] 然而，少数人指出，虽然专利权人的主体不应扩大到机器，但应考虑扩充自然人主体的范围，如

[①] Response from Askeladden，at 4（质疑承认 AI 是发明人的宪法权威）；Response from JEITA，at 3 - 4（说明应用程序的大量产生可能是因为承认 AI 是发明人）；Response from EPSON，at 2 - 3（表达了对应用程序大量产生、"商业界的混乱"以及机器的法律人格问题的担忧）；Response from IPO（Nov. 11，2019），at 6（提出实际的问题，比如一台机器如何宣誓）；Response from JIPA（Nov. 6，2019），at 2 - 3（表示广泛的实际关切，例如赋予机器那些通常保留给自然人的法律权利）；Response from Tata Consultancy，at 2 - 3（提出实际问题，例如机器运行程序、对持续应用程序的影响以及权利的转让）。

[②] 35 U. S. C. § 154（a）（1）.

[③] 37 C. F. R. § 3. 73（a）.

[④] *Beech Aircraft Corp. v. Edo Corp.* ，990 F. 2d 1237，1248（Fed. Cir. 1993）.

[⑤] 35 U. S. C. § 261.

[⑥] Response from ABA IPL（Nov. 8，2019），at 12 - 13；Response from AIPLA（Nov. 8，2019），at 4（"专利权目前只应赋予给自然人或法人。改变专利权制度，赋予 AI 专利权，将引发与激励发明创造和'AI 人格'有关的基本问题，这远远超出了本文讨论的范围"）；Response from AIPPI，at 5 - 6；Response from AIPPI Japan，at 4 - 5；Response from Askeladden，at 4；Response from BADC，at 5；Response from BPLA，at 4；Response from CCIA（1st Response），at 3；Response from EPSON，at 3；Response from Internet Association，High Tech Inventors Alliance，the Software and Information Industry Association，and ACT，at 11；Response from IBM（Nov. 8，2019），at 5；Response from Wong，at 1；Response from Lori Pressman，at 2；Response from Zubek，at 2；Response from IEEE-USA，at 6；Response from Juniper Networks，at 3；Response from Merck，at 3；Response from R Street Institute（Nov. 8，2019），at 3。

（1）AI 程序训练者①或（2）AI 系统所有者、控制者。②

5. AI 发明是否涉及特殊的可专利性问题？

所有法定类别的例外都与评估 AI 发明的可专利性相关（例如，自然法则、自然现象和抽象概念）。2019 年 1 月，USPTO 发布了《2019 年可专利主题资格修订指南》（以下简称"PEG"），对法院认定的抽象概念进行了提炼和综合，使该领域的法律更加明确。③

许多评论者认为 AI 发明并无特殊可专利性问题。④ 也就是说，AI 发明不应该与其他计算机实施的发明区别对待。这与目前 USTPO 审查 AI 发明的实践一致。对 AI 发明的处理方式与交由专利局审查的其他发明专利一样。事实上，USTPO 近年来一直在审查和授予 AI 发明专利。对属于四个法定类别之一并且满足"Alice/Mayo"⑤ 审查标准的 AI 发明属于符合《美国法典》第 35 编第 101 条下的可专利主题事项。

一些评论者指出，由于很多 AI 发明可以被描述为组织人类活动、心理过程的特定方法或数学概念，因此在可专利主题的分析中面临风险。⑥然而，正如一位评论者所说，AI 发明所依赖的复杂算法可以促进技术进步。⑦ 此外，如果附加的权利要求要素单独或结合起来考虑远远超出抽象概念本身，则抽象理念可能被转化为可专利主题。

6. AI 发明是否涉及特殊的公开问题？例如，目前对计算机实施的发明的书面说明一般要求充分公开算法以实现其主张专利保护的功能，使得

---

① Response from IPO（Nov. 11, 2019），at 6（"一般而言，AI 发明的 AI 程序训练者应该成为专利权人"）。

② Response from IBM（Nov. 8, 2019），at 4（"机器发明及相应的专利应属于机器的所有人"）；Response from Siemens, at 2（"赋予机器专利权似乎不太恰当。因此，我们建议将专利权人主体扩大到控制 AI 系统的法人"）。

③ 2019 年 10 月更新的 PEG 与 2019 年 1 月的 PEG 并无实质变化。目前关于可专利主题资格的指导文件，以及 2019 PEG 和示例参见：www. uspto. gov/PatentEligibility。

④ e. g. , Response from AIPLA（Nov. 8, 2019），at 4；Response from IPO（Nov. 11, 2019），at 7 – 8；Response from Ford, at 1.

⑤ *Alice Corp. Pty. Ltd. v. CLS Bank Int'l*, 573 U. S. 208, 221（2014）；*Mayo Collaborative Servs. v. Prometheus Labs. , Inc. ,* 566 U. S. 66（2012）.

⑥ e. g. , Response from ABA IPL（Nov. 8, 2019），at 13 – 14；Response from IBM（Nov. 8, 2019），at 5.

⑦ Response from ABA IPL（Nov. 8, 2019），at 15.

本领域普通技术人员能够合理得出发明人对其所主张的发明拥有所有权的结论。是否有必要改变申请人公开的详细程度标准以符合书面说明的要求，特别是对于存在大量隐藏层，无人类干预即可在学习训练过程中进化的深度学习系统而言？

《美国法典》第 35 编第 112 条第 1 款①明确规定了三条公开要求：书面说明、可实施和最佳模式。② 这些要求适用于 USPTO 交由审查的包括 AI 发明在内的所有申请。

《专利审查步骤手册》③（MPEP）和审查人员的培训④提供了《美国法典》第 35 编第 112 条第 1 款要求下的审查指导，这与 USPTO 对法律和判例的理解是一致的。此外，2019 年 1 月，USPTO 发布了审查指南（2019 年 1 月第 112 号审查指南），以协助审查人员审查包含功能性描述的专利申请，特别是使用功能性描述的计算机实施的发明专利申请。⑤ 由于与 AI 发明有关的专利申请通常包括计算机实施的发明，至少部分使用功能性描述，2019 年 1 月第 112 号审查指南能够提供有益的指引。

根据 USPTO 目前的审查指南，是否符合公开要求取决于申请的实际情况，包括所要求保护的专利客体。为了满足《美国法典》第 35 编第 112 条第 1 款的书面说明要求，使用功能性描述的包括计算机实施的发明在内的 AI 发明申请，应在说明书中充分说明关于硬件和软件的细节，以

---

① Section 4 of the Leahy-Smith America Invents Act（AIA）designated pre-AIA 35 U. S. C. § 112, 1 through 6, as 35 U. S. C. § 112（a）through（f）, effective as to applications filed on or after September 16, 2012; Public Law 112 – 29, 4（c）, 125 Stat. 284, 296（2011）. AIA 35 U. S. C. § 112（a）and pre-AIA 35 U. S. C. § 112, 1 are collectively referred to in this paper as 35 U. S. C. § 112（a）; AIA 35 U. S. C. § 112（b）and pre-AIA 35 U. S. C. § 112, 2 are collectively referred to in this paper as 35 U. S. C. § 112（b）.
② 虽然本报告的关注点限于《美国法典》第 35 编第 112 条第 1 款的规定，如果功能性权利要求的说明书并未提供充分的对应结构，则可能存在《美国法典》第 35 编第 112 条第 2 款规定的"不确定性"问题。
③ MPEP § § 2161 – 65, particularly § 2161.01, § 2181（IV）, and § 2185.
④ https://www.uspto.gov/patent/laws-and-regulations/examinationpolicy/examination-guidance-and-training-materials. 最近对检查员进行了关于审查计算机实施的发明是否符合第 35 编第 112 节的培训（培训于 2019 年 3 月 14 日完成）。
⑤ Examining Computer-Implemented Functional Claim Limitations for Compliance With 35 U. S. C. § 112, 84 Fed. Reg. 57（Jan. 7, 2019）.

表明发明人所要求专利的全部范围。特别是说明书应充分公开执行所要求功能的计算机算法（例如，详细步骤或程序、公式、图表和/或流程图），以便本领域普通技术人员可以合理地断定发明人所要求的专利客体。

大多数评论者认为 AI 发明没有特殊的公开问题。一位评论者指出，USPTO 在计算机实施的发明的审查培训材料中阐述的原则"与传统算法解决方案一样，同样适用于 AI 相关的发明。"[①] 然而，一些评论者指出，要满足 AI 发明的公开要求存在着重大且特殊的挑战。一位评论者指出，"AI 发明很难完全公开，因为即使发明人知道输入和输出内容，但其间的逻辑在某些方面是未知的。"[②] 因此，AI 学习系统的这些特征可能会推动关于可实施性的进一步讨论（见下文关于可实施性的讨论）。

一些评论者指出，正确执行专利说明要求对于保证专利质量至关重要。例如，一位评论者解释说，"USPTO 严格执行第 112 条项下的公开标准是至关重要的。"[③]

7. 考虑到某些 AI 系统的不可预测性，AI 发明的专利申请如何才能符合可实施性要求？

根据 USPTO 现行的审查指南，如果本领域普通技术人员根据说明书即可在不进行过度试验的情况下实施发明的全部范围，就可以满足《美国法典》第 35 编第 112 条 a 款的可实施性要求。[④] 在确定说明书是否满足授权要求以及是否有必要进行过度试验时，审查人员需要考虑"Wands 因素"。[⑤] 具体包括：权利要求的广度、发明的性质、现有技术的状态、本领域普通技术人员的水平、技术的可预测性、发明人提供的索引数量、存在的实例以及根据公开内容实施发明所必需的实验次数。[⑥]

一般而言，说明书中为了满足专利可实施性的要求而需要的引导或指

[①]　Response from IPO（Nov. 11，2019），at 14.

[②]　Response from IBM（Nov. 8，2019），at 6.

[③]　Response from ABA IPL（Nov. 8，2019），at 17.

[④]　84 Fed. Reg. 62；*see also* MPEP § 2164. 01.

[⑤]　84 Fed. Reg. 62；*see also* MPEP § 2164. 01（a）.

[⑥]　*Id.*

导的数量与现有技术的数量和该技术的可预测性成反比。① 对与之相关的现有技术了解越多、技术的可预测性越强，要求在说明书中明确陈述的信息就越少；反之亦然。② 因此，一个特定的说明书是否为其所主张的专利提供了具有可实施性的说明是以事实为基础的判断。

关于 AI 系统的可预测性，评论者尚未形成一致意见。一位评论者指出："目前大多数 AI 系统的行为都是可预测的，可预测性往往是这些技术实际应用的商业价值基础。"③ 类似地，另一位评论者说："AI 发明本质上并不比它们所依赖的机器学习算法更难以预测。"④

另外，一位评论者指出，一些 AI 发明可能存在算法黑箱，因为"AI 算法中存在着内在的随机性。"⑤ 一些评论者认为，生命科学技术领域的原则可能有益于分析 AI 发明的公开要求。例如，一位评论者说，"基于 AI 发明的高度不可预测性，使用书面说明要求和 Wands 授权要素是十分合适的。"⑥

8. AI 是否会影响本领域普通技术人员的判定？如果会，如何影响？例如：对本领域普通技术人员的判断是否应该反映 AI 的能力？

AI 能够应用于各种学科，从生命科学、机器人系统到农业和制造业。AI 无处不在的特性要求我们关注其如何影响看似与之无关的创新领域。也就是说，AI 有可能改变假定的"本领域普通技术人员"的判定标准，从而影响非显而易见性标准。⑦

在对本领域普通技术人员而言发明的有效提交日期之前对显而易见的发明不可申请专利。⑧正如最高法院在 KSR 国际公司诉 Teleflex 公司一案

---

① MPEP § 2164. 03.

② *Id.*

③ Response from AIPLA（Nov. 8，2019），at 8.

④ Response from Schwegman Lundberg & Woessner，at 9.

⑤ Response from IBM（Nov. 8，2019），at 6.

⑥ Response from Genentech（Nov. 8，2019），at 9.

⑦ 虽然"本领域普通技术人员"也会对公开要求产生影响，但 USPTO 试图听取公众的意见，以了解 AI 如何影响评估非显而易见性的普通技术水平。

⑧ 35 U. S. C. § 103（2018）.

中所重申的那样，显而易见性是一个基于基本事实调查的法律问题。① 显而易见性的事实调查包括现有技术的范围和内容，所要求获得专利的发明与现有技术的区别，以及本领域普通技术人员的水平。②

本领域普通技术人员是指被假定为具有相关领域知识的人，是法律拟制概念。③ 判定本领域普通技术人员所考虑的要素一般包括：所需解决的技术问题、对技术问题的现有解决方案、创新的速度、技术的复杂程度、所属领域技术人员的受教育水平等因素。④ 每个案例都有所不同，并非上述所有要素同时存在，并且其中一个或多个要素可能在分析中占主导地位。⑤

多数评论者认为，AI 技术会对本领域普通技术人员的标准产生潜在影响。⑥ 此外，许多评论者认为，目前判定本领域普通技术人员的法律框架"足以应对 AI 在特定领域产生的影响。"⑦一些评论者指出，随着时间的推移，任何本领域普通技术人员的判定标准都会基于新技术的引入而提高，"一旦传统的 AI 系统被广泛应用，将有望提高本领域普通技术人员的能力。"⑧ 用一位评论者的话来说：正如试管的存在会影响化学领域普通

---

① 550 U. S. 398, 406 (2007).

② *Graham v. John Deere Co.*, 383 U. S. 1, 17 - 18 (1966).

③ *Custom Accessories*, *Inc. v. Jeffrey-Allan Indus.*, *Inc.*, 807 F. 2d 955, 962 (Fed. Cir. 1986).

④ *In re GPAC Inc.*, 57 F. 3d 1573, 1579 (Fed. Cir. 1995).

⑤ *Id.*

⑥ Response from Abadi, at 3; Response from AIPPI, at 8; Response from CCIA (1st Response), at 6; Response from Edward Ryan, at 4; Response from EPO, at 5; Response from Ericsson, at 4; Response from Genentech (Nov. 8, 2019), at 10; Response from Internet Association, High Tech Inventors Alliance, the Software and Information Industry Association, and ACT, at 16; Response from IBM (Nov. 8, 2019), at 7; Response from IEEE-USA, at 8; Response from Glucoft, at 2; Response from JIPA (Nov. 6, 2019), at 6; Response from JPAA, at 5; Response from JPO, at 4; Response from KINPA, at 3; Response from NAPP, at 3; Response from R Street Institute (Nov. 8, 2019), at 5; Response from Abbott, at 11; Response from Siemens, at 3.

⑦ Response from Novartis, at 11; *see also* Response from Juniper Networks, at 5 ("AI 发明不需要对现行法律规定的本领域普通技术人员作出任何改变"); Response from Merck, at 4 ("'本领域普通技术人员'的标准不需改变").

⑧ Response from BADC, at 6 - 7; *see also* Response from AIPPI Japan, at 8 ("AI 技术的进步应体现在本领域普通技术人员技术进步的创造性上"); Response from Novartis, at 10 ("我们相信 AI 最终会影响本领域普通技术人员的判定，就像显微镜、计算器和传统的软件应用程序在以往的体现").

技术人员的水平，通用计算机的存在会影响软件领域普通技术人员的水平（以及其他许多领域），AI 也会影响与之相关的领域的普通技术人员的水平。①

然而，一些评论者认为，AI 系统尚未渗透进所有领域，不宜宣称所有领域的创新都受到"传统 AI"的影响。② 另有评论者假定未来存在 AGI，并且机器具有与人类相当甚至超越人类的智慧。他们认为这种机器并非人类，因此不会影响本领域普通技术人员的法律标准。

9. AI 发明是否存在特殊的现有技术问题？

现有技术的存在与否对于专利申请的结果存在根本影响。AI 对确定现有技术、现有技术的数量、以及其可获得性的影响都值得思考。

《美国法典》第 35 编第 102 条第 1 款规定："任何人均有权享有专利，除非：（1）该发明在提交申请之前已被授予专利、在出版物中被说明、公开使用、销售或以其他方式公开；（2）该发明已被根据第 151 条授予的专利所包含，或者根据第 122 条第 2 款被授予或被视为授予的专利申请所包含……"③ 现有技术文件和活动的类别在《美国法典》中的《美国发明法案》第 35 编第 102 条 a 款（1）中有所规定，现有专利技术文件的类别载于 a 款（2）。这些文件被用于确定发明是新颖的还是非显著的。④

大多数评论者认为，AI 发明并不存在特殊的现有技术问题。⑤ 少数评

---

① Response from Edward Ryan, at 4.

② e. g. , Response from FICPI, at 5（AI 对某个领域的影响高度依赖于"具体的事实"）；Response from Genentech（Nov. 8, 2019），at 10（在判定 AI 的哪些用途仅仅是本领域普通技术时，USPTO 必须慎重）；Response from Internet Association, High Tech Inventors Alliance, the Software and Information Industry Association, and ACT, at 17（认识到"在某些情况下，应用现有的机器学习模型可能并不容易，为了运行该应用程序克服的障碍可能会消解该应用程序作用的显著性……"）。

③ 35 U. S. C. § 102（a）.

④ MPEP § 2152.

⑤ Response from ABA IPL（Nov. 8, 2019），at 18；Response from AIPPI, at 8；Response from Askeladden, at 6；Response from University of MD Center for Advanced Life Cycle Engineering, at 3；Response from EPSON, at 5（"我们认为，应用于计算机实施的发明的现有技术标准应适用于 AI 发明"）；Response from Ericsson, at 5；Response from International Federation of Intellectual Property Attorneys, at 5 – 6；Response from Genentech, at 11；Response from Internet Association, High Tech Inventors Alliance, the Software and Information Industry Association, and ACT, at 17；Response from IEEE-USA, at 8（"现有的规制计算机（转下页注）

论者指出，AI 发明存在特殊的值得考虑的现有技术问题，①重点是现有技术的扩散，例如 AI 导致现有技术的大量涌现，②现有技术的搜寻难度增加，比如与 AI 有关的源代码。③小部分评论者指出，虽然目前 AI 发明不存在特殊的现有技术问题，但随着未来 AI 技术的日益复杂，这一问题可能会有新的答案。④在所有的回应中，一个共同的主题是培训审查人员以及为其识别、寻找 AI 相关现有技术提供额外资源的重要性。⑤

10. 是否有必要为 AI 发明创设新的知识产权保护类型，比如数据保护？

数据是 AI 的基本组成部分。获取数据进行初步开发和持续培训是开发 AI 的必要条件。这意味着数据和数据集，包括它们的收集和编译，均

（接上页注⑤）实施发明和广泛应用的技术发明的规则和程序应同样适用于 AI 发明"）；Response from IPO（Nov. 11, 2019），at 17；Response from Juniper Networks, at 5；Response from Rubin, at 10；Response from Lori Pressman, at 4；Response from NAPP, at 3；Response from NSIP, at 10；Response from Maughan, at 3；Response from Kumar, at 3；Response from Davis, at 7；Response from Schwegman Lundberg & Woessner, at 10；Response from Naimpally, at 2；Response from Siemens, at 3；Response from RF SUNY, at 5；Response from Edward Ryan, at 4.

① Response from BADC, at 8；Response from Cardozo Intellectual Property Law Society, at 5（"一些公司已经开始利用 AI 产生的专利以阻止其他相邻专利的申请。可以预见的是，公司可能利用这项技术产生大量的现有技术以阻止未来的潜在发明获得专利"）；Response from CCIA（1st Response），at 7；Response from IBM（Nov. 8, 2019），at 8；Response from JEITA, at 7；Response from JIPA（Nov. 6, 2019），at 6；Response from JPPA, at 5；Response from JPO, at 4；Response from Novartis, at 11；Response from Prevencio, at 2；Response from Tata Consultancy, at 5.

② e. g., Response from IBM（Nov. 8, 2019），at 8（"AI 将戏剧化地扩大现有技术的范围。首先，AI 可以产生大量的现有技术"）。

③ e. g., Response from CCIA（1st Response），at 7（"相比与实践，虽然 AI 技术更容易从理论上说明，但是除源代码以外，仍然有相当一部分 AI 技术是没有文件记录的。而源代码未必具有可及性，且通常难以被搜寻"）。

④ Response from AIPLA（Nov. 8, 2019），at 8-9（"在 AI 能被认为是发明人的情况下，基于 AI 具有的创造性，'类似'的定义可能需要被大大扩展"）；Response from AIPPI Japan, at 9。

⑤ Response from BADC, at 8；Response from Internet Association, High Tech Inventors Alliance, the Software and Information Industry Association, and ACT, at 17（"根据上述建议，USPTO 提供了一个更具有可行性的方法来培训审查人员，协会建议当涉及到为审查人员提供现有技术时 USPTO 应该更加主动"）；Response from IPO（Nov. 11, 2019），at 17；Response from Juniper Networks, at 5（"尽管审查人员从事了几十年的审查 AI 发明的工作，但仍有必要培训审查人员识别现有技术的能力"）；Response from NSIP, at 10。

具有价值，特别是"大数据"（即可以通过计算分析模式、趋势和关联的庞大的数据集）。现行法对数据的保护范围有限，美国目前还没有专门针对 AI 算法数据的知识产权保护。

一部分评论者认为新的知识产权类型是解决 AI 发明问题的必要条件，另一部分评论者认为现有的美国知识产权法律框架足以解决 AI 发明的问题，两种观点平分秋色。然而，一般来说，那些认为不需要新设知识产权类型的评论者认为有必要密切关注 AI 技术的新发展，以保证对法律政策作出及时调整。

要求增设知识产权类型的意见大多集中在与 AI（特别是机器学习）相关的数据的保护需求上。例如，有评论者认为："收集大量数据的公司相对于新进入市场的公司具有竞争优势。"可以建立一种对大科技公司收集的数据库的准入机制，在保护数据专有权的同时，使新的市场进入者和其他人可以利用这些数据训练和开发他们自己的 AI。"①

同样，另一位评论者指出："AI 的知识产权保护可能存在漏洞，特别是对训练模型及其相关系数的知识产权保护。"② 相反，另一种观点认为，训练数据目前"可以作为商业秘密保护，或者如果训练数据提供了新的有用的结果，那么可以作为专利保护。"③ 一位评论者认为，美国不应该采用"欧盟数据库保护"策略④，因为其只为投资者在收集、证实数据方面的投入提供保护。⑤

除了数据保护之外，一位评论者认为如果专利制度不能保护某些类型的数据，例如生物信息，"可能需要某种替代的、特殊形式的保护以保证

---

① Response from AIPLA（Nov. 8，2019），at 9.

② Response from IBM（Nov. 8，2019），at 8.

③ Response from Edward Ryan，at 4 – 5；*see also* Response from Schwegman Lundberg & Woessner，at 11（认为用于机器学习算法训练的数据在商业秘密或版权法下是可保护的）；Response from ABA IPL（Nov. 8，2019），at 19（认为技术训练在现有法律框架下是受保护的）。

④ USPTO 将此解释为参考 1996 年 3 月 11 日欧洲议会和理事会关于对数据库的法律保护的欧盟指令。Council Directive 96/9，1996 O. J.（L 077）20 – 28（EC）参见：https://eurlex. europa. eu/legal-content/EN/TXT/？ uri = celex%3A31996L0009。

⑤ Response from Gaudry，at 5.

生物信息和 AI 在生物技术中的其他实际应用是受保护的知识产权类型。"① 另一位评论者同样表示，虽然目前"尚未确定 AI 发明是否需要新的知识产权类型"，"如果现有体系证明不能提供足够的激励措施来充分实现 AI 的发展潜力，或者如果这些体系出现重大漏洞，我们认为应该创设新的知识产权类型"，包括"训练模型的知识产权，以及需要付出大量资源投入才能产生的非公开数据的知识产权（类似于行业中提交给 FDA 和其他监管机构的专有临床数据和其他数据的监管数据保护权（RDP））。"②

评论者没有就新的知识产权类型的作用机制提出具体建议，而对立双方的许多人都呼吁 USPTO 就此问题进一步征求公众意见。

11. 是否还有其他值得研究的与 AI 发明专利取得相关的问题？

USPTO 认识到与 AI 有关的问题对知识产权具有深远影响。专利局试图就知识产权保护的所有相关问题向公众征求意见。尽管做出了最大努力，他们意识到仍然存在公众希望讨论的其他问题未被涉及。因此，USPTO 打算关注以前未涉及的一些问题。

谈及 2019 年 8 月 27 日 RFC 中没有涉及的问题时（例如，《美国法典》第 35 编第 101、103、112 条的内容），③ 评论者主要强调的一个主题是需要对专利审查员进行技术培训，并呼吁为专利审查员提供专门针对 AI 领域的审查指南。④ 有评论者建议 USPTO"要求行业组织就包括培训、参考资料以及进步标准在内的与 AI 领域的'普通技术人员'相关的问题提出专利申请及审查方面的建议。"⑤

有评论者指出："将法律保护扩大到 AI'创造'的发明领域，可能需

---

① Response from Genentech（Nov. 8, 2019）, at 11.

② Response from Novartis, at 11.

③ 一些答复通过这个问题来重申与 AI 发明相关的可专利主题资格、显而易见性和公开要求的重要性。

④ *e. g.*, Response from CCIA（1st Response）, at 8; Response from Internet Association, High Tech Inventors Alliance, the Software and Information Industry Association, and ACT, at 17 – 18; Response from Baysinger, at 3（因为将继续受理 AI 专利申请，建议 USPTO 聘请"精通数据科学并具有计算机科学背景的律师组成一个智囊团"，因为"逐案分析和审查的方法将有助于为审查员和发明人设定标准"）。

⑤ Response from Rubin, at 14 – 15. Note: "POSITA" is a reference to "a person of ordinary skill in the art.".

要对传统的法律方法和框架，包括财产、所有权等概念和其他我们所知的与公司法发展有关的非知识产权法律原则作出重大改变。"① 另一位评论者强调"开放的研究生态系统"对美国在 AI 领域的经济和科学方面占据主导地位的重要性，并指出 USPTO 应该"考虑对 AI 算法发明和有奠基可能性的基础研究授予专利权的经济和科学风险。"② 一位评论者问道，鉴于 AI 系统的动态特征（"一些系统在运作过程中不断吸收（即学习）额外的示例/经验"），对这些发明的可专利性标准是否也需要不断更新?③ 另一位评论者表示："在评估生物技术和药理发明时，应同样重视其不良影响。"④

其他评论者呼吁进一步考虑可专利性以外的问题，如专利侵权和执法领域问题等等。⑤

12. 是否存在其他有助于 USPTO 制定关于 AI 发明专利的政策和实践的其他主要专利机构的经验？

USPTO 参与了许多全球活动。在多边层面上，USPTO 在世界知识产权组织（WIPO）和经济合作与发展组织（Organization for Economic Cooperation and Development）的 AI 相关活动中代表美国政府。此外，USPTO 还直接与其他知识产权机构开展合作，既有双边合作，如就 AI 发明的可专利性进行双边交流，也有多边合作，如参与 IP5 新兴技术和人工智能（NET/AI）特别工作组。基于此，USPTO 能够分享其政策并了解其他主要专利机构的相关政策和实践。

---

① Response from AIPLA（Nov. 8，2019），at 9；*see also* Response from EPO，at 5（"AI 技术的发展对社会的影响，包括权利人地位的变化、就业市场和 AI 带来的道德风险，也是随着技术发展而可能需要解决的问题"）；Response from JPO，at 4（"当提出专利申请的物质的物理性质（如化合物、合成物、药物等）由 AI 判断时，如果在说明书中详细说明可专利的条件（即是否只需有充分的计算结果，还是需要额外的化学实验），可能会有所帮助"）。

② Response from Menart，at 2.

③ Response from Davis，at 7.

④ Response from NAPP，at 4.

⑤ *e. g.*，Response from Genentech（Nov. 8，2019），at 11 – 12；Response from IBM（Nov. 8，2020），at 9.

评论者强调了其他专利机构的相关实践，特别是欧洲专利局（EPO）和日本专利局（JPO）。评论者引用了这些机构发布的关于 AI 的报告、专利审查指南和专利审查实例，这对 USPTO 而言是有益的信息。[①] 一位评论者指出："JPO 和 KIPO（Korean Patent Office）已建立了专门针对 AI 问题的独立的'AI 审查工作组'，因此 USPTO 也可以采用这种方法。"[②] 评论者还呼吁关注 IPOS（Intellectual Property Office of Singapore），据报道，该局为 AI 技术开辟了一条专利审查高速路。[③] 其他人则普遍要求 USPTO 继续与 WIPO 和 IP5 开展 AI 领域的多边合作。[④] 一位评论者特别指出："作为国际性组织，我们希望看到 IP5 成员国的法律和实践朝着共同的方向发展。"[⑤] 另一方面，一位评论者警示"切勿试图统一专利法及程序，特别是 AI 专利"，因为"美国专利法一直是专利保护的黄金标准，也是美国创新经济成功的主要推动力。"[⑥]

第二部分：对于 2019 年 10 月 30 日发布的有关"AI 对版权、商标、数据库保护和商业秘密等其他知识产权政策领域的影响"议题征求意见通知的回应

针对 2019 年 10 月 30 日发布的有关"AI 对版权、商标、数据库保护和商业秘密等其他知识产权政策领域的影响"议题的征求意见通知，公众所回应意见的摘要如下。该摘要以征求意见通知中提出的问题作为组织行

---

① Response from AIPPI Japan, at 10（建议 USPTO 在指导方针中提供 EPO 和 JPO 的实例）；*see also* Response from BADC, at 9 – 10（关注其他专利机构的审查指南）；Response from BPLA, at 5；Response from FICIPI, at 6；Response from JPAA, at 6；Response from Abbott, at 11；Response from Alliance for AI in Healthcare, at 5；Response from JEITA, at 8；Response from JIPA（Nov. 6, 2019），at 8.

② Response from KINPA, at 4.

③ *e. g.*, Response from NSIP Law, at 11.

④ *e. g.*, Response from Novartis, at 13（"在符合美国专利制度的宪法目标的情况下，与其他专利局进行磋商并分享经验教训和最佳实践"）；Response from Ericsson, at 5；Response from Merck, at 5.

⑤ Response from AIPPI, at 10；*see also* Response from IBM（Nov. 8, 2019），at 9（"IBM 要求专利机构继续关注其他国家 AI 知识产权政策的发展，避免美国的知识产权政策对 AI 发明产生不利影响"）。

⑥ Response from IEEE-USA, at 10.

文的依据。参与提议的主体包括国内外律师协会、行业协会、学术界以及多方利益相关者，电子、软件、媒体以及制药产业的代表也参与了意见征求。

1. AI 算法或者程序在没有人类参与作品表达的情况下产生的相关成果是否属于美国著作权法所保护的版权客体？理由为何？

根据现行美国法，没有人类参与创造的作品不能得到版权保护。但是，在满足其他构成要件时，人在机器的参与下完成创造的作品可以获得版权保护。实际上，最高法院早已承认人具有创造性的作品的版权保护，[①]即使作者在机器的帮助下完成作品。[②]

美国版权局在其《业务指南》（第三版）（以下简称《指南》）中对于人类在独创性作品中的贡献问题作出了解释，指出：

"根据《美国法典》第 17 编第 102 条 a 款，著作权法保护作者的独创性作品，为了满足作品为'作者'所创作的要求，一项智力成果必须由人类所创作产生……不满足这一要件的作品将无法获得版权保护……类似地，版权局将不会对仅由随机、机械运行的机器或者机械性过程而产生的没有任何人类作者的创造性投入或者介入的成果进行版权登记。"[③]

因此，美国版权局仅对以人类为作者的作品进行登记。[④]《指南》最新草案进一步明确，仅由随机、机械运行的机器或者机械性过程产生的没

---

① Feist Publ'ns, Inc., v. Rural Tel. Serv. Co., 499 U. S. 340 (1991)，该案指出，没有最低限度的初始创造性的信息不能被版权保护。

② Burrow-Giles Lithographic Co. v. Sarony, 111 U. S. 53 (1884)，该案支持了国会的意见，将著作权保护延伸至摄影作品，当拍摄人对于拍摄对象的姿势设计、服装的选择与布置、帷幔以及其他各种装饰物的布置、光影角度的选择和安排等事项表现出创造性时，应当给予其版权保护。法庭将版权描述为"一个人保护其天才和智慧思想的专有权"。Bleistein v. Donaldson Lithographing Co., 188 U. S. 239 (1903). 在该案中，马戏团的广告受到著作权保护，法庭提出，受到版权保护的作品是人对自然事物的个性化反馈，个性就意味着独一无二的部分，该部分的独特性甚至可以表现为笔迹，即使是艺术价值非常低的作品中也包含仅属于个人的、不可剥夺的独创性，只要这种表达不受限制，这就是其受到版权保护的部分。

③ U. S. Copyright Office, Compendium of U. S. Copyright Office Practices, (3d ed. 2017) § 313. 2 ("Compendium 3").

④ Compendium 3 at § 306.

有任何人类作者的创造性投入或者介入的成果将无法获得版权登记。[①]

美国是《伯尔尼公约》的成员国，《伯尔尼公约》是构建世界版权保护体系的最主要的多边协定，其大部分内容已经被纳入《TRIPS 协定》和后续的美国自由贸易协定。[②]《伯尔尼公约》被理解为仅为人类参与创作的具有独创性的作品提供版权保护。[③]

绝大多数评论者认同现行法不允许非人类主体成为作者（雇佣作品条款除外，该条款通过法律拟制使得非人类雇员在特定情形下成为作者），[④]而这种规定应当在法律规定中维持。一位评论者指出："AI 算法或者程序在没有人类介入或者参与表达的情况下产生的作品，不会也不应当被认为满足美国版权法所保护的客体要件。"[⑤] 许多评论者主张这种立场的基本

---

① 2019 年 3 月 15 日颁布并公开征求意见的指南草案的更新内容再次强调了这一原则，并在此基础上对于机器创造作品的问题进行了特别回应，指出：类似地，版权局将不会对仅由随机、机械运行的机器或者机械性过程而产生的没有任何人类作者的创造性投入或者介入的成果进行版权登记。关键问题在于作品是否是基本上由人所创作的，而计算机（或者其他机器）仅仅作为辅助性的工具，或者作品中构成作者身份的传统性要素（文学、艺术、音乐表达或者元素的选择与安排等）是否实际上由机器而非人类所构思和执行。U. S. Copyright Office, Public Draft Compendium of U. S. Copyright Office Practices, §313. 2 (March 15th, 2019), https://www. copyright. gov/comp3/chap300/chap300 – draft – 3 – 15 – 19. pdf（引用自 1966 年美国版权局版权登记处向国会图书馆馆长所作报告）。

② 《保护文学和艺术作品伯尔尼公约（1971 年巴黎文本）》。

③ Sam Ricketson, *People, or Machines: The Berne Convention and the Changing Concept of Authorship*, Horace S. Manges Lecture, 16 Colum. – VLA J. L. & Arts 1 (1991 – 1992). Ricketson 提出，虽然《伯尔尼公约》没有对作者的身份进行定义，但是缔约国对于该术语仅指对人类的含义达成了基本共识，因此没有必要另行定义。

④ 根据《美国法典》第 17 编第 201 条 b 款，版权法规定就雇佣作品而言，雇佣人或者作品为其创作的其他人被视为本法所称作者，除非各方在由他们签署的书面文件中明确声明另有约定，由雇佣人或者作品为其创作的其他人享有版权所包含的一切权利。该条款不仅适用于雇佣者为自然人的情形，也适用于雇佣者为公司的情形，但是受版权法保护的作品的实际创作者需为自然人。

⑤ Response from ABAB IPL (Jan. 9, 2020), at 4 (emphasis added). 其他评论者强调了改变法律可能导致的一些潜在不可预见的有害后果："（修改法律的）结果将不仅造成劳动力市场状况的进一步恶化，我们将面临一个更加贫乏的社会，因为 AI 创作的作品无论表面上与人类创作的作品多么相似，其都缺乏人类艺术中的情绪和感受……正是人类的感受使得艺术作品对于人类社会而言具有基础性的重要意义。AI 将提供给它们的作品进行拆解、混搭和重组从而产生新的作品，而并非进行表达和情绪抒发。" Response from the Authors Guild, Inc., at 5.

原理在于支持法律激励人类创作新作品。[1] 也有评论者主张 AI 是一种工具，像过去其他被用来进行作品创作的工具一样："AI 是一种工具，与 Photoshop、Garage Band 或者其他在当下已被广泛使用的消费软件一样……当前对于非人类的物体或者过程是否能够具有创造性的争论其实并不是一个新问题，政府部门长期以来一直抵制将作者身份扩展到非自然人的企业或者其他实体的主张。"[2]

少数评论者主张 AI 在没有人类介入的情况下产生的具有充足创造性的作品应当具有可版权性，版权法应当允许该作品的版权归属于 AI 系统的所有人或控制者，或者对作品进行最终定稿的人或用户。[3]

2. 如果自然人的参与是或者应当是必须的，哪种类型的参与对于作品获得版权法保护而言是足够的？例如，以下自然人的参与是否足够？1）设计创作作品的 AI 算法或程序；2）对于算法或者程序的设计有一定贡献；3）选择算法的训练或其他过程所需的数据；4）将 AI 算法或程序用于产出该作品；5）参与上述活动的特定组合。是否还存在其他形式的自然人的贡献使其得以成为潜在的具有可版权性的 AI 创作作品的作者？

美国法对于版权作品构成要件中的人的创造性程度要求很低。一部作品的可版权性取决于可以合理地被视为该作品的作者的人是否在作品中明显地作出了具有创造性的表达。

在 Burrow-Giles Lithographic Co. v. Sarony, 111 U. S. 53（1884）一案中，美国最高法院将摄影师对于拍摄对象的姿势设计、服装和光影的选择和安排以及其他可以体现创作者创造性的选择视为版权法保护的对象，法

---

[1] Response from ABA IPL（Jan. 9, 2020）, at 4～5; Response from IPO（Jan. 10, 2020）, at 2.

[2] Response from Public Knowledge, at 1.

[3] e. g., Response from the ITIF, at 4. 另一评论者将 AI 比作一架自动演奏的钢琴："有人创造了可以指示自动演奏的钢琴应当弹奏什么声音或者音符的乐谱，这一过程与挑选训练算法所需要的数据是相似的……这一类比的缺陷在于，设计并训练一架自动演奏的钢琴的过程中，人类的活动是完全具有决定性的……而对于算法而言这并不一定正确……这些都是为了说明 AI 算法仅仅是通过人的努力而创造出的一种机器，如同其他机器产生作品的所有权归属一样，该机器的设计者应当被视为该机器产生的所有作品的作者。"Response from Feamster, at 2; see also Response from Professor Nina Brown, Syracuse University, at 7. "我并不赞同将所有权归属于算法或者计算机本身，它只是一个动产，这一性质导致其无法所有任何事物，而应当将所有权归属于负责作品的定稿的人或实体。"

庭同样承认，很多摄影作品无法受到版权法保护，例如当摄影师的创造性没有达到法律要求的程度时就无法获得版权法保护。因此，根据现行判例法，作者一定程度的创造性是获得版权法保护的必要条件。

更广泛地说，评论者对本问题的回应要么回到了他们对于第一个问题的回答中，而对本问题没有任何评论（强调人类的参与对于版权法保护是必要的），要么在提到第一个问题的同时做出了一些更深入的观察和阐释，例如指出任何一种方案都需要针对个别具体案情作出具体分析。部分评论者提出或重申了他们的观点，即在可预见的未来，人类对于 AI 的应用过程的参与将一直是较大程度上的，例如设计模型和算法、识别有用的训练数据和标准、选择技术方法的应用方式、引导或者推翻算法所作出的选择以及以某种方式选择何种产物是有用的或者可取的。该部分评论者因此预测 AI 产物将在很大程度上依赖于人类的创造性。

3. AI 算法或者运行程序通过学习大量受版权法保护的内容以获得其功能，这种程度的使用根据现行法律条文（例如合理使用条款）和相关判例法是否具有合法性？作者能否因其作品的此种使用方式而被承认？如果可以，作者以何种方式被承认呢？

现存实定法和判例法应当充分阐明 AI 语境下的机器学习的合法性问题。作为涉及版权的其他活动的相关例子，大规模的电子化和文本与数据挖掘（TDM）可能根据具体事实和案情而被视为版权侵权或者合理使用。现行版权法对于新技术和情景，包括因 AI 技术而产生的问题而言仍是具有适应性的。

对于受版权法保护的表达性内容的大量和实质性复制，即使不具有表达性的目的，也存在复制权侵权问题，如果没有适用的例外则构成版权侵权行为。[①] 根据受版权保护的作品和所发生的行为的具体情况，复制权保

---

① 根据《美国法典》第 17 编第 106 条，版权侵权的过错判断适用严格责任原则。e. g.，Brammer v. Violent Hues Prods.，LLC，922 F. 3d 255，265（4th Cir. 2019）（"作为基本原理，版权侵权行为适用严格责任原则，侵权行为的判定并不要求主观上的过错"）；EMI Christian Music Grp.，Inc. v. MP3tunes，LLC，844 F. 3d 79，89（2d Cir. 2016）（"版权侵权是一种严格责任，原告无需证明非法意图或者可责性，使用者也并非只有在为了侵犯版权而共享作品时才承担侵权责任"）。

护的例外可能适用也可能不适用。①

无论以机器学习的方式进行的使用在特定情形下是否被视为侵权，被使用作品的作者是否应当因为该种使用而获得报酬的问题并不受到影响。现在许多出版商都在合同中增加了 TDM 条款，明确为营利性实体设置许可费，或者为研究人员和公共研究组织提供免费许可，并保证许可内容是机器可读和可搜索的。② 作者的支持者认为，当受版权保护的作品被输入 AI 系统用以训练 AI 进行作品创作或参与其他活动并最终产生收益时，原作品的作者应当有权分享 AI 创作作品的收益。这种寻求承认的方式并不是作品版权的归属，而是作品使用的报酬。③

为了机器学习而使用版权作品，就其定义而言，几乎必然包含对于整个版权作品或者其中的实质性部分的复制。因此，该行为是否构成版权侵权取决于版权法第 107 条规定的例外情形——合理使用条款的适用情况。合理使用是建立在逐案分析的基础上的，要求法庭对于几个法定要件进行权衡，并高度依赖于事实分析。④

---

① 一种情形是文本与数据挖掘（TDM），在通常理解下其为一种通过筛选和分析大量文本和数据资源以实现特定目的（例如模式识别、寻求关系）的自动化处理过程。而另一情形为某一特定作品或者该作品媒介的大规模电子化（例如 Google 图书将世界上尚未电子化的图书进行数字化处理使其可被搜索）。

② STM，Text and Data Mining：Building a healthy and sustainable knowledge ecosystem for Europe，Dec. 2017，https：//www. stmassoc. org/2017_12_20_2017_12_STM_Text_and_Data_Mining_Summary. pdf.

③ USPTO AI：Intellectual Property Policy Considerations event（Jan. 31，2019），at minute 43，available at https：//rev-vbrick. uspto. gov/#/videos/d6e591c3 – 64cf – 4d74 – ab35 – 9f387a2da4b2，其中强调了美国作家协会执行理事 Mary Rasenberger 的观点，Rasenberger 认为公司并不应当通过支付版税而获得大量使用版权作品以训练其计算机的许可，她强调计算机阅读和消费表达性作品的方式实际上正在改变那种人类消费创造性作品的方式，因此她得出结论，我们希望 AI 能够利用现有作品并从中学习，但是这种使用并不应当是无偿的。AI 阅读包含复制过程，它从复制中获得了巨大的价值……我认为解决方式非常简单，在版权制度中我们已经有过尝试，即创造一种在交易成本过高的情况下适用的版权集体许可体系……我们需要找到一种为计算机阅读付费的方式。

④ 《美国法典》第 17 编第 107 条："虽有 106 条和 106A 条的规定，但是以批评、评论、新闻报道、教学（包括用于课堂的多件复制件）、学术或者和研究为目的而进行的制作复制品、录音制品或以该条规定的其他方式使用作品，系合理使用，不视为侵犯版权的行为。

考察某一特定情形下的作品使用是否构成合理使用时应当考虑以下要素：（转下页注）

在 AI 算法或者程序通过学习版权作品以获得其功能时，在其对作品进行数字化或者读取的过程中，作品的复制件随之产生。一些大规模的数字化情形可能构成合理使用，①但在其他情形下也有可能构成版权侵权。②虽然为了机器学习中的摄取过程而进行的数据化以及对于既已数据化的作品的大规模摄取行为尚未经过法院审查，但是一些版权作品权利人要求 AI 训练者应对其机器输入的作品的作者或版权人进行补偿。③

（接上页注④）（1）该使用的目的和特性，包括是否具有商业性质，或者为了非营利的教学目的；

　　（2）该版权作品的性质；

　　（3）所使用部分的数量和性质与整个版权作品之间的比例关系；

　　（4）该使用对于版权作品的潜在市场或者价值所产生的影响。

　　如果上述要件均满足，仅凭作品尚未发表的事实并不妨碍合理使用的认定。"

　　合理使用是一个通过允许特定情形下未经许可的版权保护作品的使用以促进表达自由的法律原理。第 107 条提供了判定是否构成合理使用的法定框架，同时将批评、评论、新闻报道、学术和研究等特定类型的使用作为判定为合理使用的例子。第 107 条要求在分析合理使用问题时应当考虑四个要素。法院会对于合理使用的主张进行逐案评估，且任何案件的结果均取决于具体事实的调查情况。这种方式意味着并没有公式可以确保在未经许可的情况下使用事先确定的相对或者绝对数量的作品（或者特定数量的文字、行、页数或副本）即构成合理使用。

① Authors Guild, Inc. v. HathiTrust, 755 F. 3d 87（2d Cir. 2014）（电子图书的搜索和无障碍使用被认为属于合理使用）；Authors Guild v. Google, Inc., 804 F. 3d 202（2d Cir. 2015）（谷歌未经授权对数以千计的版权图书进行了数字化处理，创建了图书搜索功能，且对于这些图书进行摘要显示的行为均构成不侵权的合理使用）；A. V. ex rel. Vanderhye v. iParadigms, L. L. C., 562 F. 3d 630（4th Cir. 2009）（为了防止抄袭对于学生的论文进行数字化构成合理使用，因为该使用活动与作品的表达内容无关）。

② Fox News Network, LLC v. TVEyes, Inc., 883 F. 3d 169（2d Cir. 2018），该案中，一项监视服务未经授权下载了一个有关电视节目的综合性数据库，该服务被认为侵犯了这些节目的发行权，因为它使得搜索感兴趣的视频的用户可以下载这些节目。法院驳回了被告主张的合理使用抗辩，但是原告最初对于节目的复制并不是法院关心的问题。

③ Response from the AAP, at 2；Response from the Authors Guild, at 10；Response from STM, at 4. STM（International Association of Scientific, Technical, and Medical Publishers）进一步说明，AI 和数据挖掘工具的部署变得越来越司空见惯，出版商也在以促进机器阅读的方式提供作品和数据集合。另一评论者提出了更加具体的建议，即建立费用收取协会以保证个体版权人获得小额版权费。Response from Getty Images, at 3. 还需注意的是，为了全面应对大规模数字化带来的挑战，包括是否以及如何对作品被数字化的作者进行补偿的问题，一些国家提出了权利集体管理的模式，即集体管理组织（CMO）代为行使版权，通过从使用者处收取报酬的管理以及将报酬向权利人作出的分配促进作品的传播，相比权利人个人的许可而言降低了交易成本。在这种被称为延伸集体许可的制度下，在确定权利人和使用者都希望接受集体许可的安排时，政府授权集体管理组织对于特定类别的作品（例如教材、报纸、杂志）或者特定类型的使用（例如出于教学或科研目的对于已发表作品的复制）的许可问题进行协商谈判。当集体管理组织与某一特定 （转下页注）

大部分评论者依据现有的法律以及法院对其进行的解释提出以训练AI程序（包括机器阅读）为目的的版权材料的使用可能构成对《美国法典》第 17 编第 106 条第 1 款规定的复制权的侵犯，该行为可能构成也可能不构成不侵权的合理使用。大部分评论者认为现行法并不需要修改，因为合理使用是一个具有灵活性的原理，它能够调整 AI 环境下的版权作品使用问题。很多评论中都包含假设或者通过引用著名的合理使用案例具体阐述了合理使用的要素，包括 Authors Guild v. Google, Inc.（即"谷歌图书案"，提出谷歌对于版权保护作品的数字化处理属于非侵权的合理使用）和 Fox News Network, LLC v. TVEyes, Inc.（指出 TVEyes 允许消费者凭借自己的兴趣使用 Fox 所享有的版权内容并不属于合理使用）。

部分评论者在其观点中明确提出，在机器学习过程中对于版权作品的使用应为可允许的，也是应当获得报酬的。① 一位评论者建议，在实施某种形式的全面授权许可的情形下，应当为权利人提供选择进入或者选择退出的机制。② 另一评论者指出，任何认为谷歌图书案为将整个作品纳入数

（接上页注③）使用者达成使用许可协议后，该许可将通过法律的执行自动延伸至该特定类别内所有权利人拥有的作品，而不论他们是否加入该集体管理组织。所有的版权人均有权从集体管理组织因其作品许可而获得的收益中获得一定的利益分享。在部分国家，如果版权人认为自己应当获得其作品许可过程中更大份额的版权费用，其有权选择将授权以某些方式使用其作品的权利从集体管理组织处撤回或者要求向其个人支付报酬。如上所述，这种模式的提出可能与那些主张在大规模输入的情况下应当为那些作品被数字化的作者提供报酬的人有关。但是，目前就这种模式在美国是否具有可行性和可取性的问题，专家尚未展开充分的讨论。

① Response from the AAP, at 2；Response from the Authors Guild, at 10；Response from STM, at 4. STM 进一步说明，AI 和数据挖掘工具的部署变得越来越司空见惯，STM 的出版者在出版和提供相关的作品和数据集合过程中越来越考虑 AI 输入技术。换言之，版权内容中的查阅类信息将越来越多地以有利于促进机器阅读、学习等功能的方式出版。因此，在大多数情况下，许可应当成为获得版权作品的可选方式。另一评论者提出了更加具体的建议，即建立费用收取协会以保证个体版权人获得小额版权费："为了确保现行法公平合理地适用于大量使用版权作品情形的独特属性的考量，有必要采取新的法定保护措施。在这一前提下，至关重要的是，与 AI 学习有关的任何大规模的版权材料的使用都不应当被默认为'转换性使用'。Response from Getty Images, at 3.

② Response of Lori Pressman, at 2. 与其争辩说，由于产生的结果具有公平的属性，因此大规模使用版权作品是公平的，不如赋予作者以选择进入或者选择退出的权利。因此，我主张采用技术手段保证版权人对其版权作品享有控制力。例如电子水印，其使得权利人有权对于使用其作品的方式作出限制。

据库的做法提供了完全授权的观点都误解了这一判决的局限性。① 此外，另一评论者将搜索引擎未经授权的版权作品使用视为版权侵权，并指出："占有大量新闻内容的技术平台应当为其使用新闻内容的权利而付费，这种费用不应当少于他们为使用电脑所支付的电费或者驾驶员为其车辆所支付的油费。"② 评论者并没有专门讨论原始资料的作者身份承认问题，如上所述，只有其中几位主张为原始资料支付报酬是必要的或者适当的。

另一方面，少部分评论者认为利用作品对 AI 系统进行训练、调整以及测试应当然被推定为合理使用。但是其中的大多数评论中均存在限定词并且承认这些使用的合法性仅是针对特定事实所做出的决定，不宜发展为明确的规则。③ 该组评论的子主题表明允许 AI 系统不受版权限制地输入文本内容和接受训练将有利于促进创新。

4. 现行法对于版权侵权责任的规定对于 AI 程序创作作品侵权的情形而言是否是适当的？

虽然 AI 机器现在并不能拥有自己的知识产权，但是其能够侵犯他人的权利。联邦版权法对于版权侵权的标准作出了简明的规定："侵犯版权人的专有权利者构成版权侵权。"④ 如果 AI 的所有者所采取的包括编程、数据输入等行为足以导致 AI 侵权行为的发生，其构成直接侵权或者帮助侵权。但如果 AI 具有更强的自主性，可以预见的是，当 AI 所有者有权利和能力监督侵权行为并从中获取经济利益时，AI 所有者对于版权侵权可能承担间接责任。⑤

---

① Response from Kernochan Center, Columbia Law School, at 5.

② Response from the News Media Alliance, at 5.

③ Response from SIIA（Jan. 10, 2020），at 7；see also Response from BSA, at 4～5（对于所有包含版权作品复制的 AI 使用情形均属于合理使用的说法得出一个广义的结论是并不可能的，但是根据判例法，如果作品的复制被用于产生新的观点，其价值与原作品无关，则 AI 系统的训练过程中对于版权作品的使用将构成合理使用）。See also Response from the Berkman Klein Center for Internet and Society, at 1（本部分的观点将 AI 相关的应用分为两种类型：非表达性的使用和市场侵占性使用，下文将解释为何前者显然构成合理使用而后者不是）。

④ 17 U. S. C. § 501（a）.

⑤ A&M Records, Inc. v. Napster, Inc., 239 F. 3d 1004（9th Cir. 2001）.

大多数评论者提出现行法已经足以适用于包含 AI 的情形,[①] 但同时承认应当由自然人或者法人承担责任。[②] 一些评论者则对此持怀疑态度:"现行法可能依据某些一般法律原理。现有法律中的版权侵权责任以及合理使用抗辩对于 AI 创作作品的适用可能并不清晰。"[③] 另一评论者指出:"对于帮助侵权和替代责任原则的应用将要求法院考虑有关 AI 设备行为的代理、控制和可预见性等新问题。并且随着 AI 日益智能化,法律修改的必要性也随之上升。"[④] 此外另一评论者提到由于"明知"侵权要件的定义会变得更加困难,现行法中的侵权损害赔偿规则是不恰当的。[⑤]

5. 除自然人以外的其他实体,或者受让自然人版权的公司是否能够拥有 AI 作品的版权?例如,训练 AI 程序的公司是否能够成为该程序产出作品的版权所有者?

版权法并不排除自然人以外的实体获得版权,其列举了可以取得版权的有限情形。在版权法中,一个人可以通过如下三种方式获得版权:1) 成为作者或者共同作者;2) 根据雇佣作品原则被认定为作者;3) 获得版权转让。[⑥]

评论者普遍认为,AI 背景下的版权归属可以通过商业谈判的方式解决。[⑦] 但是,对于这一问题的回答表明对该问题的理解是复杂的。[⑧] 例如

---

① *e. g.* Response from IPO (Jan. 10, 2020), at 4 (引用 Sony Corp. of Am. v. Universal City Studios, Inc., 464 U. S. 417 (1984) 一案作为依据,有关法院应当如何评估可能被用于版权侵权的技术的创造者和使用者的潜在侵权责任)。

② Response from the Copyright Clearance Center, at 4.

③ Response from AIPLA (Jan. 10, 2020), at 7.

④ Response from NYIPLA, at 7; *see also* Response from RIAA, at 7 (与各种 AI 产出相关的人类贡献具有程度上的连续性,困难的问题在于如何确定足以承担侵权责任或者确认版权保护的参与程度……这将是一个高度依赖于事实的调查过程,只能在个案中解决)。

⑤ Response from KEI, at 2. 我们采用 Nimmer 论文中描述的"明知"标准:一般来说,存在三种程度的判断标准:基本标准、增加的途径和降低的途径。简单来说,主观上的故意将导致责任加重,而无辜的主观状态将导致责任降低,其他情况均按照基本标准进行判断。为了简化术语,明知侵权即介于故意和无辜之间。

⑥ 17 U. S. C. § § 201 – 205.

⑦ Response from ITIF, at 11; Response from Boomy Corp., at 13 (这些关系由合同进行调整,这种方式也是有效的)。Boomy 是一家音乐人工智能公司,它运用大量算法,其中部分借助机器学习,根据用户的输入生成音乐作品。

⑧ Response from SIIA (Jan. 10, 2020), at 8 (SIIA 认为该问题有些令人困惑)。

一份回应中写道："不。版权应当归属于作者（或者在雇佣作品的情形下归属于雇主），以及之后可能受让的其他自然人或者法人。"[1] 另一个与之相似的意见并没有提出相反的观点，但是指出："美国法并未规定禁止实体成为属于 AI 系统或者将 AI 作为工具的人所创作出的作品的版权人。与 AI 相关的作品的版权可以像版权法第 201 条 d 款规定下的其他版权一样转让给其他实体。"[2]

对于本问题的大部分回答都回到了评论者对前两个问题的回应，即认为非人类并不能成为作者，对 AI 的使用依赖于人类的创造性。

6. 为了在 AI 应用相关领域实现版权法目标，是否还有其他版权问题需要解决？

如上所述，术语"AI"可以包含一系列含义。例如，生成算法（具有创建数据能力的算法）负责生成具有不同复杂程度的独特作品。这些作品可以因人类创作者和 AI 程序的合作而产生，也可以仅由 AI 程序或算法而生成。因此，对于 AI 与作者身份、AI 与可版权性的问题而言，无法制定明确的规则，而取决于在人与 AI 协同创作的可能被授予版权的作品的过程中人类所扮演的角色。

一个常见的回答是，尽管现在回答这一问题还为时过早。"通常来说，AI 技术尚处于发展初期，目前机器在没有人类的介入或指导的情况下产出的具有创造性的产物还没有已知的先例，所以对于一些需要考虑到尚未发生的情况的问题，目前很难做出具有实用性的回答。"[3] 此外："问题 1 中提出的具有一定程度的自主性的通用 AI 系统更多地是一种展望，而非我们领域内的现实情况。"[4] 关于现在我们所知的 AI 为何无法在没有人类介入的情况下产出版权作品，以下领域内既有一般性的说明也有具体的例子：设计水平、有用训练数据和标准的识别、决定技术将如何应用于商业和研究、对算法作出的选择进行指导或者推翻以及对于有用或需要的产物

---

[1] Response from AIPLA, at 7.

[2] Response from ABA IPL (Jan. 9, 2020), at 10.

[3] Response from the Entertainment Software Association, at 3. 一个例外的意见来自 Getty Images, 其主张应当立即采取措施而非采取观望的做法。Response from Getty Images, at 1.

[4] Response from Genentech (Jan. 10, 2020), at 6.

进行选择。①

相关地，很多评论者指出目前还没有一个对于 AI 的标准通用定义以使他们得以对这些问题做出明确、统一的回答。一位评论者指出，AI 主要是算法和自动化的口语替代用语，或者更具体而言是运用机器学习创建的算法，但是，机器学习也没有固定不变的定义。②

部分评论者提出了另一主题——偏好的问题。这些评论者发现，机器学习领域的版权不确定性使得开发人员使用存在于公共领域内的低质量数据，因此无意中导致建立在该部分数据基础上的许多 AI 应用存在偏好。③最后，少数评论者提出了"深度仿冒"（即现有图像或者视频中的人像被另一人的形象所取代）和将 AI 技术合法用于创作目的的问题，认为为应对对版权保护材料进行的深度仿造，形象权以及其他相关法律需要进行调整。④

7. 在商标检索领域应用 AI 技术是否会对商标可注册性产生影响？如果会，如何影响？

为了对可能导致混淆的相似设计进行检索，全球范围内的商标机构通过人为分配的设计代码对所有传入的标志图纸做出索引。但是不同人可能对于同样的设计元素产生不同的感知，有些人可能因为视觉错觉而无法识别某些设计标志中的隐藏元素，而有些人则可以，例如由字母或者其他视觉元素创作而成的隐藏设计。经过适当训练的 AI 软件，在通过识别标志中的所有可视设计元素进行代码分配过程中，对人工流程进行补充。如果分配给图像的设计代码更加全面，则任何图像的搜索结果也将变得更加全面。

但是，用作对 AI 软件的图像检索和设计编码功能进行训练的原始材料的数据库的收集可能对商标可注册性产生潜在影响。在全球范围内，商

---

① e. g. Response from the Copyright Clearance Center, at 4; see also Response from IPO at 3.

② Response from Boomy, at 3.

③ Response from the R Street Institute (Jan. 10, 2020), at 1; see also Response from Adobe, at 6; Response from Wikimedia Foundation, at 7（在选择训练数据时，AI 或 ML 的开发者往往出于便于访问或者避免潜在的侵权风险的目的选择公共领域或者免费许可的作品）。

④ e. g. Response from ITIF, at 14 – 15; see also Response from the Authors Guild, at 12.

标法侧重于消费者的感受，但是对于同样的刺激不同的公众和文化群体可能产生不同的感受。如果该数据在国家商标局之间共享，那么 AI 图像检索的结果虽然可以准确反映全球整体认知，但是可能并不能准确反应相应领域内消费者对于可能造成混淆元素的认知。与此相关，一位评论者指出，由于很多国家在混淆的判断问题上可能存在显著的差异，因此在各国商标局之间共享混淆判定的数据可能面临潜在的问题。①

（1）USPTO（美国专利与商标局）对于 AI 软件的使用

大多数评论者同意 AI 软件的使用将会提升 USPTO 的审查检索效率。少部分评论者预测申请人可能会面临更多因商标混淆而造成的拒绝注册。一位评论者认为 AI 技术本身并不会改变可注册性的法律标准。但是，AI 软件可能会改变判断某一特定标志是否可注册时的法律标准适用方式。②

大部分评论者坚持认为 AI 软件只能用于补充人类审查员的检索，并不能替代他们的检索或者做出注册决定。混淆可能性在注册审查和侵权判定中均以人类的感知为基础。由于人类天生就会将实际因素的考量内置于他们的主张和决策中，在评估搜索结果过程中人类的参与是不可或缺的。③另一评论者认识到，在没有人类参与的情况下使用 AI 技术确定混淆可能性的评估结果可能过于僵化，没有考虑到影响结果的不同因素的主观权重。④

另外，正如一些评论者指出的那样，人类在商标显著性评估和确定混淆可能性的过程中之所以必要，是因为现存的 AI 软件还不能达到准确评估混淆的程度。一位评论者注意到，目前 AI 的精确度尚不能保证其总是做出合适的决定，也存在 AI 发生故障导致产生错误结论的风险。⑤

一些评论者担心 AI 算法可能导致无意中产生的偏好，从而导致不准确的检索结果的问题。一位评论者指出，算法的固有偏好应当是众所周知

---

① *e. g.* Response from Dr. Dev S. Gangjee（Nov. 8，2019），at 1.

② Response from Intel，at 9 – 10.

③ Response from AIPLA（Jan. 10，2020），at 8.

④ Response from ABA IPL（Jan. 9，2020），at 12.

⑤ Response from JIPA（Jan. 8，2020），at 1 – 2.

且得到一定解释的，在商标授权决定做出以前应予以解决。① 另一位评论者进一步指出，在 AI 算法的开发过程中，人们的反馈对于提高算法的准确性、避免偏好而言是至关重要的，人类的反馈在算法实施阶段仍对 AI 搜索工具高效、一致和准确性的保持具有重要意义。②

除了在检索中使用 AI 软件之外，一位评论者建议 USPTO 可以使用 AI 软件作为培训工具，通过识别不同的审查员如何处理类似案件来提高审查的一致性。③ 另一位评论者注意到，AI 软件的使用在商标审查过程中对于帮助 USPTO 的审查人员识别伪造或变造的商标图样而言具有实用性。④

一位评论者观察到，全球范围内的商标机构已经在积极参与有关 AI 软件在商标审查和管理过程中的使用问题的讨论。⑤ 另一位评论者主张为了促进一致性并分担较小国家商标局的工具费用，AI 工具（包括检索工具）应当在全球的商标局之间共享。⑥ 该评论者呼吁国家商标局在商标审查或者其他行政程序中使用特定的 AI 工具时，应当对其服务对象保持透明。

（2）商标所有人对于 AI 软件的使用

一些评论者相信 AI 软件的使用可以提升商标所有者进行商标审查和检索的准确度，通过更好地预测商标注册被拒绝的风险以及第三人的异议，提高商业决策的质量。一位评论者注意到，AI 可以用来更加客观地预测选择一个符号所对应的风险，特别是被 USPTO 拒绝注册的风险，而这种风险评估可能导致商标注册申请的减少。⑦

但是，一位评论者观察到，大型跨国公司对 AI 商标工具的应用可能会削弱中小型公司保护其知识产权的能力，这大概是因为中小型公司缺乏同等使用这些预测工具进行商业决策的条件。⑧ 另一位评论者担心中小型

① Response from David Branca, at 2.
② Response from INTA, at 2.
③ Response from ABA IPL (Jan. 9, 2020), at 12.
④ Id.
⑤ Response from INTA, at 1 – 2.
⑥ Response from IPO (Jan. 10, 2020), at 6.
⑦ Response from ABA IPL (Jan. 9, 2020), at 11.
⑧ Response from Alève Mine, at 2.

公司可能根据 AI 软件创造了一个商标，或者进入了 AI 根据特定参数向其推荐的某一特定市场，但是这并不符合其利益的最大化要求，或者并没有向其充分说明该市场的风险。①

8. AI 如何影响商标法 (如果存在影响的话)？《兰哈姆法案》现存中的法律条款是否足以解决市场中的 AI 使用问题？

《兰哈姆法案》第 32 条 (《美国法典》第 15 编第 1114 条) 规定对未经注册人同意而使用侵权的注册商标的任何人，商标权人有权提起商标侵权的民事诉讼。在商标侵权相关的活动中使用的 AI 软件本身不对侵权行为负责，因为它不是"人"。但是在商业交易中创建或使用 AI 软件的主体是"人"，因此，他们对使用 AI 软件造成的侵权负有间接侵权责任。在过去的 30 年中，法院在美国商标法解释的过程中表现出了灵活性，随着侵权场景由实体经济拓展为线上形式的侵权和仿冒，其将侵权责任在多种行为人和中间人之间进行分配，包括诸如在软件编码中或者以更明显的方式未经许可使用他人商标，试图通过操纵网页搜索结果影响消费者在商业交易中的行为，也得到了规制。而商业交易中 AI 的使用是另一种不断发展的商业模式。

关于这个问题的大多数评论者都指出，使用 AI 软件不会对商标法产生影响，或者说，美国现有的成文法和普通法框架具有足够的灵活性以应对任何此类影响。一位评论者指出，如果将重点放在通过声音为消费者提供产品建议或为消费者订购商品的 AI 助手上，将会更加强调商标之间的发音相似性，而较少地关注视觉或内容相似性。② 并指出，无需为了适应声音商标的这种变化而修改法规，但是，这种转变可能会影响事实调查者在评估混淆可能性时的平衡尺度。③

(1) 人类的参与

在问题 8 的回答中，评论者还注意到商标问题相关的 AI 软件使用过程中人类参与的必要性。一位评论者建议对《兰哈姆法案》进行修改，商

---

① Response from A-CAPP at Michigan State University, at 1.

② Response from Intel, at 11.

③ Id.

标只有在对自然人而言具有显著性时才能获得保护。① 另一位评论者指出，如果所有者使用 AI 软件确定商标，《兰哈姆法案》应当明确要求在商业活动中使用该标识的商标申请人应当为自然人或者法人。②

一位评论者指出，在刑事和民事执法领域，AI 软件目前正被应用于网络假冒产品的识别以及删除通知的自动发布。③ 其呼吁在这种情况下，品牌持有人在发送 AI 推荐的移除通知以前对其进行审查和验证。

（2）关于 AI 使用的透明度

关于那些在商业交易中创建和使用 AI 软件者的角色和责任，一位评论者坚持认为，使用 AI 软件协助消费者的网络平台应负有避免欺骗消费者的责任。④ 这位评论者警告："使用 AI 可以通过改变消费体验来增加复杂性，使其更具预测性，这意味着网站将根据各种设定要素为消费者显示预先选择的产品分组，"但是，消费者可能并没有意识到该预选的发生，导致潜在的欺骗。⑤ 为了减少 AI 使用过程中的欺骗并提高透明度，鼓励 AI 创建者与正在体验算法产生的结果的终端用户之间建立联系，该评论者建议平台与 AI 创建者共同进行品牌建设。

（3）商标法下的侵权责任

几位评论者指出，在交易中使用 AI 软件引发了关于谁应对 AI 软件所带来的侵权行为承担法律责任的问题。一位评论者指出，如果 AI 自行采取行动并侵犯了他人的商标权，可能很难确定谁是侵权主体或何为侵权行为。⑥ 一位评论者认为 AI 系统的创建者应当承担确保 AI 不侵犯他人商标权或者其他知识产权的责任。⑦

一位评论者提出，直接适用网络服务提供者的责任判断标准可能并不是一个完美的解决方案，因为创建和使用 AI 算法为消费者提供产品会引

---

① Response from Lori Pressman, at 3.
② Response from IPO (Jan. 10, 2020), at 7.
③ Response from A-CAPP, at 2.
④ Id., at 2~3.
⑤ Response from A-CAPP, at 2.
⑥ Response from JIPA (Jan. 8, 2020), at 2.
⑦ Response from A-CAPP, at 2.

发许多新问题。[①] 一些评论者认为目前尚不清楚 AI 如何影响侵权判定中混淆可能性的判断以及"普通消费者"在该判断过程中的作用。如果由于消费者更多地依赖 AI 进行购物选择，导致普通消费者的测试与混淆可能性的判断失去相关性，一位评论者指出，品牌所有者和商标从业者需要重新评估主要建立在最初的购物兴趣以及购买时的混淆基础上的侵权理论的优势，转而替代性地探索更强调购买后混淆所造成危害的侵权理论。[②]

其他评论者认为，尽管在侵权责任的判定中 AI 技术并不是法律上的人，但是其创建者或者平台应当为 AI 促成的假冒商品的购买承担侵权责任。一位评论者指出，在考虑《兰哈姆法案》时，侵权的主观意图是一个重要的要素，[③] 其对于 AI 如何影响主张假冒行为时的主观意图要件提出了疑问。[④] 该评论者问道："AI 能够在主观上追求某事发生吗？AI 的使用者或者创建者是否有义务在主观上不追求假冒商标的使用？"为了解决这种不确定性，该评论者建议法律创设一种可反驳的故意推定，即当一个人故意向具有消费推荐功能的 AI 算法提供或输入虚假的或侵权的数据，或者隐瞒可能阻止 AI 推荐侵权商品的信息时，推定其具有主观侵权意图。[⑤]

另一位评论者建议，使用 AI 向消费者推荐购买选择的平台可能有相应的责任将此类建议中存在的潜在可疑（例如假冒）商品告知消费者。[⑥] 这位评论者还提出了一个问题，即是否应通过法律法规或行业标准，要求 AI 创建者或平台负有保证 AI 预测结果达到一定程度上的"合理的"准确性的义务。[⑦]

[①] Response from INTA, at 2 – 3.

[②] Id., at 3.

[③] Response from A-CAPP, at 3.

[④] Response from A-CAPP, at 3.

[⑤] Id., at 4.

[⑥] Id., at 3.

[⑦] Id.

（4）AI 创作作品

一位评论者指出，在非 AI 环境中存在的版权法和商标法交叉问题，在 AI 环境中也可能出现。也就是说，如果一个人以著名创作者的风格指示 AI 或者使用 AI 进行创作，并且该作者的姓名已经被用作标示版权作品来源的符号，而当下已被用于识别这一新作品，此时兰哈姆法案、一般不正当竞争法以及形象权法是否足以解决潜在的盗用来源标示符号的问题？[①]

（5）AI 提供的服务

一位评论者指出，AI 不能作为商标注册的"申请人"，因为《兰哈姆法案》规定，只有法律上的主体才有资格作为申请人。[②] 尽管如此，一位评论者指出，人工智能可能会提供与商标有关的服务。[③] 但是，其他评论者对于将 AI 视为商品或服务的观点提出了质疑，并希望 USPTO 根据尼斯分类（WIPO 在商标注册中使用的商品和服务的国际分类）明确 AI 所执行的基础服务应当如何归类？是将其归类为基础服务本身还是计算机软件？

另一评论者指出，这一问题涉及联邦最高法院在 JobDiva，Inc. 一案中的观点，即认为即使一项服务由一个公司的软件提供，该公司本身也在提供这种服务。[④] 一些评论者提出，商标所有人在使用 AI 提供服务时可能面临来自审查员的不可靠的审查结果，审查员在判断商标是否实际用于基础服务中的商业活动问题上可能遇到困难。

9. AI 如何影响数据库和数据集的保护（如果存在影响的话）？现行法对于这些数据的保护是否充分？

如上所述，数据是 AI 的基础。[⑤] 正是在这一前提下，对于数据或数据集应获得保护还是已获得保护的问题进行考虑才显得尤为重要。但是，也应该考虑对数据集的访问或者禁止访问可能会影响 AI 的发展。

---

① Response from RIAA, at 7.

② Response from IPO（Jan. 10，2020），at 7.

③ *Id.*

④ *Id.*

⑤ 第一部分中问题 10 的讨论。

尽管版权法要求其所保护的作品应当具有原创性，且"原始"数据不具有版权，但数据库和数据集仍受到版权法的保护。[①] 也就是说，只要包含数据的选择和排列显示出必要的独创性水平，数据库或数据集就可以作为汇编作品受到保护。[②]

当然，用于训练算法的数据库和数据集可以作为商业秘密通过《经济间谍法》中的刑事救济获得保护，也可以根据《商业秘密保护法》中的民事救济得到保护。要成为受保护的商业秘密，数据集必须因不为人所共知或者不容易通过适当的方法确定而获得独立的经济价值。与版权保护不同，商业秘密的保护可以扩展到数据集中的基本事实。

除非用户同意不对数据进行复制或者商业性使用，合同法也可以被用于保护收集的数据或者限制数据集的访问。可以使用技术措施，[③] 例如在数据库所在网站上的密码保护，并且，如果数据库可以获得版权保护，则可以依据《数字千年版权法案》[④] 禁止未经授权的使用。也存在对侵权行为的州法救济。最后，一些评论者建议，开放数据许可证可能是促进某些数据共享的合适工具，[⑤] 而其他数据由其所有者通过传统许可方法进行控制可能是更适当的。[⑥] 这些利益相关者可以在使用数据集训练算法之前提高数据质量。

对此问题做出回应的评论者大多认为，现有法律足以继续保护与 AI

---

① "原始"数据在这里使用其原始意义，指的是"个别数据、统计或者信息项目"，Random House Webster's College Dictionary 346（1991），其中并不存在版权。Feist Publ'ns, 499 U. S. at 345（将"原始数据"定义为"不存在任何原创性表达内容的纯粹事实性的信息"）。"数据"这一术语可能是模糊的，有时可以广泛地指代"电子信息"或记录下来的信息，可能包括受版权保护的材料。e. g. 44 U. S. C. § 3502（16）（依据《政府信息公开法案》，将"数据"定义为"记录下来的信息，而无论其形式或其记录媒介"）。在版权法中"数据"并未被定义。responses from AAP, at 6; and Adobe, at 2.

② Feist Publ'ns, 499 U. S. at 349; 17 U. S. C. § 101（"汇编"的定义），在世贸组织《与贸易有关的知识产权》第 10（2）条项下，该条款在国际上得到承认（由于内容的选择或安排而构成智力创作的数据或其他材料的汇编，无论其形式是机器可读的还是其他形式，均应受到智力创作的保护）。

③ 17 U. S. C. § 1201（针对规避技术保护措施的行为为版权作品提供法律保护）。

④ 35 U. S. C. § 512.

⑤ Response from CDT at 5; IBM at 8; ITIF at 9 – 10.

⑥ Response from AAP at 6; Response from STM at 1, 4, 6.

相关的数据库和数据集，且无需重新考虑诸如欧洲现有的专门的数据库保护法。此外，一位评论者告诫："人工智能技术正在迅速发展，现在提出的任何法律在颁布之时可能就已经过时了。"[1]

一位评论者指出："由于数据库和数据集可以享受版权保护，因此，现有法律很可能已为其提供了充足的保护。"[2] 另一评论者指出，"AI 训练过程中对于数据的摄取必须获得许可并支付报酬，或者以其他符合版权法的方式进行。"[3]

许多评论者认为，在现行法下，合同安排和商业秘密已经为数据库和数据集提供了适当的保护。一位评论者指出，就数据而言，其成员对授权使用此类内容和数据的许可以及其他类似机制感到满意，并强调应当基于合同自由来设计最适合各方的许可条款。[4] 但是，另一位评论者指出，合同仅对双方具有约束力，对于不正当地获取数据的合同之外的第三方则无法执行。[5] 关于数据集的商业秘密保护，一位评论者指出："商业秘密保护对于许多商业模式而言可能是不实用或不可能的，例如，基于 AI 的数据分布在产品中，或 AI 产生的结果将被公开。[6] 类似地，另一位评论者指出，随着 AI 的使用和开发，许多数据将在多个运营商之间共享，而此时这些数据将无法纳入商业秘密的范畴。[7]

由于版权保护并不涵盖汇编中的数据价值，且数据的重新安排并不一定被视为衍生作品，[8] 因此一位评论者认为，这导致可能需要考虑特殊的专门知识产权立法。但是，这位评论者建议，在创建新的知识产权时要谨慎，并指出"提供与欧洲现有的专有数据库权相似的权利不一定能够促进

---

① Response from IPO（Jan. 10，2020），at 7.

② Response from ACT，at 6.

③ Response from Association of American Publishers，at 5.

④ Response from the Entertainment Software Association，at 3.

⑤ Response from JIPA（Jan. 8，2020），at 3.

⑥ Response from IPO（Jan. 10，2020），at 7.

⑦ Response from JIPA（Jan. 8，2020），at 3.

⑧ 汇编作品只有在其对现有材料的选择、协调或安排中表现出独创性时才是可以获得版权保护的。衍生作品包括修订、注释说明或者其他修改，其从整体上反映了作者的原创性贡献。17 U. S. C. § 101（汇编和演绎作品的定义）对于数据的重新安排可能并未达到获得版权保护所要求的独创性程度。

创新。"① 其他评论者提及美国曾经关于数据库保护问题的辩论，其中一位代表指出："国会经过考虑后，拒绝采用以欧盟数据库指令为蓝本的非传统的特殊的数据库保护形式。"② 另一位评论者指出，自在 1996 年的那场辩论后，并无任何重要的理由使得法律选择转向专门的通用数据库保护规定。③

少数评论者建议重新考虑是否需要对数据集和数据库进行额外保护以鼓励对于经过审查或者具有确定出处的高质量数据的投资。一位评论者对于探索创建可能的数据集的专门财产权利表现出了兴趣，原因如下：1）据报道，人们在数据编辑整理上的投入越来越多；2）数据编辑在一些情况下无法达到版权保护所要求的标准；3）对此类数据集进行共享、改进和激励创造所能带来的好处，包括在公私合营背景下所能产生的好处；4）通过商业秘密进行保护具有局限性，尤其在学术领域内；5）对于专用于 AI 算法训练过程中的一次性使用的数据库，需要不同的侵权保护模式。④ 另一位评论者建议美国考虑日本在 2018 年 5 月的《反不正当竞争法》中提出的有关"受保护数据"的模式，该模式促进了对用于交易的数据的保护。⑤

一些评论者完全超越了知识产权的框架，指出可能涉及隐私、产品安全和反歧视的法律，此外，公众（或代理人）必须获得以数据审查或者可能的测试为目的而进行数据访问的权限（例如针对怀疑其存在错误偏好的训练数据进行审查或测试）。⑥

10. AI 如何对商业秘密法产生影响（如果这种影响存在的话)?《商业秘密保护法》（DTSA，《美国法典》第 18 编第 1836 条及其后）对于解决市场中 AI 的应用问题而言是否是足够的？

企业和创新者长期以来一直使用商业秘密法作为保护其宝贵的知识产

---

① Response from IPO (Jan. 10，2020)，at 7. 文中提到的"欧盟的保护模式"是指对数据库提供法律保护的欧盟指令 96/9/EC，该指令在下文问题 13 中也被提及。

② Response from CCIA (Jan. 10，2020)，at 11.

③ Response from CTA，at 5.

④ Response from AUTM (Jan. 10，2020)，at 5 - 6.

⑤ Response from JIPA (Jan. 8，2020)，at 3.

⑥ Response from ABA IPL (Jan. 9，2020)，at 13 - 14.

权的手段。出于多种原因，其通常选择商业秘密法来保护知识产权。例如，商业秘密不要求创新者支付可能对小企业和个人来说负担太大的高额前期费用（例如，获得专利授权的申请和法律费用）。商业秘密也可以用于虽可获得专利保护资格，但是创新者不想公开的信息。商业秘密法还可以保护根本不具备专利保护资格的信息，例如客户名单。此外，只要构成要件持续成立，商业秘密就没有保护期限，这导致了许多标志性的长期商业秘密出现在日常生活中。

在美国，民事领域商业秘密的保护和执行有三个来源。第一，由传统侵权习惯法发展而来的商业秘密法。第二，统一商业秘密法（UTSA），在49个州（纽约州除外）、哥伦比亚特区、波多黎各和美属维尔京群岛提供商业秘密保护。UTSA 本质上是此前的普通法原则的法定成文法，并获得了相当多的判例法支持。第三种保护途径是近期才提出的：2016 年《保护商业秘密法》（DTSA）。DTSA 编纂了附加条款，其核心是建立第一个针对商业秘密盗用的联邦私人民事诉讼理由。DTSA 不会取代州法，而是赋予盗用行为的受害者选择州或联邦诉讼地点的权利。

根据 DTSA 的规定，商业秘密法的一项核心原则在于："所有者"一词就商业秘密而言，是指对该商业秘密享有实体法或者衡平法上的权利或者许可的个人或者实体。[①]

商业秘密法并未涉及商业秘密是如何创造的或由谁创造的，而仅规定了所有者的权利。

评论者承认商业秘密法对于保护知识产权的重要性，并指出"商业秘密法可能是确保生物信息学以及人工智能在生物技术中的其他实际应用受到知识产权保护的唯一可行保护途径。"[②] 另一评论者简洁地指出："同其他信息技术一样，AI 在市场中的使用会引发大量对于商业秘密法适用的

---

① 18 U. S. C. § 1839（4）.

② Response from Genentech（Jan. 10, 2020）, at 8. *See also* Response from Intel, at 12（对于 AI 技术而言，商业秘密保护法非常重要，尤其对于那些难以获得专利保护的特定 AI 技术领域，例如训练数据集以及 AI 系统的计算结构）。商业秘密法对于保证 AI 技术的实现也非常重要。Response from ACT, at 6（是否应当考虑 DTSA 的修改，重要的是不应当削弱商业秘密的保护强度）。

考虑，但其本身并不足以构成修改商业秘密法的理由。"[1] 一些评论者担心，在 AI 做出对个人具有法律影响或重大影响的决策时，商业秘密法的保护模式会对人类的正当程序权利产生负面影响。[2] 其他评论者讨论了将来可能出现的问题。例如，一位评论者指出："如果为了确保生命科学领域的监管审查，迫切需要保证透明度，对 AI 系统的商业秘密保护可能存在缺陷。"[3] 在谈到强制数据共享的风险时，另一位评论者表示："尽管对于数据的任何知识产权保护体系都倾向于鼓励数据共享……但这并不意味着与数据相关的知识产权保护体系应默认为无知识产权甚至强制共享，[4] 其建议将来对数据可能需要采取特殊形式的保护。[5]"

评论者还提出了一个问题，即未来 AI 可能会使得在不破坏安全措施的情况下获得商业秘密变得更加容易。具体而言，有人观察到使用 AI 技术的实际效果可能是在不破坏保密措施的情况下更容易获取信息（包括专有技术和观点）。[6] 对于未来是否需要修改法律以解决此问题尚未达成共识。[7]

11. 为了确保商业秘密保护与 AI 相关的专利权、版权以及其他形式的知识产权保护之间的适当平衡关系，法律、政策或判例是否需要进行修改？

很少有评论者对于这一问题做出回应。对此达成的共识是，当前的平

---

[1] Response from ABA IPL (Jan. 9, 2020), at 14; *see also* Response from IPO (Jan. 10, 2020), at 8（商业秘密是保护 AI 创新的重要途径，如果当前美国的商业秘密法（DTSA 和各种州法）得到适当的实施，足以对 AI 相关的商业秘密提供保护）。Response from CCIA (Jan. 10, 2020), at 11（现行商业秘密法体系包括《联邦商业秘密保护法》、《经济间谍法》以及国家商业秘密法，对于解决 AI 在市场中的应用问题而言是足够的）。

[2] *e. g.* Response from Wikimedia Foundation, at 8（关注知识产权法的适用，防止算法决策的干预，尤其在决策可能对人们的生活产生实质性的影响的情形下）。

[3] Response from Genentech (Jan. 10, 2020), at 8 – 9.

[4] Response from ITIF, at 13.

[5] *e. g.*, Response from Genentech (Jan. 10, 2020), at 9（如果在我们的行业内对于 AI 系统难以保持商业秘密的保护，则《商业秘密保护法》的适用对于 AI 在市场中应用问题的解决当然是不够的。如果商业秘密的保护是不充分的，则替代性的保护，例如专门形式的保护，就是必要的）。

[6] Response from IBM (Jan. 10, 2019), at 6.

[7] *e. g.* Response from ABA IPL (Jan. 9, 2020), at 14（在 DTSA 或 UTSA 下，应用 AI 解构面向公众的（或者其他可以合法取得的）模型或者输出数据是不被允许的）；Response from Intel, at 12（由于未来 AI 可能被用于进行反向工程，或者将原本受到商业秘密法保护的信息公之于众，AI 技术本身存在着不可忽视的削弱商业秘密法保护强度的风险）。

衡关系是正确的, 并不需要进行修改。① 有人敦促 USPTO 谨慎地进行修改。② 另一评论者提出疑问, 如果平衡关系朝着商业秘密的方向"过度"倾斜, 将来是否可能需要专门的数据保护。③ 一位评论者反对 AI 的商业秘密保护, 因为这种保护有违大学的合作文化以及科学知识的公开。④

12. USPTO 是否应当审查 AI 相关领域内与知识产权 (除专利权外) 相关的其他问题吗?

与第一部分中的问题 11 一样, 该问题旨在关注之前未涉及的问题。在对这个问题的回答中, 一个普遍的主题是与数据有关的问题。⑤ 一位评论者鼓励 USPTO 继续保持长期以来对政府向公众分享数据信息的支持态度。⑥ 与此相关, 另一位评论者强调其希望 USPTO 检查各种包括贸易协定在内的政府文件中对于数据的定义。⑦ 该评论者认为, 这样可以确保美国政府数据政策的一致性。⑧ 另一评论者将数据治理的概念扩展到全球范围, 将个人数据安全问题以及此类数据的控制者在全球范围内的责任作为未来工作的领域。⑨

---

① *e. g.* Response from CCIA (Jan. 10, 2020), at 11 (法律、政策和判例无需为了保持不同形式的保护之间的平衡而进行修改)。Response from Intel, at 12 (Intel 认为现阶段, 无需为了确保商业秘密保护和其他形式的知识产权保护之间的平衡关系, 而对现行法律、政策或者判例进行修改)。Response from ABA IPL (Jan. 9, 2020), at 15 (法律并没有表现出为了保持商业秘密和 AI 相关的其他知识产权保护之间的平衡关系而进行修改的必要)。

② Response from Genentech (Jan. 10, 2020), at 9 (我们呼吁美国专利和商标局以及版权局谨慎地进行修改, 以促进 AI 领域的创新, 包括生命科学领域的 AI 技术探索, 而非无意间使其失去保护)。

③ Response from AIPLA (Jan. 10, 2020), at 16 (仅依靠商业秘密的保护可能使得在平衡关系中公开价值一端受到过分忽视。AI 技术重要性的日益凸显表明有必要对于是否以及如何保护数据做出进一步的分析, 包括是否需要专门形式的数据保护)。

④ Response from AUTM (Jan. 10, 2020), at 2 (使用商业机密策略保护人工智能创新与大学文化的精神不一致)。

⑤ *e. g.* Response from Starrett, at 17 (提出了军事活动中的数据收集问题, 该部分数据随后会允许公众使用)。

⑥ Response from IBM (Jan. 10, 2019), at 8.

⑦ Response from AAP, at 6.

⑧ *Id.*

⑨ Response from AIPLA (Jan. 10, 2020), at 16; *see also* Response from IPO (Jan. 10, 2020), at 9 (与 AI 相关的数据隐私保护是值得重点关注的问题)。Response from Pressman, at 4 (支持联邦政府保护数据隐私)。

其他人则对人工智能迅速产生大量知识产权的潜力表示担忧。[①] USP-TO 应审查《兰哈姆法案》是否足以防止 AI 产生听起来相似的作品。[②] 另一位评论者强烈建议 USPTO 就 AI 及其功能向员工提供强制性培训。[③] 其他评论者提出了 USPTO 应当考虑的伦理问题，例如深层仿冒的影响[④]、AI 系统存在偏好所产生的影响[⑤]以及 AI 获得人格的后果。[⑥]

13. 其他国家或地区是否有其他有关知识产权机构或法律体系的相关政策或惯例可以帮助 USPTO 制定有关知识产权（专利权除外）的政策和惯例？

评论者指出，欧盟欧洲委员会、WIPO、经济合作与发展组织（OECD）、国际知识产权利益相关者协会以及外国政府均在就 AI 技术的知识产权保护开展工作。评论者建议与负责解决 AI 对知识产权产生的影响的外国政府机构以及与多边组织开展协调合作。一位评论者指出："各国需要围绕 AI 及其数据使用引发的许多知识产权问题制定大致相似（或至少没有冲突）的规则和标准。"[⑦] 但是，另一位评论者则建议，法律修改的介入应尽可能优先考虑与美国法律及先例的一致性。[⑧]

一位评论者提到了《AI 版权基础》，其为该评论者所代表的国际知识产权协会（AIPPI）和国际知识产权律师联合会（FICPI）所编纂。[⑨] 另一位评论者提出应当重视《多伦多宣言》，其对于适用于 AI/ML 系统的人类权利框架进行了提要概述。[⑩] 另一位评论者提到了经合组织关于 AI 的五项

[①] Response from Obeebo, at 4; Response from KEI, at 3 （对于 AI 相关知识产权的潜在数量应当进行谨慎评估）。
[②] Response from RIAA, at 7.
[③] Response from ACT, at 6.
[④] Response from ITIF, at 13 – 15.
[⑤] Response from Aimonetti, at 3.
[⑥] Response from Shore, at 2.
[⑦] Response from ITIF, at 15.
[⑧] Response from ACT, at 7.
[⑨] Response from AIPLA （Jan. 10, 2020）, at 17.
[⑩] Response from Wikimedia, at 9 （citing the Toronto Declaration at https://www.amnesty.org/download/Documents/POL3084472018ENGLISH. PDF）.

原则。①

关于欧盟，评论者注意到 2019 年的《数字单一市场中的版权指令》。根据该指令第 3 条，使用许可内容进行文本和数据挖掘的非商业科学研究是许可的例外。如果权利人未保留其权利，则根据该指令第 4 条，也可以使用其他可合法访问的在线内容进行短期挖掘或提取。一位评论者指出，"这些条款规定了基于'版权例外'的方法来使用为人工智能目的而摄取的内容，并考虑了为商业性 AI 使用而许可内容的可行市场……"。② 对于这是否是一个明智的方法，评论者意见不一。一位评论者告诫说，对于数据和文本挖掘问题的体系构建应当保持总体上谨慎的态度，因为如果未经许可和无偿使用的范围过于宽泛，即使在商业性使用的情况下，也可能会导致创造或者所有版权作品或版权作品汇编的权利人受到权利侵害。③

评论者还提到了 1996 年 3 月 11 日欧洲议会和理事会关于数据库法律保护的欧盟指令 96/9/EC。④ 其他评论者指出该模式存在问题，在 1990 年代中期被美国国会否决。⑤ 另一评论者指出，《数据库指令》对数据库的生产或行业竞争力并无明显影响。⑥

另一位评论者提到欧洲的商业秘密保护方法，该方法"提供了足够广泛的商业秘密定义，从而可以保护 AI 算法和程序"。⑦ 该评论者认为，基于目前员工普遍跳槽的现状，这种方法应为 USPTO 未来在知识产权方面的立法和实践提供信息，特别是在 AI 创新领域。⑧

一位评论者还推荐了欧盟关于 AI 责任的报告，该报告对 AI 的责任问题进行了深入分析。⑨

---

① Response from KEI, at 4 (citing https://www.oecd.org/going-digital/ai/principles/).
② Response from Copyright Clearance Center, at 7.
③ Response from AAP, at 7.
④ Response from IBM (Jan. 10, 2019), at 8.
⑤ *e. g.* Response from IPO (Jan. 10, 2020), at 7.
⑥ Response from AUTM (Jan. 10, 2020), at 4.
⑦ Response from AIPLA (Jan. 10, 2020), at 24.
⑧ *Id.*
⑨ Response from Kernochan Center, at 7 (引用 Rep. of the Expert Group on Liability and New Technologies—New Technologies Formation, Liability for Artificial Intelligence and Other Emerging Digital Technologies (2019)).

评论者还参考了英国、新加坡、澳大利亚、中国、泰国、墨西哥、韩国和日本的现行法律。

特别是在英国，1988 年的《版权、外观设计和专利法案》第 9 条第 3 款涉及计算机生成作品。一位评论者提出，爱尔兰和新西兰也有类似的规定。[①] 另一位评论者注意到，在中国香港和印度也有类似的规定。[②] 与对最近的欧盟指令的具体引用类似，评论者对于这些法律对美国是否有用也意见不一。

多位评论者指出，" 2018 年日本版权法修正案为版权法中的 TDM 例外条款立法提供了周密考虑的范例。"[③] 一些评论者建议美国考虑日本 2018 年 5 月《反不正当竞争法》"受保护数据"的模式，该模式促进了对用于交易的数据的保护。[④]

韩国放宽了《反不正当竞争和商业秘密保护法》中对商业秘密法的定义，使得不再需要通过合理的努力来维持信息的保密性，这种做法获得了认可。但是，一位评论者指出"这种方法不太可能在美国实施。"[⑤] 该评论者还指出，韩国向那些将对对象进行系统安排或组合以便可以独立取得或检索的数据库提供保护。[⑥]

一位评论者指出，美国版权法的某些方面是美国特有的，因此目前参考其他国家或地区的法律可能并不合适。例如，在录音制品方面，版权保护基本要求的差异可能会导致保护 AI 生成的录音的方式有所不同。[⑦] 总体而言，大多数评论者表示，现有的版权、商标和商业秘密法框架足够强大

[①] Response from IBM（Jan. 10，2019），at 8，noting Copyright，Designs and Patents Act，1988，c. 48，§ 9（3）（U. K.）；Copyright Act of 1994，§ 5（N. Z.）；Copyright and Related Rights Act 2000，part I，§ 2（Act. No. 28/2000）（Ire.）.

[②] Response from KEI，at 5.

[③] e. g. Response from IBM（Jan. 10，2019），at 8. 该数据库指令涵盖了在质量和数量上对获取、审核或内容呈现进行了大量投资的数据库，并使对其内容的全部或者大部分进行非法提取或重新利用的行为是非法的。Directive 96/9/EC，Art. 7（1）.

[④] Response from AIPLA（Jan. 10，2020），at 24 – 25；Response from JIPA（Jan. 8，2020），at 3.

[⑤] Response from AIPLA（Jan. 10，2020），at 25.

[⑥] Id. at 20.

[⑦] 因此，例如 RIAA 认为，现在考虑纳入外国判例还为时过早，特别是在版权的例外或限制方面。Response from RIAA，at 8.

和灵活，可以充分解决 AI 技术引发的问题。

表 3　AI 发明创造的可专利性问题的 RFC 回应摘要

类别	意见书数目
外国专利局	2
律师协会	9
行业协会/游说团体	13
企业	13
学术界	13
律所（以事务所形式提交）	2
从业者（公司和学术界人士除外）	14
个人（可纳入其他类别者除外）①	33
总计	99

外国专利局：

· EPO（欧洲专利局）（问题 1 – 12）

· JPO（日本专利局）（问题 1 – 12）

律师协会：

· 美国律师协会知识产权法科（ABA IPL）（问题 1 – 12）

· 美国知识产权法协会（AIPLA）（问题 1 – 12）

· 波士顿专利法协会（BPLA）（问题 1 – 7，12）

· 哥伦比亚特区律师协会知识产权委员会（BADC）（问题 1 – 12）

· 国际保护知识产权协会（AIPPI）（问题 1 – 12）

· 日本国际知识产权保护协会（AIPPI Japan）（问题 1 – 12）

· 国际知识产权律师联合会（FICPI）（问题 1 – 12）

· 日本专利代理人协会（JPAA）（问题 1 – 12）

· 全国专利从业者协会（NAPP）（问题 1 – 12）

行业协会/游说团体

· 医疗保健人工智能联盟（AAIH）（问题 1，2，4 – 8，10，12）

---

①　以个人形式参与意见者的姓名并未在附录中列出，所有评论者可见于 https://www.uspto.gov/initiatives/artificial-intelligence/notices-artificial-intelligence。

· Askeladden（问题 1 – 10）

· 计算机和通信行业协会（CCIA）（问题 1 – 11）

· 工程师协会和电子前沿基金会（共同提交）（问题 5 – 7，11）

· IEEE 美国（问题 1 – 12）

· 知识产权权利人协会（IPO）（问题 1 – 12）

· 互联网协会，高科技发明家联盟，软件和信息行业协会和 ACT |
APP 协会（共同提交）（问题 1 – 12）

· 日本电子和信息技术产业协会（JEITA）（问题 1 – 12）

· 日本知识产权协会（JIPA）（第 1 – 12 章）

· 日本制药商协会（JPMA）（第 1 – 12 章）

· 韩国知识产权协会（KINPA）（第 1 – 12 章）

· R Street Institute（问题 2 – 9）

· 软件和信息产业协会（SIIA）（问题 2）

公司：

· Ericsson（问题 1 – 12）

· Ford Motor Company（问题 3，4，5，7）

· Genentech（问题 1 – 12）

· IBM（问题 1 – 12）

· Juniper Networks（问题 1 – 9）

· Merck（问题 1 – 8，10，12）

· Novartis（问题 1 – 12）

· Prevencio（问题 1 – 9）

· Protofect（问题 1 – 4，6 – 8，11，12）

· Roche Diabetes Care（问题 1 – 12）

· Seiko Epson（问题 1 – 12）

· Siemens（问题 1 – 12）

· Tata Consultancy Services（问题 1 – 12）

· TruMedicines（问题 1 – 12）

学术界：

·机构：

·卡多佐法学院知识产权法学会（问题 2、9）

·纽约州立大学研究基金会（问题 1 – 12）

·马里兰大学高级生命周期工程中心（问题 1 – 9）

·大学技术经理人协会（AUTM）（问题 5 – 7、10、11）

·教授来自：

·贝勒大学

·科罗拉多州立大学

·佛罗里达州立大学

·柏林工业大学（德国）

·麻省理工学院（问题 1 – 9，11）

·北卡罗莱纳州立大学（问题 2，4 – 7）

·萨里大学（问题 1 – 8，12）

·个人来自：

贝拉英特拉大学

律所：

·NSIP Law（问题 1 – 12）

·Schwegman Lundberg & Woessner（问题 1 – 12）

表 4　AI 创造物的知识产权保护问题的 RFC 回应摘要

类别	意见书数目
律师协会	3
行业协会/游说团体	28
企业	15
学术界	12
从业者	9
个人（可纳入其他类别者除外）①	31
总计	98

① 以个人形式参与意见者的姓名并未在附录中列出，所有评论者可见于 https://www.uspto.gov/initiatives/artificial-intelligence/notices-artificial-intelligencenon-patent-related。

律师协会：

·美国律师协会知识产权法科（ABA IPL）（问题 1 – 13）

·美国知识产权法协会（AIPLA）（问题 1 – 13）

·波士顿专利法协会（BPLA）（问题 1 – 5）

行业协会/游说团体

·美国法律图书馆协会（AALL）（问题 1 – 3）

·美国出版商协会（AAP）（问题 1 – 6，9，12，13）

·大学技术经理人协会（AUTM）（问题：4，9 – 11）

·民主与技术中心（问题 3，9）

·计算机和通信行业协会（CCIA）（问题 1 – 13）

·消费者技术协会（CTA）（问题 3，9）

·版权联盟（CA）（问题 1 – 5，13）

·电子前沿基金会（问题 1 – 4）

·电子隐私信息中心（EPIC）（问题 9）

·娱乐软件协会（问题 6）

·工程师协会（问题 3）

·信息技术和创新基金会（ITIF）（问题 1 – 3，5，9，10，12，13）

·网络自由倡议（问题 1 – 5，9）

·互联网协会（IA）（问题 1 – 13）

·知识产权权利人协会（IPO）（问题 1 – 13）

·国际科学，技术和医学出版商协会（STM）（问题 1 – 6，9，11，12）

·国际商标协会（INTA）（问题 7，8）

·日本知识产权协会（JIPA）（问题 7 – 9）

·国际知识生态学（KEI）（问题 1 – 5，9 – 13 问题）

·图书馆版权联盟（问题 3）

·电影协会（问题 1 – 4）

·国家音乐出版商协会（NMPA）（第 1 – 6、8、12、13 个问题）

·新闻媒体联盟（第 3 季度）

· 公共知识（问题 1 – 3、5）

· R Street Institute（问题 3）

· 美国唱片业协会（RIAA）（问题 1 – 6，8，12，13）

· 软件和信息产业协会（SIIA）（问题 1 – 5）

· 应用协会（ACT）（问题 1 – 13）

· 作者协会（问题 1 – 6）

· 软件联盟（BSA）（问题 2，3）

公司：

· Adobe（问题 3，9）

· Boomy Corp.（问题 1 – 5）

· CLAIMS IP（问题 1，2）

· Copyright Clearance Center（问题 1 – 4，13）

· Council Exchange Board of Trade（问题 5）

· Genentech（问题 1 – 6，9 – 11）

· Getty Images（问题 1 – 6，9，13）

· IBM（问题 1 – 13）

· Intel Corp.（问题 1 – 13）

· OpenAI LP（问题 3）

· Obeebo Inc.（问题 1 – 13）

· Parsound（问题 1，2）

· Roche Diabetes Care（问题 1 – 6，9 – 11）

· Roche Molecular Diagnostics（问题 1 – 6，9 – 11）

· SO REAL（问题 1，5，7）

· Wikimedia Foundation（问题 1 – 4，6，10，13）

学术界：

· 机构：

· 密歇根州立大学防伪和产品保护中心（A-CAPP）（问题 7 – 9）

· 教授来自：

· 布鲁克林法学院（问题 1 – 3，5）

·哥伦比亚大学法学院（问题 1 – 6，12，13）锡拉丘兹大学（问题 1，2，4，5）

·牛津大学（问题 7 – 8）

·萨里大学（问题 1，5，13）

·墨西哥普埃布拉大学（UDLAP）（墨西哥）（问题 1，2，6）

·芝加哥大学（Kernochan 中心）（问题 1 – 3，10，11）

·范德比尔特大学（问题 1，2）

·**个人来自：**

哥伦比亚法学院（问题 1，2）

哈佛大学伯克曼·克莱因互联网与社会中心（问题 3，13）

（北大国际知识产权研究中心研究助理　何佳瑶、冯思邈 译，初萌 校）

Comments on US AI Intellectual Property Policy：
An Analysis based on USPTO "Public Views" Report

Chu Meng

Abstract：USPTO released a report titled "Public Reviews on Artificial Intelligence and Intellectual Property Policy" in October, 2020. The report summarizes AI intellectual property policy in force, and collects public opinions on "patenting AI inventions" and "the impact of AI on other IP policy areas, including copyrights, trademarks, database protections, and trade secret law". Seen from the report, US AI intellectual property policy has the following characteristics. First, adhere to a judicial-dominant policy evolution route, with which risks brought by AI can be handled in the existing legal framework; second, stick to "subject-object" dualistic division between human beings and AI, and imposes rights and responsibilities on human beings; Third, advocate the application of AI, and strengthen in-process and post-process supervision; Fourth, emphasize the balance of promoting technology innovation and the application of technology, in order to build an industry ecology features free competition. The report has reference value for China's AI intellectual property policy making. To be specific, China can consider the formulation and improvement of AI intellectual property policy from the perspectives of distinguishing AI usage scenarios, establishing public feedback mechanism, enacting data protection legislation, focusing on accountability mechanism, strengthening personnel training, and participating in international communication and cooperation.

Keywords: Artificial Intelligence; Intellectual Property Policy; Public Views Report; Data Protection; Legal Personality of AI

知识产权审判中的法官"造法"与"找法"

孙昊亮　　崔永进

摘　要： 知识产权法领域关于权利法定的讨论一直存在，支持者和反对者都从不同的方面予以解读，此问题在实践中表现为在法律规定缺失的情况下，法官是否可以通过造法对案件作出裁判。不可否认的是，随着科技的发展，智力成果的类型和侵权方式愈发增多，迫切需要通过司法途径解决，法官造法的确可以及时对当事人的诉讼请求作出回应，但是其方式的合法性备受争议，类似案件的处理结果各级法院也是各抒己见，甚至出现截然相反的观点。本文将从法官实践的角度进行分析，提出知识产权审判中法官应当停止造法行为，严守法律制度边界，以政策为导向，通过体系化思维提高对法律条文的发现和解释能力，利用兜底性条款所释放的弹性空间，适当借鉴类似案例而非规则和原则，适当扩张诉权，拓宽法律发现的渠道，实现法官找法，以期满足司法裁判需要。

关键词： 知识产权审判；法官造法；法官找法；权利法定

作者简介： 孙昊亮（1973—），西北政法大学教授，法学博士，博士生导师，主要研究方向：知识产权法、科技法。

崔永进（1994—），西北政法大学知识产权研究中心研究生，主要研究方向：知识产权法。

基金项目： 本文是作者主持的 2015 年国家社科基金项目《全媒体时代著作权制度的应对和变革研究》（15BFX141）的阶段性成果；本文受西北政法大学"文化产业法"青年学术创新团队项目资助；本文同时受"陕西高校人文社会科学青年英才支持计划"项目资助。

目　次

一　问题的提出

知识产权法领域关于"知识产权权利法定"的学术讨论从未停止，诸多学者从不同的角度对该问题提出了自己的看法，相关学术研究的目的无非是确立可以有效践行的审判思路，应用于司法实践中。随着新一轮科技革命和产业革命的到来，众多领域新兴智力成果不断产生，涉及到的知识产权诉讼纠纷呈现出不同的特征，司法审判面临知识产权客体类型化困难问题和利益平衡的法律难题。① 面对上述问题，法官以常规民事案件审理思路进行裁判，难以满足需要，尤其是面对新的智力成果，在没有明确规定的条件下，案件审理的被动性更加突显。

物权和知识产权同属于财产权，不同于物权法保护的客体大多是有体物，知识产权法保护的客体更多的表现为无体物，由于两者的特征不同，因此在知识产权纠纷审理过程中，直接套用物权纠纷审理思路并不合适。智力成果在人类发展中发挥了极大的作用，无论是版权法、商标法还是专利法，其对智力成果的保护都是基于权利主体将相关的成果投放于公共领域以换取法律的保护。新成果的产生或多或少都会涵盖对原有的智力成果的继承利用，智力成果私权化无论是过去和未来，很难被社会所接受。②

在多数大陆法系国家，物权法定原则已成为一项基本原则，但也存在例外情形，这主要是为了满足社会发展的需要。知识产权领域权利法定和法律弹性的矛盾同样存在，并且更加激烈。③ 物权和知识产权虽同为绝对权，但是作用效果具有很大差异，权利人对物权的控权只影响交易的双方，并不影响社会上其他种类物功能的发挥，但是智力成果权利人一旦行使权利，则社会上相同或相似的成果均可能受到影响。以商标为例，当某一商标成为注册商标受到商标法的保护时，这也意味着相同或相似的商标一般不能应用到相同或者相似产品上。综观世界各国的知识产权立法，各国都采取了单行制定法的形式来创设和保护知识产权，从而使知识产权法独立于有形财产的法律体系。④ 可见，物权纠纷审理方法不能直接适用于知识产权纠纷的审理，而应该进行必要调整。

案件审理的过程就是法官的目光在事实和规范之间来回穿梭的过程，我国司法审判一直践行以事实为依据，以法律为准绳的准则，因此，对于法官而言，案件的裁判必须做到于法有据。由于法律存在滞后性的特点，现行法律规定与社会生活总是存在一定程度的断层，使得很多案件的审理

---

① 易继明：《知识产权的观念：类型化及法律适用》，《法学研究》2005 年第 3 期。

② 郑胜利：《论知识产权法定主义》，《中国发展》2006 年第 3 期。

③ 崔国斌：《知识产权法官造法批判》，《中国法学》2006 年第 1 期。

④ 李扬：《知识产权法定主义的缺陷及其克服——以侵权构成的限定性和非限定性为中心》，《环球法律评论》2009 年第 2 期。

难以找到对应的法律。但是需要注意的是，立法保留和法律漏洞是两个完全不同的问题。在知识产权法中，鉴于保护客体的公共性，立法者在立法过程中会作出立法保留，以实现权利人利益和社会公众利益的平衡，"法律漏洞是指由于各种主客观原因使法律规定在内容上出现欠缺或不周密，从而造成法律适用的困难"①，因此，在知识产权审判中，法官需要首先区分现行立法的缺失是立法者做出的立法保留还是法律漏洞。知识产权审判中的法官造法，是指法官审理知识产权纠纷时，在知识产权法作出立法保留或存在立法漏洞的情况下，法官通过援引法律原则和其他法律或者通过创设法律原则和法律规则适用于案件审理。

针对此类现象，大量学者从知识产权权利法定的角度进行了分析，并对其背后的法理基础进行了挖掘，相关的观点可以总结为劳动自然权利学说和功利主义财产权学说。劳动自然权利学说主要观点为：每个人对自己的身体进而对劳动享有所有权，劳动添加于物上，便取得对物的所有权。此观点以洛克为代表，洛克的劳动学说最初描述的是有形财产，但是，在脑力劳动成果等同于双手劳动成果的观念下，部分学者自然将其运用于知识产权中，认为劳动者对智力成果也应享有支配权。功利主义财产权学说代表人物休谟认为我们遵循的争议规则来源于被认为有利于人类幸福的规则，人们遵守规则对个人私利和社会福利均有利；边沁更是指出，不存在自然权，财产权是人为创设的。② 具体到知识产权领域，知识产权制度的目的就是刺激动机，保证社会公众能够获得充分的智力成果。基于上述不同的法理基础，不同的主体对于知识产权权利基础产生了不同的理解，尤其是法院在审理相关知识产权案件的过程中，法官在客体类型化认定和权利内容界定上的意见更是直接影响了案件的判决结果，相关案件的判决也因此引发广泛的讨论。

针对知识产权的相关纠纷，诉讼是维护当事人利益的最后手段，也是最权威的方式，法官在面对相关案件纠纷时所持观点对案件审理工作影响

① 杨解君：《法律漏洞略论》，《法律科学》1997 年第 3 期。
② 崔国斌：《知识产权法官造法批判》，《中国法学》2006 年第 1 期。

极大，本文旨在分析法官审理知识产权纠纷时，法官造法行为及其原因和不良后果，以及如何在既有法律制度下通过法官找法推进司法审判工作。

二 知识产权审判中的法官"造法"

法律的滞后性导致法官在新类型案件的审理过程中缺乏明确的法律指引，也因此催生了司法审判中的法官造法现象，法官造法既包含了对于权利所保护的客体范围的扩张，也包含了对权利人所享有权利内容等的扩张。从最早的山东莒县酒厂诉文登酿酒厂瓶贴装潢案①到近年的音乐喷泉案，现行法律难以满足司法需要，法官对劳动成果是否应当受到保护、受保护的智力成果的权利内容等方面难以认定，部分法官便以造法的形式为案件的审理提供依据。

（一）创设新的知识产权保护客体

不同于专利法和商标法，著作权法对于相关作品的保护无需经过权利人申请即可自动提供，因此涉案的智力成果种类更多，法官造法现象更为突出。我国《著作权法》（2010）对作品的类型作了封闭式列举的规定，第 3 条对于八类作品作出了明确的规定，第九类则是法律、行政法规规定的其他作品。需要注意的是，其他类型的作品限定于法律和行政法规的规定。《著作权法》的起草者曾指出："能否作为著作权法的其他作品，必须由法律、行政法规规定，不能由其他规范性文件规定，以保证法制的统一。"② 除了著作权法外，还没有一部法律或行政法规对此作出补充规定。而在实际的案件审理中，法官并没有严格按照既有规定进行审理，使得法官造法现象时有发生。

在"音乐喷泉案"中，一审北京海淀区人民法院认为："《著作权法》规定的具体作品类型中，并无音乐喷泉作品或音乐喷泉编曲作品这种作品

---

① 莒县酒厂诉文登酿酒厂案，《最高人民法院公报》1990 年第 3 期。
② 胡康生：《中华人民共和国著作权法释义》，法律出版社 2002 年版，第 21 页。

类别，但这种作品本身确实具有独创性，……整个音乐喷泉音乐作品进行舞美、灯光、水型、水柱跑动等方面编辑、构思并加以展现的过程，是一个艺术创作的过程，这种作品应受到《著作权法》的保护。"① 可见，在此案的审理过程中，海淀区人民法院承认我国现行《著作权法》规定的作品类型中并没有音乐喷泉作品，但是在最后的审判结果中，法院却认为涉案音乐喷泉具有独创性，因而应当受到著作权法的保护，以此将音乐喷泉纳入著作权法的保护范围。类似判决也是常见，如我国首例认定体育赛事直播画面作品案的判决中，一审法院认为："尽管法律上没有规定独创性的标准，但应当认为对赛事录制镜头的选择、编排，形成可供观赏的新的画面，无疑是一种创作性劳动，且该创作性从不同的选择、不同的制作，会产生不同的画面效果恰恰反映了其独创性。即赛事录制形成的画面，构成我国著作权法对作品独创性的要求，应当认定为作品。"② 此案上诉后，二审中北京知识产权法院认为，著作权法第三条第（九）项规定有"其他作品"，但需要符合"法律、行政法规规定"的前提③，最终认定一审法院判决有误，予以纠正。

在早期的"广西广播电视报诉广西煤矿工人报"著作权侵权案中，二审法院认定："电视节目预告表不具有著作权意义上的独创性，因而不宜适用著作权法。但被告的行为不符合民法通则的有关原则，侵犯了原告的权利，应承担相应的民事责任。"④ 法官在著作权法刻意不提供保护的情况下，仅因为被告的行为不符合一般的民法原则便认定构成侵权，这样的判决过于简单草率，违背了著作权法立法宗旨。

上述案件时间跨度大，但法官的造法行为具有很大的相似性，都是在法律未作出规定的情况下，通过援引法律原则的方式扩张了著作权法保护客体的范围，作出最终的判决。但是对于立法的不足，法官并没有分析是立法者的立法保留还是法律漏洞，对于最终的裁定结果是否符合著作权法

---

① 北京海淀区人民法院民事判决书（2016）京 0108 民初 15322 号。
② 北京朝阳区人民法院民事判决书（2014）朝民知初字第 40334 号。
③ 北京知识产权法院民事判决书（2015）京知民终字 1818 号。
④ 广西广播电视报诉广西煤矿工人报案，《最高人民法院公报》1996 年第 1 期。

的立法宗旨等也未做出比较分析。

在帕弗洛公司诉艺想公司和欧鳄公司著作权侵权案（以下简称"帕弗洛案"）中，法院认为："被上诉人涉案网站的首页除了具有一般公司网站首页均有的栏目和结构要素之外，在画面颜色、内容的选择、展示方式及布局编排等方面体现了独特构思，呈现出一定的视觉艺术效果，具有独创性和可复制性，构成著作权法上所称的作品。"① 法院判决书中同样没有将涉案的网页设计认定为何种作品，而是直接认为因某项作品具有独创性和可复制性，所以构成著作权法意义上的作品。正如王迁教授所言，《实施条例》第二条对作品的定义，并不是某一项成果构成作品的充分条件，而是必要不充分条件。②

上述案件审理过程中，我国其他法律和行政法规并未对作品类型作出规定，法官的裁定明显超越现行法的法律边界，构成法官造法。参与审理帕弗洛案的审判员在后期撰写的评论中写道："在目前的立法框架下可以归入著作权法第三条第（九）项规定的其他作品加以保护"③ 这一说法在一定程度上代表了对造法持肯定立场的法官的观点，尤其是新修订的《著作权法》（2020）将第 3 条第九项修改为符合作品特征的其他智力成果，这一修改或许宣告了上述观点的合法性，但是笔者认为并非如此。笔者认为，《著作权法》对作品类型规定的修改是为了从形式上与《伯尔尼公约》保持一致，以便为我国新类型的作品提供更及时的保护。著作权法对作品的保护具有很强的国际性，当新的智力成果在其他国家获得保护，对作品类型封闭式的规定在实践运用中的被动性便得以展现，此次对第 3 条第九项的修改则预留出了弹性的空间，以便实践中司法机关可以根据国际发展的新动态及时进行灵活调整。因此，在新的规定生效实施后，法官对于该规定更应谨慎适用。

---

① 上海知识产权法院民事判决书（2015）沪知民终字第 14 号。
② 王迁：《论作品类型法定——兼评音乐喷泉案》，《法学评论》2019 年第 3 期。
③ 胡宓：《网页著作权保护认定标准——上海帕弗洛文化用品有限公司与上海艺想文化用品有限公司等侵害著作权纠纷案》，载《上海法学研究》集刊（2019 年第 16 卷总第 16 卷）——上海市第三中级人民法院（上海知识产权法院）文集。

(二) 创设新的作品类型要件特征

所谓创设新的作品类型要件特征，是指法官在审理著作权纠纷中，通过对法律规定的客体的特征或构成要件进行扩张性解释，将原本不受保护的客体划入著作权法保护的作品范围，进而实现保护相关智力成果的目的。

以音乐喷泉案为例，一审法院的判决明显于法无据。二审法院为了避免上述问题，通过引用《著作权法实施条例》第四条，对美术作品中的"等"字进行解释，通过对美术作品构成要件表现形态和存续时间进行扩张性解释，将动态的、存续时间较短的造型表达作品——音乐喷泉作品框入美术作品的类型之中，进而实现了运用著作权法的相关法条对音乐喷泉进行保护的目的。并且法官在判决书中从价值追求的角度对法律解释进行了一定程度的褒奖，并对将音乐喷泉纳入著作权法保护的优点进行了说明。此处笔者并非否认法官在法律适用过程中对法律条文进行解释的做法，而是倡导法官释法应当严守法律概念的本义，法律概念的界定要实现不同事物的有效区分，在既有边界范围之内进行解释，在逾越法律概念的边界进行法律适用的解释，名为法律解释，实乃造法。

(三) 创设新的权利内容

我国《著作权法》第10条对权利内容以列举加兜底式的方式进行了规定，所谓创设新的权利内容，是指法官审理相关案件时，在现行法对当事人的诉讼请求没有明确规定的情况下，通过对其他条文的扩张解释，将相关条文运用到案件中，实现对当事人权利保全的目的。以早期的"王蒙诉世纪互联通讯技术有限公司案"（以下简称"王蒙案"）为例，一审法院认为："我国著作权法第十条所明确的作品使用方式中，并没有穷尽所有的作品使用方式。随着科学技术的发展，新的作品载体的出现，作品的使用范围得到了扩张。因此，应当认定作品在国际互联网上传播是使用作品的一种方式。"[①] 当时我国的著作权法还没有规定"信息网络传播权"，

---

① 北京市海淀区人民法院民事判决书（1999）海知初字第 57 号。

但是法院通过对"等"字的解释将被告的行为认定为侵权行为。

不可否认，著作权法对于网络环境下相关立法规定存在不足，法院适用兜底条款审理相关案件也是可以理解，但是，仅凭"该行为不属于我国著作权法所确定的信息网络传播权的范畴，亦不能由《著作权法》所明确列举的其他财产权所调整，但仍应受我国著作权法的保护，即适用兜底性条款进行调整"这样一句表述，而不对兜底性条款适用的条件和范围进行说明，便直接适用于案件的审理，此种论证方式难以令人信服。[①] 这也会导致立法中的兜底性条款成为一个"万能口袋"，法官随时可以根据案件的审理需要"定制"案件审理需要的权利。

（四）否定和违背现行法立法目的

在深圳斯瑞曼诉深圳坑梓自来水和康泰蓝水处理设备公司侵害发明专利权纠纷案中，涉及的问题之一为被告在涉案发明专利公开之后、授权公告之前实施专利技术的行为是否构成侵权行为。最高人民法院认定专利方案在申请公布后、授权前被告的使用等行为不侵犯原告的权利。[②]《专利法》第 13 条只规定申请人可以要求使用人付费，除此之外申请人对于他人未经授权的使用行为不具有任何的排他性。出于申请的需要，申请人必须公开其技术方案，他人便可知悉并实施该技术方案，但在临时保护期内，申请人没有法定权利制止相关行为，获得专利授权之后，相关市场可能已经被使用人抢占了，这无疑将给专利权人带来巨大的损失。[③] 在早期的朗科 U 盘案中，朗科公司的 U 盘技术方案被其它公司利用进行了生产，虽然朗科最终获得了专利授权，但是却失去了先发优势和巨大的市场份额。[④]

最高人民法院将此案判决书以指导案例形式公布，并指出此案判决书

---

① 熊琦：《著作权法定与自由的悖论调和》，《政法论坛》2017 年 5 月。

② 最高人民法院民事判决书（2011）民提字第 259 号。

③ 杨明：《从最高人民法院第 20 号指导案例看发明专利的临时保护制度》，《北京仲裁》2013 年第 4 期。

④ 费云舒：《〈专利法〉临时保护期的问题与建议——基于朗科 U 盘专利案例分析》，《计算机光盘软件与应用》2013 年第 2 期。

符合专利法"以公开换保护"的立法精神，有利于推动发明创造的应用，促进科学技术进步和经济社会发展。① 就此案而言，最高人民法院通过运用体系解释的方法在案件判决中确定了新规则②，但是此案的判决导致专利临时保护制度失去了实际意义，无法为申请人带来有效救济，难以达到利益平衡的目的，有违专利法的立法目的。

在"加多宝与广药集团知名商品装潢纠纷案"中，最高人民法院在判决书中指出："原被告双方均对涉案包装装潢权益的形成、发展和商誉建树，各自发挥了积极的作用，将涉案包装装潢权益完全判归一方所有，均会导致显失公平的结果，并可能损及社会公众利益。因此，涉案知名商品特有包装装潢权益，在遵循诚实信用原则和尊重消费者认知并不损害他人合法权益的前提下，可由广药集团与加多宝公司共同享有。"③ 曹新明教授认为，"在没有法律规定的情况下，确认商品特有的包装装潢权益归属可以采用'诚实贡献论'或者'商标依附论'或者其他学说理论作为裁判依据。但是，任何一种学说理论都必须结合具体纠纷而慎重适用，因为它们毕竟不是法律规定。"法院的判决将打破现在已经形成的"红罐王老吉、金罐加多宝"市场平衡关系，导致双方重新陷入混乱局面。④

由于目前我国商标法并没有相关规定，法官可以引用法律原则和学说作为案件审判依据，法律正确适用的前提是符合现行法的立法目的，《商标法》和《反不正当竞争法》为"知名商品特有的名称、包装或装潢"提供保护，其根本目的就在于维护市场竞争秩序，保护经营者和消费者的利益。最高人民法院判决将"红罐包装装潢"权益判归双方共同享有，对法律原则的适用涉及的学理都没有进行有力的论述，使得判决明显缺乏说服力，颇有法官造法之嫌，并容易导致双方在市场中的恶性竞争，此种做

---

① 中国法院网：《最高人民法院发布第五批共六个指导性案例》，资料来源：http://www.chinacourt. org/article/detail/2013/11/id/1149356. shtml；更新时间：2013 年 11 月 23 日 09：32：20；访问时间：2020 年 2 月 22 日。

② 孙光宁：《漏洞补充的实践运作及其限度——以指导性案例 20 号为分析对象》，《社会科学》2017 年第 1 期。

③ 最高人民法院民事判决书（2015）民三终字第 3 号。

④ 曹新明：《知名商品特有包装装潢权益归属理论探析》，《法律科学》（西北政法大学学报）2018 年第 6 期。

法明显有违《商标法》和《反不正当竞争法》的立法目的。

三 知识产权法官"造法"分析

（一）不同知识产权权利观下的审判立场

同案不同判的根源在于法官在案件审理过程中持不同的权利观——劳动自然权说和功利主义财产权学说。

劳动自然权利学说的代表人物是洛克，其理论主要概括为：上帝将全世界给予人类，每个人对自己的身体享有所有权，个人的劳动只属于自己，个人的劳动与物质相互结合，便获得了该物的所有权。① 基于上述理论，知识产权法领域的部分学者认为，智力成果属于人的脑力劳动，其智力成果当然可以运用此理论进行解释，因此，劳动者对其脑力劳动创造的成果应当享有支配权。在法律没有明文规定的情况下法官可以发挥司法能动性，根据需要创设新的知识产权，实现对权利人权益的保护，这也是典型的知识产权自然权利观。司法实践中表现为部分法官裁定相关智力成果是否应当受法律保护的过程中，在法律没有作出规定的情况下，套用"因为脑力劳动产品应当受到知识产权法保护，智力成果属于脑力劳动产品，所以智力成果受到知识产权法保护"的万能模板，扩大现行法的保护范围。

功利主义财产权学说认为，在知识产权领域，知识产权制度的设立目的是通过法律的确认给予作者一定的回报，进而鼓励相关的主体进行创作，保证社会公众可以获得智力成果，使新的智力成果可以促进社会的发展。上述观点在知识产权领域表现为知识产权权利法定的学说，实践中，世界各国都是通过制定成文法的形式对智力成果进行保护，并且知识产权制度的构建与完善也都是先有法律，后有权利。诚如郑胜利教授所言："知识产权的种类、权利以及诸如如何获得权利的要件及保护期限等关键

---

① 〔英〕洛克：《政府论》下篇，叶启芳、瞿菊农译，商务印书馆出版 2018 年版，第 18 页。

内容必须由成文法规定，除立法者在法律中特别授权外，任何机构不得在法律之外创设知识产权。"①

功利主义财产权学说导致立法机关在制定法律时持权利法定的权利观，对于司法能动持限缩的立场，而在劳动自然权利学说的倡导下，司法机关希冀通过司法能动弥补立法的不足，实现对权利人的周全保护，即表现为司法实践中的法官造法。

（二）民法与知识产权法审判思路的不匹配

在我国无论是《民法通则》《民法总则》还是《民法典》都涵盖了对知识产权法的规定，民法强大的法律原则适用于知识产权法。知识产权在权利的产生、权利的确认、权利的保护和权利限制方面都受到公权力的影响，这就使得知识产权和知识产权法具有一定的公法性色彩，也使得知识产权法不适合成编入典，这也是当下知识产权法定位的尴尬之处。在我国当下的法院建制中，现有知识产权法庭多数是由原来的民事法庭组建而成，这也导致了案件审理法官习惯于运用民事审判思维审理知识产权案件。我国民法和民事审判思路有着浓厚的自然权利理论渊源，知识产权案件与传统的物权案件存在着较大的不同，因此知识产权审判中直接适用民事审判思路必然产生"水土不服"的后果。

首先，知识产权法保护的客体具有一定的准入性，智力成果必须满足一定的要求方受保护，而物权法对于物的保护几乎没有限制——一粒米也受保护，适用物权纠纷审理思路，容易降低知识产权法对客体的保护标准，使得原本不受保护的智力成果受到保护。其次，知识产权侵权认定具有一定的抽象性和专业性，无论是文学艺术作品还是科学方案，都是存在于人脑之中的作品，知识产权侵权的认定不同于物权侵权的可视性，并且知识和知识产品允许存在一定程度上的相似，这便要求法官具备一定的鉴别能力。最后，知识产权纠纷案件裁定结果的影响面更广，传统物权涉及到的客体为特定有体物，纠纷的处理结果也只是表现为诉讼原被告利益的

---

① 郑胜利：《论知识产权法定主义》，《中国发展》2006 年第 3 期。

此消彼长，知识产权法保护的客体为无形物，一旦进入公共领域能够在短时间内大量复制和传播，权利人难以实现对客体的物理性和排他性的控制。智力成果需要转化为知识产品投入市场方可体现其价值，纠纷处理结果表现为牵一发而动全身，对于权利人诉讼请求的支持与否影响的不再是诉讼双方，是对权利人利益与社会利益平衡关系的重构。因此，民事审判中非此即彼的审判思维并不适用于知识产权领域的审判工作。①

四 知识产权法官"造法"的不良后果

在纠纷的审理过程中，法官通过造法的方式创设法律，并以此作为依据对案件事实作出法律认定，解决了判决于法无据的问题。但这种做法在学界引发了广泛的讨论，主要表现为对知识产权权利法定原则存废的争论。知识产权权利法定理论的代表李扬教授从诺奇克的持有正义角度提出："凡是知识产权特别法没有明确授权的就是民事主体所不能享有的，至少是知识产权特别法所不鼓励的。"② 法院突破既有法律规定，设立新的客体和权利类型等同于扩张知识产权法的保护范围。持反对观点的学者认为，严格的知识产权法定原则，势必造成知识产权法律体系的僵化和封闭，难以适应社会发展的现实和司法实务需要。③ 笔者认为，诉讼纠纷的解决应当以事实为依据，以法律为转绳，这里的法，应当是立法机关制定或者授权制定的法律、法规，法官通过造法的形式对纠纷作出判决的做法值得商榷。由于最终判决依据的法律法规的合法性存疑，案件的判决结果必然引发争议。这种带有立法色彩的司法行为，在一定程度上也会引出更深层次的问题，引发不良后果。

---

① Charles R. McManis, *Unfair Trade Practices*, St. Paul: West Publishing Co., 1991, p. 9.
② 李扬：《知识产权法定主义及其适用——兼与梁慧星、易继明教授商榷》，《法学研究》2006 年第 2 期。
③ 杜颖、郭珺：《论严格知识产权法定主义的缺陷及其缓和——以〈民法总则〉第 123 条为切入点》，《山西大学学报》（哲学社会科学版）2019 年第 4 期。

（一）违背知识产权法的基本原则

在著作权法中，版权保护的基本原则是：思想与表达二分法，版权保护不延及事实和思想。需要明确的是：智力作品具有独创性不必然受到版权法的保护，还必须达到一定标准。现行著作权法对于受保护的作品类型做出了明确的规定，法官仅凭作品具有独创性就裁定其应当受到版权法保护的审判思路，违背了版权法基本原则，降低了版权保护的标准，扩大了保护范围，模糊了思想与表达的边界，将著作权法有意不保护的单纯事实和高度抽象的思想纳入保护范围，将会严重影响社会公众的获取和再创作，与著作权法的立法目的也背道而驰。

我国专利法的基石是"以公开换保护"，实行强制申请原则。斯瑞曼诉坑梓自来水和康泰蓝公司侵害发明专利权纠纷案中，法院通过体系化的解释，对现有法律的漏洞进行了填补，导致专利法临时保护制度名存实亡，权利人进行专利申请，将技术方案进行公开，却得不到法律的周全保护，这严重损害了申请人的利益，有违"以公开换保护"的价值基础和强制申请原则。

自动保护也是著作权法的原则之一，法院扩张著作权法保护客体的范围，容易导致权利人将不符合一定标准的科技成果或者标识通过著作权法进行保护，外加著作权法的保护时间长、保护力度大，容易使技术程度低的成果受到更强力度的保护，这也造成知识产权法内部规定的矛盾。

案件的审理缺乏明确的法律依据，通过对条文的体系化解释和援引其他法律法规审理案件是审判工作的重要方式之一，笔者认为这并无问题，但是法官在作出最终判决之前，需要格外注意其审判结果是否与知识产权基本原则或立法目的等相违背，法官应该杜绝通过适用其他法律条文否定现行法的法律价值的做法。

（二）破坏知识产权法既有的利益平衡关系

知识产权法律制度建立的目的是促进智力成果的传播，调动人们进行智力产品研究和创造的积极性。知识产权保护制度的关键就是建立和维护社会利益与个人利益的平衡关系。[①]

知识产权的正当化不仅需要考虑创造者的利益，更应充分考虑社会公众的利益。[②] 我国现行成文法的制定和修订过程往往是历经多次论证和修订，具有很高的权威和社会认可度，这既有对于权利人享有的权利的确认，也有对权利人的控权；既保证权利人可以享有智力成果带来的收益，又保证社会公众可以有效利用现有成果，立法者通过立法建立了完整的利益平衡机制。以著作权法为例，法律明确规定了权利人享有的十六项权利，也对部分权利做出了限制，如：合理使用制度等。知识产权法对于智力成果的保护范围、保护内容和权利限制等都做出了规定，这是一个完整的体系。立法者面对新事物的出现对立法提出的挑战，必须以社会公共利益为依托，慎重创设权利及内容，没有充足的理由和必要时，需要将相关的利益留给社会。[③] 法官造法容易造成只授权而不控权的后果，以音乐喷泉案为例，海淀区人民法院认定音乐喷泉应当受到著作权法保护，但是对作品的保护期限、权利的限制、侵权的方式等问题并没有说明，这明显缺乏对权利人和社会公众利益关系平衡的考量。

（三）造成我国在国际知识产权保护方面权利义务的不对等

我国作为《伯尔尼公约》的缔约国，应当遵守相关的规定。《伯尔尼公约》规定了最低保护标准和国民待遇原则，公约第 5 条第 1 款规定："对于本公约保护的作品而言，作者在作品起源国以外的任一成员国享有该国法律现在给予和今后可能给予其国民的权利，以及本公约特别授予的权利"。也就是说，对于公约所保护的作品，某一成员国本国规定的保护标准低于公约规定的标准时，该国对其他成员国作品的保护不能低于本公约的最低要求[④]，但是该成员国保护程度高于公约时，对其他成员国应提

---

① 李建华：《论知识产权法定原则——兼论我国知识产权制度的创新》，《吉林大学社会科学学报》2006 年 7 月，第 46 卷第 4 期。

② 李扬：《知识产权法定主义的缺陷和克服——以侵权构成的限定性和非限定性为中心》，《环球法律评论》2009 年第 2 期。

③ 李扬等：《知识产权基础理论和前言问题》，法律出版社 2004 年版，第 141 页。

④ 此现象又称"超国民待遇"现象，即本国公民在国内享有的权利低于外国公民。

供与该国公民同等的保护。对于《伯尔尼公约》没有列举的作品，当某一成员国自认为应受到保护时，即使其他成员国并不认同此类作品应受到保护，基于公约的最低保护标准和国民待遇原则，该成员国也需要提供相应的法律保护。但是，该成员国的此类作品在其他成员国并不会受到对等的保护，因此造成了在国际保护方面权利义务的不对等。

以音乐喷泉案为例，法官审判中认定音乐喷泉受到我国著作权法的保护，即使《伯尔尼公约》其他成员国未对音乐喷泉提供保护，但是基于最低保护标准和国民待遇原则，相关成员国主体也可以由此对我国境内创作的音乐喷泉主张权利保护，但是，我国在别国的音乐喷泉并不会得到对等的保护。立法者在立法的过程中，对于作品是否受到知识产权的保护需要根据中国已经加入的公约和国家间签署的条约进行考量，在公约每一次修改的过程中，是否增加新的作品类型一直都是各国争论的重点，每一类作品的认定对于国家和当事人之间的利益有着重大的影响。法官造法的过程中，缺乏上述的考量，单纯引用基本的法律原则或引用其他法律进行审理，一旦扩大保护作品的类型，外国权利人就可以在我国获得单方面的保护，极容易导致我国在知识产权国际保护中处于被动地位。

（四）有损于裁判的中立性和法律权威

法律一经公布便为社会公众所知并可以依据现有法律的规定进行交易，法院在审理相关司法纠纷时也应做到以法律为准绳，严格的依法审判可以保证裁判的中立性。立法工作必须由立法机关实施，法院作为司法机关造法，有损法律权威。

法官的中立审理是维护裁判权威性的关键，也是确保司法活动程序正义的必然要求。首先，法官在审判中因案件审判于法无据而造法，倘若超出现有的立法框架，则有偏袒一方之嫌，毕竟在行为发生时并没有明确的法律规定，相关行为一定程度上是在现行法的指导下实施的，行为发生后紧急造法进而对行为定性，有失公允。其次，纵使所设条文为双方所接受，但是也有法律溯及既往之意，明显不公。换言之，法官造法的时机和主体均不合理，难以保证司法行为的中立性。以王蒙案为例，法官在审理时进行扩张解释，创造了新的权利，虽然后来增加了信息网络传播权的立法规定，但是在被告行为发生时并无此规定，立法的滞后性是难以避免的问题，而其滞后性必然导致某些权利主体为此"买单"。通过对"等"字进行扩张解释难免会有偏袒权利人之嫌，倘若此做法得到认可，是否意味着法院可以根据案件审理需要创造新的其他权利？

诚如卡贝所言："法律一律由人民选出的代表来讨论和拟定，然后提交人民批准。"① 在我国，由全国人民代表大会及其常务委员会专门行使立法权，除受立法机关委托外，任何机关没有立法权。立法权，从它的理性原则来看，只能属于人民的联合意志。因为一切权利都从这个权力产生，它的法律必须对任何人不能有不公正的做法。② 立法者完成立法后，还需对所制定的法律进行违宪审查，以此保证公民的权利和自由。对于司法解释权，《人民法院组织法》第十八条规定："最高人民法院可以对属于审判工作中具体应用法律的问题进行解释。"其他各级人民法院并无解释权。法官在审理案件的过程中，对于法律条文的解释必须在合法的边界之内进行。如上所述，无论是对"等"字抑或是通过对兜底性条文进行扩张解释，这样的判决都超出合理预期，实为造法。司法者通过司法活动进行立法，有损法律权威。

五 知识产权审判中的法官"找法"

法院是直接将法律条文应用到具体案件审理中的中枢机关，法官能够在第一时间发现法律与司法实践之间存在不足和法律漏洞。③ 对于当事人的诉讼请求，法官需要依照法律规定作出裁判，虽已认识到法律存有缺陷，但法官不能以此拒绝裁判。④ 如前所述，法官在法律缺失的情况下，通

---

① 〔法〕埃蒂耶纳·卡贝：《伊加利亚旅行记》（中译本）第三卷，商务印书馆 1982 年版，第 383 页。
② 〔德〕康德：《康德的法律哲学》，载张学仁等编译：《西方法律思想史资料选编》（中译本），北京大学出版社 1983 年版，第 419 页。
③ 杨建军：《现行法律解释机制的完善》，《政法论丛》2016 年第 2 期。
④ 吴春峰等：《法官释法：思维模式及其影响因素》，《法学》2013 年第 12 期。

过造法的方式对案件作出裁判，会使案件的审判结果存疑，也会损害法律的权威。法律发现是法官在法律渊源范围内对适用于案件裁判的具体法律进行的筛选和确认，是法律适用的前提，在法律存在缺失的情况下，法官应将找法作为首选，法官找法不必拘泥于某一部或某几部法律，而应扩大适用法的范围，通过援引其他法律规则或原则，对当事人的诉讼请求作出裁判。

（一）法官找法的前提

1. 摒弃劳动自然权利学说的理论指导地位

劳动自然权利学说和功利主义财产权学说的讨论是对不同观点的深度思考与分析，是在理论层面的追根溯源，但是，法律的生命不在于创设而在于实施，理论层面的讨论固然重要，但是应从实然的角度进行剖析，充分考量现实需要。"权利是一种手段，社会依此控制和协调人类的相互依赖性，解决人们的利益分配问题。"① 现行知识产权法对部分客体的保护，是对个体利益和社会利益的平衡，是在特定的发展阶段的现实考量。社会生活认可劳动者基于劳动占有智力成果的事实，但是这一事实还远不能视为稳定的法律意义上的财产权。② "在证明财产权合理性的时候，劳动既不是一个决定性标准，也不是一个充分性标准。"③ 不可否认的是，劳动自然权利理论对知识产权法的建立和发展发挥了重要作用，但是随着各种新兴事物的涌现，原有的理论已经不能满足实际的需要，在进行不断的修正后，新的法律体系明显具有浓厚的功利主义色彩。

部分智力成果之所以受到法律的保护往往是基于社会进步的考量，需要通过法律的形式对其确认并提供必要的保护，并以此鼓励社会主体创造新的智力成果。对于未列举的成果，除了立法漏洞外，法律没有作出保护并不意味着此类成果不属于智力成果，只是该成果所涉及到的利益还没有

---

① 〔美〕爱伦·斯密德：《财产、权利与公共选择》，黄祖辉等译，上海三联书店、上海人民出版社 1999 年版，第 34 页。

② 李扬：《知识产权法定主义及其适用——兼与梁慧星、易继明教授商榷》，《法学研究》2006 年第 2 期。

③ Peter Drahos, *A Philosophy of Intellectual Property*, Aldershot: Dartmouth Publishing Company, 1996, p. 48.

上升到法律权益的层面，或者基于社会发展的现状，需要搁置争议，根据市场的发展情况再决定是否保护，法律的制定需要对法学、经济学和社会学等学科通盘考虑，立法保留的做法明显更科学。

因此，司法机关应当摒弃劳动自然权利学说的理论主导地位，坚守司法者本色，退一步讲，即使按照劳动自然权利学说所倡导的对权利人应当提供完善的权利保护，也无法得出由法官进行造法的必然性。

2. 以政策为导向

"法院工作的全部功能就是维护既定的社会秩序和政治权威，而要实现这一功能，在很大程度上取决于法院对意识形态产生、发展和维护的作用"①。知识产权保护本身具有浓厚的公共政策色彩，因此，在进行法律发现与解释的过程中，应当把政策作为法官找法的灵魂。需要明确的是，以政策为导向是立足于现行法存在漏洞时的价值取向，通过对政策的转化弥补法律滞后所带来的制度空缺，并非倡导以政策代替法律。

毋庸置疑的是，政策并不能直接作为法官裁判的依据，而应当以间接的方式应用到司法审判中。政策的转化适用必然会对诉讼双方的利益结构产生影响，因此将政策引入司法审判必须满足一定的条件。首先，政策介入司法审判中，只能是在现有的法律制度存在漏洞，无法对现实问题作出回应的状态下的补救性措施。易言之，存在可以适用案件的规则或原则时，政策不能以取代法律的形式运用到案件的审判中。其次，为了确保政策转化性适用的同一性和严密性，只能由最高人民法院进行政策的转化，通过自身职权的行使，实现由公共政策到司法政策（可无）再到司法解释，最后实现司法裁判转化的职能。② 我国的现实是，最高人民法院更多承担的是作出批复和发出指导性案例等职能。"最高人民法院在很大程度上是一个制定公共政策的法院，而不是或主要不是审判法院"，③ 案件的具体审理工作，主要是由各基层法院负责。从抽象的法律规则到具体的适

---

① 〔英〕罗杰·科特威尔：《法律社会学导论》，潘大松等译，华夏出版社 1989 年版，第257 页。

② 宋亚辉：《公共政策如何进入裁判过程——以最高人民法院的司法解释为例》，《法商研究》2009 年第 6 期。

③ 侯猛：《中国最高人民法院研究》，法律出版社 2007 年版，第 128 页。

用，需要法官作出解释，这种职权解释①是完全不同于司法解释的，基层人民法院必须明确其无权对政策作出解释，对于立法的缺失，只能引用政策的转化性产物——最高人民法院基于政策做出的司法解释。

法官需要做到将知识产权法的精神和内涵融入自由裁量的过程，将其贯穿于法律理念、法律认知、法律推理、法律解释、法律适用等过程，防范法官自由裁量的恣意，保障法律效果与社会效果的统一。② 地方法院可以将政策的内容纳入裁判文书，但是，政策并不能作为法院作出裁判的主要依据和直接依据，法院作出裁判的主要依据仍然是现行法律和有效的司法解释，而政策因素所发挥的只是补充论证的作用，其目的是要追求一种"充分论证"的效果。③

3. 法官要有体系化的法律发现和释法的思维

法律是复杂的社会关系规则化和抽象化后形成的准则，因此从既定法到实用法的断环，需要法律解释进行连接。体系思维和体系解释方法的适用，是对所发现的具体法律内部是否统一和适用的进一步证成，以此实现各种法律规范内部的正当性、系统性和逻辑的一致性，通过体系化"使法律成为一个具备自我发展与再生能力的活体"④。对司法者而言，无论是司法解释还是职权解释必须严守法律制度的边界。

2009 年发布的《最高人民法院关于裁判文书引用法律、法规等规范性法律文件的规定》要求民事裁判文书应当引用法律、法律解释或者司法解释；对于应当适用的行政法规、地方性法规或者自治条例和单行条例，可以直接引用；对于其他规范性文件，根据审理案件的需要，经审查认定为合法有效的，可以作为裁判说理的依据。因此，现行知识产权法存在缺陷时，法官应当持整体性的知识产权观，把知识产权特别法、反不正当竞

---

① 所谓职权解释，是指法官在审判过程中，由于法律条文具有抽象性，案件的审判权需要基于自身的审判权对法律条文的意思进行必要的解释，这种解释常见于案件的判决书中的说理部分。

② 宫小汀、陈聪：《知识产权司法政策对法官自由裁量权的引导》，《人民司法》2014 年第 23 期。

③ 刘星：《司法的逻辑：实践中的方法与公正》，中国法制出版社 2015 年版，第 85~114 页。

④ 杨代雄：《萨维尼法学方法论中的体系化方法》，《法制与社会发展》2006 年第 6 期。

争法和民法等法律及其他的法规、法律文件作为整体进行讨论，以此衡量当事人的诉讼请求。以金庸诉江南等著作权侵权及不正当竞争纠纷案为例，对原告主张被告侵犯其著作权的主张，法院未予支持。但是法院随即提出原告作品元素在不受著作权法保护的情况下在整体上仍可能受我国反不正当竞争法调整，最终通过适用反不正当竞争法认定被告行为违法。① 对于《著作权法》存在的不足，法官借用《反不正当竞争法》对当事人的诉请作出裁定。

司法裁判的过程包含了法官对抽象的法律条文的解释，法官思维模式的差异容易导致释法结论多样化等问题，有损于司法的统一性。如果法律词语本身不会引起歧义和荒谬，就应当严格遵循所用词语的通常含义来解释。② 除非法官如此解释将导致极大的不一致而使得法官可以确信立法本意不是使用该语言的通常含义，法官可以将其解释为其他含义。③ 文义解释可以有效约束法律解释部门的权限，有其必要性和不可替代性，但文义解释固守于法律文本的字面含义，排斥立法目的、价值判断等因素的参与，有一定的封闭性和局限性④，无法满足司法实践的需求，不能解决司法过程中的实际问题。⑤ 恰当的法律解释综合多种法律解释方法，体系思维需要转变为体系解释方法才能发挥作用，体系解释方法应将所有条文整体考虑，通过体系化解释，实现"部门法之间的链接、上下文之间的相互支持、目的与文义之间相互影响、法律规范与其他社会规范之间相互穿插、法律规范与其他社会因素的互动。"⑥

根据《立法法》和《全国人民代表大会常务委员会关于加强法律解释工作的决议》的相关规定，最高人民法院应该是为了在审判工作中更好地适用法律，针对具体应用法律、法令问题进行司法解释。有学者提出质

① 广东省广州市天河区人民法院民事判决书（2016）粤 0106 民初 12068 号。
② 胡基：《审判解释与我国审判实践》，《中外法学》1996 年第 6 期。
③ 陈金钊：《体系思维的姿态及体系解释方法的运用》，《山东大学学报》（哲学社会科学版）2018 年第 2 期。
④ 徐明：《文义解释的语用分析与构建》，《政法论丛》2016 年第 3 期。
⑤ 魏治勋：《文义解释的司法操作技术规则》，《政法论丛》2014 年第 4 期。
⑥ 陈金钊：《体系思维的姿态及体系解释方法的运用》，《山东大学学报》（哲学社会科学版）2018 年第 2 期。

疑"具体应用是指某一部法律在审判领域的应用，还是某一案件具体应用法律？"① 笔者认为，结合我国的立法现状和司法需要，只要是基于应用问题而没有超出最高人民法院的权限，上述解释都可以存在。最高人民法院必须明晰自身权力范围，严守法律制度的边界，不得恣意进行法律漏洞的填补工作。司法解释与法律在地位上应是派生关系，在功能上应是辅助关系，司法解释的条文须与具体的法律条文有着明显的对应关系。② 如拉伦茨所言："'解释'意指将已包含于文字之中，但被遮蔽住的意义'分解'、摊开并且予以说明。"③ 于法官而言，其释法的目标应是确保诉讼双方可以知晓法院作出判决的依据和原理。而不应超越释法的边界，出现造法性质的解释和应用性质的解释，冲击现有的法律规则、原则和司法解释，伤及判决的合法性。

（二）法官找法的路径

1. 利用兜底性条款的弹性空间实现找法

知识产权法中存在兜底性条款，有学者对此提出异议，认为兜底性条款的存在打破了知识产权法定主义，④ 忽视了知识产权特别法的基本原则，导致法律适用标准的不同，造成法律适用的不确定性，有违立法权和司法权的分离和制衡，并可能打破权利或利益平衡。⑤ 需要明确的是，兜底性条款通常置于列举式条文之后，是为了避免列举的不足作出的盖然性的规定，要避免上述问题的产生，要求法官严格条文适用和解释。法官应当明晰，兜底性条款是知识产权法权利法定的例外规定，兜底条款从属于权利法定原则，兜底性条款的适用至少应满足以下两点：

第一，法官适用兜底性条款的前提必须是被诉行为属于知识产权法的调整范围，符合相关法的构成要件，适用兜底性条款不会加重公众的负

---

① 董皞：《法官释法的困惑与出路》，《法商研究》2004 年第 2 期。

② 刘风景：《司法解释权限的界定与行使》，《中国法学》2016 年第 3 期。

③ 〔德〕拉伦茨：《法学方法论》，陈爱娥译，商务印书馆 2003 年版，第 194 页。

④ 刘铁光：《论著作权权项配置中兜底条款的废除——以著作权与传播技术发展的时间规律为中心》，《政治与法律》2012 年第 8 期。

⑤ 刘银良：《著作权兜底条款的是非与选择》，《法学》2019 年第 11 期。

担，对被诉行为不予制止将破坏权利人与社会公共利益的平衡关系。① 以湖南快乐阳光互动娱乐传媒有限公司诉上海视畅信息科技有限公司著作权权属侵权纠纷案为例，法院适用兜底性条款时指明：1. 侵权行为具备著作权侵权的基本特征及一般构成要件；2. 受侵害的法益不能归入《著作权法》明列的有名权项下，但对其予以保护符合其立法目的；3. 鉴于被控侵权行为对权利人权益损害的显著性，适用原则性条款加以调整并不会加重网络经营者及相关从业人员对自身行为合法性的识别义务。② 长沙中院对于兜底性条款适用明显符合知识产权法立法目的，也没有超出知识产权权利法定的边界，是对立法刚性规定与弹性规定的精确把握。

第二，兜底性条款解释应当是同类解释规则，联系前面列举性规定的共性确定兜底条款的具体含义与边界③。在光影工场文化传播有限公司与国影智翼（北京）文化传播有限公司等侵害著作财产权纠纷上诉案中，原告就认为被告借用未拍摄完成的电影的文字和影片进行电影融资，其行为侵犯了其"应当由著作权人享有的其他权利"，法院判决书中指明原告所诉称的"融资权"依法不应属于著作权法所保护的其他权利范围。本案原告所称的"融资权"明显与著作权法所列举的十六项权利不符，超出兜底性条款的含义和适用的预测性。④ 在央视诉上海聚力案中，浦东区法院认为信息网络传播权针对的是交互式的网络传播行为，而本案被告提供的是对涉案电视节目的网络实时在线播放服务，该种网络传播行为不属于信息网络传播权所限定的信息网络传播行为。⑤ 法官依据《著作权法》第十条第一款第（十七）项"应当由著作权人享有的其他权利"的规定禁止他人对涉案电视节目进行网络实时播放，即适用了兜底性的条款，最终认定侵权行为的成立。

上述三则裁判法官对兜底性条款的适用符合条款设立的初衷，但是说

---

① 张俊发：《论著作权权项设置中兜底条款的适用》，《知识产权》2018 年第 12 期。
② 湖南省长沙市中级人民法院民事判决书（2016）湘 01 民初 1152 号。
③ 张建军：《论刑法中兜底条款的明确性》，《法律科学》（西北政法大学学报）2014 年第 2 期。
④ 北京知识产权法院民事判决书（2017）京 73 民终 2049 号。
⑤ 上海市浦东新区人民法院民事判决书（2013）浦民三（知）初字第 241 号。

理有待完善，如将长沙中院和浦东区法院的说理合并，既对兜底性条款适用进行说理，又对信息网络传播者权与实时直播行为进行技术比较分析，则兜底性条款的适用可以有效避免法律适用的的不确定性，维护法律的统一性，避免立法权和司法权的混乱。

2. 通过借鉴类似案例实现以案找法

就知识产权诉讼案件而言，除了极少数案件较为特殊之外，大部分案件都可以找到与之相似的案例。所谓以案找法就是法官在对案件的案由、争议焦点和法律关系等问题进行梳理后，通过对类似案例的检索和确认，将类似案件审判所适用的法律规则和原则进行整理和分析，寻找可以满足待审案件审理需要的法律法规。法院"尽管没有正式的遵循先例原理，但仍像其他国家的法院一样，具有一种遵循先例的强烈倾向，特别是对高级法院的判决"[①]。

无论是版权还是商标和专利诉讼纠纷，涉案的诉讼往往具有一定的相似性。在对案件进行基本的分析后，法官需要将案件的案由、争议的焦点和涉案的法律关系等重点问题进行整理，在缺乏可以直接适用于案件的明确规定时，法官可以通过检索已有的类似案例，进行比较分析。法官通过对待审案件与自己所查找的案件进行类比，可以判断待审案件与查找的案件是否属于同一家族，属于同一家族的归于同一类别。[②] 当然，对于所查案例的参考适用，也需要有一定的要求，待审案件与所查案件必须具备一定的类似性：案件基本事实类似，如果关键事实不同，通常就可以说这两个案件具有不同之处；法律关系类似，法律关系越具体，其相似性程度就越高；案件的争议点类似，争议点的类似性要根据原告的主张和被告的抗辩来判断；案件所争议的法律问题具有相似性。[③] 法官应对相似问题的判决依据和最终的结果进行提取和整理，通过对多个相似案件的共同特点的归纳，形成适用于待审案件的基本判断，通过对所查案件使用规则和原则

① 〔德〕K·茨格威特、H·克茨：《比较法总论》，潘汉典等译，法律出版社 2003 年版，第 382 页。

② 李安、乐国安：《法律推理前提如何获得——以法律心理学为考察视角》，《法律科学》（西北政法大学学报）2008 年第 2 期。

③ 王利明：《我国案例指导制度若干问题研究》，《法学》2012 年第 1 期。

的总结，确定适用待审案件的法律。在判断类似性的同时，法官还要注意比较案件的不同点，如果案件的不同点导致查找案件与待审案件构成实质不同，则应当舍弃该案件，以此确保适用法律规范的准确性。

3. 适当扩张诉权实现法官找法

在知识产权案件审判中，法官主要是通过主持庭审活动，对案件的事实进行认定并作出最后的判决。民事审判权运行的谦抑性是私权自治和诉权行使的必然要求，但过度克制也可能导致诉权保障的缺位等问题，审判权运行要有利于诉权的保障，[①] 法官有权决定最终的判决所适用的法律，诉讼双方也享有主张案件可以适用法律的权利。在司法审判的过程中，当案件事实认定缺乏明确的法律依据需要法官找法时，法官可以通过适当扩张诉讼双方的诉权，调动双方的积极性，通过听取诉讼双方的意见，判断是否存在可以适用于待审案件的法律规则或原则。

在原告提起诉讼和被告提交答辩状阶段，起诉书和答辩状都会列明双方对涉案行为定性的意见和所依据的法律规范，法官可以初步提取可能适用于案件的法律规范。在庭前会议中，双方就诉讼请求、答辩意见和案件的焦点等问题进行交涉，这里也包含了双方对于适用法律的说明；同时，明确案件的诉讼焦点也有利于法官寻找适用案件审理的法律。在法庭调查阶段，涉及到双方对于诉讼请求依据的事实和理由等的陈述，法庭调查中，案件事实与法律依据通常同时出现，这也是法官完成事实认定和寻找适用于案件"大前提"的过程。在法庭辩论阶段，主要是双方对法律适用问题的辩论，法官可以让当事人针对适用于本案的法律问题进行较为详细的论证，通过对法律适用理由等问题的辩论，可以帮助法官找到适用于本案的法律。在庭前会议和法庭调查、辩论阶段，法官也应当将法官自行检索到可以适用于本案的法律进行阐释说明，听取双方的意见，在听取双方的辩论后，也可以确定更适用于本案的法律。[②]

法官对于案件事实的认定意见是基于双方当事人在对案件事实和适用

[①] 宋汉林：《谦抑与能动：民事审判权运行之相对限度》，《河北法学》2013年第2期。

[②] 余德厚、程立武：《法官如何"找法"：法律发现的失范与规制》，《法律适用》2016年第3期。

法律等问题进行大量的论证和辩论后形成的,诉讼双方为支持自身的观点同样会大量检索适用于本案的法律法规,这也为法官提供了可以找法的机会,因此,法官在主持庭审的过程中,在保持审判权合理运行的情况下,可以适当扩大双方当事人的诉权,通过法官的引导,让双方当事人积极行使其诉讼权利,参与适用法律的发现。

六 结语

知识产权审判中纠纷类型增多和权利法定之间的矛盾不是我国司法中的特有问题,而是世界各国存在的通病,无论是英美法系还是大陆法系,各国对于知识产权法所保护的客体范围和权利内容的扩张均持谨慎态度。一部知识产权法的发展史就是知识产权不断扩张的历史,随着科技的发展,将更多的智力成果纳入知识产权的保护下是必然的趋势。法律权威不仅仅是通过国家强制力实现,其正当性基础也在于法律规范符合社会发展的趋势和人民内心对公平的期待,对智力成果通过明确的法律规定进行保护,于权利人而言,可以依法保护自身的权益;于社会公众而言,可以有效探知自身的行为边界。

从人们朴素的生活经验来看,作为劳动成果一部分的脑力劳动成果应当受到法律的保护,此观点也是持劳动自然权利学说学者的想法,但是,站在法律制度构建和运行的角度来看,权利人利益的保护通常是站在多学科的角度进行权衡,只有达到一定的程度的成果才会受到现行法的保护,而未受到法律保护的权利并不意味着其权利不应当受到保护,以天气预报信息为例,不提供法律的保护本身就有助于信息价值的实现,提供保护反而阻碍了信息的传播。知识产权法与民法存在相同的特征,但也存在很大的不同,法官过多的将民事纠纷的审判思路运用到知识产权纠纷中,有逆于知识产权特别法的基本原则,将导致一部分智力成果所受到的保护具有很大的不正当性,破坏现行法构建的个人与社会之间的利益平衡关系。知识产权立法具有很强的国际性,站在全球化的背景下,国内立法也必须紧密结合国际立法的趋势,否则将导致部分权利保护呈现出不平等的状态,在国际纠纷的处理上也将陷于被动状态。

在司法审判中，法官应当摒弃劳动自然权利学说的指导地位，不应通过盲目造法以期实现其内心的公正审判，必须明晰自身权力的边界，在法律制度的边界内通过更加完善的法律发现和法律解释，对案件作出审判。要有大知识产权法思想，对于智力成果的保护并非紧靠知识产权特别法定的规定就能实现，还要充分参考其他法律、法规和司法解释等。要善于利用兜底性条款预设的弹性空间，通过体系化的解释，实现在已有规定基础上的必要延伸。要加大对于类似案例的研读和借鉴参考，类似案例在法律的运用和说理等方面往往具有很强的可借鉴性，充分的研读和借鉴可以提高审判结果的正当性和可接受度，有助于维护司法统一。要灵活利用程序法，公正和权威的审判就是法官按照现行法的规定主持庭审和适用法律，法官应通过灵活运用庭审的主持权限，适当扩张原被告的诉权，充分听取原被告对事实问题和法律问题的意见，最大程度查清案件事实，寻找适用案件审理的法律法规，并以此作出裁判。

立法者需要对法律适用的不足和漏洞弥补，这是立法者的权力，也是义务。法律制度设立的高地，既是对权利人的保护，也是对义务人的保护，法官没有原则和依据的法律解释或者造法行为打破了现有法律制度的保护层。一个案件的错误审判往往容易产生恶劣的连锁反应，因此，知识产权领域的法官应当杜绝通过造法行为进行司法裁判的想法，而应通过找法，实现对现有知识产权法律制度的弹性延伸，探寻知识产权纠纷审理之道。

Judge's Making and Finding Law in Intellectual Property Trial

Sun Haoliang   Cui Yongjin

Abstract: In the field of intellectual property law, the discussion on legal rights has always existed, and both supporters and opponents have interpreted it from different aspects. In practice, this problem is manifested as whether a judge can make a judgment on a case through law-making in the absence of legal provisions. There is no denying that with the development of science and technology, the types of intellectual achievements and the ways of infringement are increasing, so it is urgent to solve the problem by judicial means, the judge's law making can respond to the litigant's request in time, but the legality of its way is controversial, and the result of similar cases is that the courts at all levels express their own views and even appear opposite views. This article will analyze from the perspective of judge's practice, and propose that in the trial of intellectual property rights, judges should stop law making, strictly abide by the boundary of legal system, take policy as the guidance, improve the ability of finding and interpreting legal provisions through systematic thinking, make use of the elastic space released by low-end provisions, draw lessons from similar cases rather than rules and principles, and expand the right of action appropriately in order to meet the needs of judicial judgment, we should broaden the channels of legal discovery and realize the search of law by judges.

Keywords: Intellectual Property Trial; Judge Making Law; Judge Finding Law; The Right Legal

通往规训之路

——基于福柯规训理论的现代性考察

罗有成

摘　要：在福柯的思想谱系中，规训是一种科学与理性治理下的自拘，规训背后是微观权力的一套隐性塑形机制。规训的目的是自我驯服，遵从的是"顺从—有用"的科学话语，实质上是政治肉体控制。规训的运作机制有层级监视、规范化裁决和检查三种权力技术学。规训的内生驱动是"政治解剖学"，"政治解剖学"本质上是在政治之外去发现政治运作，是一种"细节政治本体论"，具体表现为微观权力对空间的分区化治理、对时间的持续性控制和对动作的统一化要求。在各种规训与权力技术的作用下，现代社会通向的是全景敞视主义规训时代。由此，福柯解构了西方思想史上"自我"的神话：自我并非独立自主的存在，而是一整套与规训纠缠在一起的"知识、技术和科学话语"。

关键词：规训；微观权力；权力技术学；全景敞视主义规训

作者简介：罗有成（1994—　），西南政法大学行政法学院博士研究生，西南政法大学立法科学研究院助理研究员，主要研究方向：法社会学。

基金项目：本文系国家社科基金重大项目"社会主义核心价值观融入基层社会治理研究"（项目编号：17VHJ006）；西南政法大学行政法学院科研项目"风险社会下社区治理及其法治化研究"（项目编号：XZ2020023）研究成果。

目　次

米歇尔·福柯（Michel Foucault）处于一个"国家新现，个体复兴"的时代。如何面对新现的国家和怎样复兴个体，是福柯时代所亟需解决的核心问题。福柯作为法国当代著名的社会理论家，面对"国家"与"资本"这两大敌人，他更多地站在反思的立场上，毕其一生对权力深入解剖，探寻现代社会的隐形奴役机制。福柯在《规训与惩罚》①一书中聚焦于17世纪以来的法国刑罚史，描绘了惩罚方式由"酷刑"到"监狱"的变迁过程，进而对现代"规训社会"的权力运作机制加以深入解析，"试图向我们展现一种不同于传统马克思主义的新型政治权力与'人'之间的统治关系，即在工具理性布展中对政治肉体的隐性规训支配"。②那么，精细化、隐匿化运作的微观权力可以用什么样的方式去发现？"毛细血管

---

① 《规训与惩罚》标志着米歇尔·福柯思想事业的巅峰，也被他称为"我的第一本书"。该书与福柯的其他著作一样，都可以归属于福柯自称的他所从事的一项研究工作——"一种有关我们自身的历史本体论"。〔美〕詹姆斯·米勒：《福柯的生死爱欲》，高毅译，上海人民出版社2003年版，第289～230页。

② 张一兵：《回到福柯》，《学术月刊》2016年第6期。

状"的微观权力又是如何运作的？在现代"规训社会"中生存的个体如
何展示自身的主体性与本真性？这些问题意识的背后，是福柯有别于传统
权力观的隐性思境，也深刻揭示出现代社会政治权力的历史性变化。故
而，对这些问题的深度开掘与恰切诠释，便成为破译福柯规训理论、探讨
现代社会权力治理的关键所在。

一　规训的目的：自我驯服

福柯指认，规训是新型的自动化奴役装置，规训的目的是一种科学治
理下的自我驯服。"规训社会"（the disciplinary society）① 中的权力机制绝
不像传统政治权力一样作用于肉体，依靠暴力机制来制造痛苦，渲染一种
恐怖的公开化表演仪式。相反，它作用于灵魂，在微观领域中依靠符号系
统进行隐性塑形和政治肉体控制。另外，现代"规训社会"中的权力也不
再作用于宏观领域和抽象领域，而是深入到日常社会中各层次、各领域和
各机构的微观场域，进行一种"细节上的支配"。

（一）惩罚体制的变化

福柯在《规训与惩罚》第二部分《惩罚》这一章节中，给我们详细
描述了不同时期的三种惩罚体制。首先，福柯一开篇就花费大量笔墨叙述
了 18 世纪时期刺杀者被公开仪式化处决的血腥场面；其次，又介绍了 19
世纪时期法国巴黎一个少年犯监狱里罪犯所受的惩罚；最后，叙述了近代
资本主义以政治肉体控制为主、以监狱机器为主要方式的惩罚体制。福柯
认为，这三种惩罚方式是一个变化和上升的过程：第一个阶段，君主对罪
犯往往施以酷刑，并且一定要把处决罪犯变成一场仪式化的公开表演，宣
布君主权力的至高无上性。第二个阶段，人们不再关注痛苦，而是把惩罚
作用于灵魂，制造"观念上的痛苦"。第三个阶段，肉体又以新的形式出

① "规训社会"是福柯《规训与惩罚》中的关键概念。它指社会为每个个体提供一个统一
的、规范性的根据、标准和尺度，所有人都必须被规训到这样一个统一的规范性上。王
庆丰：《生命政治学与治理技术》，《山东社会科学》2020 年第 10 期。

现，不同于第一个阶段罪犯的肉体，这是被驯熟的肉体，是隐形奴役机器运作的结果（如表1所示）。福柯指出，惩罚体制的变化不应该被仅仅看作为惩罚体制的变革，而应该被看待为权力在重新洗牌，权力在寻找一种新的运作方式。接下来，福柯更关心的问题是，为什么深入日常生活的规训模式会被现代社会的统治者所采纳？隐匿化、精细化和作用于灵魂的新型惩罚模式可以用什么方式去发现和分析？这些问题意识所揭示的，是福柯有别于传统权力观的潜意识及其深入探究，更是传统政治权力发生历史性变化的奥妙所在。

表1　惩罚体制的变化（依据福柯《规训与惩罚》制作）

时代	对象	手段	机制	运作方式	目的
旧制度	肉体	制造痛苦	暴力机制	公开的仪式	镇压报复
18 世纪晚期	权利主体	剥夺权利	改造机制	符号系统	维护秩序
19 世纪以后	广泛的个体	自我驯服	隐形塑形	细节支配	合乎科学

注：〔法〕米歇尔·福柯：《规训与惩罚》，刘北成、杨远婴译，生活·读书·新知三联书店2012 年版，第146 ~ 147 页。

透过福柯对这三种惩戒权力的描述，我们可以从惩戒对象、手段、机制、运作方式和目的这五个方面做比较分析。具体而言，君主时代的惩戒制度以罪犯的肉体为对象，依靠的是制造痛苦的手段，运用公开的仪式化表演，来实现镇压报复的目的。从中可以看出，君主借助于这种公开化的仪式表演，旨在使自己成为权力辐射的中心，宣扬一种君主无限权力论。用福柯的话来说，"维持着这种酷刑实践的并不是示范经济学，而是一种恐怖政策，即用罪犯的肉体来使所有人意识到君主的无限存在。"[①] 18 世纪以降的人道主义惩戒体制把权利主体作为对象，依靠的是剥夺权利的手段，运用改造机制并借助自由、民主、宪政与人权等一系列符号系统来实施惩罚，目的是维护自由民主的政治秩序。这种惩罚体制作用于灵魂，把不断强化的表象符号运用到罪犯身上，制造一种"观念上的痛苦"。这种

---

① 〔法〕米歇尔·福柯：《规训与惩罚》，刘北成、杨远婴译，生活·读书·新知三联书店2012 年版，第53 页。

惩罚体制所关注的是罪罚相适应、可计算的经济原则，并强调惩罚的正当性。19 世纪近代资本主义以来，惩罚变成了一种温和的方式。这种惩罚体制以广泛的个体为对象，以自我驯服为手段，依靠隐性塑形的机制，并借助于日常生活的细节支配，让惩罚对象自觉接受这一套话语，从而对惩罚对象的肉体和灵魂实施双重控制。福柯深刻洞察出惩罚体制背后权力所发生的历史性变化，所以提醒我们注意到，不能再用传统的方式来看待这种新型权力，而应该用一种全新的方式来分析这种"流动的权力"——权力应当作为流动的东西，或作为只在链条上才能运转的东西加以分析。权力运转着，权力以网络的形式运作。①

（二）"顺从—有用"的科学话语

福柯指出，新形式的肉体成了惩罚权力作用点后，惩罚便与社会的普遍化规训联系在了一起。虽然现代资本主义社会的惩罚方式更温和、更文明，但是人们的日常生存并没有获得更多的自由。在这种对日常生活的各方面进行普遍化、精细化的严密控制之下，现代的文明人恰如加里·古廷所指出的那样，"从野蛮但分散的肉体惩罚转向减少疼痛但更具侵犯性的心理控制"②。而这个枷锁就是人被严密控制在一切活动有利于国家机器和生产效率的场域中。对此，福柯一针见血地指出，"它不是要惩罚得更少些，而是要惩罚得更有效些，使惩罚权力更深地嵌入社会本身。"③ 换言之，新的惩罚权力不再作用于宏观领域和抽象领域，不再依靠暴力机制进行一些公开的、无规则的直接强制，但是这种惩罚权力对人们的日常生活具有更强的指引、规训、教育和引导作用。惩戒是一整套法规和特殊技术（分级监督、规范化的处罚、考核），其作用是要铸造规范化和标准化的行为，用同样的模子驯化个体并塑造他们，以使他们的生产能力处在最

---

① 〔法〕米歇尔·福柯：《必须保卫社会》，钱翰译，上海人民出版社 2018 年版，第 32～33 页。
② 〔美〕加里·古廷：《福柯》，王育平译，译林出版社 2010 年版，第 84 页。
③ 〔法〕米歇尔·福柯：《规训与惩罚》，刘北成、杨远婴译，生活·读书·新知三联书店 2012 年版，第 91 页。

佳状态。^① 正是在这个意义上，克瑞西达·海斯深刻指出，"这种规训创造了一种循规蹈矩、温良恭顺、自我监督的新个体，并且这种个体服从于严密、温和的科学生产和文明管理"。^②

综上所述，规训权力的目的是自我驯服，遵从的是"顺从—有用"的科学话语，实质上是政治肉体控制。一方面，权力不再进行直接的镇压与威慑，而是人们自觉遵从科学理性的结果，甚至是人们对"法理型纪律"的自主拥戴和乐于享受。另一方面，现代社会规训模式能够教导人们获得新的技术性知识，这些技术性知识能够帮助被规训的对象成为一个有助于生产效率提高的人。因此，福柯总结道，这是权力对知识的再生产，也是规训成为一种与自我实现和人生成就联系在一起的积极力量。那么，规训权力是如何在现代社会中进行精细布展和实施一系列微观控制？或者说，权力实践如何成为知识生产和真理塑造相互拉锯的场域？正是基于这一问题意识，福柯提醒我们关注规训的运作机制。

二　规训的运作机制：权力技术学

现代规训社会背后是一套"精心计算"的持久运作机制。规训之所以能以毛细血管状态般布展到社会的各个角落，对人采取持续性的、隐匿性的控制，与其所采取的权力技术学有直接的关系。福柯指出，"规训权力的成功无疑应归因于使用了简单的手段：层级监视，规范化裁决以及它们在该权力特有的程序——检查——中的组合。"^③ 层级监视、规范化裁决和检查三种权力技术学在日常生活领域中相互配合，织成规整、引导和控制身体的严密权力关系网。值得指出的是，福柯看到了权力技术学精细和复杂的一面，这三种权力技术学并不是简单和生硬的组合。相反，三种权

① 〔法〕吉尔·利波维茨基、〔加〕塞巴斯蒂安·夏尔：《超级现代时间》，谢强译，中国人民大学出版社 2005 年版，第 4 页。

② Cressida J. Heyes, "Subjectivity and Power", Michel Foucault: Key Concepts, ed. Dianna Taylor. Durham: Acumen, 2011, p. 163.

③ 〔法〕米歇尔·福柯：《规训与惩罚》，刘北成、杨远婴译，生活·读书·新知三联书店 2012 年版，第 193 ~ 194 页。

力技术学不断把人的行为具象化，并考虑人体的各种因素、姿势、活动、言语和习惯，来形成一套强制人体的精心策略。在福柯那里，这是一种"权力力学"或"权力物理学"，"它规定了人们如何控制其他人的肉体，通过所选择的技术，按照预定的速度和效果，使后者不仅在'做什么'方面，而且在'怎么做'方面都符合规训社会的愿望"。①

（一）层级监视

层级监视作为"规训社会"中控制和支配人们行为的"眼睛"，是微观权力隐性塑形机制运作的前提和基础。首先，层级监视这种权力技术学自身有两大特点：第一个特点是可以仔细观察但又不被发现；第二个特点是可以进行一种持续性、全方位的监督。福柯进一步指出，层级监视的两大特点很快会被资本主义社会的统治者发现。于是，层级监视的权力技术学不仅被用于监狱，还被运用到工厂、医院、学校和军队。发展到后面，社会的每个角落都会运用层级监视这种权力技术学，每个人都将处于泛化的监视中。这时候，精密技术塑造下的全社会"监视眼"不再是安全和便捷的保障，而是织成了规整、引导和控制身体的严密权力关系网。其次，层级监视的另外一个精心策略是对社会个体进行全方位的、分层的和持续的监督。早期典型的层级监视是军营，军队从班到排再到连，都有一套监督与惩罚机制。随后，这种层级监视扩展到学校、工厂、医院、大街和各个公共场所。例如，学校划分每个班，班里再划分每个组，学校里有各种摄像头以及履行监视职责的教导员、老师和班干部，并且学校还面临各种上级机构的随机检查。可见，现代生活全方位的、分层的和持续的监督，给生活带来便利的同时，又是一个严密细致的大型监视网络。

（二）规范化裁决

规范化裁决是现代规训社会的内部奖惩机制，它享有奖惩权，是微观

---

① 〔法〕米歇尔·福柯：《规训与惩罚》，刘北成、杨远婴译，生活·读书·新知三联书店2012 年版，第 156 页。

权力实施进一步布展的中枢。这种权力技术学的独特之处在于：首先，规范化裁决针对的对象是没有被驯熟的肉体，在社会日常生活中不符合纪律、标准和偏离科学准则的个体，具体表现为迟到、失礼、不道德、疏忽和缺席等。其次，规范化裁决是奖惩均有的二元体制，二者融为一体，相互作用。既惩罚不符合规范、准则的行为，也奖励按照标准符合通用准则的个人。奖惩的一系列通用准则必须符合科学的原则，表面上看起来是公正的，而且一定要在日常生活细节中贯彻到底，使得每个人均处于"精心运作的规训罗网中"。最后，规范化裁决必须根据一套通用的准则把社会中的每个人区分开来，找出差距。一方面，规范化裁决依靠通用的准则区分出合乎标准的人和不符合标准的人，然后行使奖惩权。另一方面也按照人的品格、能力、知识、技术和行为等标准找出差距，并划分为具体的等级。然后，规范化裁决这种权力技术学根据每个具体等级个性化地实施规训策略和技术。正是在这种个性化的权力技术学作用下，导致了个人差异化的结果。

（三）检查

检查把层级监视与规范化裁决结合起来，在一种科学的客体化机制中隐性地控制人们。对此，福柯指出，检查就是一种追求规范的目光、一种能够导致定性、分类和惩罚的监视。"在这个看起来微不足道的人人可做的检查技术之中，却可以发现一个完整的认知领域、一种完整的权力类型，这是一种细微的隐性权力操作模式。"[1] 检查技术不同于外部控制，它完全让对象感受不到丝毫的外在强迫，通过隐形的非暴力机制来对肉体实施规训。正如阿甘本所指出的一样，这是一种"非暴力的治理"[2]。福柯进一步指认，这种检查的权力技术学把人的行为变得透明化，从而使被检查的对象自觉符合一些通用的准则。因此，检查把其他两种权力技术学

---

① 张一兵：《资本主义：全景敞视主义的治安—规训社会——福柯〈规训与惩罚〉解读》，《中国高校社会科学》2013 年第 4 期。

② 现代"规训社会"中的权力机制与传统权力的外部显赫形成了巨大反差，检查不是某种可以感觉到的外部压迫力量，而是在控制对象毫无察觉的状态下，由不可见的非暴力的治理机制来布展自身的权力。Giorgio Agamben, *The Kingdom and the Glory*, Translated by Lorenzo Chiesa, Stanford, California：Stanford University Press, 2011, p. 132.

结合起来，增加个人行为能见度的同时，也让现代人变成了可计量的"单子式"个体。例如，学校每年会进行各种科目的考试来检查学生的学习效果。然而，不断地考试使学生们成为了可计量和透明化的个体。通过考试，老师们对学生进行区分，并通过一系列的奖惩来强化这种等级的区分。同时，通过考试，学生知道自己与其他同学的差距，并在奖惩的权力仪式下，改变自己，把自己塑造成一个符合老师要求的个体。然而，这一系列的发生都是在无声的压制中进行的，没有外部暴力的强制，反而是学生们自愿的改变与服从。

综上所述，三种权力技术学不断把人改造为可计量、透明化和等级化的个体，并考虑个体的各种因素、姿势、活动、言语和习惯，塑造出规范的个体。在福柯的描述下，权力技术学是一种无声的压制和看不见的非暴力治理机制。

三 规训的内生驱动：政治解剖学

福柯指出，权力技术学的运作机制背后是一种有关细节的"政治解剖学"。"政治解剖学"本质上是在政治之外去发现政治运作，是一种"细节政治本体论"。从上述权力技术学这一部分，我们已然看出福柯之所以使用"政治解剖学"这一术语，主要目的在于解构传统政治权力的外部直接压制性，并重塑现代"规训社会"中政治运作的无声性与隐匿性。停留在人们口头上的谚语"细节决定一切"，在现代"规训社会"中已成为现实。规训权力对空间的分区化治理、对时间的持续性控制和对动作的统一化要求都作用于细节，进行一种小事情和细节支配。在这种小事情和细节支配的作用机制中，传统意义上带有强制性和压迫性的政治运作痕迹早已消失踪影，"它转而作用于规训之下全部生命存在塑形与构序的细部"。① 因此，现代资本主义社会所采取的一整套方法、策略和技术都由这种"细

---

① 张一兵：《小事情和细节支配：资本主义规训的微观控制论——福柯〈规训与惩罚〉解读》，《东岳论丛》2015 年第 5 期。

节政治本体论"所驱动。面对这种新型的无声压制，我们应该思考其细微的存在形式，注意权力对各种个体的渗透，尤其是注意各种审查技术嵌入进个体的态度、话语、学习过程与日常生活中。

（一）对空间的分区化治理

在福柯的视域中，空间与规训具有特殊的联系。在现代思想家的思想谱系中，普遍认为空间是"死亡的、固定的、非辩证的、不动的"[1]。但是，通过福柯的观察，权力弥散在空间之中，并凭借空间得以续存与维系。空间不仅是一切公共生活的基础，也充当了任何权力运作的基础。[2]福柯指出，最早在 17 世纪工厂和医院中，就有了这样一种对单个人"自我封闭场所"的纪律。到了现代社会，这样一种"自我封闭场所"更是发展和蔓延到社会的各个角落中。我们可以看到，无论是医院、工厂，还是学校、军队和家庭，每一个生活场景都被构造为"个人化的管理与控制"。相对于传统治理权模糊不清的空间分配，现代社会的分配则更加功能化和分区化，它给生活在这一场景中的每一个人都划定了属于自我的位置。福柯接下来指出，之所以把每个个体固定在一个可以计量、可以区分和可以整合的空间位置中，是为了让权力技术学充分发挥作用，以便对肉体实施更严密的控制。此时的福柯，已经注意到传统马克思主义所没有看到的资本主义社会中政治权力与人之间的治理关系，即治理权借助功能性位置这一工具理性来实施对现代人的政治肉体控制。

（二）对时间的持续性控制

其次，这种作用于日常生活场景细节的"政治解剖学"，还体现在微观权力对现代社会时间的持续性控制上。福柯指出，现代"规训社会"通过三种手段对时间持续性控制利用：规定节奏、强制确定日常事务、调节

---

① 〔法〕米歇尔·福柯：《权力的地理学》，严锋译，载包亚明主编：《权力的眼睛——福柯访谈录》，上海人民出版社 1997 年版，第 206 页。

② 〔法〕米歇尔·福柯、保罗·雷比诺：《空间、知识、权力——福柯访谈录》，陈志梧译，载包亚明主编：《后现代性与地理学的政治》，上海教育出版社 2001 年版，第 13～14 页。

重复周期。这主要体现在两方面上：一方面，与过去农耕时代的日出而作、日落而息的周而复始不同，现代社会的时间观是有节奏的。现代社会有节奏的生活并不是人们自由规定节奏，社会工业生产决定了时间的节奏，并且这种节奏的标准和尺度是有利于工业生产。面对不断流动的工业生产线，不是机器去符合人，而是人去符合机器。于是，在不断加快的工业化进程中和一切要有利于生产的原则下，人被塑造成屈从于国家机器支配和政治肉体控制的"机器人"。在这里，福柯向我们展示的，正是权力通过对时间节奏的控制，与肉体进行紧密结合。现代"规训社会"的一切作用点和着力点都在"机械化的肉体"上，这种无孔不入、隐性布展的微观权力机制，变得比任何时候都要更加依赖肉体。另一方面，源于希伯来文明的线性时间观，取代了柏拉图时代构筑的循环历史观。规训塑造了一种"进化的"时间观，在这种进化的时间观下，人们对科学、生产和社会改造的追逐是永恒的。正是在这个意义上，福柯指出，"操练变成了有关肉体和时间的政治技术中的一个因素。它不是以某种超度为终点，而是追求永无止境的征服"。[①]

（三）对动作的统一化要求

最后，这种"政治解剖学"还体现在微观权力对动作的统一化要求上。福柯指出，无论是学校、工厂，还是军队、商场、医院等社会组织，都被贯彻了这种统一化的动作要求。统一化动作要求的标准是现代人的"文明法则"——所有的动作都要符合科学和理性。福柯用举枪动作的三个步骤这个例子来说明：整套动作分为三个不同部分，每个部分明白规定了手和脚的位置，每个部分怎么衔接，而且每个部分都规定了动作的力度、方向和时间长短。事实上，现代"规训社会"的各方面也和举枪动作的三个步骤一样，都被规定了行为的内容和限度，并且这些行为的内容和限度被人们信奉为科学和理性。我们已然意识到，对人类活动的规训控制

---

① 〔法〕米歇尔·福柯：《规训与惩罚》，刘北成、杨远婴译，生活·读书·新知三联书店2012 年版，第 182 页。

已经在统一化的动作要求中找到了自己的位置，行为及其系统化的要求逐渐取代了简单的运动物理学。肉体被要求能够驯顺地适应最细微的运作。这种规训机制远比传统的统治权来得更隐匿、更精密化和更精神化。"规训社会"正是通过对空间的分区化治理、对时间的持续性控制，再加上对动作细节的统一化要求，来强化对肉体的政治控制，使人更加符合经济的效率和政治上的功用。因此，肉体既成为了规训的对象，又成为了规训的工具。现在，我们可以更加清晰地看到，"新型的微观权力奴役机制带着科学与理性的面具，通过对人们空间、时间和动作的隐性支配，来塑造有利于国家机器运转和社会生产效率提高的政治肉体"。①

综上所述，福柯并没有用传统的眼光和方法去看待权力，而是重新塑造了权力的新形象——精细化的、隐匿的和非暴力的，在日常生活的小细节中依靠各种权力技术对人进行奴役与支配。② 于是，福柯用一种"政治解剖学"拆解、分割和解构了传统政治的宏大叙事，重新塑造出现代"规训社会"中统治权的形象——表面上的无政治，实质上是最大的政治。"为了控制和使用人，对细节的仔细观察和对小事的政治敏感同时出现了，与之相伴随的是一整套技术，一整套方法、知识、描述、方案和数据。而且，毫无疑问，正是在这些细枝末节中产生了现代人道意义上的人。"③ 一句话，在看不见政治身影的政治运作中，人成为了被控制的政治肉体。

四 通往规训之路：全景敞视主义规训

福柯用一种"政治解剖学"解构了传统政治权力的宏大叙事后，通过考察边沁设计的全景敞视监狱，窥探出这种新型的环形监狱其实是我们现代社会的一种微缩模型。"这是一种政治控制机制，也是权力所要达到的

---

① 张一兵：《回到福柯》，《学术月刊》2016年第6期。

② 胡春光：《权力的眼睛——论福柯对权力的分析》，《重庆师范大学学报》（社会科学版）2011年第3期。

③ 〔法〕米歇尔·福柯：《规训与惩罚》，刘北成、杨远婴译，生活·读书·新知三联书店2012年版，第160页。

效能。"① 在全景敞视监狱中，隐匿化的规训借助一种"无所不在、无所不知的权力"，毛线血管状渗透进每个人日常生活的细枝末节中。福柯意识到，这是一种非常隐匿而精细的操控策略，并且它将散布到全社会的每个角落。

（一）全景敞视监狱的关键特点

福柯为揭示出全景敞视主义（panopticism）② 这种规训模式，首先详细介绍了边沁设计的新型环形监狱。③ 作为规训最具典范意义的版本，全景敞视监狱包含了以下几个关键特点。首先，在这种环形监狱中，可见性作为一个鲜明特征，而且"看——被看"的二元组合机制被分割。不同于传统看不见的黑暗牢房，现在这种全景敞视环形监狱是透明化的、清晰可见的，剥夺光线和隐藏机制不再发挥作用。在这种新型监狱中，犯人可以观看到自己的四周，也可以观看到对面的犯人，但是却不能看到监视者。相反，监视者可以观看到所有犯人的一举一动。这使得新型权力成为"可见的但不可知的"，在犯人精神上制造出一种自拘性情境。换言之，身处于全景敞视监狱中的犯人们根本不确定自己此时是否受到监管者的监视，也不确定未来什么时候会遭到监视与检查。如此一来，罪犯们始终处于一种提心吊胆和面临危机感的心理状态。在这种自我心理压力下，他们将会始终保持自己的一言一行都符合监管者的要求，即使瞭望塔上根本就没有监视者监管他们。因此，监视的威胁并非来自外界，相反，犯人自身将成为监视的本原。正如鲍曼所指出的，"可见性与不可见性之间的对立——

---

① 陈媛：《监狱、惩罚与权力——福柯〈规训与惩罚〉中的政治技术学》，载《人大法律评论》编辑委员会主编：《人大法律评论》，法律出版社 2014 年版，第 339 页。

② 全景敞视主义（panopticism）是从希腊语演变过来的单词，原意是"看穿一切的眼睛"。这个词的用法最先来源于边沁。

③ 福柯把这种新型环形监狱的基本原理描述为：四周是一个环形建筑，中心是一座瞭望塔。瞭望塔有一圈大窗户，对着环形建筑。环形建筑被分成许多小囚室，每个囚室都贯穿建筑物的横切面。各囚室都有两个窗户，一个对着里面，与塔的窗户相对，另一个对着外面，能使光亮从囚室的一端照到另一端。然后，所需要做的就是在中心瞭望塔安排一名监督者，在每个囚室里关进一个疯人或一个病人、一个罪犯、一个工人、一个学生。通过逆光效果，人们可以从瞭望塔的与光源恰好相反的角度，观察四周囚室里被囚禁者的小人影。〔法〕福柯：《规训与惩罚》，刘北成、杨远婴译，生活·读书·新知三联书店 2012 年版，第 224 页。

保证了权力与服从间关系的稳定不变"。①

其次，这种新型监狱遵循可计算的原则，达致一种经济上的效率。边沁设计这种新型监狱的目的有两个，一是减少监管人员，二是减少监管人员和罪犯的接触，抑制酷刑。在全景敞视监狱中，"权力可以如水银泻地般地得到具体而微的实施，而只需花费最小的代价"②。于是，福柯联想到，基于这种可计算的功用，全景敞视监狱机制也可以广泛运用到学校、军队、医院和工厂等各种社会组织。他指出，"与其说是国家机器征用了圆形监狱体系，倒不如说国家机器建立在小范围的、局部的和散布的圆形监狱体系之上。"③

最后，全景敞视监狱最深刻的意义在于它改变了权力的性质。随着全景敞视主义规训的散布，权力呈现出"关系性"状态，它的移动是"自上而下的，但在某种程度上也是自下而上和横向的"。这是福柯对现代权力定义之所以有别于其他理论家的重要限定条件；那些理论家所强调的，是权力"自上而下"的压抑性特征。而在福柯看来，权力并非作为一个物被占有；相反，它作为机制的一部分而发挥作用。至此，福柯再次远离了其他权力观念，尤其是远离了将权力视为一种政治强力现象的马克思主义传统，④ 并代之以一种"关系性权力"的构想：这种权力无时不在，无时不警觉着。更重要的是，福柯的这种权力观可以解释，总体权力有限的个体，是如何在自我屈从的同时也让他人屈从。⑤ 福柯采用全景敞视监狱的隐喻来暗示，现代社会的权力或许拥有一个"头"，然而，个体却被更广泛地纳入到微观权力的场域之中，接受着一系列手段、技术和程序的规训。

---

① 〔法〕泽格蒙特·鲍曼：《自由》，杨光、蒋焕新译，吉林人民出版社 2005 年版，第 25 页。

② 〔法〕米歇尔·福柯：《权力的眼睛》，严锋译，载包亚明主编：《权力的眼睛——福柯访谈录》，上海人民出版社 1997 年版，第 158 页。

③ 〔法〕米歇尔·福柯：《权力的地理学》，严锋译，载包亚明主编：《权力的眼睛——福柯访谈录》，上海人民出版社 1997 年版，第 208 页。

④ 德勒兹认为，福柯的这种观点，与马克思主义的传统权力观"权力只是政治上层建筑中的强力现象"显然不同，福柯的权力理论打破了那种虚假的上下层结构有序性，规训权力直接生成于底层的生产，它无时不在，无时不警觉着。〔法〕德勒兹：《德勒兹论福柯》，杨凯麟译，江苏教育出版社 2006 年版，第 28 页。

⑤ 〔英〕安妮·施沃恩、〔英〕史蒂芬·夏皮罗：《导读福柯〈规训与惩罚〉》，庞弘译，重庆大学出版社 2018 年版，第 111～112 页。

在福柯看来，全景敞视监狱不仅在于把罪犯限制在一个"自我封闭场所"中，它的根本目的是把监狱变成一个建立一套知识的场所，用这套知识来调节、教养和规训罪犯。监狱起源于一种规训权力所特有的机制。监狱惩罚并不是旨在消灭犯罪行为，而是旨在区分它们，分配它们，利用它们。既使易于犯罪的人变得驯顺，又倾向于把对法律的僭越吸收进一种一般的征服策略中。① 福柯的理解貌似应当被视为一种隐喻，他主要关注的是规训权力和现代规训社会，而不是现代监狱制度本身。但福柯的讨论确实为我们理解"监狱"提供了更广阔的空间：现代监狱制度的权力机制悄然入侵着现代社会，监狱及其一般惩罚都是为了制造出受规训的个人。

（二） 全景敞视监狱的泛化

福柯敏锐地发现了全景敞视监狱对现代社会的入侵。在福柯看来，全景敞视主义规训所带来的是"一种无面孔的目光"，它将使整个社会转化为一片可供观察的领域。"一系列围绕身体而启动的控制配置、力量图表、分割和分布，以及场地和组织正是通过不间断的全方位监视才得以展开。"② 这种全景敞视监狱开始只是改造犯人，但是最终会散布到社会的每一个角落，它将规训社会中的每一个人。在现代社会生活的无数场景中，无论是街道、图书馆、咖啡馆，还是我们生活的公寓、社区以及体育馆，都遍布着数不胜数的监控和记录装置。我们每个人生活的每一个步骤和每一个时刻都被清晰地记录下来。这种对生活的无缝式记录和全方位监视被宣称为"技术文明"，由于符合"持续进步、效率至上"的信念而不断获得"合理性"。

然而，让人们所忽略的是，人类在享受这种"技术文明"所带来方便的同时，人类本身也处在了隐匿、普遍和精细的"规训"之中，变得更加依赖技术。可以说，现代化进程也越来越表现为一种技术化进程。技术不

---

① 〔法〕米歇尔·福柯：《规训与惩罚》，刘北成、杨远婴译，生活·读书·新知三联书店 2012 年版，第 307 页。

② 〔法〕朱迪特·勒薇尔：《福柯思想辞典》，潘培庆译，重庆大学出版社 2015 年版，第 51 页。

断嵌入惩罚犯罪和社会治理中。比如，法官的司法判断、惩罚犯罪的手段以及治理社会的方式，和技术更加紧密地缠绕、交织在一起，它们将更多地借助乃至依赖各种生物科学技术、医学技术、心理学技术以及其它科学技术。而且，这种技术控制不仅仅只把罪犯作为作用的对象，它也凭借预防违法犯罪和社会治理的理由，泛化到社会的每个主体和各个角落。由此，"规训社会"使得所有生命存在都处于一系列技术手段的笼罩下，不断攫取个体自由行动的能力，逐渐让一整套权力技术学从"幕后走向前台，在人们的日常生活中发挥着不可忽视的工具性导向作用"，[①] 最终导致人们从肉体到心灵的全方位驯顺和屈从。

因此，全景敞视主义规训并非是福柯形而上思考的结晶，它所揭示的是每一个普通人在各种规训技术下生活的真实困境。在某种意义上，可以说，全景敞视主义规训意味着通往真正的存在、真正的科学、真正的上帝之路，通往真正的"规训"之路——而这一切，都被恰当地理解为通往真正的生活之路。

五　余论：全景敞视主义规训的反抗之途

福柯通过对惩罚体制变化的分析，揭示出从"酷刑"到"监狱"背后是权力技术学的巧妙在场。与此同时，从思想谱系的角度看，福柯无疑将西方思想史上关于"自我"的神话彻底解构了。对福柯来说，自我并非独立自主的存在，而是一整套与规训纠缠在一起的"知识、技术和科学话语"，最后通向的是一个危机重重、毫无生机的全景敞视主义规训时代。这种全景敞视主义规训下的生存根本不是资产阶级鼓吹的科学与理性，它"不是原初的社会契约，而是不断的强制；不是基本的权利，而是不断改进的训练方式；不是普遍意志，而是自动的驯顺"。[②] 因此，摆在现代社

---

① 易继明：《技术理性、社会发展与自由——科技法学导论》，北京大学出版社 2005 年版，第 43 页。

② 〔法〕米歇尔·福柯：《规训与惩罚》，刘北成、杨远婴译，生活·读书·新知三联书店 2012 年版，第 190 页。

会面前的一个紧迫问题是——面对一个所有人都将被隐匿规训的社会，个体的主体性与本真性如何彰显与表达？到此为止，福柯并没有给出明确的答案，而是把这个现代性困境留给我们思考。那么，福柯提出的这种全景敞视主义规训模式是否就不容抗拒？

在哈贝马斯看来，自由主义社会中主体性的缺失，在于以权力为媒介的政治系统过多地侵占了我们生活的世界，现代社会困境的根源在于政治系统想把我们的生活世界"殖民化"。因此，哈贝马斯提出，为了防止我们生活世界被"殖民化"，应区分政治系统与生活世界，把权力的行使局限于政治系统，保证沟通行动在我们生活世界的重要位置。然而，对于福柯来说，无论是在政治系统中，还是在生活世界中，微观权力都是客观存在的，哈贝马斯所设想的生活世界不存在微观权力是不可能的。而在韦伯看来，现代社会主体性的缺失在于人们被围困在形式理性的"牢笼"中，实质理性得不到张扬与体现。正是在这个意义上，韦伯以一种悲悯的语气描述了现代"技术统治"社会的前景，"完全可以，而且不无道理地，这样来评说这个文化发展的最后阶段：'专家没有灵魂，纵欲者没有心肝；这个废物幻想着它自己已达到前所未有的文明程度'"。① 在韦伯的描述下，人类似乎注定陷入"现代性"的深渊而无法自拔——价值多元的"诸神时代"将黯然失色，现代人将彻底变成"无灵魂的专家"、"无心的享乐人"。在韦伯暗含的现代性道路中，我们当然可以通过在技术治理的社会中坚守自身的价值信念，实现自身的价值治理，重新回到"有意义的生活"，② 从而获得现代性暗含的理性与自由。然而，韦伯的主体性路径所面临的困局在于：全景敞视主义规训已遍及现代社会每一个角落，我们如何才能说服自己相信——借以反抗规训的"自由"是源于主体的本真体验，而非仍旧是规训下的产物？

福柯对现代"规训社会"的批判引人深思。他使我们意识到，尽管现

---

① 〔德〕马克斯·韦伯：《新教伦理与资本主义精神》，阎克文译，上海人民出版社 2018 年版，第 326～327 页。

② 宋维志：《重回价值治理：韦伯技术治理理论研究》，载周尚君主编：《法律和政治科学》，社会科学文献出版社 2019 年版，第 169～170 页。

代化带来了进步与文明，但是现代化的代价也是十分昂贵的。身处于全景敞视主义规训场域中的现代人并没有比前现代的人更自由，反而接受着微观权力不断的强制和自动的驯顺。现代人从"公共景观的酷刑"的野蛮中解脱出来，却又陷入了全景敞视主义规训的另一种野蛮之中。① 此时，人类更多地被看作规训的对象，"人"本身的道德主体色彩是黯淡的。现代"规训社会"首要考虑的是，如何通过一系列的权力技术学对政治肉体进行隐性支配，而不是去激发人的道德精神和审美情趣。正是在这个严格意义上，福柯也对启蒙时代提出的人权、宪政和民主这一套话语持怀疑态度。这是因为，虽然这一套法治话语能够对抗外部显赫的国家权力，但是依然无法反抗微观权力在现代社会中对人的隐性规训和细节支配。因此，全景敞视主义规训的反抗之途并不像我们想象的那么简单，这是在与一部"当下的历史"对话，也是"对于我们的历史存在的永不平息的批判"②。换言之，我们对规训权力的思考应当作为一个起点，而不是一个终点。

The Way to Discipline: An Investigation of Modernity of Foucault's Discipline Theory

Luo Youcheng

Abstract: In Foucault's thought, it is a kind of self-discipline of power, which is a set of scientific self-discipline. The purpose of discipline is self-discipline, which follows the scientific discourse of "obedience useful", which is essentially the control of political body. The operational mechanism of discipline includes three kinds of power technology: hierarchical monitoring, standardized adjudication and inspection. The endogenous driving force of discipline is "political anatomy". In essence, political anatomy is to discover political operation

---

① 陈弘毅：《从福柯的〈规训与惩罚〉看后现代思潮》，《环球法律评论》2001 年秋季号。
② 〔法〕米歇尔·福柯：《何为启蒙》，载杜小真选编：《福柯集》，上海远东出版社 2003 年版，第 533~534 页。

outside politics, which is a kind of "detail political ontology", which is specifically manifested in the partition governance of space by micro power, the continuous control of time and the unified requirements of action. Under the influence of various disciplines and power technologies, the modern society leads to the era of panoramic open-minded discipline. Therefore, Foucault deconstructs the myth of "self" in the history of Western thought: self is not an independent existence, but a set of "knowledge, technology and scientific discourse" entangled with discipline.

Keywords: Discipline; Micro Power; Power Technology; Panoramic Open-minded Discipline

编后记

勿忘初心

"七·一"当日，收到国家知识产权局局长申长雨院士的感怀《沁园春·庆七一》。长雨院士称，"适逢七一建党百年大庆，举国欢腾，国泰民安。几经涂鸦，填词一首，以资纪念。"

沁园春·庆七一

申长雨

岁在辛丑，建党百年，世纪大典。

看神州大地，

举国同庆；

大江南北，万民腾欢。

石库红船，井冈延安，

北平赶考书答卷。

新时代，小康创奇迹，今得实现。

赓续精神血脉，

不忘初心代代相传。

喜华夏盛世，

捷报相连；

嫦娥奔月，天宫舒展。

北斗组网，祝融探险，

追赶引领惊世寰。

抬望眼，

中华复兴梦，

当在眼前。

词中描绘中国共产党奋斗史，也是一个国家的奋斗史。申局长透过他的观察，认为党国奋斗至今，眼下也是距离中华民族伟大复兴最近的时刻。我不会填词弄句，未能吟和一首。此间，正好友人邹七（邹记东）拿来七把扇子，说是给我几位好友（包括他自己）的，让我每把扇子扇面上题个字。感于百年风雨之后的中国共产党依然充满活力，便写就一句时髦语："归来仍是一少年"。

后来，觉得这种"小年轻"或"小清新"风格有点儿欠妥，又在背面题字："不忘初心。"此语，更彰显主旋律。

既已提笔，索性一气写就。

《尚书》有云，"功崇惟志，业广惟勤"（《尚书·周书·周官》）。功业广大，惟志惟勤耳。（陈）文学以此励志，乃题字勉之。

邹七乃湖北黄梅人，北大出版社法律部负责人，《私法》创刊号即为其编辑。二十多年的编辑人生，读稿阅人见社会，洒脱自逸。宋代曾几《三衢道中》曰："梅子黄时日日晴，小溪泛尽却山行。绿阴不减来时路，添得黄鹂四五声。"说的是往日"梅子黄时"总在梅雨季，阴雨连绵，如今却"日日晴"，正好踏寻自然之生机，意趣盎然。邹七心境如斯，愿题字亦能入其化境。

念及邹七说的我们七位友人，除邹七他自己和文学之外，还有圣平、度月、永前、赵玉和丽萍姐，平日里饮酒喝茶聊天，话能够说到一起，还建了一个微信群，群名即为"WE ARE ONE"。这些年来，群没散，话还能够继续说下去，算是"高山流水遇知音"了。于是，随心写就"高山流水"。

我上个世纪八十年代上大学，入门即为法律专业，始终未改。入法门至今，崇尚的还是"道法自然"。《道德经》二十五章曰："故道大，天大，地大，人亦大。域中有四大，而人居其一焉。人法地，地法天，天法道，道法自然。"自然界、人类社会，遵循自然规律，彰显人性，以人为

本，既是社会治理之道，也是做人做事的出发点。乃着意笔墨之。

　　道家常说，"天一则清，地一则宁。"还有"得一成道"之说。所谓"天得一以清，地得一以宁，神得一以灵，谷得一以盈，万物得一以生，侯王得一以为天下正"是也。庄子曰"我守其一，以处其和"（《庄子·在宥》），追求"守一"而致的内心祥和。自然，道家的"一"，有多种解读，我亦尚之，甚至命名大闺女曰"一之"。"得一"是否成道，侯王是否能够以此正天下，我们不去探究。而致清宁者，乃期冀友人也。于是，小记之。

　　世人多云"一"者为大，而我理解的却是道家所旨之"小"：从

"小"乃"大"矣！老子有云"大国者下流"，谓为大者应有谦下之风。"故大国以下小国，则取小国；小国以下大国，则取大国。故或下以取，或下而取。大国不过欲兼畜人，小国不过欲入事人。夫两者各得所欲，大者宜为下"（《道德经》六十一章）。大国谦下，小国归附；小国谦下，大国友善。因此，无论国大国小，谦下为上。这一说法，说的是外交，亦关乎国运。思外交，虑国运，凝重而笔：大国下流。

《私法》第三十五卷出版之际，附记感念，愿《私法》日日晴，日日新，生生不息。

易继明

草成于北京大学理科 5 号楼 413 室

2021 年 7 月 14 日

稿　约

一、《私法》系一个具有广泛参与性的开放的法学学术园地，旨在加强私法领域内的各学科及其整合性研究，以进行私法理论的抽象和私法文化的提炼，从而倡扬乃至于形成一种权利文化。

二、《私法》刊载著述、大家文章、新锐作品，广采博收。主要栏目包括"主题研讨"、"论文"、"评论"、"案例研究"、"书评"、"杂文"和"学术动态"等。

三、来稿语种、篇幅不限，唯求能充分表达深刻而真灼之学术观点为要。《私法》对来稿一律采取匿名评审，并实行责任编辑初审、学术委员评议和编辑部会议审定三级评审制度。

四、来稿要求附有作者简介、联系方式；论文和评论还要求附有中英文内容摘要；打印稿要求附有磁盘或发来电子文档。注释体例参见本卷"注释体例"。

五、所有署名作者向《私法》提交文章发表之行为，视为授权本刊在所投稿件刊发后，将该文的电子版提交学术期刊光盘版和数据库，以数字化方式复制、汇编、发行、信息网络传播本刊全文，并许可《私法》结集出版。如有异议，请在投稿时说明，本刊将按作者说明处理。

六、本刊所采用稿件，一律不支付稿酬，但赠送本卷 2 至 4 册，并附赠未来 5 年出版各卷各一册。

七、来稿请寄：中国·北京市海淀区北京大学理科五号楼 414 室《私法》编辑部 易继明（收）。

邮政编码：100871

电子信箱：yijiming@ pku. edu. cn。

注释体例

一、论文采用脚注，每页重新编号，序号依次为：①，②，③，……。

二、统一基准规格（包括标点符号）

（一）中文著作类

◆〔国籍〕主要责任者【两人以上用顿号"、"隔开；以下译者、校订者同】（编或者主编）：《文献名称》，译者，校订者，出版社、出版年月、版次，第××页。

注释例：

◆〔英〕F. H. 劳森、B. 拉登：《财产法》（第2版），施天涛、梅慎实、孔祥俊译，北京：中国大百科全书出版社1998年版，第89~90页。

◆魏振瀛主编：《民法》，北京大学出版社、高等教育出版社2000年版，第90页。

（二）中文文章类

1. 论文类

◆〔国籍〕主要责任者【两人以上用顿号"、"隔开；以下译者、校订者同】：《文章名称》，《期刊名称》××××年第××期。

注释例：

◆易继明：《评财产权劳动学说》，《法学研究》2000年第3期。

◆梁慧星：《制定中国物权法的若干问题》，载梁慧星主编：《民商法论丛》2000年第1号/总第16卷，金桥文化出版（香港）有限公司2000年版，第342页。

2. 报纸类

◆〔国籍〕主要责任者【两人以上用顿号"、"隔开；以下译者、校订者同】:《文章名称》,《报纸名称》××××年×月×日,第××版。

注释例:

◆沈宗灵:《评"法律全球化"理论》,《人民日报》1999 年 12 月 11 日,第 6 版。

3. 文集和选集类

◆〔国籍〕主要责任者【两人以上用顿号"、"隔开;以下译者、校订者同】:《文章名称》,载主要责任者编或主编《文集、选集名称》(第×册),出版社、出版年月、版次,第××页。

注释例:

◆王泽鉴:《物之瑕疵与不当得利》,载王泽鉴:《民法学说与判例研究》(第 3 册),三民书局 1996 年版,第 109 页。

◆〔美〕哈罗德·拉斯韦尔:《政策分析研究情报与评价功能》,载〔美〕格林斯坦、波尔斯比编:《政治学手册精选》(上卷),竺乾威、周琪、胡君芳译,王沪宁校,商务印书馆 1996 年版,第 557 页。

◆参见〔苏〕列宁:《关于司法人民委员部在新经济政策条件下的任务——给德·伊·库尔斯基的信》,载〔苏〕列宁:《列宁全集》(第 42 卷),人民出版社 1987 年第 2 版,第 424~429 页。

4. 古籍、辞书类

注释例:

◆《管子·牧民第一》卷一。

◆〔清〕沈家本:《沈寄簃先生遗书》甲编,第 43 卷。

◆《辞海》,上海:上海辞书出版社 1999 年版,第 983 页。

5. 网络资料

◆〔国籍〕主要责任者【两人以上用顿号"、"隔开;以下译者、校订者同】:《文章名称》,资料来源:网址;更新时间;××××年××月××日××;访问时间:××××年××月××日。

注释例:

◆顾昂然:《关于〈中华人民共和国民法(草案)〉的说明——2002 年 12 月 23 日在第 9 届全国人民代表大会常务委员会第 31 次会议上》,资料来源：http://law-thinker.com/detail.asp？id=1501；更新时间：2002年12月26日08：28：35；访问时间：2003年4月1日。

6. 学位论文

◆〔国籍〕主要责任者：《文章名称》，××大学××年学位论文，第×页。

注释例：

◆易继明：《私法精神与制度选择——大陆法私法古典模式的历史含义》，北京大学2002年博士学位论文，第1页。

（三）司法案例

注释例：

◆迈克尔·杰弗里·乔丹与国家工商行政管理总局商标评审委员会、乔丹体育股份有限公司"乔丹"商标争议行政纠纷案，最高人民法院行政判决书（2016）最高法行再27号。

（四）英文文献

1. 英文著作

◆Robert Gilpin, *Economy of International Relations*, Princeton：Princeton University Press, 1986, p.5.

2. 文集中的论文

◆K. J. Leyser, "The Polemics of the Papal Revolution", *in* Berly Smally（ed.）, *Trends in Medieval Political Thought.* Oxford：Oxford University Press, 1965, 3 rd ed., p.53.

3. 期刊中的论文

◆Alessandro Giuliani, "The Influence of Rhetoric of the Law of Evifence and Pleading", *in Judicial Review*, 62（1969）, p.231.

（五）其他外文文种

从该文种注释体例或习惯。

（六）其他说明

1. 引自同一文献者，同样应完整地注释，不得省略为"见前注"或"前引"等。

2. 非引用原文，注释前加"参见"，如同时参见其他著述，则再加"又参见"。

3. 引用资料非原始出处，注明"转引自"。

图书在版编目（CIP）数据

私法. 第 18 辑. 第 1 卷：总第 35 卷 / 易继明主编
. -- 北京：社会科学文献出版社，2021.8
ISBN 978 - 7 - 5201 - 8526 - 4

Ⅰ.①私… Ⅱ.①易… Ⅲ.①私法 - 研究 - 丛刊
Ⅳ.①D90 - 55

中国版本图书馆 CIP 数据核字（2021）第 114610 号

私法 第 18 辑第 1 卷（总第 35 卷）

主　　编 / 易继明

出 版 人 / 王利民
责任编辑 / 易　卉
文稿编辑 / 孙慧娟
责任印制 / 王京美

出　　版 / 社会科学文献出版社·集刊分社（010）59367161
　　　　　地址：北京市北三环中路甲 29 号院华龙大厦　邮编：100029
　　　　　网址：www. ssap. com. cn
发　　行 / 市场营销中心（010）59367081　59367083
印　　装 / 三河市尚艺印装有限公司

规　　格 / 开　本：787mm × 1092mm　1/16
　　　　　印　张：25.25　字　数：384 千字
版　　次 / 2021 年 8 月第 1 版　2021 年 8 月第 1 次印刷
书　　号 / ISBN 978 - 7 - 5201 - 8526 - 4
定　　价 / 98.00 元

本书如有印装质量问题，请与读者服务中心（010 - 59367028）联系